U0043207

STORIA
DELLE TERRE
E DEI LUOGHI
LEGGENDARI

UMBERTO ECO

異境之書

2016年9月初版　　　　　　　　　　　　定價：新臺幣1500元
有著作權・翻印必究
Printed in China

著　　　者　Umberto Eco
譯　　　者　林　潔　盈
審　　　訂　蔡　敏　玲
總　編　輯　胡　金　倫
總　經　理　羅　國　俊
發　行　人　林　載　爵

出　版　者　聯經出版事業股份有限公司
地　　　址　台北市基隆路一段180號4樓
編輯部地址　台北市基隆路一段180號4樓
叢書主編電話　(02)87876242轉225
台北聯經書房　台北市新生南路三段94號
電　　　話　(02)23620308
台中分公司　台中市北區崇德路一段198號
暨門市電話　(04)22312023
台中電子信箱　e-mail：linking2@ms42.hinet.net
郵政劃撥帳戶第0100559-3號
郵撥電話　(02)23620308
印　刷　者　國　　外　　印　　製
總　經　銷　聯合發行股份有限公司
發　行　所　新北市新店區寶橋路235巷6弄6號2樓
電　　　話　(02)29178022

叢書主編　陳　逸　達
封面完稿　江　宜　蔚

行政院新聞局出版事業登記證局版臺業字第0130號

本書如有缺頁，破損，倒裝請寄回台北聯經書房更換。　　ISBN　978-957-08-4763-5（平裝）
聯經網址：www.linkingbooks.com.tw
電子信箱：linking@udngroup.com

Umberto eco
STORIA DELLE TERRE E DEI LUOGHI LEGGENDARI

© 2013 RCS Libri S.p.A., Bompiani, Milan
Complex Chinese edition © 2016 Linking Publishing Company
All rights reserved

國家圖書館出版品預行編目資料

異境之書/ Umberto Eco 著 . 林潔盈譯 . 初版 . 臺北市 .
　聯經 . 2016年9月（民105年）. 480面 . 17.1×23.5公分
　譯自：Storia delle terre e dei luoghi leggendari
　ISBN 978-957-08-4763-5（精裝）

　1.文化史　2.世界地理　3.神話

713　　　　　　　　　　　　　　　　　105009776

安伯托·艾可

異境之書

林潔盈 翻譯　蔡敏玲 審訂

目 次

前言

〈格理弗看見天空之城〉，插畫，取自強納森・綏夫特《格理弗遊記》，約1910年於德國萊比錫出版。

本書的主題是傳奇性的地域和地點。為什麼說是地域和地點呢？因為書中所述的對象有時候是一整塊大陸，例如亞特蘭提斯，有時候則是某個國度、城鎮、城堡或一間房子（例如夏洛克・福爾摩斯的倫敦貝克街公寓）。

市面上已經有許多以幻想及虛構之地為主題的辭書，其中以阿爾維托・曼古埃爾（Alberto Manguel）和強尼・瓜達魯皮（Gianni Guadalupi）合著的《虛擬處所辭典》（Manuale dei luoghi fantastici）蒐羅最齊全。不過本書並不涉及「全然憑空捏造」的地點，否則必然得將包法利夫人的家、《孤雛淚》中扒手集團頭目費根的巢穴、《韃靼荒漠》的巴斯提尼堡等等納入書中，這些地方曾出現在長篇小說中，想像力豐富的書迷們試著想找到它們的確實位置，卻往往徒勞無功。有些小說裡的場景則是受到真實地點所啟發而撰寫的，讀者會在這些地方流連忘返，尋找愛書裡的蛛絲馬跡，例如喬伊斯作品《尤利西斯》的書迷，每到6月16日，總會到都柏林的埃克爾斯街去，尋找書中主人翁利奧波德・布盧姆的家，參觀現已成為喬伊斯博物館的馬爾泰洛古塔，或是向藥劑師購買布盧姆在1904年買過的檸檬皂。

有些小說裡提到的地點甚至已被辨認出來確實存在於現實世界裡，例如雷克斯・史陶特（Rex Stout）筆下偵探內羅・沃爾夫位於紐約曼哈頓那間砂岩住宅。

然而，筆者在此所想要討論的，是在現在或過去，由於許多人相信它們真的存在於世界上某個角落，或者是曾經存在，因而使人產

生妄想、理想或幻想的地方。

　　如此說來，我們需要考慮的篩選條件其實還有很多。有些地方的傳說也許已經流失了，不過世人並無法排除它們在遠古時期曾經存在的可能性，例如亞特蘭提斯，甚至有很多理性卓越的人曾嘗試要找出它曾經存在的線索。有些地方仍然被許多傳說圍繞著，然而其存在的真實性極低（儘管微乎其微），甚至被部分人士認為它們只是純然「精神上」的存在，如佛教裡的香巴拉；另一些地方則無疑只是虛構敘事的產物，不過因為觀光客太好騙，因此不斷地出現冒牌貨，如香格里拉。有些地方只存在於聖經的文字中，如人間天堂或示巴女王之國（regina di Saba）——不過卻有很多人相信它們的存在，並因此親身去尋找，發現新大陸的克里斯多福・哥倫布就是個很好的例子。也有些地方只存在於虛構的文獻中，卻能激發旅人的好奇心，前往亞洲和非洲探訪，祭司王約翰（Prete Gianni）的國度就屬此類。另外更有許許多多至今尚且存在的地方，雖然有些早已成了廢墟，但是關於它們的神話仍然四處流傳著，例如總讓人聯想到阿薩辛派傳說的阿剌模式堡，又如已和聖杯神話密不可分的英國小鎮格拉斯頓伯里；或如雷恩堡、吉索爾堡等地，近年被附加上種種傳說以追求商機。

　　總之，具備傳奇性質的地域與地點有許多不同的類別，不過它們都有一個共通的特點：無論是來自過於久遠而無法得知源頭的古代傳說，或者是現代創造的產物，這些地方都使得某些信念或信仰在人群間流傳。

　　本書論述的主題，就是這些想像裡的真實。

阿爾布雷希特・阿爾特多費（Albrecht Altdorfer）在〈沐浴中的蘇珊娜〉裡描繪想像中的景緻。這件作品繪於 1526 年，目前收藏於慕尼黑古代美術館。

第一章

地平說與對蹠點

T型地圖，出自 *La Fleur des Histoires*，1459~1463年出版，收藏於巴黎的法國國立圖書館。

許多神話故事對這個世界有著詩意浪漫的想像，這些想像通常是擬人化的，例如希臘神話中的大地女神蓋婭（Gaia）。有一則東方傳說認為大地被鯨魚馱在背上，鯨魚由站在岩石上的公牛支撐著，岩石的下方是塵土，而塵土下方如果不是無限浩瀚的大海，大概也沒有人知道是什麼。還有一種說法認為大地被巨龜馱在背上。

地平說　當古人開始以「科學」的角度思考大地到底是什麼形狀的時候，主張大地是圓盤狀的「地平說」其實是相當切合實際的概念。荷馬認為這圓盤的周圍是大海，上方罩著穹頂；此外，根據「前蘇格拉底學派」留下的零碎片段說法——有時因來源出處不同而顯得含糊且矛盾——泰勒斯相信大地是一個扁平的圓盤；阿那克西曼德認為是圓柱形：阿那克西美尼則說大地有平坦的表面，四周被海洋環繞，漂浮在某種壓縮氣體之上。

在諸多前蘇格拉底學派哲學家之中，顯然只有巴門尼德猜測到大地是圓形的這個事實，畢達哥拉斯則因為宗教與數學的理由而抱持著相同的看法。後來也有人根據實證觀察推衍出地圓說，在柏拉圖與亞里斯多德的著作裡可以找到相關記載。

雖然德謨克利特和伊比鳩魯仍然對「地圓說」（sfericità）抱持懷疑的態度，盧克萊修亦否定「對蹠點」(Antipodi)的存在，一般而言，整個古典時代晚期已經不再爭論地球是不是圓的。托勒密自然知道地球是圓的，否則就不會劃分出三百六十度子午線；埃拉托斯特尼當然也知道，所以才能在公元前3世紀根據亞歷山大港和塞印

（Syene）兩城的距離，以及夏至正午的陽光在兩地射入井底時的不同角度來計算，他算出的地球直徑相當接近事實。

儘管中世紀有許多傳說——至今仍然有部分在網路上流傳——當時所有學者都知道地球是圓的。即使是高中一年級的學生都可以輕易推論出來：如果但丁（Dante）從漏斗型地獄的這一端走進去，然後從另一端走出來時在煉獄山腳看到了他不認得的星辰，這就意味著但丁很清楚地知道地球是圓的。其他支持此說的學者還有俄利根與安波羅修、艾爾伯圖斯·麥格努斯與多瑪斯·阿奎納、羅吉爾·培根、喬瓦尼·薩克羅波斯科等，在此僅列舉數例。

到了公元7世紀，聖依西多祿（Isidoro di Siviglia，事實上，他不算是嚴謹科學家的典範）計算出赤道長度為8萬斯達地（stadi）。那些想知道「赤道有多長」的人，顯然知道且相信地球是圓的。更何況聖依西多祿算出來的結果儘管只是近似值，卻和實際數值相差不大。

那麼，為什麼長久以來世人會認為——不少人至今仍然這麼想——，甚至有許多科學史書籍的作者也這麼說：早期基督教世界拋棄了古希臘天文學，並且回頭相信地平說。

讓我們做個實驗，找個具備一般知識水準的人來問問：當哥倫布計畫向西航行以便抵達東方的時候，他想證明什麼？薩拉曼卡城（Salamanca）的學者為什麼否定哥倫布的想法？大部分人都會這麼回答：因為哥倫布相信地圓說，而薩拉曼卡城的學者則相信地平說；他們認為，哥倫布率領的三艘卡拉維爾三桅帆船如果一直往西航行，就會沉入宇宙深淵。

到了19世紀，出現了各式各樣極力反對演化論的宗教學說，這種情形使教會之外的思想家們感到惱怒，因而一股腦兒地將地平說的謬誤歸咎於所有的基督教思想家（包括教父學派以及經院學派）。這是一種論證策略：既然教會曾經弄錯了地球的形狀，那麼他們對於物種起源的說法可能也是錯的。於是教會外的思想家們大肆批評一名公元4世紀的基督教作家拉克坦提烏斯（Lattanzio）。

桑德羅‧波提切利（Sandro Botticelli），〈地獄深淵〉，約於1480年替《神曲》（*Divina Commedia*）所作之插畫，目前藏於梵蒂岡教廷圖書館。

由於聖經將宇宙描繪成「會幕」（Tabernacolo）的形狀，而會幕是四角形的，因此，拉克坦提烏斯在《關於上帝的教誨》這本書裡指斥地圓說為異端，而且他也無法接受對蹠點的觀念——位於對蹠點的人，走路時是頭下腳上的。

此外，人們後來也發現，公元6世紀的拜占庭地理學家科斯瑪‧印地科普雷烏斯特（Cosma Indicopleuste）撰寫《基督教地形學》時，依然相信聖經裡的會幕之說，他主張宇宙是矩形的，底下是平坦的陸地，而上面懸著一座穹頂。在科斯瑪的模型裡，弧形的穹頂被「諸天」（stereoma，亦即「天幕」）遮住，所以人的肉眼看不到它。

諸天之下是「墺」（ecumene），也就是人類居住的地方，它座落在海上，以幾乎讓人難以察覺的斜度向西北方緩緩上升。在這西北方的盡頭，有一座拔地而起的高山，它是如此的高大，山頂沒入雲

層，超過了人類肉眼能看清的極限。天使在早晨推動太陽從東方升起，照亮高山前方的整個世界，到夜晚則從西方落入山後——這世上的雨水、地震與其他氣候現象等等，也是由天使操控的。月亮和星星則以反方向循環，從西方上升，在東方落下。

如傑佛瑞·伯頓·羅素（Jeffrey Burton Russell）在1991年的著作所示，今天的學校還在對學生講述許多帶有偏見的天文史故事，依然聲稱整個中世紀時期無人知曉托勒密的作品（然而就史實而言這個說法是錯的），認為科斯瑪的理論在美洲大陸被發現之前已廣為流行。然而，科斯瑪的作品是以希臘文寫成的（中世紀的基督教徒只能透過極少數對亞里斯多德哲學感興趣的譯者，才能了解希臘文寫的作品），直到1706年才被引介到西方世界，英文譯本更是到了1897年才出版。事實上，中世紀的作者並不知道科斯瑪。

以會幕形式呈現的宇宙，取自科斯瑪·印地科普雷烏斯特的《基督教地形學》。

那麼，我們為什麼會認為中世紀普遍支持地平說呢？這是因為聖依西多祿的手抄本裡出現了「T型地圖」（我們前面已經提到聖依西多祿曾經談起赤道的概念）。這張地圖將亞洲畫在上半部（因為據說人間天堂就在那裡），地圖中央那條水平線，一端是黑海，另一端是尼羅河，垂直線則代表地中海，左下的四分之一圓是歐洲，右下的四分之一圓是非洲，而大海圍繞著整片陸地。

西班牙學者貝亞杜斯（Beato di Liébana）在《啟示錄》注釋內所附的地圖也表現出地球像是圓盤的概念。貝亞杜斯《啟示錄》的文字部分寫成於公元第8世紀，並在接下來的幾世紀由負責製作手抄本的莫扎拉布工匠繪製插畫（mozarabici，8至11世紀穆斯林統治伊比利半島時住在西班牙的基督教徒），這本書對於仿羅馬式修道院與哥德式教堂藝術有深遠的影響，同樣形式的地圖也不斷地出現

T型地圖，出自巴托洛梅烏斯・安格利庫斯（Bartolomeo Anglico）《論事物的本質》，1372年。

頁16~17：世界地圖，取自《聖塞韋羅啟示錄》，1086年，收藏於巴黎法國國立圖書館。

在其他手抄本之中。為什麼這些相信地圓說的人會畫出看來像是地平說的地圖呢？直覺上可以這麼解釋：我們現代人也同樣是這麼做的。批評這些中世紀地圖把地球畫成平的，就等於是在批評現代地圖也把地球畫成平的。它其實是一種直接且方便的投影製圖形式。

　　不過我們還是得考慮其他因素，首先看看聖奧古斯丁怎麼說。他非常了解由拉克坦提烏斯以會幕說引發的關於宇宙形狀的爭論，不

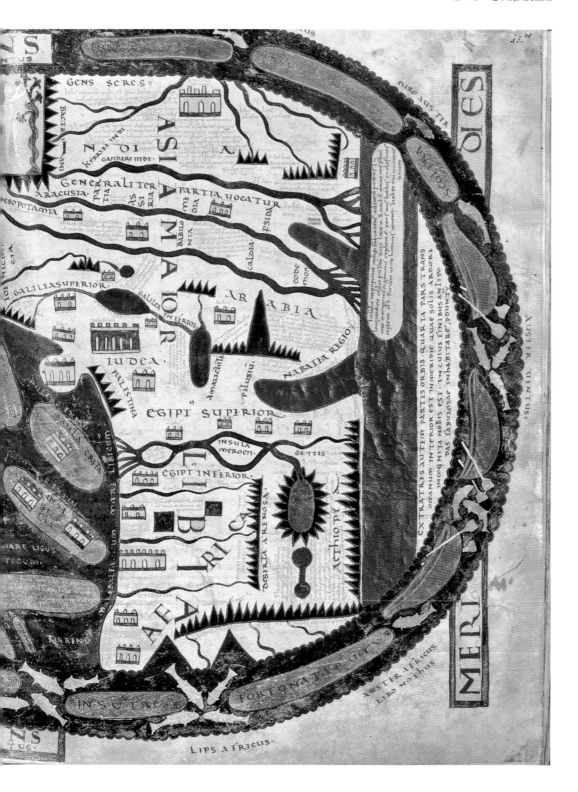

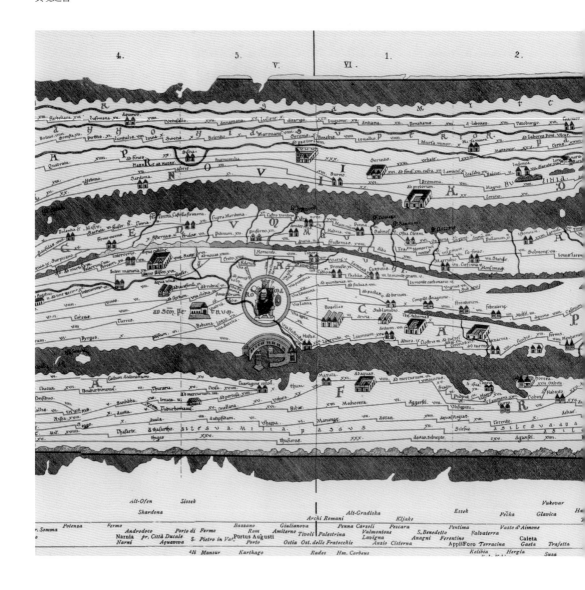

過他也了解古代的地圓說觀點。他的結論是：「我們不應受到聖經裡關於會幕的說法所影響，因為我們都知道，聖經常常以比喻的方式來說明事情。地球也許是圓的，然而，知道地球到底是不是圓的，並不能拯救人的靈魂，所以一般人可以忽略這個問題。」這並不表示中世紀的人對天文學缺乏研究──雖然經常有這類暗示。在公元第12與13世紀時，托勒密的《天文學大成》和亞里斯多德的《論天》先後被翻譯出來。如我們所知，天文學是中世紀歐洲大學

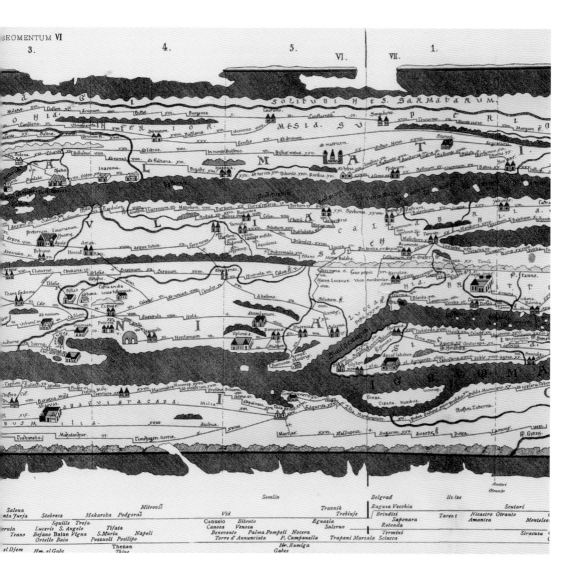

〈普丁格地圖〉局部，12
世紀複製本。

所傳授的四藝之一；喬瓦尼‧薩克羅波斯科在 13 世紀撰寫了一本
《天球論》，繼托勒密的著作之後，這本書在隨後幾個世紀裡是無
可置疑的天文學權威著作。

　　中世紀的人們經常長途旅行，不過當時的道路年久失修，旅人為
了穿越茂密的森林和遼闊的大海，有時只能將命運託付給當時的走
私者，因此完全不可能繪製精確的地圖。當時的地圖只是參考性
的，就像為了前往聖地牙哥康波斯特拉的朝聖者所編寫的《朝聖者

盧卡斯‧布蘭迪斯（Lucas Brandis）繪製的地圖，取自《初學者手冊》，1475年於德國呂貝克印製出版，目前收藏於英國牛津奧利爾學院圖書館。

指南》，上面的指示都只是個大概：「如果你們要從羅馬前往耶路撒冷，應該朝南走，並沿途問路。」現在，試著想想舊時的火車路線圖，你可以清楚地看到米蘭到利佛諾之間的一系列鐵路交會點（你會發現途中得經過熱那亞），但你無法藉此推斷出義大利半島的確切形狀。去車站搭車的人，對義大利到底是什麼形狀並不感興趣。古羅馬人曾經將連結當時世上所有已知城市的一系列道路繪成地圖，這張地圖在15世紀被重新發現，並以發現者來命名為〈普丁格地圖〉。這張地圖的上半部是歐洲，下半部是非洲，不過我們會發現，看著這張地圖的時候，我們所面對的狀況和鐵路路線圖是一樣的。人們可以從這張地圖上看到一條路從哪裡開始，在哪裡結束，不過我們無法據此推測出歐洲、地中海或非洲的形狀。我們可以確定的是，古羅馬人應該有更精確的地理概念，因為他們早已航遍地中海的每一個角落，但是製圖師在繪製這張地圖的時候，對馬

德國地圖學家哈特曼‧史戴爾（Hartmann Schedel）繪製的世界地圖，出自《紐倫堡編年史》，1493年於紐倫堡印製出版。

賽和迦太基之間的距離並不感興趣，他們提供的訊息是：馬賽和熱那亞之間有道路連接。

除此之外，中世紀的遊記裡充滿了想像的成分。當時曾出現許多像是《世界圖像》這類的百科全書，這些著作力求滿足讀者渴求的獵奇心態，描述著遙不可及的國度，而且全都是由根本沒有去過書中提及地點的人所撰寫，因為，在那個年代，傳統說法比實際體驗更強大。地圖不是用來呈現陸地形狀的，而是用來列出你旅行時會遇到的地點和人群，而這些資訊並非來自最新的實地經驗，而是源於前人的傳統說法。

從1475年製作的《初學者手冊》裡的地圖中，我們再一次看到呈現象徵重於呈現實際經驗的例子。這份手稿的插圖繪製者關心的是該怎麼呈現位於地圖中央的耶路撒冷，而不是到底該怎麼走才能抵達那裡。而在同一時期的其他地圖上，義大利和地中海地區已經

畫得相當準確了。

　　最後一點要考慮的是，中世紀的地圖並不具備科學上的用途，而是用來滿足大眾的獵奇心態。我可以這麼說，現在那些聲稱幽浮確實存在的圖片雜誌，或是告訴我們金字塔是外星文明產物的電視節目，跟這些地圖其實是一樣的。例如《紐倫堡編年史》所附的地圖，儘管表現方式就製圖學而言尚可接受，依然畫上了神祕怪獸，因為人們相信牠們棲息在那裡。

　　另一方面，天文學的發展史本身也非常有意思。古希臘唯物主義思想家伊比鳩魯提出的概念持續流傳下來，即使到了公元 17 世紀，法國思想家伽桑狄仍然在討論它。更早之前，古羅馬哲學家盧克萊修就曾在《物性論》裡頭提到伊比鳩魯的概念：「太陽、月亮與星辰（因為許多重要的原因）不可能比我們肉眼所見的更大，也不可能更小。」因此，伊比鳩魯判斷太陽的直徑約為 30 公分。有一些遠古文化確實相信地平說，這也就是許多現代人不顧史實地認為古代人和中世紀人都相信地平說的原因。從這一點可以看出，現代人比前人更傾向於相信傳說。更別說近現代依然有許多人——多到超乎你的想像——寫書反對哥白尼假說，在布拉維耶 1982 年的作品以及尤斯塔夫萊年分不詳的著作裡都列出了很有意思的書目，沃利瓦甚至還堅持地平說是正確的。

馬魯斯的克拉特斯（Cratete di Mallo）想像的對蹠點，出自康拉德・米勒（Konrad Miller）的《世界地圖》，1895 年於德國斯圖加特印製出版。

對蹠點　畢達哥拉斯學派曾提出一種複雜的行星系統。在這個系統中，地球甚至不是宇宙的中心，太陽也處於邊緣地帶，所有行星都圍繞著一個位於中心的火球運轉；此外，每個星球在轉動時還會發出音樂聲，這派學者為了建立起聲學現象與天文現象之間的精確對

應關係，甚至在他們的學說中引進了一個不存在的星球，並將其命名為「反地球」（Antiterra）。人們在所居住的這個半球無法看到反地球，只有在對蹠點才看得到。柏拉圖曾在《斐多篇》表示，世界很大，希臘人只占據了小小的一個角落，如此一來，其他民族才可能在地表上其他區域生活。馬魯斯的克拉特斯在公元前 2 世紀再度提起這個概念。根據克拉特斯的說法，南北半球各有兩塊適於人居的陸地，這四塊大陸由十字型的海洋通道分隔開來。克拉特斯以為，南方大陸有人居住，不過無法從北方大陸抵達。公元前 1 世紀，古羅馬地理學家梅拉（Pomponio Mela）甚至妄下斷語，表示塔普羅班島（Taprobane，稍後將會討論）是未知南方陸地隆起的一部分。許多古羅馬文學作品都曾討論過對蹠點的存在問題，例如維吉爾的《農事詩》、盧坎的《法沙利亞》、曼尼里烏斯的《天文》、老普林尼的《博物志》等。

在論及對蹠點時，當然都會提到那裡的居民如何頭下腳上地過活而且不會墜入虛空的問題，[1]古羅馬時期的盧克萊修就對這個假說嗤之以鼻。最堅決反對對蹠點概念的人顯然也最反對地圓說，例如拉克坦提烏斯和科斯瑪·印地科普雷烏斯特。即使智者如聖奧古斯丁，也無法接受人類頭下腳上生活的想法，更何況，假如對蹠點真的存在，就等於承認世界上存在著不是亞當後裔，也不受救贖的人類。

然而，早在公元 5 世紀，馬克羅比烏斯就已經提出合理論證，表示相信有生命能在地球的另一邊好好地生活，並沒有什麼不合理的地方。抱持同樣觀點者還有盧奇奧·安姆佩里歐與曼尼里烏斯，對此爭論非常敏感的普爾奇甚至透過長篇詩作《莫爾岡特》表達相同的立場。為什麼對於對蹠點會出現兩種不同的立場？因為從宗教觀點而言，承認對蹠點的存在，就無法解釋救贖的普世性。這種態度一直延續到馬克羅比烏斯之後的時期，教宗聖匝加利亞甚至將馬克羅比烏斯的說法視為異端邪說，在公元 748 年將之斥為「不正當且不公正的教義」。到了公元 12 世紀，勞滕巴赫的馬內戈爾德（Mane-

注 1：有關此問題的完整討論可見莫雷帝（Moretti）在 1994 年、布洛克（Broc）在 1980 年撰寫的文章。

取自聖奧梅爾的朗伯
（Lambert de Saint-Omer）
的《擷英集》，公元12世
紀出版，收藏於巴黎的法
國國立圖書館，Ms. Lat.
8865, f. 45r。皇帝手持的
圓形物體是一張T型地
圖。

goldo di Lautenbach）亦曾大力抨擊之。一般以為，中世紀時期的
人們已經普遍接受對蹠點的概念，從法國哲學家古列爾莫到德國神
學家艾爾伯圖斯・麥格努斯，從英國作家傑瓦斯到義大利學者皮埃
特羅・達巴諾與伽可・達斯科里，甚至法國神學家皮耶・德阿伊都
是如此（儘管德氏的態度有些猶豫），其中德阿伊的著作《世界圖
像》更啟發了哥倫布的遠航壯舉。至於詩人但丁的立場，假使地球
的另一端有煉獄山，而且人類在登山時不至於頭下腳上地落向虛
空，甚至可以抵達人間天堂，那麼但丁自然也屬於相信對蹠點存在
的那一派。

　　在古羅馬時期，對蹠點早已被當成帝國朝末知土地擴張的正當理
由；到了現代，這個概念又隨著地理探索的興起而再度被提起。至

取自聖奧梅爾的朗伯《擷英集》，Ms. Lat. 8865, f. 35r。右邊是南方，也就是對蹠點。

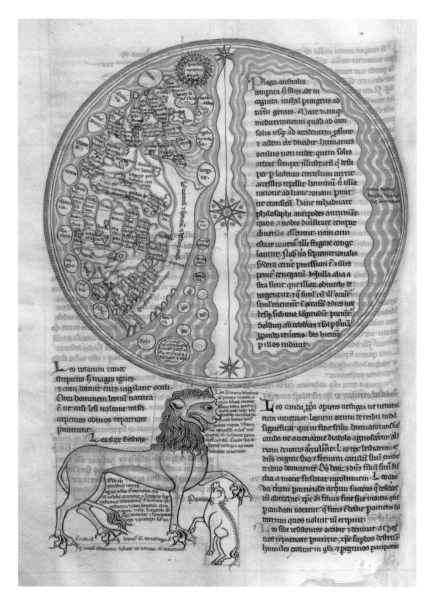

少在哥倫布以後，西方人再也不懷疑此概念的正確性，這是因為他們開始進入原本被認為是無法抵達的南半球，而且曾經到過這些地方的探險家們——例如義大利的韋斯普奇——談起南方之旅時更是一派稀鬆平常之故。到了18世紀，唯一剩下的「未知的陸地」是15世紀時才開始被人們談起的，位於南方極遠之處的 Terra Aus-

trale，關於這個地方，我們將在另一章裡討論。

　　儘管對蹠點再也不是遙不可及，這源遠流長傳說的另一層意義仍然繼續存在，聖依西多祿（和其他許多人）就曾經這麼表示：對蹠點如果不宜人居，無論如何一定是怪獸肆虐之地。即使到了中世紀以後，探險家（包括義大利探險家皮加費塔）總想在旅行途中找到那些出現在各種傳奇故事裡的可怕、畸形的生物，或是那些奇特而溫馴的物種。即便現代人類已經踏遍了地球的每一個角落，因而不得不排除這些奇異生物存在的可能性，但是在科幻小說裡，其他星球還是存在著蟲眼怪獸或 E.T. 外星人之類的生物。

烏龜說

史蒂芬・霍金（Stephen Hawking）
《時間簡史：從大爆炸到黑洞》*Dal big bang ai buchi neri*，1988 年

一位知名科學家（有人認為是伯特蘭・羅素〔Bertrand Russell〕）受邀公開發表天文學主題的演講。他談到地球如何圍繞著太陽運行，也講到太陽又如何繞著眾星雲集的銀河系中心公轉。演講結束後，一位身型嬌小的老太太從演講廳後方站了起來，說：「你剛剛講的那些都是胡謅，世界其實是一個放在大烏龜背上的大盤子。」科學家露出滿是優越感的微笑，然後回答道：「那麼大烏龜又靠在什麼東西上面？」「年輕人，你很聰明，真的很聰明，」老太太答道：「每隻烏龜都會靠在另一隻烏龜的背上！」

前蘇格拉底學派的地平說

亞里斯多德（Aristotele，公元前4世紀）
《論天》*Il cielo*，頁 294a

同時代的其他人認為（世界）是平的，像是鼓的其中一面，並且以太陽下沉或升起時，地面上與地面下的交界處是直線來作為地平說的證據，因為如果地球是圓的，那條交界線應該是曲線……有人則認為世界被水所環繞。這據稱是最古老的學說，而且可能是米利都的泰勒斯提出的。根據泰勒斯的說法，陸地因為具有浮力而能維持平穩，它就好像木材或其他類似物質一樣：由這類質料構成的東西無法在空氣中漂浮，不過卻能夠浮在水上。

伊波利托（Ippolito，公元2至3世紀）
《哲學教誨》*Refutatio*，卷 1，頁 6

（阿那克西曼德〔Anassimandro〕認為）世界是懸浮著的，沒有受到任何支撐……它的邊緣是弧形的，狀似石造圓柱的一個平面；人類生活在圓柱的兩個平面的其中之一，另一個平面在圓柱的另一側。

伊波利托（公元2至3世紀）
《哲學教誨》卷1，頁 7

世界是漂浮在空中的平盤，就如太陽、月亮和其他天體，它們的本質熾熱，由於形狀扁平，所以能懸浮在空氣中……阿那克西曼德曾說，星辰不會在地底下移動，它們就如其他人所相信地圍繞著世界，就像我們戴在頭上的帽子一樣……太陽會從我們的眼前消失，不是因為它沉到地底下去，而是因為它被這個世界比較高的地方給遮住了。

地圓說

柏拉圖（Platone，公元前5至4世紀）
《斐多篇》*Fedone*，頁99c、109a

有人假設地球周圍有一個漩渦，認為這個地球由於天空運動而靜止不動，其他人則認為地球的下方有空氣作為支撐，地球就好比一個大盆子……因此，首先，我柏拉圖確信，大地是球形的，位於天空的中央，它不需要空氣或其他類似的東西的支持來防止它墜落，天空本身的均質狀態與大地本身的完美平衡就足以讓它維持在天空中央。事實上，一件漂浮在某一均質之中的平衡物體，不可能往哪一個方向傾倒，它會保持不動也不傾斜。

亞里斯多德（公元前4世紀）
《論天》卷2，頁14、298a

另一方面，我們肉眼所見的星辰，不只清楚顯示出世界是圓的，而且它的體積也不大。如果我們往南或往北移動一點，地平線就會明顯改變，我們頭頂上的星辰，大小也會隨著改變，而且當我們朝南或朝北移動的時候，看到的星辰也不一樣。有些星辰在埃及或塞普勒斯附近可以觀察得到，在北方卻看不到，而在北方隨時都可以看到的星辰，在剛才提到的埃及或塞普勒斯等地卻消失了。我們可以從這些觀察中清楚得知，世界不只是圓形的，而且它的體積並不大；否則如此

上帝用圓規測量圓形的地球，取自《道德化聖經》，約1250年出版。

微小的位移不可能造成這麼大的變化。

第歐根尼・拉爾修（Diogene Laerzio，公元2至3世紀）
《哲人言行錄》*Vite dei Filosofi*，卷9，頁21

巴門尼德是第一位斷言世界是球形而且位於宇宙中心的人。

第歐根尼・拉爾修
《哲人言行錄》卷8，頁24、25

亞歷山大・波里希斯托在《哲學家的繼承》（*Successioni dei Filosofi*）中聲稱，他曾在《畢達哥拉斯回憶錄》（*Memorie Pitagoriche*）中找到以下敘述：……宇宙是動態且有智慧的，它呈球形，包圍著位於中心的大地，大地本身也是圓形的，而且到處都有人居住。然後，對蹠點確實存在，對我

們來說位於低處的地方，對於住在對蹠點的人來說則是位於高處。

會幕說

科斯瑪・印地科普雷烏斯特（公元6世紀）

《基督教地形學》卷3，頁1、53

大洪水以後，人類造（巴別）塔挑戰上帝，待人類登塔抵達高處，便開始持續觀察天空中的星辰，並在一開始受到誤導，誤以為天空是球形的……上帝命令摩西根據他在西奈山看到的藍本來建造會幕，一個代表宇宙形象的帳幕。摩西因此建造了會幕，並以下列方式盡可能地模仿宇宙的形狀：長度為三十肘，寬度為十肘，在中央放上一幅布幔隔出兩個空間，其中第一個空間稱為聖所，位於布幔後方的第二個空間為至聖所。根據神的使徒所言，會幕外部為從陸地到蒼穹之間可見世界的形象。會幕內部的北側有桌子，桌上有十二塊餅；這桌子代表土地，上面擺放了各種水果，每一種

代表一年十二個月中的一個月。桌子邊緣有繩結狀裝飾代表海洋，海洋周圍則有個寬度約一掌的框架，代表另一個世界。會幕內部東側為天堂之所在，拱頂狀天空的每一端都倚在每一塊陸地的邊緣。最後，摩西在會幕南側放了一座燭台，從南方照亮北方的陸地，並在燭台上放了七盞燈來表示一週七天，也代表所有在天上發亮的星辰。

沃利瓦的地平說

里昂・史普拉格德坎普（Lyon Sprague De Camp）與威利・萊伊（Willy Ley）

《傳說之境》*Le Terre Leggendarie*，1952年

如果大航海時代之前的思想家還能提出一些自己的論點——這些人談論的通常是聖經的權威或他們對於聖經的詮釋——在新大陸發現以後，那些企圖重新將地平說發揚光大的嘗試，在萌芽之初就被扼殺了。最近一次有人試圖復興地平說，是1906至1942年間美國伊利諾州錫安市天主教使徒教會長老威爾伯・格倫・沃利瓦（Wilbur Glen Voliva）的嘗試，而這也是最著名的一次。該教派的創始人是一名身材短小且不安分的蘇格蘭人，名叫亞歷山大・道伊（Alexander Dowie）。他原本在澳洲擔任公理會牧師，後來

會幕形式的宇宙，取自科斯瑪・印地科普雷烏斯特的《基督教地形學》，收藏於義大利佛羅倫斯羅倫佐圖書館，Ms. Plut. 9.28, f. 95v。

放棄牧師身分，創立了另一個以重建信仰為目標的組織。1888年，道伊動身前往英格蘭，打算在那裡設立分會，不過在經過美國的時候，覺得美國更適合發展，於是立刻在芝加哥創設了一間教堂。由於遭受迫害之故，道伊被迫退居到芝加哥北方六十多公里的錫安（Zion），在那裡平平靜靜地待了將近四十年，這都是因為他是一位高明的「靈魂撫慰者」，還能妥善運用商業技巧，並且堅決反對各式各樣傷風敗俗的行為，例如抽煙、吃生蠔、看醫生與購買人壽保險等等。道伊的影響力下降，始於他開始自稱以利亞三世（也就是先知以利亞的第二次轉世，施洗者約翰是第一次）並試圖將勢力推向紐約的時期。為了進入紐約，塞滿八輛火車車廂的追隨者護送他前往這充滿罪惡的大都會，並在麥迪遜廣場花園租房停留了一個禮拜。為了親眼目睹這位能演示奇蹟的人，紐約人蜂擁而至，不過他們看到的卻是一個看起來像聖誕老人、操愛爾蘭口音且滿口胡言穢語的老粗。群眾最終感到不耐，紛紛離去，留下不停呼喊著威脅侮辱言語的先知。然而，販賣「股票」（事實上是利息高達10%的債卷）一舉，才是使道伊毀滅的主要原因，因為他必須支付已售出股份的利息，最後無可避免地被困在數字遊戲之中。威爾伯・沃利瓦是道伊在一時大意之下任命的代理人，他趁著道伊前往墨西哥購買不動產供未來退休之用的時候，利用職權鼓動

教派幹部造反，一舉剝奪了道伊的權力和財富。沒有多久，以利亞三世辭世。繼承教派領導人地位的沃利瓦生性簡樸、眉毛濃密，他原本在印第安納州的一座農場當學徒，後來成為教會牧師，又轉投道伊的教派。在沃利瓦的管理下，錫安當地本來就很嚴厲的法律變得更加嚴峻，任何人若被抓到在城內泥濘街道上抽煙或嚼口香糖，都有可能被關進監牢。大權在握之後，沃利瓦試著重整教會財務，由於規劃妥當，到了1930年，錫安地區的產業包括一座由道伊設立的蕾絲工廠，以及其他如油漆工廠、糖果工廠等，加起來的總利潤竟高達每年六百萬美金……

地平說在沃利瓦的宇宙進化論裡面找到立足之地，而且在這個圓盤狀的世界中，北極位於世界的中心，周圍則有冰壁環繞。那些環繞世界旅行的人（沃利瓦自己就有數次環遊世界的經驗），則是繞著圓盤中心打轉。當有人問他：「環繞著南極的冰牆內側到底有什麼的時候？」他會回答：「沒有必要知道。」如果還有人問他，根據沃利瓦的看法，南極圈（以及南極大陸的海岸線）大約為68,000公里，不過曾經實際繞行南極洲的人所測量到的數字比較低，這時沃利瓦就會轉移話題。

科斯瑪‧印地科普雷烏斯
特想像的對蹠點。

對蹠點

亞里斯多德

《形上學》*Metafisica*，卷1，頁986a

由於「十」這個數字似乎是完美的，
而且能將所有數字包含在內，他們
（畢達哥拉斯學派）於是指出，在天空
中移動的星體必然也是十個；但是，
因為人們只看得到九個，所以他們就
加上了第十個，也就是「反地球」。

亞里斯多德

《論天》卷2，頁13、293a

根據畢達哥拉斯學派的說法，宇宙中
心有火，作為星體之一的地球透過繞
行此中心的運動來形成日夜。此外，
他們還假設了一個和我們的世界完全
相反的地球，並因此將之稱為「反地
球」。

馬庫斯‧曼尼里烏斯（Marco Manilio，公元前1世紀至公元1世紀）

《天文》*Astronomica*，卷1，頁236~
246、377~381

地球周圍住著許多不同的人、動物和
天空中的飛鳥。
一個可居住的部分一直朝北抵達大小
熊星座之處，另一個可供居住的部分
則延伸到南方：

聖奧古斯丁討論對蹠點的存在，取自《上帝之城》，目前收藏於法國南特市立圖書館，Ms. Fr. 8, f. 163v。

南方陸地在我們的下面，不過對南方人來說似乎是站在地面上，因為地球隱藏了其曲度而且地表同時也有高低起伏的緣故。

當太陽從我們這裡下山時，會照亮那個地區。

在那裡，新的一天喚醒了沉睡中的城市。

光明也將活力和勞動帶回那些土地上；

而我們沉浸在夜裡，沉沉睡去：

大海隨著波浪起伏分分合合……

在它們（南方星座）的下方是世界的另一個部分，一個我們無法抵達的部分，

那裡有未知種族的人類，那些邊界未曾有人穿越，

那裡照射著與我們一樣的陽光，

陰影與我們的相反，星體從左方落下，

並在一個和我們相反的天空裡從右方上昇。

盧克萊修（公元前1世紀）
《物性論》卷1，頁1052以下

噢，邁密烏斯，我們在這個題目中，應避免相信有些人提出的概念：世界上的一切都受到宇宙中心的吸引，因此世界的本質是穩固的，不會受到外力影響；事物無論大小都不可能消失，因為所有事物都回歸到這個中心（如果你相信有些東西可以自行存在）；在對蹠點的重物看起來是倒過來的，反著平放在地面上，如同我們在水中看到的倒影。本著同樣的標準，這些人與其相信人類能靠一己之力在充滿以太的空中飛翔，其實更相信動物可以倒著走，而且這些動物更不可能從地面掉到下方天空的虛空之中：他們認為，當對蹠點的人看到太陽的時候，夜晚星辰會在我們這邊升起，他們的季節和我們不同，而且他們的夜晚同時就是我們的白天。

然而，徒勞無益的推理讓愚蠢的人類相信了這些假設，而以錯誤的思維接受了這樣的說法。

拉克坦提烏斯（公元3至4世紀）
《上帝的教誨》卷3，頁24

對於那些認為世上存在著相對於我們立足之地的對蹠點的人，我們又該怎麼說呢？

他們只是隨便說說，還是有人愚蠢到相信世上真有人頭下腳上倒過來生活？

或是在那裡的所有東西都倒掛著？所有穀物和樹木都倒過來生長？雨水、雪和冰雹都是倒過來下的？

據說空中花園是世界七大奇景之一，而這些哲學家竟然敢想像出漂浮著的田野、大海、城市與高山？什麼樣的推理，才會讓這些人去相信對蹠點的存在？他們也不是沒看到星辰往東方運行，太陽和月亮總是從一個方向落下，另一個方向升起。然而，由於這些人並不了解規範天體運行的法則，

以及天體為何從西方回到東方的原因，就假設天空是高掛在每一個方向的……更相信這個世界跟一顆球一樣地圓，天空隨著天體運動旋轉；如此一來，太陽和星辰就會因為地球迅速運動之故，重新回到東方。

科斯瑪·印地科普雷烏斯特
《基督教地形學》卷1，頁14~20

我認為，這些囂張之徒一個比一個還厚顏無恥，竟然臉不紅氣不喘地宣稱，這個（圓球形）世界的另一個部分有其他人類存在。

當感到疑惑的反對者問道：「那麼太陽是否毫無理由地往地底下沉？」這些絲毫不擔心自己言論荒謬可笑的人會馬上回答：「世上存在著一個頭下腳上、河水流動方向和我們的世界相反的反世界。」

這些人力圖顛倒世界，而不是遵循真理的信條，這些真理會顯示出詭辯者的虛榮，而且真理容易理解，處處充滿著對上帝的敬畏，還能確保明智追隨者的救贖……

如果要根除對蹠點的問題，最好的辦法就是馬上揭露這些小人言論的謬誤。讓我們假設一個人的雙腳站立的方向恰好與另一個人相反，而且這兩人的雙腳都受到地面、水、空氣或任何你想要的東西支撐。這兩人怎麼可能同時保持站立呢？怎麼可能一個人可以根據自然定律生活，而另一人則（頭下腳上）違反自然？此外，既然

兩人生活的地方都會下雨，就可以說在兩個地方雨水都是由上往下滴落嗎？難道不是其中一地的雨水由上往下，而另一地則由下往上、反著地面或由內往外下嗎？事實上，如果我們設想對蹠點的情形，我們還得同時思考反方向的雨，那麼我們就有理由嘲笑這些支持著支離破碎、紊亂且違反自然的荒謬悖理言論。

聖奧古斯丁（公元354~430年）
《上帝之城》*La città di Dio*，卷16，頁9

至於對蹠點的傳說，也就是關於那些住在世界另一面的人類，那個日夜恰與我們顛倒，位置完全與我們相對的地方，你們沒有任何理由相信這個說法。這些說法並非來自歷史知識，而是不折不扣的猜測。由於世界懸浮在蒼穹之中，下方的那面恰和位於中間的世界接合在一起，他們因此認為，位於世界下方的另一面也可能有人居住。然而在論及世界是圓形的假設，以及可以根據某些原理來證明此一論點的說法時，他們並沒有想到，世界的下半部也有可能只是水體；而且假使果真如此，也不表示它就必然有人居住。現在，由於以描繪預言實現之事實為信念基礎的聖經絕對不可能說謊，那麼，宣稱有人類能在那裡航行，甚至橫渡廣闊大海，將亞當的後代帶到那個區域，實在荒謬。

取自馬克羅比烏斯《論西庇阿之夢》，1526年出版。越過海洋便是「我們一無所知的」對蹠點。

馬克羅比烏斯（公元5世紀）
《論西庇阿之夢》*Commentario al Somnium Scipionis*，卷2，頁5、23~26

同樣的推論並不允許我們懷疑，就我們認知位於下半部分的地表來說，溫帶區域的整個周界不必然會循著和上半部分一樣的界限；因此，下半部分有兩個相距甚遠的區域，而且同樣都有人居住。所以，如果有人反對這個信念，那麼請他告訴我們，他到底是以什麼理由來駁斥我們的說法？事實上，如果我們能在世界的這一邊生活，是因為腳踩地面時能看到頭上的天空，是因為太陽會為我們升起和落下，是因為我們很享受地呼吸著圍繞在我們周圍的空氣；我們為何不能相信，下面的世界存在著享受著同樣條件的其他居民呢？事實上，我們必須假設這些所謂的下方居民呼吸著同樣的空氣，因為在他們的區域裡，同樣的溫帶氣候也盛行於具有相同圓周的整個區塊；他們受到同一個太陽照射，所以他們的日落就是我們的日出，我們的日落就是他們的日出；他們就像我們一樣腳踩在地表上，頭上總是看得到天空；他們也不會害怕從地上掉到天空中，因為沒有東西可以

往上掉落。事實上，如果我們認為那裡的下方是地面所在，上方是天空所在（對我們來說，把這話講出來甚至是很荒謬的），那麼對他們來說，上方也將是視線由低處往高處看的那個方向，而他們永遠也不可能掉入頭上的區域中。我們甚至可以說，在他們之間教育程度較低的人，同樣也知道我們的事情，也無法相信我們能夠住在我們所居住的地方，深信如果有人試著站在他們下方的區域，最終會落入掉落的下場。儘管如此，我們之間沒有人曾害怕掉到天空中：所以，他們之中也不會有人往上方掉落；因為「所有有重量的東西都會因為一股屬於這些東西的力量而受吸引（西塞羅《西庇阿之夢》4,3）」落向地面。

盧奇奧・安姆佩里歐（公元3世紀）
《記憶之書》*Liber Memorialis*，卷6

地球位於天空下方，可以分成四塊有人居住的區域，我們住在第一塊區域。第二塊區域——與我們相反的那塊——的居民叫做「反人」（Antictoni）。其餘兩區域分別與第一和第二區域相對，那兩區域的居民叫做對蹠點人。

路易吉・普爾奇（1432~1484）
《莫爾岡特》第25首，第228~233行

里納爾多認出了這個曾經見過的地方，向阿斯塔洛特問道：「告訴我，這個標誌有何目的？」阿斯塔洛特回答道：「這是一個遠古以來的錯誤，一個數世紀以來的錯誤認知，人們將它稱為『海格力斯之柱』，據傳越過這個地方以後死亡者眾。」

你要知道，這個想法是錯誤的，因為人們還是可以航行到柱界之外，越過此界以後，水面看起來依然完全是平的，而且地球是圓的。從前的人類比較無知，甚至會讓海格力斯為了在該地立了那根柱子而感到羞愧，因為許多船隻仍然能夠越過此界，繼續航行。人們也可以往下抵達另一個半球，因為地球會把萬物往中心點吸引。地球確實因為一種神聖的奧祕而漂浮在眾星之間，另一半球的世界確實也有城市、城堡和帝國；只不過古人並不知道這些人的存在。你看到了嗎？太陽急著下沉到我說的那個地方，那裡正在等待它的到來……

那些人叫做對蹠點人，他們愛慕太陽、朱比特和戰神，和你們一樣有植物和動物，也常有爭戰。

里納爾多說：「既然我們講到這些，那再告訴我另一件事，阿斯塔洛特：這些對蹠點的人是不是亞當的後裔？從他們開始崇拜虛假偶像的那一刻起，他們要怎麼像我們一樣地拯救自己的靈魂？」阿斯塔洛特說：「別再問下去了，因為我只能解釋這麼多，而且你的問題似乎也不太聰明。」

因此，你認為你們的救世主是因為偏好你們這一邊，才讓亞當出現在這裡？是因為祂對你們的愛，耶穌才被釘在十字架上？你要知道，世上的每

義大利摩德納大教堂石雕博物館的排檔間飾浮雕，題為〈對蹠點〉，作者不詳，一般泛稱為「排檔間飾師」（Maestro delle Metope）。

一個人都因為十字架上的犧牲而獲得救贖。即便長期以來一直有誤解，你們所有的人難道不是愛慕著同樣的上帝？難道不是都因為上帝的憐憫而獲得救贖？

勞滕巴赫的馬內戈爾德（1040~1119?）〈駁布勞魏勒的沃夫夏〉Opusculum Contra Wolfelmum Coloniensem，收錄於《拉丁教父選集》Patrologia Latina，卷155，1103年，頁153~155

在過去，人們曾經接受這個世界存在著四塊人類居住地區的說法，而且各區塊之間相互無法往來，那麼，請你告訴我，該以何種方式來合理解釋聖使徒教會（亦即救世主）的道理？……祂為了拯救人類而來，如果我們

排除掉馬克羅比烏斯所謂住在另一區域的種族……那個救贖福音無法到達之地。

菲利普・皮加費塔（Filippo Pigafetta）《第一次環遊世界報告》Relazione del Primo Viaggio Intorno al Mondo，1524年

我們的老舵手馬魯可說，據傳這裡曾有一座叫做阿魯喀托的島，島上居民身高不到一肘，而且有著和身體一樣大的耳朵：其中一耳為床，另一耳為被，全身剃得精光，一絲不掛；他們善於奔跑，聲音很細；住在地底洞穴，吃魚和一種生長在樹幹和樹皮之間狀似碎花紙片的東西；不過由於水流湍急且暗潮洶湧，我們未曾去過該島。

第二章

聖經的世界

佚失的支派　西方人對聖經裡的巴勒斯坦及周邊地區都非常熟悉。耶利哥和伯利恆這兩座城市至今仍然存在，西奈半島、加里利海，以及摩西帶領他的人民穿越的紅海也一樣。然而，有一些聖經故事裡提到的地方只存在於傳說之中。

就拿以色列十二支派的故事來說好了。這十二支派的名號都很響亮，分別是流便、西緬、利未、猶大、但、拿弗他利、迦得、亞設、以薩迦、西布倫、約瑟、以及便雅憫。以色列人民由約書亞領導，在以色列地區重新安頓下來（約在公元前1200年），此後，整個國度被分割成十一個部分，每個部分分屬一個支派，其中的利未支派因為由祭司組成，所以不參與分配土地，由其他支派供養。

人數最多的猶大支派被分配到以色列國的南部地區。當時以色列人分裂成兩個王國，一個是猶大王國，一個是由其他十支派人民居住的以色列王國。以色列王國在公元前721年受到亞述帝國入侵，居民被驅逐到亞述帝國境內的其他地方，十支派的成員因此漸漸被各地區人民同化，終於失去一切蹤跡。儘管如此，對許多猶太人來說，重新找回失去的同胞仍舊是一個有待實現的計劃，一個與彌賽亞來臨時刻有關的理想。

根據傳說，這些佚失的支派之所以無法回到以色列，是因為上帝用傳說中的桑巴提安河將他們圍住。桑巴提安河的河水終日沸騰，巨大的石塊會從河底升上空中，砸在試圖從淺灘過河的人身上。桑巴提安河只有在週六才會緩和下來，不過沒有猶太人敢違反週六安息日的戒律，試圖在這天渡過平靜的河道。另一個傳說則提到，桑

尚·富凱（Jean Fouquet）繪製的所羅門聖殿建造圖，取自約1470年出版的《猶太古史》，目前目前收藏於巴黎法國國立圖書館，Ms. Fr. 247, f. 153v., 1470 ca., Paris,。圖中這座聖殿看起來像哥德式教堂。

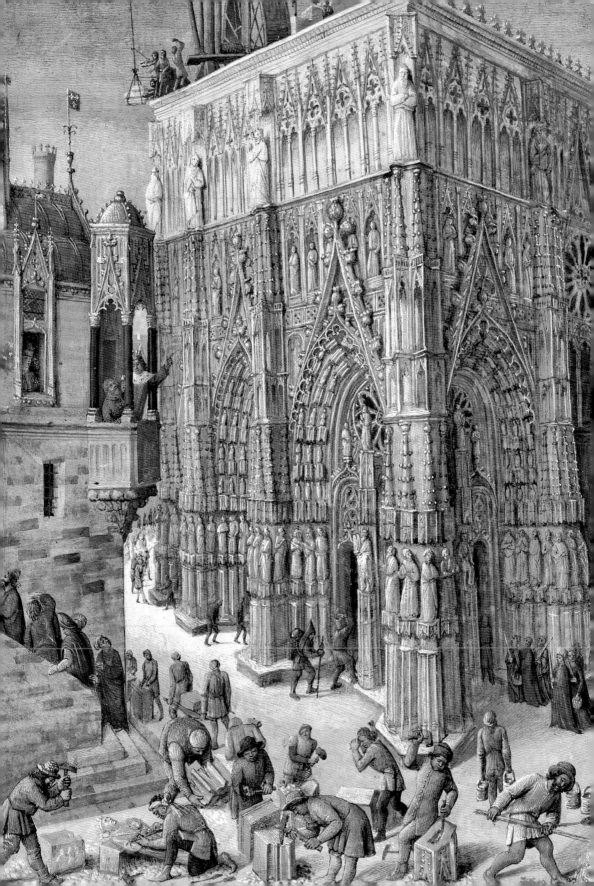

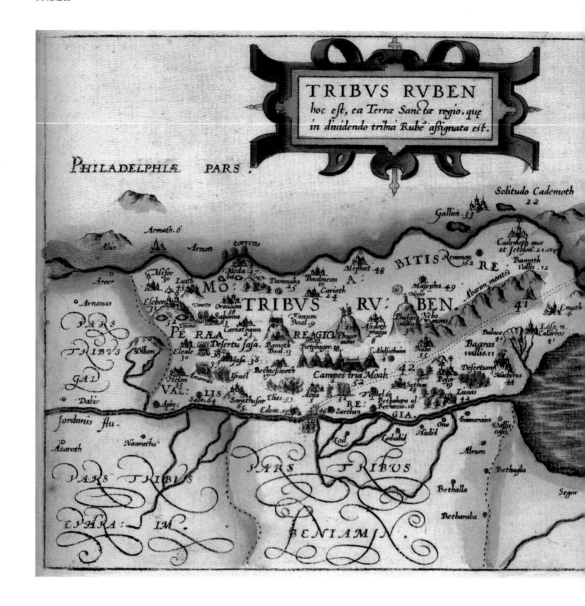

巴提安河裡流的是石塊和沙子，整條河裡都是石塊和泥沙不停翻攪，站在河岸上欣賞奇觀者，得要把臉遮住才不會搞得傷痕累累。

到了中世時期，猶太旅人艾達‧哈達尼（Eldad ha-Dani）在公元9世紀帶回了佚失支派的消息，據說這十個支派待在阿比西尼亞地區諸多河流的另一側，或者就在桑巴提安河的河岸。1165年，圖德拉的班哲明（Beniamino di Tudela）寫下了他某次前往波斯和阿

克里斯蒂安‧阿德里瓊姆（Christian Adrichom），〈以色列十二支派〉，1628年繪製。

下頁：丁托列托（Tintoretto），〈沙漠裡的猶太人〉，16世紀於威尼斯創作，陳列於聖大喬治教堂聖壇。

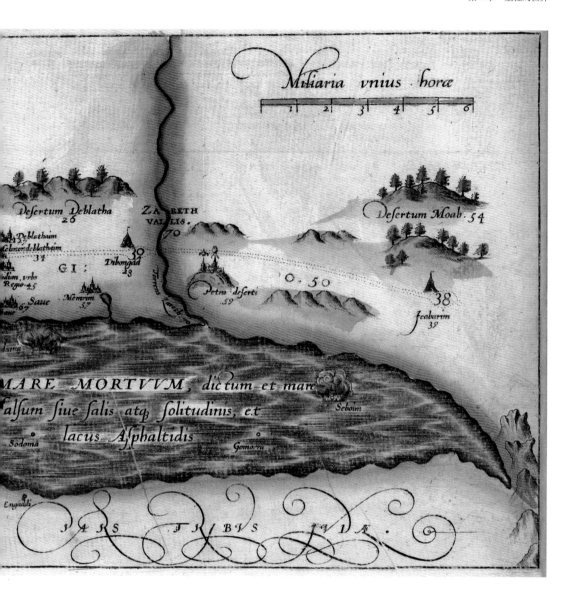

拉伯半島的遊記，提到曾無意間遇到一些猶太部落。然而，也有人曾經在其他意想不到的地方見過這些佚失支派的蹤跡。舉例來說，16世紀的西班牙教士巴托洛梅‧德拉斯‧卡薩斯（Bartolomé de Las Casas）在協助美洲印第安人抵抗西班牙征服者壓迫時，就聲稱這些印第安人是十個佚失支派的後裔；17世紀曾經出現一位名叫薩瓦塔伊‧塞維（Shabbatai Zevi）的謎樣卡巴拉先知，據說這位先

知終於跨越了桑巴提安河，他的追隨者於是宣告彌賽亞已經來臨，十個支派也將回歸。不幸的是，塞維的宣告並沒有產生太大的影響力，因為沒多久以後，他改信伊斯蘭教，對猶太社群的公信力也因此大打折扣。

這些佚失的支派而後又被認為可能位於喀什米爾，抑或是中亞、高加索地區、阿富汗一帶，或者哈扎爾帝國（哈扎爾帝國由突厥人建立，其人民在公元第8世紀改信猶太教）。因為那些地方有些地名和部落名稱可能源自希伯來文。其他還有一些說法甚至牽涉到祖魯人、日本人、馬來人等等。

在諸多假設之中最離奇的是認為十個佚失支派與不列顛三島有關。此說最早是由18世紀的理查‧布拉德斯（Richard Brothers, 1757~1824）提出的，這位假先知（聲稱自己是神的孫子）曾在精神病院度過許多年，也發起過一個千禧年運動。布拉德斯認為，不列顛三島的居民就是佚失支派的後裔。到了19世紀，愛爾蘭人約翰‧威爾森（John Wilson）發起不列顛以色列主義運動，他認為，在驅逐下倖存的猶太人從中亞地區經過黑海來到英格蘭（不列顛皇室就是大衛支派，亦即猶大支派的後裔）；該運動的支持者相信，不列顛人在遷徙過程中獲得了藍眼金髮，更有人不顧詞源學，將「薩克森人」（saxons）解釋為「以撒之子」（Isaac's sons）。這個運動在英語系國家流傳甚廣，至今仍有追隨者，而且支持這種血統說的著作也仍持續出現。

傳說的產生總是以歷史真相為基礎。在驅逐與離散的過程中，若有猶太支裔出現在亞洲和非洲之間，事實上也不是不可能的。這也是為什麼衣索比亞的猶太裔貝塔以色列人（在當地被稱為falasha，意指「流亡者」）會受到承認之故；根據貝塔以色列人的傳說，他們在所羅門聖殿毀壞以後遷移到阿比西尼亞（譯注：也就是衣索比亞）。目前大部分貝塔以色列人都已遷居以色列，他們被當作「但」支派的後裔。假使這些falasha真的是佚失支派的後裔，那麼，關於他們是來找尋聖物約櫃的傳說（據傳被保存在衣索比亞阿克蘇姆

皮耶羅·德拉·弗朗切斯卡（Piero della Francesca），〈所羅門與示巴女王會面〉，創作於1452至1466年間，陳列於義大利阿雷佐聖方濟教堂。

市），多少就顯得有些不合邏輯了。

所羅門、示巴女王、俄斐與神殿 　根據聖經記載，示巴女王（regina di Saba）受到所羅門王聲名遠播的智慧與輝煌宮殿所吸引，前往拜訪所羅門王。示巴女王這次造訪之事，成了無數藝術傑作的靈感，皮耶羅·德拉·弗朗切斯卡（Piero della Francesca）在義大利阿雷佐留下的壁畫就是其中之一。我們都知道所羅門王住在耶路撒冷，不過示巴女王從何而來呢？關於這一點，傳說更盛於史實，至於相關的歷史文獻，目前較完整的記載出現在舊約聖經〈列王紀〉。

人們後來得知，示巴女王就是阿拉伯人口中的比勒琪斯女王（regina Bilquis），而衣索比亞人則將她稱為瑪切達（Macheda），這個故事也在波斯流傳，可蘭經亦有記載。示巴女王在衣索比亞尤其被

視為國家神話，14世紀時在衣索比亞當地撰寫的《諸王榮耀》（*Kebra Nagast*）亦曾提及。

儘管聖經熱烈地描述了這次參訪，卻沒有提到所羅門王和示巴女王除了外交關係以外的事情，然而《諸王榮耀》除了記載示巴女王參訪以色列之後，決定再也不崇拜太陽，改信以色列的神，同時也表示，所羅門王和示巴女王落入情網，示巴女王因此生下孟尼利克（Menelik），這個名字是「智者之子」的意思，他就是所羅門支派的創始人；這也是衣索比亞帝國國旗上先後出現過猶大之獅和所羅門封印的原因，藉此展現出身於偉大國王直系後裔的驕傲。當然，基督教傳說絕對少不了約櫃（正如電影法櫃奇兵所示）。根據傳說，歷經滄桑的孟尼利克某日前往造訪父親，偷偷用一個木頭做的假約櫃將真正的聖物掉了包，最後將約櫃帶到衣索比亞的阿克蘇姆市。

讓我們試著做出幾個結論：根據其中一項傳說，示巴女王來自衣索比亞，不過這傳說也指出，示巴王國的位置大約在販香商隊從阿拉伯半島南部前往紅海的轉運交會處，大概是今日葉門所在的位置。而這一點也告訴我們，有關衣索比亞的概念在當時確實有點混淆（我們在另一個傳說中看到，祭司王約翰的國度從遠東被移到衣索比亞，也就不那麼令人意外了）。然而，既然有這麼多傳說都和衣索比亞有關，這不禁讓我們思考，衣索比亞應該曾是相當豐裕強大的國家。

〈歷代志下〉第9章敘述示巴女王故事的部分，講到示巴女王帶給所羅門的貢品時提到：「希蘭的僕人和所羅門的僕人從俄斐運來

了金子。」這裡說的俄斐（Ofir、Ofhir）到底在哪裡？聖經裡曾經多次提到過俄斐這個地方，而且它肯定是個港口。根據來自前伊斯蘭、阿拉伯和衣索比亞等三種不同的傳說，示巴女王將俄斐併入示巴王國，並用金磚打造之，因為周圍山區盛產黃金。猶太歷史學家弗拉維奧・約瑟夫斯（Giuseppe Flavio）在《猶太古史》卷1第6章表示俄斐位於阿富汗；葡萄牙探險家瓦斯科・達伽馬的旅伴托美・洛佩斯（Tomé Lopes）則推測，俄斐是文藝復興時期黃金交易重鎮大辛巴威的古名，然而大辛巴威遺址頂多只能追溯到中世紀。西班牙探險家阿爾瓦羅・孟達尼亞（Alvaro Mendaña）——我們稍後在講到未知南方大地的時候會再提到——在1568年發現所羅門群島時，以為自己找到了俄斐；英國詩人彌爾頓在《失樂園》中表示俄斐在莫三比克（卷11行399~401）；16世紀神學家貝尼托・阿里亞斯・蒙塔諾（Benito Arias Montano）認為俄斐在祕魯；到了19世紀，許多學者認為俄斐就是印度河河口的阿毗羅（Abhira），位於今日的巴基斯坦。還有一些人認為俄斐位於葉門，不過到頭來還是只能說俄斐位於示巴，實際位置並無定論。

　　以色列在1970年占領西奈半島沙姆沙伊赫（Sharm el-Sheikh，今為埃及地區蓬勃發展的旅遊勝地）的時候，曾將此地更名為俄菲拉（Ofira），意為「往俄斐」，認為這裡是聖經裡提到所羅門王的船隊運載豐富寶藏的路線會經過之處。俄斐也曾出現在英國小說家萊德・哈葛德（Rider Haggard）的代表作《所羅門王的寶藏》之中，只不過文中說俄斐位於南非；另外，泰山故事裡出現在非洲叢林裡的神祕城市歐帕，作家的靈感也是來自傳說中的俄斐。

　　因此，俄斐這個示巴女王的領地到底在哪裡，同樣是眾說紛紜，和本書提到的許多失落島嶼一樣，成了眾人遍尋不著的地方。

　　所羅門王在耶路撒冷建造的輝煌聖殿讓示巴女王大感驚奇，這座聖殿通常稱為第一聖殿，於公元前10世紀建造，在公元前586年被巴比倫國王尼布甲尼撒二世摧毀。猶太人結束巴比倫流亡後重回故地，於公元前536年開始重建，稱為第二聖殿，之後在公元前19年

左右由大希律王擴大修建，又在公元70年被羅馬皇帝提圖斯摧毀。儘管如此，第一聖殿仍然是許多傳說與情感投射的主角。

聖經中有兩處文字描述了第一聖殿，一處在〈列王紀上〉第6章，另一處為〈以西結書〉第40至41章有關神之幻象的部分。其中〈列王紀〉的記載比〈以西結書〉來得精確，而且根據一讀馬上就能理解的測量比例來描述聖殿。〈以西結書〉裡的描述就不怎麼清楚了，而且正因為它顯然前後不一致的描述，造成接下來許多世紀裡有許多聖經詮釋者作出各種大膽直觀的判讀。

為了詮釋以西結在幻象中見到的第一聖殿，中世紀寓言作家做了許多很有趣的努力；有人甚至試圖提供將第一聖殿完美重現的方法。當然，人們其實把〈以西結書〉的這些文字解讀成是在描述幻象即可，就像對於夢的記憶，夢中的形體會出現、變形、消失，而從文學的角度來看，想像著先知在某些致幻劑的影響下寫出這樣的文字，其實也挺有趣的。另一方面，以西結並沒有表示自己看到真正的建築物，而是某些「幾乎成形的結構」。不過猶太人們同樣也承認，要從〈以西結書〉的文字解讀出或多或少一致而合理的建築構造是不可能的。到了12世紀，拉比所羅門・便以撒（Rabbi Solomon ben Isaac）也同意，沒有人能夠從這些文字中了解北側空間如何配置，到底是從西邊的哪裡開始？在東邊的哪裡結束？從內側的哪裡開始，往外延伸多少（羅西瑙〔Rosenau〕，1979）——此外，舉例來說，多位早期基督教教父都曾表示，若要全憑書中記載的測量數據來理解〈以西結書〉所描述的第一聖殿建築規模，那麼門就得比牆還寬。

然而，逐字從字面上解讀〈以西結書〉的作法，對中世紀的人卻是必要的，因為這麼做才是遵循著源於聖奧古斯丁的解經原則；也就是說，當聖經裡出現了顯然過於詳盡且基本上是無用的表述時（例如數字和規模尺度等），解經者必須從中讀出它們所代表的寓意。因此，假使聖經裡提到有六肘長的蘆葦，這樣的敘述不僅是一種文字表達，更是一個早就由神安排好、驗證過的事實，讓我們能

拉斐爾（Raffaello），〈以西結的異象〉，約於 1518 年繪製，目前收藏於義大利佛羅倫斯彼提宮帕拉丁納美術館。

解讀出背後的寓意。所以，這座聖殿實際上應該要能根據這些敘述來重建，否則就表示聖經撒了謊。

　　現在讓我們試著一手拿尺，一手拿著單位轉換表，根據聖經經文來重構聖殿模型。曾經嘗試這麼作過的中世紀作家並沒有這類單位轉換表，而且他們手上的資料可能因為經過多次翻譯、抄錄而錯亂了。然而，即便是現在的建築師，要把這些文字指示轉化成設計

圖，其實也有困難。

也就是因為如此，聖維托爾的理查（Riccardo di San Vittore）才會為了將這座先知描繪的「幾乎成形的結構」表現出來，而在《以西結異象》（*In Visionem Ezechielis*）一書中努力重新計算繪製建築結構的平面圖和剖面圖，他認為，對同一物件的尺寸如果出現了兩處不一樣的描述時，其中一個必然是指整個建築物，另一個則是指其中一部分。他拚命想將這座「幾乎成形的結構」表現成中世紀石匠能夠據以重建的藍圖，卻注定要失敗，更遑論普拉多（Prado）和比利亞爾潘多（Villalpando, 1596）所提出的那種初始巴洛克風格的再詮釋。

從考古學觀點而言，這些重構都注定要失敗，其他評論家則只針對聖殿的神祕意涵加以討論，如此一來就不涉及建築設計實踐與否的問題。要不然，人們也可以自由發揮想像，就像中世紀的手抄本插畫家將它當成哥德式教堂來詮釋，又如圍繞著據傳被竊取祕密不成的工人所暗殺的神殿石匠海勒姆（Hiram）的傳說而來的石匠工坊文學，或者像是據傳為耶路撒冷聖殿保護者、因認為阿克薩清真寺座落在第一聖殿原址上而加以占領的聖殿騎士團故事。

以上這些例子都將所羅門聖殿這個真實存在過的場所轉化為傳奇之地，人們在其後許多世紀裡所做的努力都是想重建它——至少是在想像中——卻不曾試著找到它的確切所在地。三大宗教的信徒至今還是會前往耶路撒冷聖殿山朝聖，好像聖殿依舊存在一樣：猶太人沿著哭牆祈禱，那是被古羅馬皇帝提圖斯摧毀的第二聖殿遺跡；基督徒將注意力放在聖墓上；穆斯林前往建造於公元7世紀、目前仍完好無損的圓頂清真寺；而第一聖殿終究是永遠失去了。

三賢士從何而來？又往何處去？　在聖經故事中，大概沒有比三賢士（magi）更具傳奇性的故事了。這個故事為無數藝術傑作提供靈感，也使無數孩童對其盡情想像，以至於再也沒有人會去問三賢士是否真的存在的問題，畢竟這個問題其實屬於歷史學家、聖經專家

漢斯‧梅姆林（Hans Memling），〈弗羅萊恩斯三聯畫〉主幅，以三賢士的禮拜為題，繪製於1474至1479年間，目前收藏於比利時布魯日梅姆林博物館。

或神話學家的範疇。無論如何，他們曾短暫地出現在兩個傳說地點之間，其一為他們所來之處，另一個則是他們的墓地。

　　至於歷史文獻方面，〈馬太福音〉是基督教正典中唯一一個描述賢士故事的來源。馬太福音並沒有說賢士有三位，也沒說他們是王，只說有人從東方追隨伯利恆之星到來，並帶著黃金、乳香與沒藥為禮；以及賢士拒絕將聖嬰之所在告訴希律王。我們頂多只能從馬太福音所說的三樣禮物去推測賢士有三人。

　　將賢士視為王，並且試圖在東方國家中尋找他們的確切來源地，應該是後來的事情，而且只在未納入聖經正典的次經裡才有相關記載。阿拉伯文獻中也曾提及三王之事，舉例來說，公元9世紀的百

科全書作家塔巴里（al-Tabari）在提到賢士奉獻的禮物時，曾以公元7世紀作家瓦哈布・本・穆納比（Wahb ibn Munabbih）的著作為根據。

另一方面，無論〈馬太福音〉是誰寫的，這些文字都是在公元1世紀末葉才寫下的，因此，在耶穌誕生時，聖馬太或福音的作者都還沒出生，所以這只能是根據二手資料撰寫的。因此，早在福音書出現之前，關於賢士的故事早就以某種方式流傳著，甚至在基督信仰形成之前就已經出現了。希爾德斯海姆的約翰（Giovanni di Hildesheim，14世紀的賢士傳記作者）認為古代亞美尼亞王國境內的瓦奧斯山（Vaus）是諸賢士旅程的起點，也是他們觀測天象的地方。這個地方也叫做維托里亞勒（Vittoriale），就是現在伊朗境內的撒巴蘭火山，亦即古亞美尼亞帝國境內亞達爾拜岡地區的最高峰。據傳，瑣羅亞斯德教的祭司和占星家會登上聖山，在山上等待一顆與神靈降世預言相關的星辰。事實上，義大利文的賢士「magi」一字來自希臘文的「magos-magoi」，所指的可能是波斯瑣羅亞斯德教的祭司（參見公元前5世紀古希臘作家希羅多德的作品），這不免讓我們想到福音書提到的星象觀察者，不過也可能意指智者——雖然在新約聖經裡（例如〈使徒行傳〉）這個詞也被用來指稱巫師（異教徒西門就被稱為Simon Magus）。這些賢士可能來自波斯，不過也有可能來自巴比倫尼亞南部的迦勒底地區，希爾德斯海姆的約翰則認為他們來自印度半島，不過也提到他們可能來自非洲的努比亞地區，因此，關於賢士從何而來的問題，地區範圍大得令人驚訝——這也因為希爾德斯海姆的約翰根據那個時代的傳統而將賢士的故事和傳說中祭司王約翰的國度連在一起[1]，也就因此把這範圍擴張到遠東的某個地區。在所有傳說中大致共通的部分，就是這三賢士中一位是波斯的白種人，一位是阿拉伯人，以及一位黑人，藉此暗指普世性救贖的概念。

關於賢士人數的傳言非常多，有時是兩個，有時是十二個，也就是霍爾米德茲、葉茲底格德、卑路斯、荷爾、巴桑德、卡倫達斯、

注1：參閱第四章。

梅爾科、卡斯巴、法迪札爾達、比斯薩拉、梅里喬爾和迦塔斯帕。在西方世界裡最後流傳下來的說法裡，三賢士分別叫作迦斯帕、梅里基奧爾和巴爾薩澤。不過，對天主教衣索比亞分支來說，三賢士卻是荷爾、巴桑那特和卡爾蘇丹；敘利亞的基督教徒則認為是拉爾岡達、荷爾米斯達斯和古脅那薩夫；在匝加利亞‧克里索坡里塔諾（Zaccaria Crisopolitano, 1150）的〈協同福音〉裡則是阿佩柳斯、阿美魯斯和大馬斯庫斯；或是以希伯來文書寫的馬迦拉斯、迦爾迦拉斯和薩拉信。

此外，將賢士尊奉為王這件事，則是在人們將主顯節與〈詩篇〉第72章的預言連結起來之後，才透過主顯節的禮儀傳統確立的（本書後面章節也會以撒冷王麥基洗德為例來探討王權與神職緊密融合的現象）。〈詩篇〉第72章是這麼寫的：「他施和海島的王要進貢，示巴和西巴的王要獻禮，諸王都要叩拜他，萬國都要事奉他。」

安葬賢士的故事也許更有意思。馬可波羅說自己曾在示巴城造訪賢士之墓，不過我們還有比馬可波羅早了一個世紀的歷史證詞。當神聖羅馬帝國皇帝腓特烈一世在1162年攻滅米蘭城時，曾在聖尤斯托喬教堂找到一座石棺（石棺目前仍存在，不過是空的），據說這石棺裡裝的就是三賢士的遺體。據傳，公元4世紀的尤斯托喬主教希望自己有朝一日能葬在賢士旁邊，因而從君士坦丁堡聖索菲亞大教堂取得他們的遺體（君士坦丁大帝的母親聖海倫納前往耶路撒冷朝聖時，發現賢士的遺體並帶回君士坦丁堡）。在更早之前，據傳賢士被葬在波斯，也就是馬可波羅聲稱發現賢士之墓的地方。

在米蘭發現賢士遺體的人，是腓特烈一世攻進米蘭時的大臣——達賽爾的萊納爾德（Rainaldo di Dassel）。他知道，從經濟的角度來看，一件聖物可以替一個城市帶來絡繹不絕的朝聖人潮，因此才將賢士遺體運到科隆大教堂，而世人至今仍然能在科隆大教堂內看到賢士的聖龕。米蘭人長久以來一直抱怨這次強奪聖物之事（義大利作家博維辛‧德拉里瓦就指責過），試圖索回這些珍貴遺體卻無

計可施：直到1904年，科隆大主教才提供一部分遺體（兩塊腓骨、一塊脛骨和一塊椎骨），讓米蘭大主教慎重地將它們放回聖尤斯托喬教堂內。然而，當年將賢士遺體從義大利運往德國途中，許多地方都獲得了遺體的一部分，因此多了好幾座賢士之墓（每座墓都有屬於每位賢士的一塊硬骨或軟骨）。生前是朝聖者的三賢士，死後卻四散漂泊，所以這世上才會出現這麼多紀念處。

保羅‧維羅內塞（Paolo Veronese），〈示巴女王〉局部特寫，繪於1580~1588年間，目前收藏於義大利杜林市薩包達美術館。

示巴女王

舊約聖經

〈列王紀上〉第10章第1節開始

示巴女王聽見所羅門因耶和華之名所得的名聲，就來要用難解的話試問所羅門。跟隨他到耶路撒冷的人甚多，又有駱駝馱著香料、寶石，和許多金子。他來見了所羅門王，就把心裡所有的對所羅門都說出來。所羅門王將他所問的都答上了，沒有一句不明白、不能答的。

示巴女王見所羅門大有智慧，和他所建造的宮室，席上的珍饈美味，群臣分列而坐，僕人兩旁侍立，以及他們

的衣服裝飾和酒政的衣服裝飾，又見他上耶和華殿的臺階，就詫異得神不守舍。

對王說：我在本國裡所聽見論到你的事和你的智慧實在是真的！我先不信那些話，及至我來親眼見了才知道人所告訴我的還不到一半。你的智慧和你的福分越過我所聽見的風聲。你的臣子、你的僕人常侍立在你面前聽你智慧的話是有福的！耶和華—你的神是應當稱頌的！他喜悅你，使你坐以色列的國位；因為他永遠愛以色列，所以立你作王，使你秉公行義。於是，示巴女王將一百二十他連得金子和寶石，與極多的香料，送給所羅門王。他送給王的香料，以後奉來的不再有這樣多。希蘭的船隻從俄斐運了金子來，又從俄斐運了許多檀香木和寶石來。王用檀香木為耶和華殿和王宮做欄杆，又為歌唱的人做琴瑟。以後再沒有這樣的檀香木進國來，也沒有人看見過，直到如今。示巴女王一切所要所求的，所羅門王都送給他，另外照自己的厚意餽送他。於是女王和他臣僕轉回本國去了。所羅門每年所得的金子共有六百六十六他連得。另外還有商人和雜族的諸王，與國中的省長所進的金子。

所羅門王用錘出來的金子打成擋牌二百面，每面用金子六百舍客勒；又用錘出來的金子打成盾牌三百面，每面用金子三彌那，都放在利巴嫩林宮裡。

王用象牙製造一個寶座，用精金包

裹。寶座有六層臺階，座的後背是圓的，兩旁有扶手，靠近扶手有兩個獅子站立。六層臺階上有十二個獅子站立，每層有兩個：左邊一個，右邊一個；在列國中沒有這樣做的。所羅門王一切的飲器都是金子的。利巴嫩林宮裡的一切器皿都是精金的。所羅門年間，銀子算不了什麼。因為王有他施船隻與希蘭的船隻一同航海，三年一次，裝載金銀、象牙、猿猴、孔雀回來。

所羅門王的財寶與智慧勝過天下的列王。普天下的王都求見所羅門，要聽神賜給他智慧的話。他們各帶貢物，就是金器、銀器、衣服、軍械、香料、騾馬，每年有一定之例。（新標點和合本）

所羅門聖殿的規模

舊約聖經
〈以西結書〉第40至41章

我們被擄掠第二十五年，耶路撒冷城攻破後十四年，正在年初，月之初十日，耶和華的靈降在我身上，他把我帶到以色列地。在神的異象中帶我到以色列地，安置在至高的山上；在山上的南邊有彷彿一座城建立。他帶我到那裡，見有一人，顏色如銅，手拿麻繩和量度的竿，站在門口……

寬一竿。又量門廊，寬八肘，牆柱厚二肘；那門的廊子向著殿。

桑提·狄托（Santi di Tito），〈建造所羅門聖殿〉，繪於16世紀，位於義大利佛羅倫斯至聖報喜教堂聖路加會禮拜堂。

東門洞有衛房：這旁三間，那旁三間，都是一樣的尺寸；這邊的柱子和那邊的柱子，也是一樣的尺寸。他量門口，寬十肘，長十三肘。衛房前展出的境界：這邊一肘，那邊一肘；衛房這邊六肘，那邊六肘。又量門洞，從這衛房頂的後簷到那衛房頂的後簷，寬二十五肘；衛房門與門相對。又量廊子六十肘，牆柱外是院子，有廊為界，在門洞兩邊。從大門口到內廊前，共五十肘。衛房和門洞兩旁柱間並廊子，都有嚴緊的窗櫺；裡邊都有窗櫺，柱上有雕刻的棕樹。

他帶我到外院，見院的四圍有鋪石地；鋪石地上有屋子三十間。鋪石地，就是矮鋪石地在各門洞兩旁，以門洞的長短為度。他從下門量到內院外，共寬一百肘，東面北面都是如

57

此。他量外院朝北的門，長寬若干。門洞的衛房，這旁三間，那旁三間。門洞的柱子和廊子，與第一門的尺寸一樣。門洞長五十肘，寬二十五肘。其窗櫺和廊子，並雕刻的棕樹，與朝東的門尺寸一樣。登七層臺階上到這門，前面有廊子。

內院有門與這門相對，北面東面都是如此。他從這門量到那門，共一百肘。他帶我往南去，見朝南有門，又照先前的尺寸量門洞的柱子和廊子。門洞兩旁與廊子的周圍都有窗櫺，和先量的窗櫺一樣。門洞長五十肘，寬二十五肘。登七層臺階上到這門，前面有廊子；柱上有雕刻的棕樹，這邊一棵，那邊一棵。內院朝南有門。從這門量到朝南的那門，共一百肘。

他帶我從南門到內院，就照先前的尺寸量南門。衛房和柱子，並廊子都照先前的尺寸。門洞兩旁與廊子的周圍都有窗櫺。門洞長五十肘，寬二十五肘。周圍有廊子，長二十五肘，寬五肘。廊子朝著外院，柱上有雕刻的棕樹。登八層臺階上到這門……

他帶我到殿那裡量牆柱：這面厚六肘，那面厚六肘，寬窄與會幕相同。門口寬十肘。門兩旁，這邊五肘，那邊五肘。他量殿長四十肘，寬二十肘。

他到內殿量牆柱，各厚二肘。門口寬六肘，門兩旁各寬七肘。他量內殿，長二十肘，寬二十肘。他對我說：這是至聖所。他又量殿牆，厚六肘；圍著殿有旁屋，各寬四肘。旁屋有三層，層疊而上，每層排列三十間。旁屋的梁木擱在殿牆坎上，免得插入殿牆。這圍殿的旁屋越高越寬；因旁屋圍殿懸疊而上，所以越上越寬，從下一層，由中一層，到上一層。

我又見圍著殿有高月臺。旁屋的根基，高足一竿，就是六大肘。旁屋的外牆厚五肘。旁屋之外還有餘地。在旁屋與對面的房屋中間有空地，寬二十肘。旁屋的門都向餘地：一門向北，一門向南。周圍的餘地寬五肘。在西面空地之後有房子，寬七十肘，長九十肘，牆四圍厚五肘。這樣，他量殿，長一百肘，又量空地和那房子並牆，共長一百肘。殿的前面和兩旁的空地，寬一百肘。他量空地後面的那房子，並兩旁的樓廊，共長一百肘。

內殿、院廊、門檻、嚴緊的窗櫺，並對著門檻的三層樓廊，從地到窗櫺，直到門以上，就是到內殿和外殿內外四圍牆壁，都按尺寸用木板遮蔽。牆上雕刻基路伯和棕樹。每二基路伯中間有一棵棕樹，每基路伯有二臉。這邊有人臉向著棕樹，那邊有獅子臉向著棕樹，殿內周圍都是如此。從地至門以上，都有基路伯和棕樹。殿牆就是這樣。

殿的門柱是方的。至聖所的前面，形狀和殿的形狀一樣。壇是木頭做的，高三肘，長二肘。壇角和壇面，並四旁，都是木頭做的。他對我說：這是耶和華面前的桌子。

殿和至聖所的門各有兩扇。每扇分兩

扇，這兩扇是摺疊的。這邊門分兩扇，那邊門也分兩扇。殿的門扇上雕刻基路伯和棕樹，與刻在牆上的一般。在外頭廊前有木檻。廊這邊那邊都有嚴緊的窗櫺和棕樹；殿的旁屋和檻就是這樣。（新標點和合本）

賢士從何而來

新約聖經

〈馬太福音〉第 2 章第 1 至 14 節

當希律王的時候，耶穌生在猶太的伯利恆。有幾個博士從東方來到耶路撒冷，說：那生下來作猶太人之王的在哪裡？我們在東方看見他的星，特來拜他。希律王聽見了，就心裡不安；耶路撒冷合城的人也都不安。他就召齊了祭司長和民間的文士，問他們說：基督當生在何處？他們回答說：在猶太的伯利恆。因為有先知記著，說：猶大地的伯利恆啊，你在猶大諸城中並不是最小的；因為將來有一位君王要從你那裡出來，牧養我以色列民。當下，希律暗暗的召了博士來，細問那星是什麼時候出現的，就差他們往伯利恆去，說：你們去仔細尋訪那小孩子，尋到了，就來報信，我也好去拜他。他們聽見王的話就去了。在東方所看見的那星忽然在他們前頭行，直行到小孩子的地方，就在上頭停住了。

他們看見那星，就大大的歡喜；進了房子，看見小孩子和他母親馬利亞，就俯伏拜那小孩子，揭開寶盒，拿黃金、乳香、沒藥為禮物獻給他。博士因為在夢中被主指示不要回去見希律，就從別的路回本地去了。他們去後，有主的使者向約瑟夢中顯現，說：起來！帶著小孩子同他母親逃往埃及，住在那裡，等我吩咐你；因為希律必尋找小孩子，要除滅他。約瑟就起來，夜間帶著小孩子和他母親往埃及去。（新標點和合本）

希爾德斯海姆的約翰

《三賢士的歷史》*Historia de Gestis et Translatione Trium Regum*，1477 年

三王的國度位於印度地區，他們領土的四周都是遍布可怕沼澤的島嶼，沼澤中長著堅韌的蘆葦，當地人會拿這些蘆葦來建造房屋和船隻。這些地方有許多不同於他處的植物和動物，人們若要在島嶼之間移動，得面臨巨大的困難和危險。

首先是梅爾基奧爾統治的努比亞王國，他也擁有阿拉伯，包括西奈山和紅海；人們很容易就能渡過紅海在敘利亞、埃及和印度之間航行。然而，蘇丹不允許印度之王祭司王約翰收到任何基督教國王的信，以避免他們陰謀串通。基於同樣的原因，祭司王約翰也嚴格控制，確保沒有人通過他的領土前往蘇丹的國度。因此，要前往印度的人，被迫取道波斯，得經過一段漫長且艱苦的旅程才能抵達目的

+SCS BALTHASSAR +SCS MELCHIOR +SCS GASPAR.

地。那些越過紅海的人曾說，那裡的海底是紅色的，海水表面因此而呈現出紅酒的顏色，不過海水本身和其他水的顏色並無二異。再者，紅海的海水也是鹹的，而且清澈到足以看見海底深處的石塊和魚兒。紅海的寬度將近四至五英里，呈三角形，潮水不斷向外流。以色列子民離開陸地出發渡海的地方是紅海最寬的地方，那裡分出另一條河流，旅行者能夠順著它從印度前往埃及。阿拉伯的土地幾乎都是紅色的，此地的岩石、木頭與所有產物，大多也是紅色的。在這裡蜿蜒細長的礦脈中可以找到品質絕佳的黃金，此外，有一座山上蘊藏著祖母綠，人們想盡辦法努力去開採它。

這片曾經屬於阿拉伯的土地，原為祭司王約翰的領地，不過現在幾乎全都被蘇丹占領。儘管如此，蘇丹還是持續向祭司王約翰進貢，因為祭司王約翰允許來自印度的貨品安全地通過他的領地……

其次是巴爾薩澤統治的革達里雅王國，示巴王國也是他的領地，那裡盛產珍貴香料和某種樹脂製成的焚香，他帶給神的禮物是乳香。

第三個則是加斯帕統治的塔爾西斯王國，他獻給神的禮物是沒藥。聖多馬

東方三賢士（I re Magi），公元 6 世紀，位於義大利拉芬納的聖阿波里納新教堂。

遺體長眠的艾格里綏拉島也是迦斯帕的領地，這裡的沒藥品質比其他地方都來得好，在樹上看起來像是穀物熟黃的垂穗。

來自這三個國度的三王，把這些來自其領土的產物獻給耶和華，因此大衛王的預言才會說：「塔爾西斯與島嶼之王會獻上禮物，阿拉伯與示巴的王會帶來貢品。」無論哪一段文字，都沒有提到最大王國的名稱，因為三王之中的每一個王，都擁有兩個王國。梅爾基奧爾是努比亞與阿拉伯的王，巴爾薩澤是戈多利亞與示巴的王，迦斯巴是塔爾西斯與艾格里綏拉島的王。

馬可波羅與三王之墓

馬可波羅

《馬可波羅遊記》*Il Milione*，1298年，頁30~31

波斯有個叫做示巴的地方，三賢士就是從那裡出發，在神子降臨時前往禮拜。在那個城市裡，三賢士被葬在三座美麗而壯觀的墓裡，至今遺體完整，連鬍子和頭髮都還在：其中一名叫做巴爾薩澤、一是迦斯帕、第三位是梅爾基奧爾。馬可波羅曾在城裡多次詢問有關三賢之事：人們只知道三賢在很久以前就葬於此地，除此以外一無所知。

繼續往前旅行三天，他到了一個名叫

卡拉薩塔的城堡，這個名字在法文裡的意思是「拜火者的城堡」；城堡裡的那些人真的崇拜火，我會告訴你們為什麼。那個城堡的人說，在古代，那地區的三個王在一位先知出生時前往參拜，並且帶了三樣禮物，也就是黃金、乳香和沒藥，以了解這位先知到底是人間之王？是神？還是永恆的君主？他們抵達聖嬰出生地之後，年紀最輕的王先進去參拜，發現聖嬰的形貌年齡與他相仿；之後，年齡居中與最長的王先後進去參拜，每個人都看到類似的景象，發現聖嬰的形貌年齡與自己相仿。

三人互相描述了自身所見，驚訝之餘，決定一起進去再參拜一次；他們一起進去，看到了真實的景象，也就是一個十三日大的嬰孩。三王獻出了黃金、乳香與沒藥，聖嬰將禮物全收了下來；然後，聖嬰給了他們一個闔上的小匣子。然後，三王就踏上返鄉的旅程。

三王啟程騎行幾日以後，想起了聖嬰給他們的匣子。他們把匣子打開，發現裡面放了一顆石頭。聖嬰給他們這顆石頭的意思，是告訴他們，信仰應堅如磐石。看到石頭的時候，他們感到驚訝，由於不了解箇中涵意，便把石頭丟入深井中；他們一把石頭丟下去，天空就降下火焰，直接打入井中。三王看到這個奇景，突然領悟到上帝的教誨，對自己的作為感到沮喪，於是馬上拿起這個火種，將它帶回他們的國度並供奉在一間教堂中。

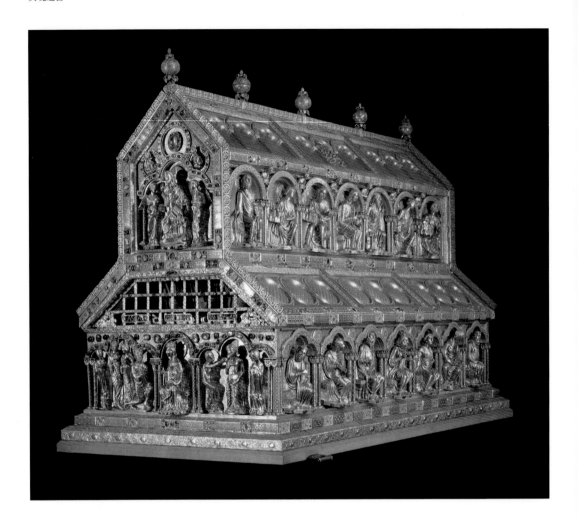

他們將這火視為上帝來崇敬；所有的獻祭品都用此火來焚燒；每當火焰熄滅時，他們會去附近有同樣信仰的城市求火，奉歸本城的禮拜堂中，絕對不用其他火源來點燃。城堡裡的人告訴馬可波羅，這就是他們真實的歷史故事，而這三王之一來自示巴，另一個來自亞瓦，第三位則是這個拜火城堡的王。

三王遺骨被竊

博維辛・德拉里瓦（Bonvesin de la Riva，13世紀）

《米蘭城的偉大寶藏》*De Magnalibus Urbis Mediolani*，卷4

在腓特烈一世毀了米蘭城以後，為了懲罰米蘭人的忠貞信仰，這些教會的敵人搶走了在公元314年由聖尤斯托

尼可拉斯・凡爾登（Nicolas di Verdun），〈三賢士之棺〉，1181年創作，目前藏於德國科隆大教堂。

喬帶回米蘭的東方三賢士遺骨。

我們米蘭人這麼努力，到底換來了什麼報酬：我們因為信仰忠誠而與教會的反叛者對抗，卻因此失去了這樣的寶藏！對於這片土地上的人民來說，失去這個寶物真是莫大災禍，然而人們卻忙著交相指責，不去尋找怎麼彌補這等恥辱、將寶物光榮帶回的方法，只知針對教會法典爭論不休。如果我能向米蘭城的諸位主教進言，我寧願說：「禍哉，米蘭的大主教，因為他不顧聖人遺骨尚且遺落在外的事實，未能施展教會的力量將其取回。那些聖物並不是因為市民的過失才失去的，而是因為市民憑藉著絕對且堅定不移的忠誠捍衛教會，才導致的災禍！」米蘭建城比羅馬晚了兩百年，自米蘭在公元前504年建城以來，我認為，沒有比這三賢士遺骨被劫持還更讓人感到恥辱之事。

W·BOVGVEREAV·1873·

第三章

荷馬的世界與古代七大奇蹟

左：威廉－阿道夫・布格羅（William-Adolphe Bouguereau），〈精靈與森林之神〉，約 1873 年創作，目前收藏於美國麻薩諸塞州威廉斯鎮的斯特林暨弗朗辛・克拉克藝術學院。

右：安德烈・曼特尼亞（Andrea Mantegna），〈帕納塞斯山〉，1497 年創作，目前收藏於法國巴黎羅浮宮。

　　我們對希臘神話裡的世界非常熟悉：阿提卡地區、奧林帕斯山；故事裡的河流、湖泊、森林、海洋等。除此之外，希臘人的想像力還不停地把將這世界的每一個角落都轉化為傳奇之地。在希臘神話中，奧林帕斯山是眾神的住所，精靈（ninfe）則住在湖泊與山林間：俄瑞阿得（Oreadi）是山之精靈，德律阿得（Driadi）寄宿在植物上，伊德里阿得（Idriadi）是水之精靈，涅瑞伊得（Nereidi）是海之精靈，克萊尼伊（Creneidi）與佩吉伊（Pegee）是泉之精靈，還有天空精靈普勒阿得（Pleiadi）。

安尼巴萊、阿戈斯蒂諾與盧多維科・卡拉齊（Annibale, Agostino e Ludovico Carracci），〈伊阿宋得到金羊毛〉，繪於16世紀，目前收藏於義大利波隆納的法瓦宮博物館。

安尼巴萊、阿戈斯蒂諾與盧多維科・卡拉齊，〈建造阿爾戈號〉，16世紀繪於義大利波隆納的法瓦宮博物館。

　　更不用說希臘神話裡還有許許多多半人半獸的森林之神（satiri）、英雄以及與某些特定地方有關的較低階神祇……因此，若不是我們現在早已認識其中大部分的地區，整個希臘世界——雖然現在早已被神靈拋棄了——也許都能成為傳奇地域研究的題材。我們今天已經不需要去猜測特洛伊城或阿伽門農宮殿位於何處，也很清楚伊阿宋為了尋找金羊毛而前去的科爾基斯究竟在哪裡，還有許多觀光客會前往阿爾戈斯和邁錫尼旅遊。儘管如此，世人對這些地方仍然充

多索‧多西（Dosso Dossi），〈女巫喀耳刻〉，繪於16世紀，目前收藏於義大利羅馬波各賽美術館。

滿了想像，它們具有和不存在的地方同樣的特質。因此，世人才會不斷地討論尤利西斯到底在流浪的過程中去過哪些地方。我們知道，尤利西斯去過的地方應該都近在眼前，全都位於愛奧尼亞海到直布羅陀海峽之間，然而我們至今依然在討論，到底哪些真實地點可以對應到《奧德賽》裡出現的地方。

尤利西斯的世界　讓我們跟著尤利西斯的腳步重新上路，如同現今

百科全書中所羅列之地,試著找出他冒險遊歷的每個地點。在被海之女神卡呂普索在奧傑吉厄島上囚禁了七年以後,尤利西斯逃離該島,經歷一場暴風雨,輾轉來到費阿刻斯人居住的斯克里亞島。這個斯克里亞島應該是現今的科孚島,與現在的伊薩卡相距不遠。尤利西斯在斯克里亞島向阿爾喀諾俄斯國王敘述了他過去幾年的冒險:遇上了吃忘憂果的人(也許位於利比亞海岸)、他和獨眼巨人波呂斐摩斯的故事(可能在西西里島)、停留在風神埃俄羅斯的島嶼、登陸巨食人族拉斯忒呂戈涅斯出沒的坎帕尼亞地區海岸、在拉齊奧地區齊耳切奧山的喀耳刻女神的島上生活了一年、抵達辛梅里安人的國度並前往冥府一遊、穿越拿坡里海灣裡塞壬女妖出沒的島嶼、之後又冒險通過女海妖斯庫拉與卡律布狄斯大漩渦之間的通道墨西拿海峽,經過太陽神牧牛的特里納克里亞島,從可怕海難中倖存後登上位於摩洛哥海岸的奧傑吉厄島,並在該島成為女神卡呂普索的情人與俘虜,待了很長的一段時間,然後才來到費阿刻斯人的島嶼,再回到伊薩卡。

我們可以用現代的地圖來重建尤利西斯的環遊路徑,不過尤利西斯真的曾經到過這些地方嗎?今日由海路抵達希臘的觀光客,當他們從遠處眺望伊薩卡的時候,可以感受到一股荷馬史詩的情懷。然而,現在的伊薩卡果真是尤利西斯那時的伊薩卡?即使古希臘地理學家斯特拉波曾在公元1世紀確認了伊薩卡的位置,許多現代學者卻認為現在的伊薩卡並不符合荷馬的描述;例如荷馬筆下的伊薩卡位於平原,不過現在的伊薩卡卻是山地。因此才會有人推測,尤利西斯的家鄉比較可能是現在的萊夫卡斯島。

假使連尤利西斯的故鄉在哪裡都無法確認,更別說荷馬在《奧德賽》裡提到的其他地方了。

我們如果追索重建尤利西斯遊歷行程的稀奇古怪理論——沃爾夫(Wolf)在1990年指出這些理論有八十個之多——會發現16世紀製圖家奧特柳斯(Abraham Ortelius)的《古史地圖集》極可能首次嘗試描繪出尤利西斯的足跡。對奧特柳斯來說,尤利西斯遊歷的範圍遠比眾人的想像來得有限,根本沒有超過西西里島(吃忘憂果的人

皮耶‧弗朗切斯科‧齊塔迪尼(Pier Francesco Cittadini),又稱米蘭內塞(Milanese),〈尤利西斯與喀耳刻〉,繪於17世紀,目前收藏於義大利波隆納的提齊安娜‧薩梭里古美術館。

阿諾德‧波克林(Arnold Böcklin),〈尤利西斯與卡呂普索〉,繪於1882年,目前收藏於瑞士巴塞爾市立美術館。

〈航行中的尤利西斯的船與他的同伴〉，拼貼畫，創作於公元 3 世紀，目前收藏於突尼西亞突尼斯市的巴爾多博物館。

也在這個島上）與義大利半島，辛梅里安人的國度與卡呂普索之島都在義大利半島上；更別說奧傑吉厄島的位置也從摩洛哥海岸移到大致在今日的塔蘭托海灣一帶，這樣子多少就可以解釋為何一個海難倖存者會在斯克里亞島登岸。如此看來，奧特柳斯所依據的古老史料可能認為奧傑吉厄島很接近義大利卡拉布里亞地區的克羅托內島。

然而，在1667年，地理學家皮埃爾・杜瓦爾（Pierre Duval）畫了另一張地圖，認為吃忘憂果的人應該在非洲海岸。假使我們一一研究19世紀的各種重構，我們會發現奧傑吉厄島被放在於巴爾幹半島，辛梅里安人和卡呂普索則在黑海地區。英國小說家塞繆爾・巴特勒（Samuel Butler, 1897）除了推測荷馬事實上可能是位女性之外，也提出伊薩卡位於西西里島的特拉帕尼的說法；還有一位化名「歐墨魯斯」（Pseudo-Eumaius, 1898）的人曾斷言，尤利西斯曾經繞行非洲並發現了美洲──不過一般認為這個說法是具有戲謔意味的。

這場重構旅程的比賽，即使到現在還在繼續進行。漢斯・史陶爾瓦爾德（Hans Steuerwald, 1978）認為尤利西斯曾抵達英格蘭西南部的康瓦爾郡與蘇格蘭，所以喀耳刻女神島上生產的酒應該是純粹的蘇格蘭威士忌；漢學家胡伯特・道尼希特（Hubert Daunicht, 1971）分析了《奧德賽》與一些中國故事之間的相似之處，將尤利

化名歐墨魯斯（Pseudo-Eumaios），〈尤利西斯繞行非洲並發現美洲〉，繪於1898年，目前收藏於法國巴黎國立圖書館。

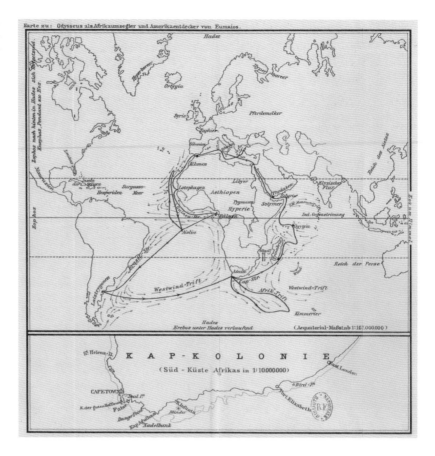

西斯的足跡延伸到中國、日本和韓國；克莉絲汀・佩雷希（Christine Pellech, 1983）更是認為尤利西斯早已發現了麥哲倫海峽與澳洲。近年來，費里切・文奇（Felice Vinci, 1995）則表示，《奧德賽》的所有旅程都介於地中海和波羅的海之間。

　　如果探討尤利西斯旅程的理論真的有八十個，我們的研究大可以就此打住，把討論範圍侷限在最常被提到的一個上頭（這個理論給了愛爾蘭作家喬伊斯靈感，寫下《尤利西斯》，利用故事主人翁在都柏林的一天重構了希臘英雄的整個旅程），這裡指的是《奧德賽》法文版譯者維克多・貝拉爾（Victor Bérard）的幾本著作，其中以《尤利西斯的航程》（Les Navigations d'Ulysse）尤其為人稱道。

　　貝拉爾堅信荷馬的描述是以腓尼基人在地中海地區的航行經驗為根據，然而他重構的旅行路線卻飽受批評，因為他雖然實際按自己

描述的行程走了一遭，卻是用現代的船隻來航行，這種交通工具讓他無法了解尤利西斯從一個地方到另一個地方到底花了多少時間。無論如何，貝拉爾認為吃忘憂果的人在突尼西亞海岸、獨眼巨人在義大利維蘇威火山附近、風神埃俄羅斯之島是位於義大利半島西側的斯特龍伯利島、巨食人族部落拉斯忒呂戈涅斯位於薩丁尼亞島北部、喀耳刻女神住在齊耳切奧山、女海妖斯庫拉與卡律布狄斯大漩渦位於墨西拿海峽、卡呂普索在直布羅陀、費阿刻斯人的島嶼在希

升天的抹大拉馬利亞畫師（Maestro dell'Assunzione della Maddalena della Johnson Collection），〈尤利西斯歷險：對抗巨食人族〉，繪於13至14世紀，目前收藏於美國紐約州波啟浦夕市瓦瑟學院弗朗西斯雷曼勒布藝術中心強森收藏。

臘科孚島、太陽神之島在西西里、伊薩卡則是科林斯海灣的西阿基。

最具爭議性的反對觀點則來自弗勞（Frau，2002），他審慎重讀原典文本以後提出反駁，認為荷馬筆下的赫拉克勒斯之柱並不在直布羅陀海峽（據說從希臘化時代就認為赫拉克勒斯之柱位於直布羅陀海峽，因為在亞歷山大大帝完成東征之後，出現了一種回過頭朝向西方擴張的企圖），希臘人在古代地中海的航行範圍遠比現在小很多，整個地中海西部都是腓尼基人的領域，希臘人對那裡十分陌

巨食人族攻擊尤利西斯的船，繪於公元前 40 至 30 年間，目前收藏於梵蒂岡的教廷圖書館。

生，所以當時象徵希臘世界西方盡頭的赫拉克勒斯之柱應該是位於西西里島和非洲海岸之間的西西里海峽，尤利西斯的整個旅程應該都是發生在地中海東部，薩丁尼亞島應該是傳說中的亞特蘭斯提（本書另有專章討論這塊「消失的大陸」）。

　　然而，如果對弗勞來說，尤利西斯的世界比之前認定的更狹小，我們在此提出另一個來自文奇（Vinci, 1995）的假設，他以為荷馬筆下的環遊航程，其實位於遙遠的北方。文奇鉅細彌遺地根據事件描述與地名來加以重構並作出結論，認為荷馬（或其他以他的名義）所描述的所有事件，都發生在波羅的海和斯堪地納維亞地區。這個假設來自一個已經被闡述好幾次的理論，認為北方民族在青銅時代已經遷移到愛琴海地區；這些北方人後來根據他們的古老傳說，重新改寫出一個地中海地區的版本。

頁76~77圖：楊‧布呂赫爾一世（Jan Bruegel il Vecchio），〈尤利西斯與卡呂普索〉，繪於16至17世紀，私人收藏。

筆者撰寫本章之目的，並不在於重建尤利西斯的遊歷路線。詩人荷馬（或許是荷馬們）是事後才根據從前流傳的說法將這個故事組合起來，而《奧德賽》是一則非常美麗的傳說，每一個在現代地圖上重構這趟旅程的嘗試，都創造出更多的傳說。我們提到的諸多說法之中，也許有一個可能是真的或比較接近事實，不過，真正讓我們著迷的，是世人在許多世紀以來一直沉醉於這趟從未發生過的旅程。無論卡呂普索住在哪裡，許多人都曾經夢想在她那甜蜜的牢籠裡度過幾年人生。

七大奇蹟 在古代世界的傳說地點之中，我們還應該記述一下所謂的七大奇蹟，也就是塞彌拉彌斯（Semiramide）在每個季節都可以採到新鮮玫瑰花的巴比倫空中花園、曾經佇立在希臘羅得島港口內的巨大太陽神銅像、哈利卡納蘇斯的摩索拉斯王陵墓、土耳其以弗所的阿蒂蜜絲神廟、埃及亞歷山卓港的燈塔、出自古希臘雕刻家菲迪亞斯之手的奧林匹亞宙斯神像、以及埃及吉薩的胡夫金字塔。我們有希臘地理學家保薩尼亞斯、古羅馬作家老普林尼、古羅馬歷史學家瓦勒里奧‧馬希莫、古羅馬作家格利烏斯等人所留下的記載，甚至凱撒大帝都曾經談起並一一描述過這七大奇蹟，即使這些地方事實上並不如傳說中那樣的奇妙，但這些地方真的存在過。

人們最常討論的奇蹟，其實是阿蒂蜜絲神廟（亦即戴安娜神廟），因為根據傳說，一位名叫黑若斯達特斯的年輕人，為了在史上留名而縱火燒燬神廟；我們不能不承認，儘管死後享有名聲這件事令人疑惑，他確實是達成了他的目的。

胡夫金字塔是唯一倖存至今的奇蹟。由於至今仍然存在，它也成了七大奇蹟之中擁有最多傳說的地方，其中有許多是現代才出現的，而且新傳說還持續不斷地被創造出來。雖然真實的金字塔今天仍舊存在，人們也可以進入參觀，然而所謂的「金字塔神祕學者」卻創造出他們自己的傳說，幻想著一種只存在於探祕者想像中的平行世界金字塔。

阿爾喀諾俄斯國王的宮殿

荷馬，公元前9世紀
《奧德賽》卷7，106~178

……尤利西斯來到阿爾喀諾俄斯的華麗宮殿，萬緒千頭，他走到宮殿那青銅製的門檻邊，停了下來。

宛如太陽或明月般，阿爾喀諾俄斯的宏偉宮殿散發著光輝。

青銅製的牆面沿著兩側，從宮門往內部延伸，周圍還貼著一道琺瑯簷壁。

黃金打造的大門，護衛著堅固的宮邸，白銀門柱佇立在青銅門檻之上；連同白銀的門楣與黃金製的門環：門的兩側矗立著黃金與白銀的狗像，為

赫菲斯托斯匠心打造，好守護著阿爾喀諾俄斯的宏偉宮殿；一切都永垂不朽，年華無盡。沿著兩側的牆，座椅一字排成兩列，從門一直延伸到內室；椅上覆蓋著織工精美的長毯，出自女人的手工。費阿刻斯人的王公貴族在此聚會吃喝，有著食之不盡的豐富糧食。金鑄童像矗立堅固底座上，手持火把，照亮著宮中夜宴……

庭院外有一大片果菜園，四天才能耕完的面積為圍籬所環繞。裡面種著正在盛開的高大果樹，梨子石榴蘋果個個閃閃發亮，還有甜美的無花果與枝葉繁盛的橄欖樹；無論冬夏，它們的果實從沒少過，終年茂盛：西風的吹撫讓這裡生生不息，一批果實剛結，

弗朗切斯科·海耶茲（Francesco Hayez），〈尤利西斯在阿爾喀諾俄斯宮殿〉，約繪於1814年，目前收藏於義大利拿坡里卡波迪蒙蒂國家美術館。

另一批早已成熟。黃熟的梨子擠碰，蘋果堆疊，一串串葡萄結實累累，無花果相互頂簇。那兒也有一座盛產的葡萄園，其中有一部分土壤肥沃、日照豐沛；一部分的葡萄正在收成，另一部分的葡萄正被踩踏釀酒；一旁是未成熟的綠色果實，還在開花，其他則剛轉成熟。

更過去的果菜園盡頭是一片青綠的鮮菜，終年蒼鬱不斷。此地有兩條水源：一條遍布園區，另一條往反方向朝著庭院下方去，直達宮殿：城裡居民到此汲水。這些神賜的美好禮物，都在阿爾喀諾俄斯的宅邸。

尤利西斯的航行離家鄉並不遠

塞爾吉奧・弗勞（Sergio Frau）
《赫拉克勒斯之柱調查》*Le Colonne d'Ercole Un'inchiesta*，2002 年

誰在直布羅陀海峽立下赫拉克勒斯之柱？又是何時立下的？古希臘人的遙遠西部真的是從那裡開始的嗎？馬爾他、西西里和突尼西亞之間的諸多海峽——那些在水底下、被隱匿的岩石和沙灘所環繞的祕密峽谷——也可能是赫拉克勒斯之柱的所在地嗎？……押注在雷焦卡拉布里亞和墨西拿海峽嗎？那裡也不一定比較好：有可怕的怪物斯庫拉和卡律布狄斯大漩渦守衛著……

事實上，你愈是讀下去，這通道愈讓人害怕：歷來對地中海地區的想像與敘述中，這是怪物密度最高、悲劇最多、船難最頻繁的區域。這全部都是幻想嗎？……

荷馬非常善於將這所有位於西西里海峽的怪物、恐懼和危險運用在他的故事中，可說是毫無保留，當時的人們也沒有否認這些當時在地中海港口間流傳的故事……

在荷馬的年代，當眾人聽到這些東西的時候，都只會想到一件事：西西里島海域……

所以，如果這些學者（比其他人更了解希臘的人）都是對的，那些吵吵鬧鬧的海洋子民為甚麼要將柱子放在直布羅陀海峽外頭？放在那裡對任何人都沒有用。既然如此，為了這一串混亂而難以釐清的地名吵成一團有甚麼用呢？對誰有意義呢？既然沒有人能前往摩洛哥的河流、塞內加爾的海灣或西方的金蘋果園，人們光是想到渡過奧特朗托海峽就顫抖個不停，那又何必扯到這些地方？……

總之，荷馬筆下讓人畏懼的大洋到底從哪裡開始？它可能在直布羅陀海峽之外嗎？這讓人無法想像，而且事實上，也沒有人如此想像。

尤利西斯的航行離家鄉很遙遠

費里切・文奇（Felice Vinci）
《波羅的海的荷馬》*Omero nel Baltico*，2008 年

最後一個冰河時期結束以後，北歐地區經歷了許多不同階段的氣候變遷，以下概要描述各階段的主要特徵，尤其是植被：

－前北方期（公元前8000～7000年）：氣候寒冷，大陸型氣候；紅雲杉、赤楊和歐榛開始散布。

－北方後冰期（公元前7000～5500年）：夏季炎熱，冬季相對溫和。

－大西洋期（公元前5500～2000年）：比北方後冰期炎熱，夏季炎熱，冬季溫和且潮濕。

－亞北方期（公元前2000～500年）：氣候更接近大陸型氣候，平均溫度降低。雲杉與山毛櫸開始散布。

就我們的研究來說，我們感興趣的是

M. O. 麥卡錫（M. O. Mac-Carthy），〈荷馬世界地圖〉，製於1849年，目前收藏於美國紐約公共圖書館。

「大西洋期」——相當是冰河時期結束以後的最適氣候，約在公元前2500年達到高峰，而且一直延續到公元前2000年左右——而後續時期的整體平均氣溫較低。就如拉維奧薩‧贊波提（Laviosa Zambotti）教授所言，這也是斯堪的納維亞地區有史以來氣候最好的時期，也因而促成了當時斯堪的納維亞地區的高度文明：這大概是公元前2500年左右……

走筆至此，我們不難想像，青銅時代技術純熟的航海家，利用了這最適氣候之全盛時期的絕佳有利條件（如前所述出現在公元前第三個千禧年的中期），甚至能夠航行到非常遙遠的地方……

《伊利亞德》和《奧德賽》的真實場景並不在地中海，而是在北歐。這兩篇史詩引以為源的諸多傳說故事，其實來自波羅的海和斯堪的納維亞，這兩個地區在公元前兩千年的青銅時期蓬勃發展，至今仍有許多可被視為是荷馬詩作提及地點之處，其中更包括特洛伊和伊薩卡；隨著最適氣候的消失，這些冒險故事被這群偉大的航海家（他們在公元前16世紀創立了邁錫尼文明）帶到希臘：那個特洛伊戰爭和其他希臘神話故事發生的原本世界，都被這些人帶到地中海地區加以重構，一代接著一代，讓他們祖先在失去的家園發生過的英雄事蹟的記憶維持生命力，並延續到接下來的時代。

總的來講，我們在此根據研究提出一些結論。導致人們將荷馬史詩的場景放在地中海地區的原因是如此荒誕，因為這些地點與邁錫尼文明的地理並不相符，因為這些故事發生的地方在北歐（皮果，Pigguo），也因為邁錫尼文明可能源自北方（尼爾森，Nilsson）——在意識到其荒謬性以後，這個研究就從普魯塔克提出的「奧傑吉厄島實際上位於北方」這個說法開始，這才是開啟荷馬世界大門之鑰，它讓我們能夠鉅細靡遺地重構出荷馬的世界，而初步成果也顯示最初的假設是成立的。這個不乏波爾普所謂可否證性之必要條件的角度，除了對古代的問題提出較合宜的解答、駁斥「荷馬是詩人不是地理學家」的既有看法以外，也自然融入了近年來有關荷馬史詩和邁錫尼文明的研究所得，讓我們能夠把所有成果融合成連貫且統一的觀點，並做出一個除此以外絕無可能的結論。

重構荷馬史詩地點之舉，對於特洛伊和伊薩卡地區特別重要，因為我們手中握有大量證據，證明這兩個地方分別代表《伊利亞德》和《奧德賽》的場景：光是發現杜里奇奧（Dulichio）是荷馬曾多次提及的神祕長島本身——它的正確位置是在伯羅奔尼薩半島低地，以及一群兩首史詩都提及過的島嶼的相對位置——就是這個理論的重要佐證。

我們也發現，雖然兩首史詩分別將場景設定在不同的地方，不過就某種意義而言其實是互補的：其一，透過

《船艦編錄》，我們能夠重建青銅時代早期沿著波羅的海海岸建立的希臘殖民地；其二，尤利西斯的流浪歷程呈現出非常鮮明而連貫的知識圖像，讓我們了解古代民族對於讓人著迷卻又充滿危險的「外部世界」到底有多少認識。例如充滿力量的大西洋（荷馬曾兩次提及大西洋，兩次的形象完全不同：一次是深具威脅性的卡律布狄斯大漩渦，一次則是仁慈地幫助英雄前往陸地，將他送往斯克里亞河河口），以及許多奇異現象，例如巨食人族國度的夏天特別漫長，這又預示了在喀耳刻所住的艾尤島以北極遠之處，那兒夏不落日，還有「極光之舞」。總之，我們能從荷馬的整個世界推衍出來的地理資訊，大致可以分成幾組：伊薩卡的世界（位於丹麥的群島）、尤利西斯的冒險（在北大西洋）、特洛伊的世界（位於芬蘭南部）、以及希臘殖民地的世界（波羅的海沿岸）。每一組都與對應的北歐地區顯示出非比尋常的關聯，相較之下，傳統上以為這些地方位於地中海的認知就顯得相當矛盾；而且，就每一個地區，我們都能確知其氣候系統寒冷、多霧且不穩定，這些都和北歐的環境條件一致。此外，高緯度地區夜晚清朗，希臘人和特洛伊人才可能毫不間斷地打了兩個晝夜，而且斯卡曼德洛斯河和西摩伊斯河漲潮的時間也和北歐地區河流的季節性變化一致。

巴比倫空中花園

化名拜占庭的裴洛（Pseudo-Filone di Bisanzio），公元前 3 世紀
《世界七大奇蹟》*I Sette Grandi Spettacoli del Mondo*

所謂的空中花園，植物種在空中，不在地面，是一個鋪有土壤以讓植物扎根生長的空中露台。露台以石柱為支撐，整個露台空間滿是浮雕石柱。因此，花園內架滿了密密麻麻的棕櫚木橫梁。棕櫚木是唯一一種不易腐爛、甚至在潮濕且受到重壓時，會向上彎曲的木料；此外，這種材質本身多孔隙，能夠將來自外部的物質保留下來，藉此為植物根鬚提供養分。這些梁木上堆了一層厚厚的土壤，上面種植了花園內最常見的闊葉樹，也有各式各色的花朵，簡言之，所有的事物皆賞心悅目，並提供最大的歡娛。

園內的工作方式與一般田地並無不同，和任何地形一樣都能適應種植工作。因此，人們在下方石柱間散步時，上方園裡可能正在犁地，當我們踏在園內土壤表面時，靠近梁木的下層土壤仍能維持完整不動。來自更高處水源的水道，要不直接在園裡形成美麗的溪流，就是用一種螺旋狀結構架高並以另一種螺旋機器迫使水流進水管裡；水流從大大小小的噴泉口流出，灌溉著整座花園，替深根樹木提供水分，也維持園區土壤濕潤。因此我們可以想像，園內青草終年翠綠，

〈巴比倫的空中花園〉，石版印刷，約繪於 1886 年，目前為私人收藏。

路易・德・考勒里（Louis de Caullery），〈羅得島的太陽神銅像〉，繪於 17 世紀，目前收藏於法國巴黎羅浮宮。

從樹上嫩枝長出來的樹葉總是生氣蓬勃且繁茂持久。事實上，這些植物的根部永遠不會缺水，可以吸收被根部包圍的水分並藉以保持濕潤，讓植物穩定長久地生長下去。這座花園是一件精美、奢侈且豪氣的傑作，園內的一切都是人工打造，農工辛勤工作之處，正是位於花園觀賞者的頭上。

羅得島的太陽神銅像

老普林尼（Plinio），公元前23~79年
《博物志》，卷34第41節

在所有巨型雕像中，最令人讚嘆的是出自林多斯人哈里斯（Carete di Lindo）的羅得島太陽神銅像，哈里斯是著名雕刻家留西波斯（Lisippo）的弟子。這座雕像高70肘（約32公尺），完工66年之後在一場地震中崩塌，不過即使在崩塌以後，同樣是極其精彩的奇景。很少人有辦法環抱它的大拇指，而且它的手指比許多其他完整的雕像都來得大。

斷裂的手臂內有非常大的空間；走進去可以看到大塊大塊的岩石，是藝術家在施工期間用以鞏固巨大雕像的重物。據說這座雕像花了十二年的時間才打造完成，而且在此期間利用德米特里一世長期圍攻羅得島不成之後所拋棄的物資，將之販賣，換得三百人力投注於建造工作。

同城市內另外還有上百座規模較小的此類雕像，不過這麼龐大的雕像無論出現在什麼地方，都會讓所在地名聲大噪。

摩索拉斯王陵墓

奧盧斯・格利烏斯（Aulo Gellio），
公元前125~180年
《阿提卡之夜》Notti Attiche，卷10第18節

有人說，阿爾特米西亞二世（Artemisia）對丈夫摩索拉斯（Mausolo）的愛無人能比，超越了人類情感的所有表達形式。如馬庫斯・圖利烏斯（Marco Tullio）所述，摩索拉斯是卡里亞地區的國王；根據某些希臘史家的說法，他只是一個省分的提督，也就是希臘人所說的總督。據說，當摩索拉斯去世以後，妻子替他舉行了一場盛大的葬禮，她因為失去摯愛而悲慟不已，受到痛楚折磨的阿爾特米西亞將摩索拉斯的骨頭和骨灰混在香水裡，或將之搗成粉末溶在水裡喝下；此外還有許許多多的證明，在在展現出她對摯愛滿懷激情。為了紀念她的丈夫，她耗費大量人力物力建造了那座名聲響亮、足堪名列世界七大奇蹟之一的陵墓。阿爾特米西亞宣布要為摩索拉斯紀念碑的題獻詞舉辦一場比賽，讓參賽者以競詩的方式來讚美摩索拉斯的功績，並提出豐富的獎金與獎品。

威廉・范・埃倫伯格（Wilhelm van Ehrenberg），〈哈利卡納蘇斯的陵墓〉，繪於17世紀，目前收藏於法國聖奧梅爾市桑德林博物館。

有人說，當時許多以聰明才智和滔滔辯才聞名的人物都參加了這場比賽：塞奧彭普斯、塞奧德克特與納克拉底等；甚至有史學家認為伊索克拉底也參加了這場比賽。然而，拜伊索克拉底為師的塞奧彭普斯卻贏得了這場比賽。

阿蒂蜜絲神廟

老普林尼
《博物志》卷36第95節

目前仍然存在於以弗所的戴安娜神廟，是一座值得被列入奇蹟的宏偉希臘建築。為了建造這座神廟，整個小亞細亞地區花了一百二十年的時間。這座神廟建在沼澤地上，如此一來就不會受到地震或土壤龜裂的影響，但由於不能把一座如此龐大的建築物直接蓋在溼滑且不穩定的地基上，建造者在底下鋪了一層煤炭碎片和一層羊毛氈。整座神廟長425尺，寬225尺，共有127根高60尺的柱子，每根柱子都是某位國王的獻禮（其中有36根石柱有雕刻裝飾，其中一根出自斯科帕斯之手）。據說這座神廟是由建

築師伽爾瑟夫農（Chersifrone）設計，全部工程中最讓人印象深刻的，是竟然能夠將規模驚人的楣梁給架上去。伽爾瑟夫農用裝滿沙子的大簍子來解決這問題，他將大沙簍堆成與石柱頂端一樣高的緩坡，把楣梁運上去放好以後，再慢慢把下面的沙簍清空，如此，整個結構就慢慢穩定下來。最困難的問題在於如何安放大門正上方的楣梁？這是所有建材中最巨大的一塊，而且底下沒有任何結構可以支撐。建築師因無法尋得解決之道而感到絕望，想要自殺。據說某天晚上，他思考著這個揮之不去的困擾，在他累到睡著以後，阿蒂蜜絲顯靈了，女神告誡他要活下去，因為祂已經把楣梁安置好了。

第二天的事情是這樣的：這楣梁似乎單憑自身的重量就輕易穩定了下來。有關這個神廟的其他裝飾，需要寫好幾本書才講得完，不過這些裝飾絲毫沒有運用自然元素，完全採抽象元素裝飾。

阿蒂蜜絲神廟被縱火燒燬

瓦勒里奧‧馬希莫（Valerio Massimo），公元前1世紀至公元1世紀
《值得紀念的事實與名言》*Fatti e Detti Memorabili*，卷8第14則

渴望榮耀可能會引致褻瀆。曾經有一個人，他想要放火燒燬以弗所的戴安娜神廟，好藉著這件傑作毀壞的消息，將他的名號散播到世界各地：他在幾經拷打折磨以後才承認這瘋狂之舉。因此，以弗所人決定立法消除有關這名邪惡男子的記錄；只有能言善道得過了頭的塞奧彭普斯曾在他撰寫的《歷史》中提其此事。

奧林匹亞宙斯神像

保薩尼亞斯（Pausania），公元2世紀
《希臘志》*Periegesi*，卷5

宙斯坐在一個由黃金和象牙打造的寶座上；祂的頭上戴著一頂看來像是橄欖枝的頭冠。祂的右手拿著一座也是用黃金和象牙打造的勝利女神維多利亞像，小神像上有帶狀與頭冠裝飾；左手則拿著一把以各種金屬裝飾的權杖，上面還有一隻老鷹。神的涼鞋和衣服是金子做的，衣上刻有動物與百合花作為裝飾。寶座以黃金、各種寶石、烏木與象牙裝飾，全都塑造成動物與其他圖形。展現出不同舞姿的勝利女神維多利亞像共有四座，分別位於寶座的每隻椅腳下；每隻椅腳的基座上另外各有兩座勝利女神雕像。前面的椅腳上有被斯芬克斯綁架的底比斯孩童像；斯芬克斯下方是阿波羅和阿蒂蜜絲正以箭矢射殺尼俄伯的子女。寶座的椅腳之間有四根橫桿，從一隻椅腳延伸到另一隻椅腳；正對著入口的那根橫桿上有七幅圖，第八幅

威廉・范・埃倫伯格，
〈以弗所的戴安娜神廟〉，
繪於17世紀，目前為私人
收藏。

不知道怎麼消失了。這些圖表現的應
該是古時候的比賽，因為雕刻家菲迪
亞斯的年代還沒開始舉辦青年運動
會。據說圖中頭上綁著絲帶的男子是
潘塔爾喀斯，一名來自埃里斯城的年
輕人，據傳是菲迪亞斯的愛人；後來
潘塔爾喀斯也贏了第八十六屆奧運的
角力比賽。其他橫桿上則是和赫拉克
勒斯一起對抗亞馬遜人的戰士。兩側
總共有二十九名，忒修斯也出現在赫
拉克勒斯的同伴之中……

至於寶座上半部，菲迪亞斯在雕像頭
頂的兩側分別放了美惠三女神與時序
三女神。這些女神在史詩中被列為宙
斯的女兒，荷馬在《伊利亞德》（卷5
第749節）提到時序三女神的時候曾
說，祂們看來就像皇家宮廷的守衛，

看守著天空。宙斯踩在腳下的凳子是
雅典人所說的腳凳，上有金獅，並飾
有忒修斯與亞馬遜人戰鬥場面的浮
雕，那是雅典人與異族的第一場戰
爭。支撐著寶座和宙斯雕像的底座上
有許許多多的裝飾，例如太陽神的戰
車、宙斯和赫拉、赫菲斯托斯與祂身
旁的美惠女神，全都以黃金打造；緊
接著是赫密斯、赫斯提雅，其後則是
厄洛斯歡迎阿芙羅狄蒂從海上到來，
以及佩托替阿芙羅狄蒂加冕的景象。
以浮雕來表現的，還有阿波羅與阿蒂
蜜絲，以及雅典娜和赫拉克勒斯；最
後，在腳凳的最後方，則是安菲特里
忒和波塞頓，以及騎馬疾馳的月亮女
神盧娜。有人說盧娜騎的是騾子，而
且這騎騾子的小故事還相當有趣。

菲舍爾・馮・埃拉赫（Fischer von Erlach），約翰・伯恩哈德（Johann Bernhard），〈奧林匹亞的宙斯雕像〉，版畫，作於1721年，私人收藏。

我知道奧林匹亞宙斯神像的高度與寬度都已經過測量與記錄，不過我不建議參考這些測量者的數據，因為他們提出的數字遠比實際觀察所給人的印象來得微小。根據傳言，即便是宙斯都極其讚歎菲迪亞斯的技藝高超。

事實上，在雕像完成以後，菲迪亞斯向宙斯祈求，如果神對這件作品感到滿意，就給他一個徵兆；據說天上馬上降下閃電打在地面上，即使到筆者的年代，此地仍覆有一只雙耳瓶作為標記。

雕像前方的地板都以黑色而非白色石板覆蓋。

這座燈塔坐落於一小島上，塔非常高，是一件傑出的建築作品，所在的小島亦因此與塔同名。這座位於亞歷山卓前方的島嶼也成了該城的港口；古代君王在海上造了一座九百步長的防波堤，將島和城市用這座狹橋連接起來。島上有私人住宅，這些住宅形成了龐大的住宅區，宛如城鎮；任何因為經驗不足或暴風雨而偏離航道的船艦，經常被居民和海盜洗劫一空。無論如何，由於航道狹窄，如果沒有燈塔管理人的許可，船就無法進入。

金字塔神祕學

亞歷山卓港的燈塔

朱利歐・凱撒，公元前1世紀
《內戰》*La Guerra Civile*，卷3第112節

安伯托・艾可（Umberto Eco）
〈論有悖常理的數學應用〉"Sugli Usi Perversi Della Matematica"，2011年

拿破崙遠征埃及以後，科學家更容易

接近金字塔，因而展開一系列重建與測量工作，其中有關胡夫金字塔的種種更是相當受到重視；人們在胡夫金字塔的國王墓室並沒有找到任何法老木乃伊（也沒有寶物），儘管世人合理推測，認為隨著穆斯林到來，金字塔早已成為掠奪的對象，木乃伊與寶物可能因此佚失；但還是有些人開始猜測，認為胡夫金字塔事實上可能根本不是陵墓，或者它並不只是一座陵墓，而是一座龐大的數學暨天文實驗室。這座實驗室的尺寸數據應該能傳遞出一種由古代金字塔建造者所擁有、然而目前已經佚失的科學知識，這知識也許連古埃及人本身都不得而知，因為根據某些金字塔神祕學家的說法，原先的金字塔建造者來自更遙遠的時空，也許是來自另一個星球的外星人。

根據目前所知，胡夫金字塔的每側長約230公尺（每側皆稍有差異，部分原因是石材因年代久遠受到侵蝕，再加上原本覆蓋在石塊上的平滑石板也被穆斯林拆去建造清真寺），高146公尺。無疑地，此金字塔的方位乃依照東南西北四個基點（角度誤差低於10度）；而且，在建造它的年代，透過其中一條入口廊道看出去，似乎可以觀察到北極星。這應該不至於讓我們感到驚訝，因為古埃及人悉心觀察天象，而且從巨石陣到基督教教堂的建造，方位一直都是非常受到重視的問題。然而，這裡的問題在於古埃及人到底用什麼單位來測量，因為若用現在的公尺公分單位來表示，常常會出現「666」這個數字，如果假設古埃及人想要藉此表示聖經啟示錄裡代表「獸」的數字，是非常不合理的，因為在古代人所使用的肘尺制度中，同樣的長度並不具任何意涵。

19世紀初，有位名叫約翰・泰勒（John Taylor）的仁兄，儘管從未親眼看過金字塔，卻在研究他人的繪圖之後發現，若將金字塔底部周長除以高度的兩倍（或是將底部邊長除以高度，然後將得到的商數乘以二），得到的數值與圓周率非常接近。後來泰勒又進一步推算出金字塔高度和周長的比例，等同於地球極半徑與通過南北兩極之圓周長的比例。

泰勒的發現在1865年左右對一名蘇格蘭天文學家查爾斯・皮亞齊・史密斯（Charles Piazzi Smyth）造成很大的影響，而史密斯也將他的著作《大金字塔的傳承》（*Our Inheritance in the Great Pyramid*，1880）獻給泰勒。儘管我們不知道史密斯以何種基礎來計算，根據他的計算，古埃及人的1肘（約63公分）可能等於25「金字塔寸」，而這個金字塔寸則相當於英制英寸。事實上，皮亞齊・史密斯在書中用了一整個章節來批評法國公制單位的共和特性及其違反基督教精神的人為化，藉此稱頌英制單位的基礎是上帝律法的自然性。若以金字塔寸來表示胡夫金字塔的周長，長度則相當於36,506寸；若將逗點向後移一位，天知道為什麼，竟然會得到日曆年的

埃及亞歷山卓港的燈塔，
石版印刷，製作於19世
紀，目前收藏於英國倫敦
奧謝藝廊。

確切天數（365.06）。皮亞齊的弟子弗林德斯·皮特里（Flinders Petrie）也發現，國王墓室的長度與周長比也等於圓周率（儘管他似乎影射某天曾看到老師在打磨一條走道裡方方正正的石塊，好讓自己計算出來的數字得以吻合），再次確認這圓周率數字的計算。將國王墓室的長度（以金字塔寸為單位）乘以3.14，仍然可以得到365.242，或多或少相當於日曆年的天數。

一張皮亞齊繪製的地圖顯示，在胡夫金字塔相交的經線和緯線（北緯30度與東經31度），所經過的陸地比其他經緯線都多，古埃及人似乎想讓這座金字塔坐落在人類可居住的世界的中心。

根據皮亞齊和後繼金字塔神祕學家的推論，我們可以說，將胡夫金字塔的高度乘以一百萬，可以得到地球與太陽之間的最短距離（即一億四千六百萬而非一億四千七百萬公里）。將胡夫金字塔的重量乘以十億，則得到地球重量的近似值。將胡夫金字塔底部四邊總和乘以二，得到的數值幾乎等於在赤道緯度上每一經度距離的六十分之一。陸地在海平面上的平均高度，差不多就是胡夫金字塔的高度。最後，其牆面曲度（肉眼幾乎難以察覺）和地球曲率相同。總之，胡夫金字塔或大金字塔與地球的比例尺為1:43200……

我們必須知道，即使中世紀時期的建築師對所謂的數學黃金分割並沒有明確的概念，他們按直覺設計出來的結構，後來也有發現符合黃金比例的例子。另一方面，一名19世紀的心理學家費希納（Fechner）也證明，若把不同形狀的卡片拿給不懂數學的人看，大部分人按本能都會選擇邊長遵循黃金比例的那些卡片。因此，如果人類的頭腦能夠欣賞特定比例，古埃及人就可能有某種能夠注意到特定比例的能力，儘管古埃及人在數學知識方面比亞述人與巴比倫人落後許多，而且他們只將幾何學當成工具，用來按尼羅河氾濫的情形來決定耕作的面積——而且這些程序可能根本就是以建築師的實務經驗為根據。當然，圓周率或者是非常接近圓周率的數字（也就是3.1605）確實曾經出現在公元前20世紀的萊因德數學紙草書，不過金字塔建造者可能憑經驗利用蘆葦來測量，這也解釋了為什麼他們的結果總是無可避免地以近似值呈現。最後也有人認為，這些數值都是以車輪的倍數來測量，所以直徑與周長之間的關係（亦即圓周率）自然就會出現在這裡。因此，就讓我們暫時略過圓周率的問題。事實是，金字塔神祕學家認為古埃及人想要透過金字塔來傳遞古埃及人根本不可能知道的科學數據百科全書。

皮亞齊·史密斯是天文學家，不過並不是古埃及專家，也不具備充分的科學史知識。坦白說，這個人甚至缺乏常識。讓我們來看看有關金字塔位於陸地中央位置的說法：這必須假設古

埃及人手中握有現代人手中的地圖，而且也要假設古埃及人知道美國和西伯利亞的確切位置，而且這還排除了格陵蘭島和澳洲大陸的存在——而且無論如何，至今並沒有任何考古發現證實古埃及人有能力繪製出一份可靠的地圖。同樣地，古埃及人無從得知陸地在海平面的平均高度。雖然在前蘇格拉底時期的人早已提出地圓說（無論如何都比金字塔的建造晚了非常久），硬要說古埃及人確實知道地球的真實曲度與地球圓周，這其實是令人存疑的，因為一直到公元前 3 世紀，埃拉托斯特尼才計算出地球子午線長度的近似值。

至於地球到太陽的距離，還得等到世界上出現適當的工具才能測量。我不是說古埃及人的想法和伊比鳩魯一樣，認為太陽不比人類肉眼所見來得大（也就是說，太陽的直徑只有大約三十公分），不過無論如何，這些人手上都沒有適當的工具，而且提出的數字至少差了一百萬公里。最後，將金字塔重量拿來和地球重量相比的計算是不可能的，因為即使到現在，我們仍然無法確知金字塔是否每個部分都是實心的……

皮亞齊在某個時間點寫下：「大金字塔從頂點到底部的高度是 1610 億金字塔寸。從亞當到現在，有多少人曾經活在這個世界上？大約有 1530 億至 1710 億人之間。」（《大金字塔的傳承》頁 583）應該注意的是，如果金字塔要預測數世紀以後的世界人口

數，為什麼這數字只停在皮亞齊·史密斯的年代，而不更謹慎地繼續往前或往後計算個一千年？皮亞齊·史密斯繼續根據這些科學原理研究下去，發現了國王墓室石棺、諾亞方舟和約櫃之間的線性與體積關聯（據我所知，這所謂的約櫃只有印第安納瓊斯曾在電影裡看到過），不過這是因為他毫不猶豫地直接採用了聖經裡的數字，而且直接將猶太肘尺換算成古埃及肘尺的緣故。

不僅如此，這金字塔內各走廊長度之間的關係，甚至部分地揭露了決定命運的日期，如未來摩西帶領猶太人離開埃及的時間（公元前 1553 年），而且由於出埃及與耶穌被釘上十字架的時間相距 1485 年，它也預言了耶穌的死亡時間。皮亞齊·史密斯的後繼者更算出，國王墓室兩通道長度的總和，剛好是耶穌門徒釣到的魚的數量。此外，由於希臘文的「魚」（ik-tys）一字的代表數值是 1224，而 1224 很容易就被推論出來是 153 乘以 8 的積數。為什麼是 8？當然是因為將 1224 除以 8 可以得到 153（在此之前也試著用前面七個數字當除數）。那麼，假使把 1224 拿來用任何數字除，都得不到 153 呢？顯然，這就不會被拿來當成示例，而且絕對不會有人提起。其他金字塔神祕學家也以同樣的方式計算出耶穌生活在這個世界上的確切天數是 12240 天，而這數字剛好是 10x8x53。這裡只要把 1224 乘以 10，然後除以 80 就可以得到 153；這

前頁：〈吉薩金字塔〉，雕版畫，製於 1837 年，目前收藏於義大利佛羅倫斯阿里納利檔案館。

大金字塔完美位置計算圖。出自查爾斯・皮亞齊・史密斯，《大金字塔的遺產》，1880年於倫敦出版。

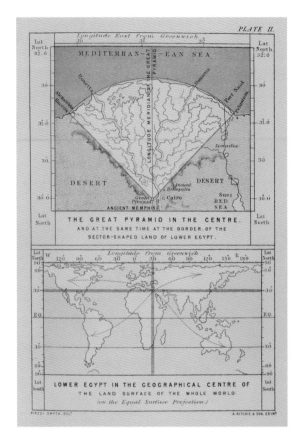

個演算只是為了確立耶穌活在這世上12240天，而聖經的文字沒有任何部分可以支持這個數字——更何況假使耶穌活了33年，乘以365天所得到的是12045天，即使把耶穌出生的那一年算成閏年，在33年之間有九個閏年，這樣子最多也才12054天（然而耶穌生命的最後一年只能算到復活節，所以耶穌活在世界上的天數實際上比這個數字還更低）。

事實是，你可以隨心所欲地解釋數字。在討論金字塔神祕學家的發現時，一位名叫尚－皮埃爾・亞當（Jean-Pierre Adam）的建築師對他家附近的樂透投注站做了一個實驗。投注站貨架的長度是149公分，等於地球與太陽距離的一千億分之一。後方高度除以窗戶寬度是176÷56=3.14。前方高度是19公寸，相當於希臘陰曆週期的年數。前方兩角與後方兩角的高度總和是190×2＋176×2＝732，剛好是圖爾戰役戰勝之年。隔板厚度是3.10公分，窗框寬度是8.8公分；將這兩個數字的整數用英文字母代替，可以得到$C_{10}H_8$，也就是萘的化學式。

第四章

東方奇觀

虛構的動物，中央為格里芬（獅鷲），取自巴托洛梅烏斯·安格利庫斯《論事物的本質》，15世紀繪製，目前收藏於法國亞眠市立圖書館。

古人眼中的東方 古希臘人長久以來一直深為東方著迷。早在希羅多德的時期（約公元前475年），波斯早已和印度與中亞地區有貿易往來，而且對古希臘人來說，亞歷山大大帝東征更打開了新通路，讓他們的觸角抵達了印度河流域（實際上超過了現今阿富汗的位置）。亞歷山大大帝手下的海軍將領尼阿庫斯（Nearco）開闢了從印度河三角洲到波斯灣的航線，也讓古希臘文明的影響力進一步擴展到其他地區。不過，天知道那些東行的商人和士兵在返鄉時到底講了些什麼。儘管當時的西方人已造訪過這些地區，在此之前早有許多傳說故事流傳了數世紀之久，儘管歷史上有一些較為可信的旅人（如中世紀時期的若望·柏郎嘉賓或馬可波羅等）都曾詳盡記載他們的旅程，留下大量文字記述，這些傳說故事仍然不斷流傳。總之，從古代到中世紀之間，有關東方奇觀或「尋奇」的風土記述，早已成為一種不會受到地理大發現影響的文學類別。

這類文學作品數量豐富，其中有關印度的種種奇觀，早在公元前4世紀就被來自耐德斯的克忒西阿斯（Ctesia di Cnido）記錄下來；老普林尼（公元前1世紀）的大部分作品都已經佚失，不過他筆下豐富的珍奇異獸卻能隨著《博物志》流傳下來，而且這部作品更啟發後繼者寫下無數輯錄類型作品，從公元3世紀索利努斯（Solino）的《要事集》（*Collectanea Rerum Memorabilium*），到公元4至5世紀間馬爾提亞努斯·卡培拉（Marziano Capella）以人文七藝為題寫下的《論語言學與墨丘利的結合》（*Nozze di Filologia e Mercurio*），皆屬此類。

右：飛行器上的亞歷山大大帝，取自《亞歷山大演義》（Roman d'Alexandre），1486年出版，為法國尚蒂伊城堡博物館的收藏，Ms.651。

左：拉邦努·毛魯斯（Rabano Mauro），取自《論宇宙或事物本質》（De Universo seu De Rerum Naturis）的局部圖，11世紀出版，目前為義大利卡西諾卡西諾山修道院檔案收藏，Cod. Casin. 132。

公元前2世紀，薩莫薩塔的琉善（Luciano di Samosata）可能單純只是想要嘲弄世人的傳統信仰，在《信史》（Storia Vera）一書中放入了許許多多的奇獸，如駿鷹、以萵苣葉為翅膀的飛鳥、牛頭怪、以及體型相當於12頭大象加起來的跳蚤射手。[1]

無論亞歷山大大帝到底看到了什麼，有關其旅程的奇妙故事一直讓中世紀的人感到著迷，我們可以在《亞歷山大演義》（Romanzo d'Alessandro）一書看出端倪。這本書自公元4世紀以降就流傳著許多不同的拉丁文譯本，這些譯本全都來自於古希臘文本，可以追溯到公元3世紀化名為「凱利斯尼茲」（Pseudo-Callistene）的作者。在這本書中，這位來自馬其頓的征服者曾經抵達許多令人驚訝的地方，而且不得不面對許多讓人畏懼的民族。

透過亞歷山大大帝的各種故事，西方世界逐漸發展出一種以東方「尋奇」為題的次文學類別，這些故事條列或訴說著旅途中可能遇上的各種怪獸，其中如聖奧古斯丁、聖依西多祿和約翰·曼德維爾（John Mandeville）等人，都曾作過此類描述。

這些充斥於中世紀百科全書的想像生物、奇獸與類人動物，都受到一本在公元2至3世紀間以希臘文撰寫的《物源論》（Fisiologo）所影響，這本書後來被翻譯成拉丁文與各種東方語言，其中條列了40種動物、樹木與石頭。在描述這些存在物以後，《物源論》也說明它們又為何分別是道德倫理與神學教誨的媒介。舉例來說，相傳

注1：有關中世紀奇觀可參考勒高夫（Le Goff，1985）、塔爾迪奧拉（Tardiola，1991）和札加內利（Zaganelli，1990與1997）。

騎乘兩隻獅鷲的亞歷山大大帝，拼貼畫，1163至1166年製作，位於義大利奧特朗托大教堂中殿。

會用尾巴掃除自己足跡以躲避獵人的獅子，在書中象徵著消弭人類罪惡的耶穌。

　　這些事物被賦予的道德與宗教化意涵，解釋了為何這些描述會在中世紀時期持續流傳好幾個世紀，而且無論是獸類要論、寶石要論、藥草集或根據老普林尼的模式集結編纂的「百科全書」等，都有它們的蹤跡。這些百科全書包羅萬象，從《論各式奇珍異獸》（*Liber Monstruorum de Diversis Generibus*，公元8世紀）、拉邦努・毛魯斯（Rabano Mauro）的《論事物本質》（*Natura delle Cose*，公元9世紀），到公元12至13世紀的恢弘巨著，如來自霍諾里烏斯・奧頓（Onorio di Autun）所作的《世界圖像》（*L'immagine del Mondo*）、湯瑪斯・坎提普雷（*Tommaso di Cantimpré*）的《事物本質之

書》（*Libro della Datura delle Cose*）、亞歷山卓・內克罕（Alessandro Neckham）的《事物的本質》（*La natura delle Cose*）、巴托洛梅烏斯・安格利庫斯（Bartolomeo Anglico）的《論事物的本質》（*Le Proprietà delle Cose*）、博韋的樊尚（Vincenzo di Beauvais）的《自然寶鑑》（*Specchio Naturale*）與布魯內托・拉提尼（Brunetto Latini）的《寶藏》（*Trésor*）等，皆屬此類。中世紀的人深信，這個世界是上帝寫下的巨作，在這本世界巨作中，包括動植物在內的每一種生物和每一塊石頭，都是具有更深層意義的載體，宇宙中必須存在各式各樣具有不同特性的物質，人們才可能透過這些特性一窺某種譬喻性意義。12 世紀神學家里爾的阿藍（Alano di Lilla）曾提出警示：「宇宙中的每一種生物／好比一本書或一幅畫／對我們來說都像是一面鏡子／生命、死亡的鏡子／映照出我們的生命與死亡／我們的狀況與命運／誠實的象徵標誌。」（〈另一種節奏〉，Rhythmus Alter）

然而，有關東方和印度的概念其實是非常模糊的，這一方面是因為這些資訊來自亞洲的極東地帶，也就是地圖上標示著「人間天堂」的區域（參考本書相關章節）；另一方面則由於最初幾篇以「尋奇」為題的文章所致（這些文章或許在是在公元 6 世紀以希臘文撰寫，爾後在公元 7 世紀被翻譯成拉丁文），著名的《致哈德良皇帝信》（*Lettera all'Imperatore Adriano*）、《東方奇觀》（*De Rebus in Oriente Mirabilibus*）、或《印度奇觀》（*Le Meraviglie dell'India*）等，實際上記述的是波斯、亞美尼亞、美索不達米亞、阿拉伯和埃及等地之旅遊見聞。我們接下來也會看到，傳奇故事如何毫無顧忌地將祭司王約翰的國度從遠東搬到衣索比亞。

祭司王約翰的國度　弗萊辛的奧托（Ottone di Frisinga）曾在《雙城記》（*Cronaca*）裡寫到，公元 1145 年，加巴拉主教烏戈（Ugo vescovo di Gabala）在陪同亞美尼亞大使參訪教皇尤金三世期間，曾經向教皇提及一位叫作約翰（Gianni）的人，他是東方三賢士後

祭司王約翰，取自哈特曼·史戴爾的《紐倫堡編年史》，1493年於紐倫堡印製出版。

裔的基督教聶斯脫里派的祭司王，因此敦促教皇發起第二次東征，討伐異教徒。

　　公元1165年，一篇後來被稱為〈祭司王約翰書信〉（Lettera di Prete Gianni）的文件開始流傳。這是祭司王寫給拜占庭皇帝曼努埃爾一世·科穆寧（Manuele Comneno）的一封信，不過教宗亞歷山大三世和神聖羅馬帝國的腓特烈一世同時也都收到了。它肯定讓收信者印象深刻，以至於教宗在1177年透過御醫菲利浦（Filippo）將一封信帶給這位傳說中的國王，敦促他放棄聶斯脫里派這種異端信仰，臣服在羅馬教會之下。我們對於這位特使菲利浦所知有限，既不知道他是否真的見到了祭司王，也不知道祭司王是否曾回覆，不過整個故事情節顯示，這封信展現出的政治意圖遠超過宗教意義。

　　信中提到，在穆斯林占領區的東方、比十字軍曾試圖與異教徒爭奪的區域更遠的遠東地區，有個回歸基督教信仰的國度蓬勃發展，由一位同時擁有國王權力及上帝與耶穌基督美德的優秀祭司王約翰

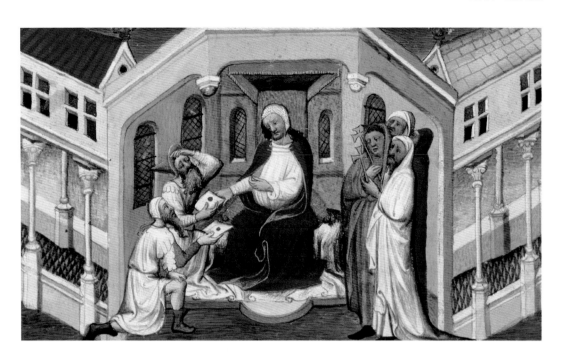

成奇思汗派出信使，請祭司王約翰將公主嫁給他。取自布錫考特大師（Maestro di Boucicault）的《奇蹟之書》（*Livre des Merveilles*），15世紀出版，目前收藏於巴黎的法國國立圖書館，Ms. Fr. 2810, f. 26r。

所統治。

　　假使在穆斯林掌控地區的另一頭存在一個基督教的國度，一般人就可能認為西方羅馬教會和遙遠東方國度之間存在著一種關聯，而所有擴張與探索的活動都能因此正當化。所以，這封信在接下來的幾個世紀曾經被多次翻譯、轉述成不同的語言與版本。基督信仰的西方世界之所以積極向外擴張，這封信扮演著決定性的重要角色。公元1221年，在法國神父賈克・德維特里（Jacques de Vitry）寫給教皇和諾理三世的信中，就將祭司王約翰當成救世主般、能扭轉情勢讓十字軍在軍事行動上得以占上風的同盟，不過，根據若因維萊（Joinville）的《聖路易傳》（*Storia di San Luigi*），到了第七次十字軍東征期間，路易九世則將祭司王約翰視為潛在敵人，反而希望能和韃靼人結盟。到了16世紀神聖羅馬帝國皇帝查理五世在位時期，人們在波隆納再次論及祭司王約翰，將他視為奪回耶路撒冷聖墓教堂的可能盟友。

　　世人一次又一次地引用這封祭司王約翰書信，毫不質疑其真實

性，祭司王約翰的傳說也因此被流傳下來。約翰‧曼德維爾就曾在《世界知名奇觀見聞》（*Viaggi, ovvero, Trattato delle cose più meravigliose e più notabili che si trovano al mondo*）中描述祭司王國度的種種情況。這位作家從來就沒有出過國，而且寫作時間比馬可波羅抵達契丹的時間晚了將近70年。然而對曼德維爾來說，講述地理仍然意味著是描述「應該存在」於這些地方的人事物，而非「真正存在」的人事物。儘管曼德維爾在字裡行間確實讓人覺得其消息來源可能包括了馬可波羅的見聞記述，但是他並非總是在胡謅瞎掰，例如他在文中曾提到變色龍是一種會改變身體顏色的動物，不過又加油添醋，表示這種動物的外觀與山羊類似。

把曼德維爾筆下的蘇門答臘、中國南部與印度拿來和馬可波羅的記述相比較，是很有趣的一件事。兩者論述的核心有很大程度的相似性，只是曼德維爾的記述中仍然充斥著曾經在他從前作品中出現過的動物與人形怪物。

到了14世紀中期，祭司王約翰的國度從位置不明的遠東地區移往非洲，而這祭司王的烏托邦國度肯定也促成了西方世界對非洲大陸的探索與征服。葡萄牙人後來相信了這個說法，認為祭司王的國度就在衣索比亞，而且確實是一個基督教帝國，儘管並不如那封眾所周知的信中描述的富裕堂皇。關於這一點，可見於曾在1520至1526年間隨葡萄牙使團出使衣索比亞的弗朗西斯科‧阿爾瓦雷斯（Francisco Alvarez）所撰寫的報告《印度祭司王約翰國度真實報告》（*Verdadera Informaçam das terras do Preste Joam das Indias*，1540年出版）（譯注：阿爾瓦雷斯所謂的「印度」泛指非洲與南亞的熱帶地區）。

那麼，祭司王約翰書信到底是怎麼來的？又有什麼目的？它也許是反拜占庭的政治宣傳文件，可能來自神聖羅馬帝國皇帝腓特烈一世的抄書室（因為在提及拜占庭皇帝的時候使用了相當貶義的表達方式），或是許多該時期學者喜歡做的修辭寫作練習，因此寫出來的文字是否符合真實狀況一點都不重要。然而，真正的問題並不在於這封信的來源，而是在它的對象。透過這些經過幻想化的地理資

訊，政治計畫一點一滴慢慢成形。換句話說，某些想像力豐富的抄寫員編造了這個根本不存在的幽靈，一股支持白人志業的有力憑據，讓它成了基督教徒向非洲和亞洲擴張的藉口。此外，信中的描述也有火上加油之效，那片各式怪物肆虐、擁有豐富珍貴物資且到處都是華麗建築與其他奇觀的土地，可以替本章章末諸多引用文獻的出版提供許多靈感。無論這封信到底出自誰的手筆，作者必然通曉以各種東方奇觀為題的古代文獻，能夠以修辭與敘事技巧來利用一個已有一千五百年以上歷史的傳說，不過最重要的是，這類著作的撰寫對象是一群特別著迷於東方前所未聞的富庶豐饒的讀者，從一個大部分人都過著貧困生活的世界來看，那種富足簡直可以說是一種幻想。[2]

那麼，這封祭司王書信全都是假的嗎？可以肯定的是，這封信結合了所有關於神話般東方世界的刻板印象，不過，它至少講對了一件事，中東和亞洲地區確實有基督教信仰存在，儘管不是一個王國，而是許多不同的社群團體。這裡所說的就是聶斯脫里教派（nestoriane）（譯注：從東正教分裂出來的教派，在唐代正式傳入中國，稱為景教，是最早進入中國的基督教派。）。

聶斯脫里教派遵循君士坦丁堡牧首聶斯脫里（約公元381至451年）的神學主張，認為耶穌基督身上同時存在著人格與神格，馬利亞只是生了耶穌，賦予祂肉體而非神性，因此拒絕將馬利亞神化稱為上帝之母。這樣的神學主張被斥為異端邪說，不過聶斯脫里教派仍在亞洲廣為流傳，從波斯、馬拉巴爾到中國等地都有。

我們發現，當偉大的中世紀旅行家將足跡推進到蒙古和契丹之際，在旅行途中聽聞當地居民提到一名祭司王約翰。這些居住在遙遠東方的人們，絕對沒有讀過祭司王書信，不過可以肯定的是，祭司王約翰這位人物至少像傳說一樣地在聶斯脫里教派團體之間流傳，這傳說支持著這些人的身分認同，讓他們自詡為貴族後代，在他們生活的異教徒之地展現出身為基督教徒的自豪。

這封信最後一個讓人著迷的元素，在於約翰自稱為「祭司王」，

注2：關於信件的諸多版本及其影響，可參考札加內利（Zaganelli，1990）。

同時兼具國王和祭司的身分。王權與聖職的融合是猶太基督傳統的根本，這可以回溯到同時是薩冷王（re di Salem）和最高神之祭司的麥基洗德（Melchisedec），即使以色列人始祖亞伯蘭（Abramo）亦對其禮敬的王。麥基洗德最先出現在〈創世紀〉第14章第17至20節：「亞伯蘭殺敗基大老瑪和與他同盟的王回來的時候，所多瑪王出來，在沙微谷迎接他；沙微谷就是王谷。又有撒冷王麥基洗德帶著餅和酒出來迎接；他是至高神的祭司。他為亞伯蘭祝福，說：『願天地的主、至高的神賜福與亞伯蘭！至高的神把敵人交在你手裡，是應當稱頌的！』亞伯蘭就把所得的拿出十分之一來，給麥基洗德。」

拿著餅和酒的麥基洗德，馬上讓人聯想到基督，如聖保羅曾多次在宣布萬王之王再臨的時候，說耶穌是「照著麥基洗德的等次永遠為祭司」。在我們這個世代，已故教宗若望保祿二世曾在1987年2月18日公開接見時表示：「基督之名，正如我們所知，就是希臘文的彌賽亞，也就是受膏者，亦有『君王』之意，我們曾在之前的省思討論過，根據《舊約》，也有『祭司』的意涵……這個同義字組最先出現在麥基洗德，亦即與謎樣的亞伯蘭同一年代的薩冷王身上，麥基洗德可以說是雛形，也預告救世主耶穌的降臨。」

祭司王之信的執筆人也有這種結合王權與聖職的想法——這也就解釋了為什麼這位遙遠國度的帝王會被稱為祭司王的原因。

傳說與旅行者　率先抵達東方的第一批旅行者，在遊記中也曾經提到祭司王約翰，儘管相關記述往往含糊不清，而且通常是旅途中道聽途說而來的消息。

義大利人柏郎嘉賓（Pian del Carpine）於1245年經波蘭取道俄羅斯前往蒙古帝國，根據他在《蒙古行紀》（*Storia dei Mongoli*）一書的記載，成吉思汗曾遣其子率兵攻打膚色極深、被稱為埃塞俄比亞人的薩拉森人（Sarraceni）所在的中南半島（譯注：在西元前2世紀至中世紀時期，薩拉森人是穆斯林或回教徒的通稱），這支軍隊後來轉往印

絲路之旅，繪於14世紀，
加泰隆尼亞航海圖局部，
目前收藏於巴黎的法國國
立圖書館。

度半島，在那裡遇到當地國王抵抗。這國王「一般被稱為祭司王約翰」，會製作內有火焰燃燒的銅偶，這銅偶被放在馬上，而且銅偶身後還有手持風箱的騎士操控它。在遭遇敵人時，國王的人馬會往風箱裡送風，如此一來，敵方騎士就會被希臘火燃燒殆盡（V, 12）。

法國教士盧布魯克（Gugliemo di Rubruk）在1253年的《盧布魯克東遊記》（*Viaggio in Mongolia*）寫下了他的蒙古之旅。根據書中記載，他對於途中聽到的傳說或多或少抱持著懷疑的態度：「人們告訴我，在契丹的另一側還有一個長生不老的國度……他們跟我保證這是真的，不過我並不相信。」（XXIX, 49）。盧布魯克也曾聽人提到過一名叫做約翰、統治著乃曼人的聶斯脫里教派國王，盧布魯克認為，這國王的故事「太過誇大不符合真相」，因為（根據他的看法）聶斯脫里教派的人很會無中生有，編造駭人聽聞的傳言。盧

〈獨角獸與仕女〉，壁毯，1484~1550年間製作，目前收藏於法國巴黎克呂尼博物館。

布魯克後來也承認自己曾經經過這位國王的領土：「不過在問到這位國王的時候，除了一些聶斯脫里教派的人以外，其他人都不知道他的存在。」（XVII, 2）在1271至1310年間到東方旅遊、足跡最遠曾抵達中國的馬可波羅，可能也受到同一個故事的影響，在《馬可波羅遊記》中，至少花了兩章談論這位祭司王約翰。馬可波羅沒說自己曾經到過這個國度，只說了自己在旅途中聽到的故事。他提到天德（Tenduc）這個地方，說這個現在受大可汗統治的東部省分由祭司王約翰的後裔為領主。馬可波羅對於祭司王後裔的戰役並沒有

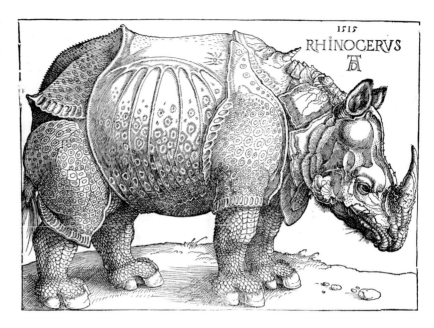

阿爾布雷希特·杜勒（Albrecht Dürer），〈犀牛〉，版畫，繪於 1515 年，私人收藏。

太多著墨，因此我們可以判定，在馬可波羅的時代，祭司王約翰早已經是過去式。

在公元 1330 年東遊的義大利旅行家鄂多立克（Odorico da Pordenone）也對祭司王之事抱持懷疑態度，在《論未知之事》（*Sulle Cose Sconosciute*）文中曾寫到：「從契丹出發以後，我朝西前進……航行了將近一個月，抵達祭司王約翰的領土，看到的景象跟傳說中的完全不一樣。該國首都叫做科薩尤（Cossaio），領土狹小且混亂無章；這位祭司王約翰之所以這麼出名，是因為他和大汗有親戚關係，而且娶自己的女兒為妻。就我所知，不是什麼重要的人物，所以我們在那裡並沒有多做停留。」

儘管如此，祭司王傳說在亞洲地區歷久不衰，這情形告訴我們，儘管這封祭司王約翰書信可能是假的，它還是帶來了一些源於異國的訊息，見證當時西方世界尚且未知的東方傳統。

至於其他，一般人也會認為，那些確實到過原本只存在於傳說中的地方遊歷的旅行者，忠實見證了自己的所見所聞，而不是自己想要看到的東西。然而，即便是這些值得信賴的旅行者，在動身前便

無頭人、獨腳人與獨眼
人，取自布錫考特大師的
《奇蹟之書》，15世紀出
版，目前收藏於巴黎的法
國國立圖書館，Ms. Fr.
2810。

已聽過了這些傳說，因此經常無法避免它們所帶來的影響。

從馬可波羅的作品可以看到一種衝突，傳統上認為他應該看到的，和他實際上看到的有落差，典型的例子便是爪哇島的獨角獸。中世紀的人深信獨角獸存在，1567年，伊麗莎白一世在位時期，冒險家愛德華・韋伯（Edward Webbe）就看過三隻，一隻在蘇丹的動物園，一隻在印度，一隻甚至在西班牙馬德里的埃斯科里亞爾修道院（參考薛帕德Shepard，1930）；17世紀耶穌會教士羅伯（Lobo）則在衣索比亞看到過；1713年，約翰・貝爾（John Bell）也看到另外一隻。馬可波羅知道，根據傳說，獨角獸是一種野獸，額頭上有一支明顯的長角，身體是白色的，性情溫馴，會受到處女吸引。據說，若要捕捉獨角獸，得讓一名純潔的處女待在樹下，獨角獸會把頭靠在處女腿上休息，獵人就可以伺機捕捉。正如義大利學者布魯內托・拉提尼所言：「當獨角獸看到少女，天性所致，馬上會情不自禁地走到少女身邊，放下所有身段，臣服其下。」

馬可波羅可能不去找獨角獸嗎？他尋找獨角獸，也找到了獨角獸，這是因為他受到引導，以傳統的眼光來看待事物之故。然而，在他看過、觀察以後，就開始按文化傳統的基礎，以真實見證人的角度來反思所見所聞──一名知道應該對異國風情的刻板印象提出批評的真實見證人。事實上他也承認，自己看到的獨角獸，和英國皇室徽章上形態優雅、頭上有螺旋狀角、狀似白鹿的形象稍有不同。他看到的其實是犀牛，所以才會說獨角獸有「水牛的皮毛與大象的腳」，牠們的角又黑又粗，舌頭有刺，頭像野豬：「牠是外觀很醜的野獸，並不是書中所言什麼會臣服在處女之下的野獸，而且完全相反。」《馬可波羅遊記》一書充滿各種奇聞逸事，不過書中不曾出現什麼怪誕瘋狂，更別說駭人聽聞之事。

當然，馬可波羅曾在羅布沙漠（Lop）聽到神祕的聲音，不過你們試著自己在沙漠裡連續騎馬騎上好幾個星期看看。[3] 在這樣的情形下，一個人可能將鱷魚認成只有前腳的大蛇，不過卻無法假裝自己是根據近距離觀察而做出這樣的結論。然而，他卻以讓人信服的

注3：參考蓋格（Geiger, 2009）：在身處「極端環境」（如高峰或沙漠）的時候，即便正常人也可能感受到超自然力量的存在，或是出現視覺與聽覺上的幻覺。

方式描述石油和煤炭。

有時，馬可波羅看起來就像他的前人或後繼者一樣會編造傳說，例如「莫斯卡多」（moscado）這種能在一種似貓動物的肚臍下方囊腫裡找到的稀有香水。然而，這種動物確實存在於亞洲，那是一種叫做香獐的小型鹿類，牠的牙齒就如馬可波羅敘述的一樣，其下腹部包皮開口處前方的真皮層會分泌一種香味極具穿透力的麝香。而且這個「似貓」的說法其實出自義大利托斯卡尼流傳的《馬可波羅遊記》版本，原本的法文版則正確指出這種動物和瞪羚很像。馬可波羅也曾講到「火蜥蜴」，不過他確切指出「火蜥蜴」指的是一種用石棉製成的布料，不是什麼生活在火裡的怪物。「這才是『火蜥蜴』，其他都是無稽之談。」他表示。

我們因此可以看到，馬可波羅試著控制自己的想像力。不過在後來一個目前收藏在法國巴黎國立圖書館的《馬可波羅遊記》法文版中，當他描述到位於馬拉巴爾海岸（Malabar）的科以盧國（Coilu）時，提到一個會採收胡椒的民族，然而在托斯卡尼版卻成了採「梅李」（被當成香料或藥材使用）。在這樣的狀況下，手抄本裝飾畫家該怎麼表現這些馬拉巴爾海岸的居民呢？結果，這些居民在畫家筆下成了嘴巴長在肚子上的無頭人（Blemma）、躺在自己大腳陰影下的獨腳人（Sciapode），還有一種是獨眼人（Monocolo），三種都是讀者期望在這個地區看到的神話生物。馬可波羅的文字並沒有提到這三種怪物，至多提到科以盧居民的膚色很深、打赤膊不穿衣、此地有很多黑獅子、紅嘴白鸚鵡和孔雀，而且在他描述到當地風俗時，以其一貫中立冷淡的語氣指出，這些人沒有什麼道德感，無論是堂表姐妹、繼母或哥嫂弟媳，都可以娶來當太太。

那麼，為什麼手抄本裝飾畫家要創作出這三種不存在於《馬可波羅遊記》的怪物？因為畫家就和該書讀者一樣，仍然受到東方「尋奇」傳說的限制和影響。

另外，有人曾經注意到，許多偉大旅行家對於東方宮殿建築的敘述，似乎都以祭司王約翰的皇宮為樣本（參考奧爾肖齊Olschki，

1937）。這樣的建築當然會用上相當大量的貴重寶石、黃金和水晶，然而馬可波羅描述的皇宮，只有在外觀上和中式皇宮相符，對內部的描繪並不盡然正確，這可能是因為他只能趁路過時匆匆瞥一眼，沒有機會仔細觀察，因此後來只得根據他或執筆者魯斯蒂謙（Rustichello）看過的文獻資料印象來編造。鄂多立克曾提到皇宮大廳裡有二十四根黃金打造的柱子，而在祭司王約翰書信中的數字則是五十根，不過盧布魯克在描述元憲宗蒙哥的宮殿時，只提到兩排柱子，並沒有什麼黃金。這些柱子可能是上了金漆的木柱，所以鄂多立克看到的時候才會大感震撼，只不過他聯想到的應該還是祭司王約翰。

自動機　旅行者經常談論到的驚奇之一是自動機。希臘文化裡相當盛行自動機的概念，希羅（Erone，公元前1至2世紀）在《氣動工具》（*Spiritalia*）裡描述的機器，就證明了當時的人已經對自動機產生極大的興趣，這些機器結合了自然動力（重力與水力）與人工動力（熱空氣膨脹）；例如當時有一個祭壇，設計用火加熱裝滿水的容器來製造蒸氣，然後將蒸氣送到地底下以啟動另一個機制，將神殿的門打開。無論是否確實製造成功或單純只有設計，這些亞歷山卓文化奇觀都持續替拜占庭與伊斯蘭的世界帶來啟發。

　關於拜占庭時期的自動機，普羅科匹厄斯（Procopio）曾在公元7世紀描述過一個位於加薩市集的巨大時鐘。這個時鐘的上方飾有一個每到整點就會轉動眼睛的蛇髮女妖頭，下面有十二個窗戶，分別表示晚上的十二個小時，另外的十二扇門，則分別在整點太陽神雕像經過時打開，門打開時會出現由飛鷹帶來加冕皇冠的赫拉克勒斯。對於中世紀的西方世界來說，拜占庭也屬於東方。利烏特普蘭德（Liutprando）在公元10世紀代表神聖羅馬帝國出使君士坦丁堡的時候，就對出使期間的見聞大感驚訝。儘管利烏特普蘭德曾經語帶刻薄地描述尼基弗魯斯二世和他的宮廷，卻曾在《論歐洲名人》（*Antapodosis*）裡以推崇的口吻描述尼基弗魯斯二世那巨大驚人的

水泵系統，取自加扎利《精巧機械裝置的知識之書》，1206年出版，伊斯坦堡托卡比皇宮藏品。

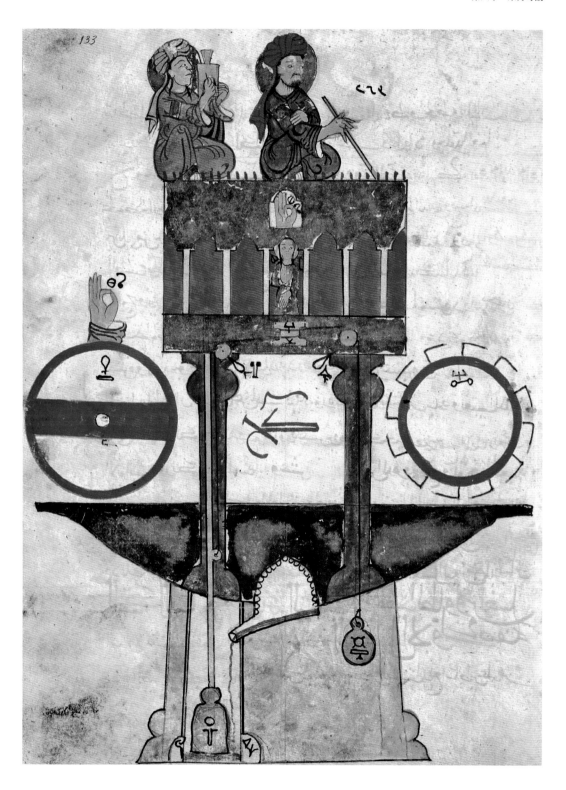

自動裝置，取自維拉德·奧內庫爾《描繪之書》，約 1230 年出版，目前收藏於巴黎的法國國立圖書館。

左：水鐘，取自加扎利的《精巧機械裝置的知識之書》，1206 年出版，伊斯坦堡托卡比皇宮藏品。

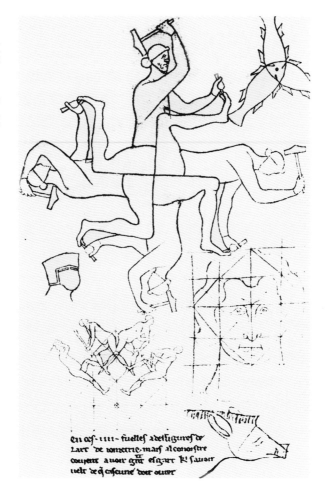

寶座，表示在台階上兩隻金獅雕像發出咆哮聲時，機械裝置會讓寶座逐漸上升，而且在整個過程中，這些機械裝置也會幫尼基弗魯斯二世穿上新衣服。

　　有許多例子都能證明穆斯林對自動機的興趣，從希羅作品的阿拉伯譯本，到巴格達馬蒙哈里發（Baghdad al-Ma'mūn）那棵用黃金白銀打造的自動樹，再到哈倫拉希德（Hārūn al-Rashīd）本來打算送給查理大帝的時鐘（這座液壓時鐘利用落在碗裡的金屬球來整點報時，飾有十二扇窗口，打開時分別會出現十二座不同的騎士像），都是很好的例子。

　　在1204至1206年間，一位名叫加扎利（al-Jazari）的阿拉伯機械

工程師寫了一本《精巧機械裝置的知識之書》（*Libro della Conoscenza dei Meccanismi Ingegnosi*），我們目前還保有一些出自這本書的設計圖，見證當時在製造自動機方面所取得的進展。

即使在西方，也不乏有能力建造自動機的工匠，據傳，教宗西爾維斯特二世曾製作了一個用黃金打造、可以小聲提供祕密咨詢的頭盔狀揚聲器。

根據 13 世紀傑維斯·蒂爾伯里（Gervasio di Tilbury）的《皇帝娛樂之作》（*Otia Imperialia*），有位名叫維爾吉里奧（Virglio）的拿坡里主教發明了一種機器蒼蠅，能夠保護拿坡里地區的肉販免受昆蟲所苦，德國神學家大阿爾伯特（Alberto Magno）據說協助發明了一種能替賓客開門的鐵製機器人。13 世紀的維拉德·奧內庫爾（Villard de Honnecourt）在《描繪之書》（*Livre de Portraiture*）設計了各種自動裝置。史特拉斯堡大教堂有一座公元 14 世紀製作的時鐘，藉由自動裝置展現東方三賢士在聖母聖嬰前鞠躬崇拜的樣子，此外，各式各樣的自動機也常常出現在騎士故事中。

自動機之所以會如此令人著迷，有一部分是因為它來自神話般的東方，也因為祭司王約翰書信中曾經提到許多異乎尋常的自動機之故。所以，鄂多立克筆下才會出現那堆以金線裝飾的玉石，這玉石堆裡有同樣用黃金打造的四條蛇鑽出來，蛇口不停流出各種不同的液體；他也曾提到栩栩如生的黃金孔雀，只要有人在前面拍手，孔雀就會拍動翅膀（而且他也納悶這到底是因為巫術還是什麼藏在地下的機關）。另外，柏郎嘉賓曾在元定宗貴由的宮殿看到全以象牙製造，加上黃金、寶石與珍珠裝飾的寶座，儘管沒有什麼自動裝置，卻和利烏特普蘭德描述的拜占庭寶座非常類似（《蒙古行紀》第 9 章頁 35）。

盧布魯克在蒙古帝國首都哈拉和林的時候，曾在大汗蒙哥的宮廷看到一株由四頭銀獅支撐的銀樹，每隻獅子的嘴巴都有馬奶徐徐流出。樹頂有四條用尾巴盤在樹幹上的金蛇，每條蛇的嘴巴都流出不一樣的液體，其一是酒，另一是牛奶，其三是蜂蜜水，其四是用米

木偶、主教、反教皇與床上的國王，取自赫拉德·蘭茨貝格（Herrade de Landsberg）《享樂花園》（*Hortus Deliciarum*）的 19 世紀副本，作於 1169 至 1175 年間，目前收藏於法國凡爾賽市立圖書館。

塔普羅班島，取自傑拉杜斯・麥卡托（Gerardo Mercatore）《托勒密的世界地圖》（*Universalis tabula iuxta Ptolemeum*），英國倫敦地理學會 1578 年出版。

右：塔普羅班島，取自塞巴斯丁・繆斯特（Sebastian Münster）《世界誌》（*Cosmographia Universalis*），1555 年巴塞爾出版。

釀成的啤酒。在樹頂的四條蛇之間，有一尊手持喇叭的天使像。在飲料喝完的時候，酒政會下令吹響天使手上的喇叭，一名躲在角落的侍者就會往一條直通天使雕像的祕密管道吹氣，藉此吹響喇叭；此時，其他侍者就會在四條直通金蛇的管道分別倒入所屬飲料，酒政就能倒好流出的飲料供賓客飲用。這當然是東方奇觀，不過盧布魯克知道這些奇觀事實上出自一位法國金匠威廉・布榭（Gugliel-mo Buchier）之手。這個跡象顯示，許多東方奇觀其實來自西方世界，西方世界對這些東西並不陌生，只是不重視而已；西方人在東方世界看到這些東西的興奮感，部分是因為他們在一個自己懷有幻想的遙遠國度裡發現了這些東西。

塔普羅班島　為了讓讀者了解古代與中世紀時期對於神祕東方到底

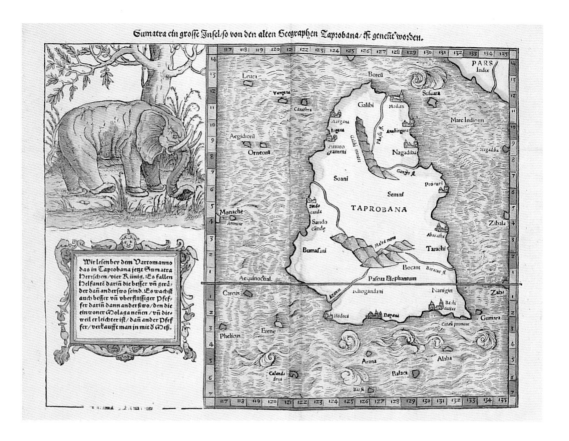

抱持著什麼困惑的概念，讓我們用塔普羅班島（Taprobane）的例子來說明。

　　很多人都談論過塔普羅班島，如埃拉托斯特尼、斯特拉波（Strabone）、老普林尼、托勒密、科斯瑪·印地科普雷烏斯特等。根據老普林尼的看法，世人在亞歷山大大帝在位期間發現塔普羅班島，這個地方從前普遍被說是「反人」（Antictoni）所住的地方，被認為是「另一個世界」。老普林尼口中的塔普羅班島可能是錫蘭，至少從16世紀版本的托勒密地圖可以如此推斷。古羅馬地理學家梅拉（Pomponio Mela）在《大地的位置》（De Situ Orbis）曾提問，塔普羅班到底是一個島嶼，還是如老普林尼假設，是另一個世界的延伸？此外，許多亞洲作者也都曾提及該島。

　　聖依西多祿也認為塔普羅班島在南印度，不過他只說該島寶石蘊

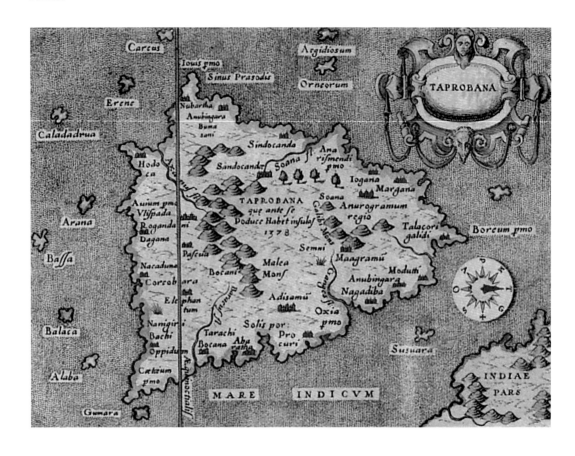

塔普羅班島，取自托馬
索·波爾卡齊《世界最著
名島嶼》，約1590年於威
尼斯出版。

藏量豐富，而且一年內有兩個夏天和兩個冬天。然而，我們卻在一
張據說是出自化名為「依西多祿」者之手的地圖上，看到塔普羅班
島被放在地球的極東之處，而且正是那人間天堂的所在位置。事實
上，就如阿爾圖羅·葛拉夫（Arturo Graf）的重構，根據傳說，錫
蘭是亞當之墓的所在地。

　　問題是，長久以來，人們一直認為塔普羅班和錫蘭是兩座不同的
島嶼，在曼德維爾的遊記中就清清楚楚地出現這個狀況，在兩個不
同的章節中分別談論了這兩個島。儘管曼德維爾並沒有說明錫蘭的
確切位置，卻明確指出錫蘭島的周長八百哩，島上「滿是蛇、龍和
鱷魚，沒有人敢居住。鱷魚屬於蛇類，體色黃，背上有盾片突起，
有四隻腳，臀部短，有大爪。有些鱷魚體長相當於五隻手臂長，其
他也有相當於六、八、甚至十隻手臂長的個體。」

　　至於塔普羅班，曼德維爾認為它位於祭司王約翰的國度，這個島每年有兩個夏天兩個冬天，島上有由巨蟻看守的巨大金山（參考章末相關引文）。

　　此後，塔普羅班就像紡錘一樣，從一張地圖到另一張地圖，在印度洋的各個不同角落穿梭，有時候自成一地，有時候和錫蘭分屬兩地。在15世紀，旅行家尼科洛・德孔蒂（Niccolò de Conti）認為塔普羅班就是蘇門答臘，不過有時候我們又會看到這島位於蘇門答臘和中南半島之間，靠近婆羅洲之處。

　　托馬索・波爾卡齊（Tommaso Porcacchi）在《世界最知名島嶼》（*L'isole Più Famose del Mondo*，1590）曾談到一個資源極其豐富的塔普羅班，島上有大象和巨龜，也因為古希臘學者西西里的狄奧多羅斯（Diodoro Siculo）對於該島居民特徵的描述，波爾卡齊認為居民的舌有分叉（舌頭從尖端到根部分成兩叉；其中一叉和一個人說話時，另一叉可以和另一個人講話）。

　　他在引用了各種過去留下的說法以後，卻向讀者道歉，因為他找不到哪裡確實提到塔普羅班的地理位置，並下了結論：「儘管許多古代與現代的作家都曾討論過這個島嶼，我卻無法找到什麼人曾提到他的確切位置：因此我也必須在此致歉，無法回應通常必須滿足的要求。」在提到是否為錫蘭的時候，波爾卡齊抱持著懷疑的態度：「（根據托勒密）這個島嶼原本叫席夢地（Simondi），然後成了薩里切（Salice），最後才出現塔普羅班的稱呼；然而，許多現代人下了結論，認為塔普羅班就是現在的蘇門答臘，不過也有人認為它不是蘇門答臘，而是采蘭姆（Zeilam）島……不過有些現代人相信，沒有任何一位古人正確界定出塔普羅班的位置：他們甚至認為，古人認定的區域內並沒有任何島嶼可能是塔普羅班。」

　　因此，塔普羅班慢慢地從一座有太多種可能的島嶼變成一座不存在的島嶼，正如湯瑪斯・摩爾（Thomas More）將他的烏托邦放在「錫蘭與美洲之間」，而康帕內拉（Campanella）也讓他的太陽之城放在塔普羅班島上。

希羅多德眼中的東方

希羅多德（Erodoto，公元前484~425）
《歷史》*Storia*，卷3頁99~108

住在這些人以東的其他印度人是遊牧部族，他們吃生肉，自稱為帕德伊人。據說帕德伊人有這些習俗：如果其中一位族人生病了，無論是男是女，病人最親密的友人會把他殺了，因為他們認為這名重病者羸弱的肉體對其他人有害；生了病卻否認自己生病的人，精神已經混亂，眾人也會把他殺了，然後吃他的肉。同樣的，如果一名女性族人病了，她的諸位女友也會以同樣的手法對待她。若有族人步入老年，其他族人也會把他殺了，然後吃他的肉；不過很少人可以活到老年，因為在此之前都因為生病而被殺掉。

其他印度人則有下面這些習俗：他們不殺生，不耕種，也沒有固定的居所；他們吃草，而且在他們的國度有一種大小如黍、生長在莢裡的植物，會自行從土地裡長出來。他們會採收之，連著莢一起烹煮後食用……

我講到的這些印度人會像野獸一樣公開交媾，他們的膚色全都相同，和衣索比亞人類似。這些男人射出的精子不同於其他民族的男人，而是和他們膚色相同的黑色……

這塊沙漠裡有比狗小卻比狐狸大的螞蟻；波斯國王養了幾隻這樣的螞蟻，都是在這個地區捕捉到的。這些螞蟻在地下築巢，會把沙子運出巢穴，就如希臘螞蟻的行為，而且外觀上也和希臘螞蟻非常類似。然而，牠們運出巢穴的沙子裡含有黃金，印度人為了尋找這些黃金，會帶著三隻上了軛的駱駝進入沙漠，一隻兩側綁著拉繩的公駱駝在前拉，另一隻公駱駝在後，中間則為母駱駝。騎士會騎乘在母駱駝身上，在幼崽還非常小的時候就把母駱駝帶開，讓母駱駝上工。

駱駝的速度不亞於馬匹，而且非常適合負重……

印度人以這樣的方式來替動物上軛，在計算好以後出發前往尋找黃金，好在日頭最大的時候採集黃金：如此以來，在他們抵達時，螞蟻全都因為環境炎熱而躲到地底下去……

印度人在帶著袋子抵達以後，會儘快把袋子裝滿並馬上啟程踏上歸途：螞蟻——根據波斯人的說法——聞到人類的味道時，會跑出來追趕。據說這些螞蟻有著其他動物比不上的速度，如果印度人在螞蟻聚集時無法利用駱駝取得優勢，就無法逃離螞蟻的魔掌。公駱駝的速度不比母駱駝，在速度減緩開始被拖著走的時候，騎士會把公駱駝身上的軛繩解開，不過不會同時放開兩隻公駱駝，母駱駝因為記得自己撇下的幼崽，則會盡全力跑，不顯疲憊。根據波斯的說法，印度人採集到的黃金，大部分都是這麼來的；其他少量則是在家鄉鍊金而

左：出自烏利塞·阿爾德羅萬迪（Ulisse Aldrovandi）《怪物史》（Monstrorum Historia），1698年波隆納出版。

右：聖米歇爾山與大天使米迦勒和龍，波爾·德林堡（Pol de Limbourg）的手抄本插畫，出自賈克·羅格朗（Jacques le Grand）的《貝里公爵的豪華時禱書》（Les Très Riches Heures du Duc de Berry），為法國尚蒂伊城堡博物館的收藏。

來……

除了沒藥以外，這些都是阿拉伯人難以取得的產品。香的採集，是透過燃燒腓尼基人出口到希臘的安息香木來取得；燃燒這些木材，就能獲得香。產香的樹由有翅膀的蛇來保護，這些蛇體型不大，顏色各異，每棵樹上都有許多隻，而且這和侵入埃及的是同一種。只有燃燒安息香木產生的煙，能讓蛇離開樹。

阿拉伯人認為，如果這些蛇沒有遇上和毒蛇同樣的遭遇，那麼整個世界將會滿是這些蛇類。當然，自然且充滿智慧的天意，讓所有生性害羞的動物能生下許許多多的後代，並讓牠們成為其他動物的食物，以避免這些被吞食的動物絕跡；那些危險兇猛的動物，後代的數量大部分不多。

那許多讓人驚訝的事

老普林尼（公元前23~79年）
《博物志》卷6

世界上有很多驚人且讓人難以置信的事情。在確實看到衣索比亞人之前，有多少人真的相信他們的存在？在一個人初次看到、認識某件事物的那一刻，有哪些是看起來一點都不異乎尋常的？有多少事情在發生之前，是人們認為絕對不可能發生的？如果只單從部分而非整體來看，大自然在所有層面表現出來的力量與宏偉，都是非常驚人的。更別說孔雀以及老虎和豹身上的斑紋，以及許多動物身上的花紋，這裡有一件看似微小、不過認真思考起來卻極其重要的事：世上的許多民族有著不同的文字與各種不同的

獨腳人與其他怪獸，取自烏利塞‧阿爾德羅萬迪《怪物史》，1698年波隆納出版。

怪物，取自康拉德‧梅根伯格（Conrad von Megenberg）《自然之書》（Das Buch der Natur），1482年奧格斯堡出版。

語言，這些語言如此多樣，一個外地人在另一個人的眼裡，看起來幾乎不是人！……

世上有些斯基泰人部落——事實上是很多——以人肉為食。這狀況看來也許令人難以置信，不過如果試著想想，即使在世界的中心地帶，也存在著像是獨眼巨人和巨食人族之類具有同樣可怕習慣的民族；到了近代，在阿爾卑斯山的另一側出現了某些以人做獻祭的民族，這和吃人其實也相去不遠。在那些斯基泰人居住地的北邊，離北風源頭不遠之處，有一個叫做「大地之栓」的地方，據說住著阿里馬斯比人（Arimaspi），我在前面已經提到過，他們因為額頭前有一隻眼睛而聞名於世。這個民族曾經出現在許多作家筆下，其中最著名者如希

羅多德和阿里斯特亞斯（Aristea di Proconneso），這些作家都說，阿里馬斯比人和獅鷲這種（據傳）會從地洞裡掘取黃金的有翅動物爭戰不休，雙方都非常投入這場戰爭：獅鷲試著保衛黃金，阿里馬斯比人試著占有之。在食人族斯基泰人另一側的伊馬弗山山谷中，有個叫做阿巴里莫的地區，那裡住著腳掌朝後的野蠻人；這些人跑得非常快，會帶著野獸一起四處流浪……

印度地區和衣索比亞的領土尤其無奇不有。在印度出生的動物都比較大：以狗為例，印度出生的狗比世界上其他地方的狗都來得大隻。據說，那裡的樹木也長得相當高，遠超過射箭所能達到的高度——而且由於土壤肥沃、氣候溫和且水氣豐沛，如果你願

意相信，只要一顆無花果樹就足以替一整隊騎士團提供遮蔽——蘆葦也長得很高，每節的長度有時足以做出一艘能夠乘載三人的小船。

當然，在印度，許多人的身高都高於五肘：他們不隨地吐痰，從來不會頭痛、牙痛或眼睛痛，身體其他部位的病痛也很少發生；事實上，這些人因為各地氣候都相當炎熱，而鍛鍊出強健的身體。他們的哲學家又叫禁慾者，從日出到日落，能眼睛動也不動地盯著太陽，而且整天都能穩穩地在炎熱沙地上以單腳站立。

根據麥加斯梯尼（Megastene）的說法，努羅山上住著一群腳掌朝後且每隻腳有八根趾頭的人。其他還有許多山地裡住著身穿獸皮的狗頭人，他們不會講話只會吠叫，以打獵和設陷阱捕捉維生，而且會以爪子來捕捉獵物。歷史學家克特西亞斯（Ctesia）表示，在他撰文的當時，該民族人口超過十二萬；他又曾寫道，印度有一個民族，女性族人一輩子只生產一次，而且她們的孩子一生下來頭髮就變白。克特西亞斯也曾談到另一種只有一隻腳卻能敏捷跳躍的人——獨眼人。獨眼人也稱獨腳人，他們在天氣炎熱的時候會躺在地上，用大腳的陰影遮蔽自己。離獨眼人不遠的地方，還有穴居人；繼續往西，還有一種沒有脖子、眼睛長在肩膀上的民族。在印度東部的山上（一個叫做卡塔爾克魯迪的地區）有許多薩提爾，他們

行動敏捷，有時會用四隻腳奔跑，有時用雙腳站立，外觀看來很像人類；他們跑得非常快，如果不是因為年老或生病，根本不會被捉到。

陶洛內（Taurone）將科羅曼地人視為野蠻民族，他們沒有聲音，只會發出讓人害怕的尖叫，身上滿是鬃毛，眼睛呈灰綠色，還有尖尖的獠牙……

麥加斯梯尼提到印度遊牧民族的其中一支，這些人沒有鼻子，鼻孔的位置上只有幾個洞，而且因為不良於行，只能像蛇一樣拖著走；他們叫做習拉提人。麥加斯梯尼又說，在印度東側邊境靠近恆河源頭處，是阿斯托密人的居住地，這種人沒有嘴巴，全身長滿硬毛，身著棉絮；只靠呼吸進去的空氣和聞到的味道就能活。這些人不用吃喝，而是靠各種根、花和野果的氣味來獲得營養，他們會長途跋涉去採集，以確保氣味食物之充裕；這些人只要聞到稍微刺鼻的味道，很輕易就會喪命。

在阿斯托密另一側的遙遠山巒之間，據說住著特里斯皮塔米人和俾格米人，身高都不超過三個掌幅；因為北方有高山屏障，所以他們能生活在有益身體健康、四季如春的氣候中；此地有很多白鸛聚居，荷馬也曾提到這一點。據說，每到春暖花開的季節，俾格米人會騎在羊背上，帶著弓箭，排成一列下山到海邊，以破壞白鸛的蛋並殺害幼雛。這個行動每年進行，為期三個月，如果不這麼做，俾格米

人根本不可能應付得來那可能出現的大量白鸛。俾格米人會用泥巴、羽毛和蛋殼來造屋。

亞歷山大大帝的冒險事蹟

《亞歷山大演義》*Il romanzo di Alessandro*，卷2頁33，公元3世紀

然後，我們來到一個灰濛濛的地區，這裡有些和巨人相似的野蠻人，身軀圓圓壯壯，眼冒火光，看來就像獅子。這裡也有一種叫做歐克里提的生物：全身無毛，身高四肘，體寬如矛。當他們看見我們的時候，便開始朝我們跑來：身披獅皮，體格強健且訓練有素，可以徒手搏鬥：我們擊中了他們，不過他們也用棍子回擊，造成我方許多傷亡。我害怕我方氣勢被壓倒，於是下令放火燒林：一看到火，那些強壯的巨人馬上開始四處逃竄；不過在此之前，我方已有一百八十名兵士遭到殺害。

隔天，我決定前往他們的洞穴：我們在那裡遇到被鏈子拴在門上的猛獸，牠們看起來很像獅子，不過有三隻眼睛……之後，我們便繼續踏上旅程，來到吃蘋果人的國度：那裡有個全身長滿毛的人，體形高大魁梧，我們看了很害怕。我下令捕捉之。士兵們成功將他捉住，不過他卻一直用那野獸般的眼神打量著我們。接著，我下令

把他帶到一名裸女前，他抓起女人，正要把她吃下肚，士兵即刻上前把女人搶了過來，之後，他開始用自己的語言呼喊了起來。在那一刻，上千名他的同類應聲而起，從沼澤裡現身，往我們這兒衝了過來，而我們的軍隊有四萬士兵。接著，我下令放火燒沼澤，而他們一看到火，馬上就開始逃跑。我們捉到了三個人，他們連續八天不進食，最後還是死了。這些獸人不像人類會講話，而是像狗一樣地吠叫。

東方的怪物

聖依西多祿（Isidoro di Siviglia，公元560~636年）

《詞源》*Etimologie*，卷11頁3

就像人與人之間，有些人會將其他人稱為怪物，如果放大到人類整體來看，其中也存在著一些由怪物構成的民族，如巨人族、狗頭人、獨眼巨人族等等。巨人的稱呼可以回溯到希臘文的詞源。

事實上，希臘人認為巨人族源自陸地，生於大地，因為根據神話，只有大地才能生得出像大地一樣這麼巨大的東西……

有些人因為不識聖經，誤以為在大洪水之前，墮天使和人類的子女相結合，產下所謂的巨人族，這些巨人特

飛鷹人，《亞歷山大傳記》手抄本插畫的再製，1338年出版，目前收藏於牛津大學伯德雷恩圖書館。

別強大魁梧，本應強大起來，遍及整個大地。

狗頭人的名稱來自外形，而且發出的聲音比較像動物吠叫而非人類語言。這些類人在印度出生，獨眼巨人同樣也生於印度，會這麼稱呼，因為人們相信他們只有一隻長在額頭上的眼睛。由於獨眼巨人只吃野獸的肉，所以又稱為食獸人。有些人相信，利比亞存在著只有身軀沒有頭，而且嘴巴和眼睛都長在胸前的無頭人。其他還有沒有脖子，眼睛長在肩膀上的生物。根據記載，在遠東還有臉長得很

可怕的人；有些沒有鼻子，臉部變形且完全是平的；其他還有下唇非常突出者，他們在睡覺的時候，可以用下唇遮蔽整張臉，保護自己免受炎熱的太陽荼毒；另外還有嘴巴看起來就像凝固了一樣的人，他們只會用燕麥稈透過一個小洞來吸食物吃；最後，有些則沒有舌頭，完全靠手勢和動作來溝通。據說靠近斯基泰人居住的地方，還有耳朵非常大的帕諾帝人，他們的耳朵大到足以包覆整個身體……據說，四腳人生活在衣索比亞，走路姿勢就像綿羊一樣，年齡至多不會超

過四十歲。薩提爾是歪鼻子的小矮人，額頭有角，而且有著跟山羊一樣的腳。大聖安東尼曾在沙漠裡看過一隻獨行的薩提爾。這些四腳人在受到神職人員質問時會回答：「我只是凡人，是沙漠周圍的居民之一，外邦人因為受到許多錯誤所欺瞞，將我們當成牧神和薩提爾來崇拜。」有人也曾提及林人的存在，他們也被稱為大羊男。據說，衣索比亞有獨腳族，他們的腳很特別，而且行動非常迅速；希臘人稱他們為腳影人，這些人因為陽光太強而躺在地上休息的時候，會用大腳替自己提供遮蔭。住在利比亞的反人有著倒過來的腳底板，也就是說，腳趾向著身體後方，而且每隻腳有八根趾頭。

馬蹄人住在錫西厄：他們外形類似人類，卻有著和馬一樣的腳。據說印度住著一個叫做長壽人的民族，身高可達十二呎。印度同樣還有一個身材只有一肘的民族，被希臘人稱為俾格米人，被如此稱呼正是因為我們之前提過的一肘身高：他們生活在印度山區靠海處。根據傳說，印度還有另一個女性民族，她們五歲就可以懷孕，而且壽命不超過八歲。

蛇怪巴西利斯克

布魯內托・拉提尼（Brunetto Latini，1220~1294 或 1295）

《寶藏》*Il tesoro*，卷 5 頁 3

巴西利斯克是一種蛇，牠全身上下充滿了讓牠看來閃閃發光的毒素，而且不只有毒素，身上還發出遠近可聞的臭味，會感染周圍空氣，造成樹木枯死腐壞，而且光用眼睛盯著就可以殺死空中飛過的鳥兒，也可以讓人中毒：所有長者都表示，牠不會先攻擊看到牠的人。

牠的體型、腳、背上的白色痕跡與冠，看起來跟公雞一樣，而且姿態奇異，身體的一半高於地面，另一半就像蛇一樣在地上匍匐。儘管巴西利斯克非常兇猛，伶鼬卻是牠唯一的剋星。

據說，當亞歷山大大帝找到巴西利斯克的時候，下令製作用玻璃鑄造的大安瓶，在進入這安瓶的時候，士兵可以看得到蛇怪，不過蛇怪卻看不到士兵，如此一來，士兵就可以用箭殺死蛇怪，亞歷山大大帝也因為這樣的智慧才幹而戰勝了敵人；以上為巴西利斯克的特徵。

東方奇觀

《東方奇觀》*De rebus in Oriente Mirabilibus*，公元 6 世紀

人們從巴比倫到紅海的時候總是小心翼翼且祕密行動，因為那些地方有頭

採集胡椒，取自布錫考特大師的《奇蹟之書》，15世紀出版，目前收藏於巴黎的法國國立圖書館，Ms. Fr. 2810。

上長著山羊角的蛇怪柯西亞出沒：無論是誰，只要稍微碰到牠，就會馬上死掉。紅海一帶盛產胡椒，產地有蛇群出沒並保護：因此，在採集胡椒時得這麼做：到處點火，迫使蛇群躲到地底下。這也是胡椒為什麼是黑色的原因……

同樣在那個地區，還有狗頭人：頭上有像馬鬃一樣的毛，牙齒醜陋如野豬，頭狀似狗頭；他們甚至可以從口中吐出火焰……

尼羅河流經埃及，是河川之王；當地人稱之為阿克羅波雷塔，意為「大水」。這些區域有許多大象，還有一群身高十五呎、有著白色身體且頭頂黑髮的雙面人。這些雙面人還有紅色的膝蓋與長鼻子。每到生殖季，他們會遷徙到印度，在那裡產下後代，生出體色多彩有三色、頭似獅、鏟狀大嘴與二十隻腳的生物：他們一看到人或發現有人想抓他，就會趕緊逃跑……

布里松特河另一側往東處，有一群體格高大魁梧的人，他們的股骨和脛骨有十二呎長，臀寬和胸寬可達七呎。他們的皮膚是黑色的，我們無法警告你他們何時接近：事實上，他們抓到什麼就吃什麼……

在這條河流經的區域中，有一座位於南方的島嶼，上面住著眼睛和嘴巴都長在胸前的無頭人……

那一帶還有長著野豬獠牙、髮長及踝且背部下方有牛尾的女人；她們身高十三呎，身形姣好，白皙宛如大理

石，不過卻有著狀似駱駝的腳。亞歷山大大帝對於這種毫無羞恥且淫蕩的軀體暴露感到極端厭惡，又捉不到活的，所以殺死了不少……

在此地區附近，居住著一群鬍長及胸、身披馬皮的女人；她們是身手矯健無人能比的獵人，她們不養狗，而是以老虎、豹與其他生長在那座山的野獸來代替，並且會帶這些動物出去打獵。

祭司王約翰書信

〈祭司王約翰的信〉"Lettera del Prete Gianni"，12世紀

我，因上帝與王中之王耶穌基督的美德與力量而稱王的祭司王約翰，向羅馬人的皇帝曼努埃爾致上最高敬意，敬祝身體安康，國家繁榮昌盛。我王得知，你們崇敬我王，有關我王的消息也遠播至貴國度。我們也從使節處得知，貴國想要送給我們一些有趣且賞心悅目的東西，以取悅我王。

身為人，我們很樂意接受，我們也會透過我方使節送給您一些來自我國的東西，因為我們想要也希望知道，你們是否和我們一樣遵循真正的信仰，以及你們是否在各方面都相信我主耶穌基督。……我，祭司王約翰，是王中之王，我的美德、富貴與權力在全天下人之上，世上有七十二個王國向

我進貢……我們的主權已及印度三國，而且自使徒多馬安葬的大印度延伸進入荒漠，向東方的邊界推進，然後往回向西，一直到荒蕪的巴比倫，巴別塔的附近……

我國境內有大象、單峰駱駝、駱駝、河馬、鱷魚、metagallinari、cameterni、tinsirete、豹、野驢、白獅、紅獅、白熊、黑鳥、不會叫的蟬、獅鷲、老虎、豺狼、鬣狗、野牛、半人馬、野人、有角人、羊男、薩提爾與雌薩提爾、俾格米人、狗頭人、四十肘高的巨人、獨眼人、獨眼巨人、一種叫做鳳凰的鳥、以及各種在蒼穹下生活的動物……

我們的土地會滲出蜂蜜，而且充滿乳汁。在某些區域，「不受毒物損害，沒有呱呱叫不停的青蛙，沒有蠍子，也沒有在草地上滑行的蛇。」

有毒動物既無法在此生活，也無法傷害其他人或動物。

在我國領土內的一個異教徒省區內，有一條印度河。這條河源自天堂，支流眾多，遍布全省，沿岸可以找到許多天然寶石如祖母綠、藍寶石、紅玉、黃玉、橄欖石、瑪瑙、綠柱石、紫水晶、紅縞瑪瑙等貴重寶石。這裡還有一種叫做阿西迪歐的草本植物，若把這種植物帶在身上，它能驅趕惡靈，並迫使惡靈說出它是誰、從何而來、以及它的名字……

在我國領土邊緣靠南方的幾個省區，有一個面積龐大且無人居住的島嶼。

祭司王約翰的國度，取自亞伯拉罕·奧特柳斯《世界概貌》（*Theatrum Orbis Terrarum*）（局部圖），1564年出版。

上帝每個禮拜都會在這座島嶼降下兩場嗎哪（manna），終年不間斷，供周圍居民採收為食……此地不耕不種不收割，也不可能以任何方式刺激土壤長出更豐盛的果實。這嗎哪的味道確實和以色列人出埃及時所吃的相同。事實上，他們除了自己的妻子以外，並不認識其他女人，心中沒有嫉妒與恨意，生活平靜，不動手爭奪他人的財物；他們沒有領袖，以我們派去收稅的官員為首。

他們每年進貢五十頭大象和許多河馬，每隻動物身上都載滿了一鍋鍋的貴重寶石和黃金。事實上，那個地方的人擁有大量的貴重寶石和微紅的黃金。這些人只靠上天恩賜的食物維生，可以活到五百歲。然而，在滿一百歲的時候，他們會前往當地的一棵樹，汲取從根部湧出的泉水飲用三次，以此回春並恢復體力……在喝過

133

三次泉水以後，似乎從一百年的年歲解放、恢復，外表看起來似乎不超過三十或四十歲。所以，他們每一百年會完全回春一次。後來到了五百歲的時候，就會死亡，而根據該民族的習俗，死者不會被下葬，而是被帶到我們前面提到的島上，在那個樹木繁茂生長、終年不落葉的地方，高高地放在樹上。這些樹葉的遮蔭非常舒適，結下的果子散發著甜美的香氣。死者的肉體不會損壞腐爛，不會浸軟，也不會化作灰燼，維持著生前的新鮮紅潤，就這麼保存下來，就如某些先知所言，一直到反基督者的時代來臨……

從該地旅行三日，會抵達一處山區，那兒有一條往下流的石頭河，河裡無水，流域遍及我國領土，直達由沙子構成的大海。這石頭河每週有三天在流動，大大小小的石塊挾帶著樹幹在河中翻滾，直達沙海；流入沙海以後，石塊和樹幹就會消失不見蹤影。石頭河流動時，無人能夠渡河，不過在其餘四天平靜之際，是可能橫越的……

石頭河的另一邊，是以色列十支派生活之處，儘管他們有自己的王，事實上還是受我們統治，向我王進貢繳稅……在另一個靠近熱帶的省區，有一種被我們稱為沙拉曼德的蠕蟲。這些蠕蟲只能活在火裡，會像蠶一樣用薄膜把自己包起來。我國女性會採集這些薄膜，悉心加工並製成我王所需的各式衣物與織品。這些布料只能用烈火來清洗。

我們因為有豐富的黃金、白銀和貴重寶石，與大量的大象、單峰駱駝、駱駝和狗，而能放心生活。我們溫柔歡迎每一位外來訪客與每一位朝聖者。我們這裡沒有窮人，周圍也沒有小偷強盜，更沒有馬屁精和貪婪者生存的空間。這兒沒有財產分配，我們的官員握有各式各樣的財富……

事實上，我王居住的宮殿，其形象宛如使徒多馬替印度王根達法魯斯王建造的宮殿，而且在內部和其他結構等方面都很類似……

我們還擁有另一座宮殿，儘管長度不如第一座，其高度更甚，而且更為華美。這座宮殿是按照我父在我們出生之前所獲得的預示所建造，並以我父非凡的聖潔與公義，命名為似神宮。我父是在夢中被告知的：「替你即將出世的兒子建造一座宮殿，他將成為王中之王，萬主之主。由於神的旨意，宮殿被賦予如此的美德：這裡沒有人會饑餓與體弱，任何人在進入宮殿的那一天都不會死亡。若有即將餓死之人進入宮殿，在裡面待上一會兒，他將會感覺到像是吃了一百道菜一樣地飽足，像是從沒生過病一般地健康。」宮殿裡會出現一道永遠不會流出宮殿的泉源，它比世界上所有泉水都還甘美、香氣芬芳；從源頭的那一角落穿過宮殿流到相對側的另一個角落，在此流入地下，回到源頭，就

祭司王約翰，取自康拉德．格魯恩伯格（Conrad Grünenberg）《徽章，日爾曼修士典》（*Wappenbuch, Codex Germaniae Monaciensis*）145，1483 年出版，目前收藏于德國慕尼黑巴伐利亞州立圖書館。

如太陽從西方落下再從東方升起的方式。

在飲用者口中，這泉水會隨著他的慾望，化為任何食物或飲料的味道。泉水讓宮殿裡充滿濃鬱的香氣，好像各種藥物、香料和香膏都被帶到那裡攪拌而散發出的味道，而且味道還更強烈。如果一個人能連著三年三月三周三日三小時，每天在三個時段空腹喝下這泉水，每個時段長達三小時，而且喝水的時間要避開整點，每個小時喝水三次，那麼在三百年三月三周三天與三小時的時期中，絕對不會死亡，而且青春永駐……

然後，如果你想要知道為什麼我王不想使用比祭司更能彰顯地位的名號——既然造物主讓我們成為這世上力量最強大、享有最高榮耀的人，睿智的你也不應該感到驚訝。我們宮內有許多名稱和功能都比實際更尊貴的不同部會，這涉及教會尊嚴，名稱等級甚至比我們的宗教辦事處還要高。我們的總管被稱為主教長王，我們的酒政叫做大主教王，我們的蹄鐵匠是修士王，主廚是修道院長王。由於我國宮內人事已使用了許多如此顯赫的名稱，我王不願使用同樣的頭銜，寧可謙卑以對，選擇一個比較不高貴、等級低了一級的稱呼。

我們的榮耀與力量無法言述。然而，在你前來參訪時，你絕對會表示我們確實是這世界的萬主之主。此時此刻，你只要知道，我們的領土廣大，從領土的另一側橫跨到另一側需要旅行四個月，而且實際上沒有人能知道這邊界到底遠及何處。

如果你能數盡天上的星辰和海裡的沙，你就可能有辦法測量我國的領土與力量。

曼德維爾版本的祭司王約翰

約翰・曼德維爾（公元14世紀）
《世界知名奇觀見聞》Viaggi，卷30

這位祭司王約翰統治著許多國王、島嶼和生活環境各異的人們。他的國度非常繁榮富裕，不過富裕程度不及大汗國。事實上，商人會前往大汗國從

事貿易，卻因為路途遙遠而不會前往祭司王的國度購買商品。另一方面，契丹島上幾乎什麼都找得到，可以完全滿足商人的需求：黃金和蠶絲織成的布、香料，以及所有其他種類的商品。因此，即使這些東西在祭司王約翰的島嶼比較便宜，人們還是因為對於長途跋涉與那一帶危險海域的恐懼而卻步。在那個海域的許多地方，存在著具有磁性的岩石和峭壁，會將所有用鐵打造的東西吸過去。因此，用鐵條和鐵釘打造的船艦無法通過：如果人們乘船通過，磁岩會將船艦吸過去，船艦再也無法航行。我曾經從遠處眺望那片大海，它看起來就像是一座長滿樹木與荊棘的巨大島嶼：水手向我們解釋，那些都是受磁岩吸引的船艦所留下的殘骸，它們都因為船上的鐵材而被吸了過去。之後，這些殘骸裡慢慢長出荊棘、灌木、青草之類的東西，而船上的桅杆則給了人一大片森林的印象。那一帶類似的岩石很常見，這也是為什麼商人只有在熟悉航道而且有好嚮導的時候才願意冒險。此外，對於路程遙遠一事也心生畏懼……

祭司王約翰的國度有很多令人意想不到的東西，珍貴寶石的產量之大尤其讓人驚訝，而且寶石尺寸大到讓人能用它來製作食器如盤子、碗和杯子等。這裡還有很多其他驚奇，然而若要一一在書中列舉，可能既冗長又讓人厭煩……

那片沙漠有很多讓人害怕的野蠻人，他們身上有角，不會說話只會像豬一樣地叫。那裡也有很多野狗，以及在當地語言中叫做「賽塔克斯」的鸚鵡。這些鸚鵡天生就會和去沙漠的人們說話和打招呼，而且能夠像人類一樣地清楚表達。那些話說得很好的鸚鵡，舌頭比較大，而且腳上有五趾。那裡還有其他種不同的鸚鵡，腳上只有三趾，比較不會說話，只會咯咯叫。

阿爾瓦雷斯的報告

弗朗西斯科・阿爾瓦雷斯（Francisco Alvarez）
《印度祭司王約翰國度實錄》*Verdadera Informaçam das terras do Preste Joam das Indias*，1540 年

我們在那裡看到祭司王約翰坐在一個平台上，平台的階梯有六階，每一階

怪物，取自約翰・曼德維爾《世界知名奇觀見聞》，14世紀出版。

都有精美的裝飾。他頭上戴著用黃金和白銀打造的皇冠，也就是說，一半是黃金一半是白銀，另外，手上還拿著白銀打造的十字架，臉上蓋著一塊天藍色的塔夫綢，這綢巾在他面前上上下下，有時他的臉會整個露出來，有時又被蓋著。他的右側有一位身著絲綢的侍童，手上拿著一個以浮雕人物裝飾的銀製十字架……他身著華美金色織錦與袖子寬大的絲質襯衫，腰上圍著豐富的絲綢與金布，就好像主教身上的圍裙，他的坐姿威嚴，如天父在壁畫裡的姿勢。除了手持十字架的侍童以外，該名侍童的兩側各有一位打扮類似的侍童，兩人手上各握著一把出鞘的刀。

從年齡、膚色和身形來看，祭司王顯得年輕，並不是太黑，膚色是栗子色……中等身材，看起來約二十三歲。臉形偏圓，眼睛很大，鷹鉤鼻，也開始長鬍子……

接下來的幾天，沒有人知道該怎麼走，不過每個人都能從睡覺處看到搭起的白色帳篷……他戴著皇冠騎馬，而且被紅色簾幕圍繞著，那些扛著簾幕的人用細矛將之撐起。在祭司王前面有二十名侍童，侍童前面是六隻裝飾華麗的馬，馬前面是六隻上了鞍的騾子，每隻都裝飾得很漂亮，而且每隻都由四名男子引導。在這六隻騾子前面，還有二十名騎著騾子的紳士，其他走路或騎馬的人都不能接近他們。

馬可波羅的見證

馬可波羅（Marco Polo，1254~1324）
《馬可波羅遊記》*Il Milione*，頁63~67

哈拉和林是一個周徑三公里的城市，是韃靼人在很久以前最先定居的地方。我會在此告訴你們有關韃靼人的所有事情，以及他們如何開始稱王並散居世界各地的故事。韃靼人原本生活在北方，與女真比鄰；他們居無定所，也就是說，沒有城堡與城鎮，只有遼闊廣大的平原，以及茂盛的牧草和豐沛的水源。

他們沒有自己的君主，而是臣服在另一個君王之下，這位君王就是祭司王約翰，一位受到全世界傳頌的君王。韃靼人每有十頭牲畜，就會將一頭進貢給祭司王約翰。

韃靼人的繁衍非常快速。看到韃靼人口迅速增長的情形，祭司王約翰認為韃靼人可能會對他造成傷害，決定要將他們分成許多部落，讓他們散居各地。因此，祭司王就派他手下的貴族來進行此事；韃靼人發現了祭司王的真正意圖，感到非常痛苦。因此，他們全都一起離開，朝著北方荒漠前進，到一個祭司王約翰再也無法傷害他們的地方；他們就此反叛，再也不向祭司王進貢。他們就這樣經過了一段很長的時間……到了1187年，他們擁立成吉思汗為王。在韃靼人眼中，成吉思汗值得尊敬、聰明機智且以勇

敢著稱；由於他的善良公正的統治，在他稱王以後，所有的韃靼人，無論遠近，都前來歸順，願意聽從他的命令。這裡出現了韃靼人令人難以相信的許多面向；當成吉思汗看到這麼多人願意跟隨他，便整裝待發，帶著他的子民攻城掠地。成吉思汗在極短時間內就攻下八個省區，在所到之處，既不傷人亦不搶奪，而是徵召之，帶著他們一起去征服其他地區，以這樣的做法來收買人心。人們看到他的良善，都自願追隨他。成吉思汗看到有這麼多人願意接受他的領導，決定要進一步征服世界。他在1200年派遣使者到祭司王約翰那裡，要求迎娶祭司王約翰的女兒為妻。祭司王約翰聽到

這個請求，勃然大怒說：「成吉思汗膽敢要求娶我女兒為妻？他難道不知道自己是我的奴隸？你們回去告訴他，我寧可把女兒燒了也不會把女兒嫁給他；告訴他，既然他是個叛徒，我最好把他給殺了。」他跟使者說：「馬上給我滾，再也不要回來。」使者離開以後馬上回到成吉思汗那裡，一字不差地將祭司王約翰的話帶到……接到祭司王約翰的無理回覆，當時已稱王的成吉思汗勃然大怒，表示祭司王會因為他的無理而付出代價，他絕對會讓祭司王好看，看看誰才是奴隸。之後，成吉思汗集結了有史以來最強大的軍隊，同時派遣使者通知祭司王約翰，要他準備作戰。祭司王約翰對這戰書嗤之以鼻，不相信成吉思汗會這麼大膽，於是欣然接下戰書，並下令捕殺成吉思汗。成吉思汗準備就緒以後，率領大軍前往一個叫做天德的大平原，並在這片祭司王約翰的領土上紮營。祭司王約翰一聽到風聲，馬上率軍前往迎戰；成吉思汗接獲消息，竟也大感欣慰。現在讓我們先離開成吉思汗，看看祭司王約翰和他的軍隊，到底怎麼迎戰。當祭司王約翰聽聞成吉思汗率軍入侵時，他集結自己的兵力，來到天德大平原，在距離成吉思汗十哩處紮營。此時，雙方都在養精蓄銳，準備迎戰；兩軍在天德大平原對峙……開戰當日，兩軍整裝待發，開始艱苦交戰，打了一場史上最浩大的戰爭。兩軍死傷慘重，

然而成吉思汗最後得以戰勝，祭司王約翰則死於沙場，自此以後失去了他的所有領土。

拜占庭的自動機

利烏特普蘭德（Liutprando da Cremona，10世紀）
《論歐洲名人》*Antapodosis*，卷6頁5

在伊斯坦堡皇宮旁，有一間氣勢磅礡的豪宅，被希臘人稱為馬瑙拉宮，一座具有偉大光環的建築……君士坦丁大帝之所以準備這間房子，一方面是為了安頓才剛抵達的高加索伊比利亞人，另一方面也是為了招待我和利烏提弗雷多。皇帝的寶座前有一棵鍍金的銅樹，樹枝上停滿了各式各樣鍍金的銅鳥，而且每種鳥根據其種類都有不同的叫聲。皇帝的寶座上設有一裝置，前一刻看來在地面，現在稍微高了一點，之後馬上升高，展現出崇高之姿，寶座前設有幾座巨獅雕像，儘管看不出來到底是銅製還是木製，每隻都有鍍金裝飾，它們的尾巴在底下拍打，張開嘴時舌頭可以活動，會發出咆哮聲。之後，我被兩位內官扛在肩膀上，就這麼進宮觀見皇帝。

雖然在我抵達的時候，獅子發出咆哮聲，每種鳥兒也發出不同的鳴叫，我並沒有畏懼或驚奇之感，因為熟知內情者早就講給我聽過了。我向皇帝跪

拜三次以後抬起頭來，原本在地面上
看來大小適中的皇帝，這會兒已經換
了衣服，坐在靠近天花板的地方；若
不是有台絞車讓他升了上去，我實在
無法想像這到底是怎麼發生的。

曼德維爾的塔普羅班

約翰・曼德維爾（公元14世紀）
《世界知名奇觀見聞》，卷23

在祭司王國度的東方有一座美麗的大
島，名叫塔普羅班，是個既高貴又豐
沃的地方。那兒的國王很富有，不過

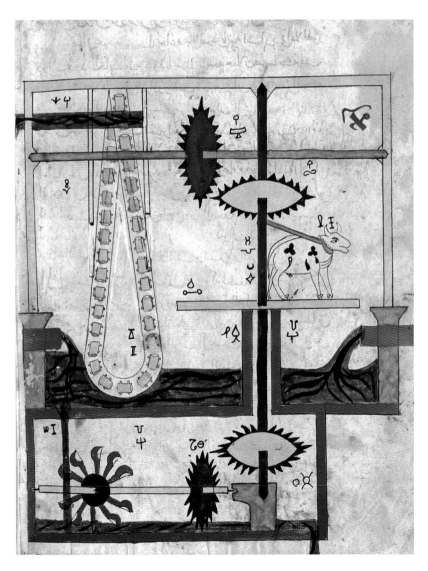

水泵系統，取自加扎利的
《精巧機械裝置的知識之
書》，1206年出版，伊斯
坦堡托卡比皇宮。

卻臣服在祭司王約翰的統治下，而且這王總是由人民選出的。這座島嶼每年有兩個夏天兩個冬天，種植的穀物也是每年收成兩次，花園則是四季如春，終年都有開花。

這裡的居民明智和善，其中有許多富裕到不知如何處置財產的基督徒……在那座島的東方另外還有兩座島嶼：一座叫做奧里耶，另一座叫做阿爾吉特。他們的土地可以說是黃金和白銀的寶庫。這些島嶼位於紅海和大洋的交界處。那裡的星辰不如其他地方閃亮；除了一顆非常明亮叫做卡諾波的星星以外，根本看不到其他星星。即使是月亮，也只有在上弦月到滿月這段時間才看得到。

塔普羅班島上有許多高大的金山，由螞蟻勤奮看守。這些螞蟻會將這種貴重金屬純化，把純金和雜質分開。牠們的體型龐大如狗，所以沒人膽敢靠近那些金山，以免轉眼間就受到這些昆蟲攻擊吞噬。因此，唯有運用狡黠，才可能拿到那些黃金。

天氣熱的時候，這些大螞蟻從早上到午後會躲在地底下休息。所以當地人就趁著這段時間，帶著駱駝、馬匹和其他動物到那裡，儘快把能裝的裝好，趁著蟻群還沒從地底下跑出來之前，趕緊帶著動物逃跑。

有時天氣不是這麼熱，螞蟻不會到地底下休息，人們就會用另一種詭計，好把黃金帶走。他們會在剛生小馬的母馬身上裝上兩個沒有蓋子的及地長簍，把這些母馬送去山區，小馬則留在家裡。

螞蟻一看到簍子就會馬上跳上去：天性所致，這些螞蟻無法忍受有容器是空的，所以就會馬上用周圍能找到的任何東西把這些簍子裝滿，如此以來，這些簍子就被裝滿了黃金。人們在認為簍子應該已經被裝滿的時候，就會放出小馬，讓牠們發出嘶鳴聲尋找母親，母馬就會馬上帶著黃金回到小馬身邊，人們就可以馬上取下簍子，利用這種伎倆，想拿多少黃金就拿多少。事實上，螞蟻可以忍受其他動物在身邊走動，不過就是無法忍受人類。

斯里蘭卡的亞當之墓

阿爾圖羅·葛拉夫（Arturo Graf）
〈人間天堂的神話〉"Il mito del Paradiso Terrestre"，收錄於《中世紀的神話、傳說與迷信》*Miti, leggende e superstizioni del Medio Evo*，第 3 章，1892 至 1893 年

另外有一種看法曾在東西方廣為流傳，以為亞當和夏娃被逐出天堂以後，在舊稱錫蘭的斯里蘭卡生活，不過目前只有東方還流傳此說。這樣的想法無疑來自穆罕默德，或者該說是被伊斯蘭觀點轉化過的佛教信念；接下來說明這觀點是怎麼來的。從過去

到現在的佛教徒都相信，佛陀曾經在錫蘭島的一座山上住過一段時間，這座山被印度半島上的貴族祭司婆羅門稱為蘭卡山；佛陀曾在這裡靜思修行；佛陀得道升天以後，在峭壁上留下了一個清楚可見的腳印。伊斯蘭教信徒運用了一種在傳說演變史中非常常見的手法，將佛陀的事蹟改成亞當的事蹟，因此佛陀和亞當的傳說就這樣持續並行流傳下來。關於此事，馬可波羅曾在遊記中提出一個有些古怪的見證。他說，在錫蘭島上有一座只能靠鏈條協助才可能攀登的高峰，這座山的山頂有一座墳，薩拉森人說是亞當的墳墓，拜偶像者（指佛教徒）認為是賽加蒙‧波爾卡摩（指佛陀）之墓。馬可波羅接下來的敘述表示，這位賽加蒙其實就是佛陀，而且眾所周知的是，佛陀也經歷過另一類似的轉化，成為基督教傳說中的聖人約瑟法。阿拉伯人將這座山稱為拉胡德山，第一位將這傳說紀錄下來的阿拉伯作家據說是蘇萊曼（Suleyman）。在西西里王國魯傑羅二世（Ruggero II di Sicilia）的宮廷寫下地理學傑作的伊德里西（Edrisi），曾在1154年證實自己曾親眼在蘆薈、沒藥和樟樹之間看到以弗所七聖童的肉身，儘管他並沒有清楚表示看到的到底是遺體還是再次沈睡的七聖童，他的記述指的其實就是聖山的傳說，並把這座聖山稱為拉胡克山。根據伊德里西的說法，多位婆羅門表示曾經到過留有亞當足

跡聖蹟的山頂上，這聖蹟據說有七十肘長，而且看來非常清晰。據傳，亞當從那個地方，只跨了一步就抵達路程兩三天遠的海邊。伊斯蘭教徒還說，被天堂放逐的亞當掉落到錫蘭島，並且在前往後來的麥加朝聖以後，回到島上終老。14世紀旅行家伊本‧巴圖塔（Ibn-Battuta）也曾在他的遊記裡提到這座山。這個傳說也從東方傳到了西方，從伊斯蘭教徒傳給基督教徒；後來被葡萄牙人稱為亞當之峰的錫蘭山則因此聲名大噪。亞歷山大城牧首猶提修斯（Eutichio，歿於公元940年）只有提到過，亞當被放逐到印度的一座山裡，不過到頭來猶提修斯所指的，仍然是錫蘭山。鄂多立克也曾簡明扼要地敘述，表示這座山的山頂上有一座湖，據說是亞當和夏娃在次子亞伯死去時流下的眼淚所形成。14世紀傳道士喬凡尼‧馬里諾利（Giovanni de' Marignolli）的敘述則比較詳細明確。天使抓起亞當，將他放在錫蘭山上，亞當的足跡奇蹟般地印在大理石上，長度達兩個半掌幅。天使將夏娃放在另一座與錫蘭山相隔四天路程的山頂上，兩名罪人就這麼分開著，被哀傷籠罩。四十天以後，天使將夏娃帶到亞當所在之處，當時的亞當早已陷入絕望之中。除了亞當的足跡以外，第一座山上還有一尊右手指向西方的亞當坐像、亞當的住所，以及一泓清澈純淨、據信來自天堂的泉水，當地居民相信，亞當的

〈亞當之峰〉，版畫，繪
於 1750 年。

眼淚形成了泉水裡的寶石；此外，這
裡還有一座長滿甜美果實的果園。這
個地方吸引了許多朝聖者前來。在 17
世紀末，文森佐・柯羅內利（Vincen-
zo Coronelli）仍然表示這山頂上有亞
當之墓，那裡有一座湖，是夏娃哀悼
亞伯流下的眼淚所形成。不過柯羅內
利的說法和另一個比較不為人所知的
看法相抵觸。之前已經提過的布查德

（Burcardo di Monte Sion）曾經表示，
亞當和夏娃在希伯崙谷某座山旁的一
個洞穴裡悼念亞伯之死，淚流了一百
年，那個洞穴至今仍有兩人睡過的
床，以及兩人曾經取水飲用的泉源。
儘管原本認為亞當之墓位於錫蘭山
上，有關亞當之墓到底位居何處的相
關傳說著實眾說紛紜。

第五章

人間天堂、幸運之島與黃金國

左：愛的花園或不老泉花園，取自《天球論》，15世紀出版，目前收藏於義大利摩德納埃斯特圖書館，排架號 Ms. Lat. 209 DX2 14, c. 10r。

右：雅各布‧德貝克（Jacob de Backer），〈伊甸園〉，約 1580 年繪製，目前收藏於比利時布魯日格羅寧格博物館。

　　人間天堂也屬於東方奇觀的一部分。聖經談及猶太基督教文化中的伊甸園，〈創世紀〉訴說亞當與夏娃所在的樂園，以及兩人犯下原罪以後如何遭受放逐：上帝「於是把他趕出去了；又在伊甸園的東邊安設基路伯和四面轉動發火焰的劍，為了把守通往生命樹的道路……」此後，伊甸園就成了一個讓人朝思暮想之處，一個所有人都想重新找到卻遍尋不著的地方。這種關乎世界起源的夢，一處人類原本過著幸福純真的生活，爾後因故失去的地方，是很多宗教的共通點，它所代表的往往是進入天堂的前奏曲。

　　耆那教、印度教和佛教都提到過須彌山。須彌山是四條河的起源（就如聖經中提到從天堂流出的四條河比遜、基訓、希底結和伯拉河），山上矗立著神的居所與人類的古老家園。在梵文史詩《摩訶

〈耆那教的宇宙圖〉，帆布蛋彩畫，約1890年繪製，目前收藏於美國華盛頓特區美國國會圖書館。

婆羅多》中，因陀羅神建造了和伊甸園有許多共通之處的移動城市因陀羅世界。

　　道家典籍（約在公元300年著作的《列子》或《沖虛經》）曾提到一個夢境，夢中是一個沒有統治者（其國無師長）也沒有被統治者的美好之境，在那裡的一切都順其自然（譯注：出自《列子》黃帝篇）；居民入水不溺，入火不侵，乘空如履實。埃及神話也曾提到一段幸福快樂的時代，那些有關金蘋果聖園之夢的描繪，最早也許就是在這些神話中成形。蘇美人的天堂叫作迪珥蒙（Dilmun），是個沒有疾病和死亡的地方。崑崙山是道教聖地。中國神話和日本神話都曾提到的蓬萊山（蓬萊山在許多不同的傳說中出現在不同的地點），是個沒有病痛也沒有寒冬的地方，這裡有吃不盡的美味和喝不完的美酒，有神奇仙果能治療所有疾病，而且居民長生不老。希

老盧卡斯・克拉納赫（Lucas Cranach il Vecchio），〈黃金時代〉，約 1530 年繪製，目前收藏於德國慕尼黑古繪畫陳列館。

保羅・弗萊明（Paolo Fiammingo），〈黃金時代的愛情〉，1585 年繪製，目前收藏於奧地利維也納藝術史博物館。

臘人和拉丁人則在傳說中提及黃金時代與克諾洛斯（Crono）和薩圖爾努斯（Saturno）統治的幸福國度。根據古希臘詩人赫西俄德（Esiodo）的說法，當時人類的生活並無後顧之憂而且青春永駐，毋需辛勤勞動，土地就會長出食物，死亡時就好像睡著了一樣。

古希臘詩人品達（Pindaro）早已提到了幸運島（Isole Fortunate 一個注定在中世紀以降開始進一步發展的主題），據說這裡的住民

老盧卡斯‧克拉納赫，
〈伊甸園〉局部，1530年
繪製，目前收藏於德國德
勒斯登古典大師美術館。

是已經經過三次轉世的純潔靈魂。另一方面，無論在荷馬或是古羅
馬詩人維吉爾的作品中，都曾經出現關於極樂世界的描述，那是受
賜福者居住的世界。古羅馬詩人賀拉斯（Orazio）談到內戰後羅馬
社會的種種不安時，也曾提到這個極樂世界，將之當成一種對於現
實世界不滿的逃避方式。

可蘭經裡描述的天堂，和西方文化裡出現的各種人間天堂有類似
的特徵：受賜福者待在樂園中，身邊圍繞著美麗女子、豐盛水果與
香醇飲料。這個天堂樂園的形象，啟發了獨特的伊斯蘭式建築，衍
生出各種花園、涼亭與噴泉等等。

總之，似乎在每個文化中，由於現實世界往往讓人感到痛苦不
堪，人們總夢想著那曾經歸屬的幸福快樂之地——一個也許在未來
的某一天能夠回歸的地方。如阿爾圖羅‧葛拉夫（1892~1893）關
於人間天堂傳說的經典研究所述，有些學者甚至進一步推演假設，

伊甸園也出現在埃布斯托夫的《世界地圖》中（左側局部圖），約1234年繪製。

認為伊甸園式的傳說反映出「對於人類開始確立土地所有權以前那種原始社會環境的朦朧回憶」。

讓我們回到聖經裡的伊甸園。根據傳說，自始以來，伊甸園就位於東方，而且是太陽升起的極東之境，然而，這個位置還是不夠明確，由於伊甸園是四條河的起源，其中包括灌溉著整個美索不達米亞的底格里斯河和幼發拉底河在內，所以它指稱的東方絕非遠東，反而是世界的中心而非邊緣地帶。既然底格里斯河和幼發拉底河也可能源自非常遙遠的地方，中世紀的地圖就將伊甸園放在一個位置不甚明確而且位於偏遠地帶的印度（這一點可以在聖奧古斯丁和聖依西多祿的記述中看到）。

我們在前面的章節已經提到過一些拜占庭地理學家科斯瑪・印地科普雷烏斯特提出的可疑地理學敘述，他在一幅地圖中描繪了大海另一側的世界，也就是已知世界以外地區，表示那裡是人類在大洪

亞可波．巴薩諾（Jacopo Bassano），〈伊甸園〉，1573 年繪製，目前收藏於義大利羅馬多利亞潘斐利美術館。

水之前的居所，也是伊甸園的位置。中世紀大部分的地圖都將伊甸園放在大海的範圍之內──例如席洛斯（Silos）的《啟示錄》──不過在14世紀赫里福德（Hereford）的地圖裡，它卻位於一個被人類居住世界圍繞著的島上。

但丁則將天堂放在煉獄山的山頂，也就是說，天堂位於當時人們不認識的另一個半球上。

至於其他人，有將伊甸園和亞特蘭提斯放在一起的（我們在專章討論這塊消失大陸的時候再行討論），也有把它和幸運島放在一起的。至於通常語出驚人的曼德維爾，在遇到伊甸園之謎的時候終於坦白了一次，承認自己從來沒有見過這個地方。

14世紀的教士喬凡尼‧馬里諾利（Giovanni de' Marignolli）曾前往韃靼人大可汗的領土傳道。馬里諾利在《編年史》一書中表示，伊甸園離錫蘭島四十哩，錫蘭島上可以聽到水從伊甸園落下所發出

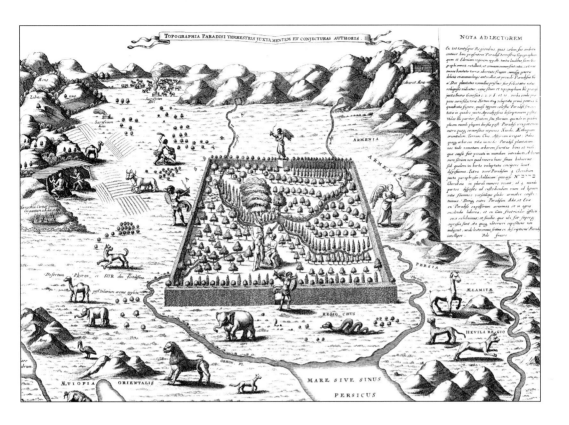

阿塔納斯·珂雪（Athanasius Kircher），〈天堂地形圖〉，取自《諾亞方舟》，1675年於阿姆斯特丹出版。

的轟鳴聲──而且事實上，有這麼多河水從那樣的高度落下，水流造成的轟然巨響必然會讓周圍地區的所有居民耳聾。

許多「異象錄」（visiones）中都有人物在夢境或現實中參訪死後世界的描述，也有人因此看到了伊甸園。這些所謂的異象有很多，而且很多都比但丁的幻想旅程還要早。這裡指的是《聖馬卡里奧生平》（Vita di san Maccario romano）、《三聖人的伊甸園旅程》（Viaggio di tre santi monaci al paradiso terrestre）、塞席爾（Thurcill）的異象、《納達魯斯的異象》（Visione di Tugdalo）、甚至於《聖派翠克的煉獄》（Tractatus de Purgatorio sancti Patricii）或聖派翠克之井的傳說等；據傳，在穿過這口聖派翠克之井（位於愛爾蘭）以後，騎士歐文先參觀了下煉獄者接受折磨的地方，接著到了好人居住的伊甸園，這些好人全都幾乎超脫了淨化的痛苦，在那裡愉快地等待進入天國世界。

從公元 2 世紀神學家特圖里安（Tertulliano）直到經院哲學的諸位學者，長久以來一直在爭論，伊甸園到底是位於遠離已知世界的熱帶，還是在具有宜人溫和氣候的溫帶。一般而言，位於溫帶的想法較占上風，13 世紀神學家聖湯瑪斯・阿奎那（San Tommaso）也支持這個概念，他在《神學大全》第 1 部第 102 問曾提到：「那些認為伊甸園位於赤道的人認為，赤道地區的天氣因為終年日夜長度相等而非常溫和；一方面因為太陽永遠不會太偏斜，所以不會出現過度寒冷的情形，另一方面就如眾人所言，這裡不會過度炎熱，因為太陽直射居民頭頂的時間並不會太長。然而，亞里斯多德曾明確指出，赤道地區由於炎熱而不適合居住……然而，我們都相信，不管伊甸園到底在赤道還是其他地方，它都是位於一個氣候非常溫和之處。」

無論如何，一般人都認為，伊甸園位在一個海拔非常高的地方，因為唯有如此，才可能在大洪水中倖存下來——我們稍後也會講到克里斯多福・哥倫布從這個觀點衍生出什麼奇怪的論調。為了找到世界上最高的地方，義大利文藝復興詩人亞力奧斯托（Ludovico Ariosto）在作品《瘋狂奧蘭多》（*Orlando Furioso*）中，不受神學觀點侷限地讓主角阿斯托爾弗（Astolfo）騎著駿鷹飛到位於前往月球半路上的伊甸園。

聖布倫丹的島 另一個傳說則把伊甸園放在西方，而且是非常接近北邊的位置。這個傳說來自 10 世紀的一本書《聖布倫丹航海記》（*Navigatio Sancti Brandani*）。布倫丹（Brandano）是公元 6 世紀的愛爾蘭僧侶，他駕著一艘非常脆弱的愛爾蘭傳統木舟庫拉客（在木製框架上覆蓋薄獸皮造成的小船）往西航行，根據傳說，他和同行僧侶駕船抵達美洲，甚至重新發現了亞特蘭提斯。

聖布倫丹和同行的神祕水手們曾經去了許多島嶼，如鳥島、地獄島、那塊將猶大拴住的海中孤岩、以及曾讓辛巴達上當的假島嶼。布倫丹一行人曾在這座假島上停泊，而且直到過了一天之後，船員

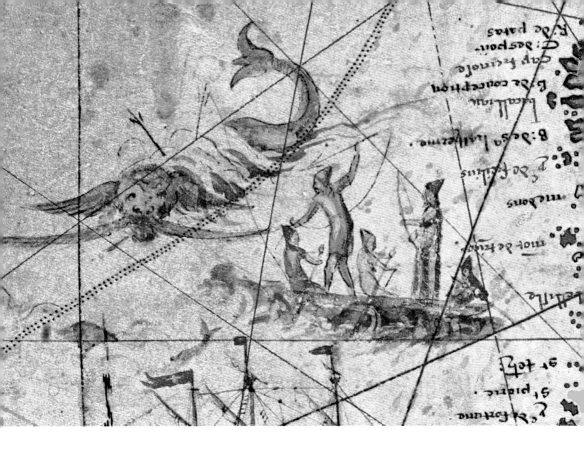

法國地圖學家皮耶‧德塞利耶（Pierre Descelliers）所製作地圖中的聖布倫丹，1546年繪製，目前收藏於英國曼徹斯特大學約翰瑞蘭茲圖書館。

在島上生火，這時他們看到這島竟然動了起來，才發現自己所停靠的並不是島嶼，而是一隻可怕的海怪賈斯康尼烏斯（Jasconius）。

然而，在聖布倫丹去過的諸多島嶼中，最能激發後人想像的，卻是布倫丹一行人在航行七年以後抵達的福人島（L'isola dei Beati）[1]，一個充滿愉悅甜美的地方。

福人島能讓人產生一股強大的慾望，因而在整個中世紀時期到文藝復興時期，一般人都深信其確實存在。這個島曾出現在地圖上，例如13世紀的埃布斯托夫（Ebstorf）世界地圖和15世紀托斯卡內利（Toscanelli）替葡萄牙國王繪製的地圖，都有福人島的蹤跡。它有時在和愛爾蘭差不多緯度的地方，不過在較近期的地圖上，則往南移到非洲西北岸加納利群島或幸運島一帶，而且幸運島也常常和聖布倫丹所說的福人島搞混；有時，福人島被認為是北非西岸的馬德拉群島，有時又和另一個虛構島嶼安提利亞（Antillia）混淆，例如在16世紀地圖學家佩德羅‧德梅迪納（Pietro de Medina）的

注1：聖布倫丹並沒有很明確地提到伊甸園，反而用了「應許給聖人之地」的說法，至於在講到福人島時提到人間天堂，是在中世紀時期為了通俗化之目的的用詞，可參考 Scafi（2006，頁41~42，義大利文版）。

《航海藝術》裡就出現了這個情形；在15世紀德國地理學家倍海姆
（Behaim）於1492年製作的地球儀上，福人島的位置比較偏西邊，
而且靠近赤道，而且在那個時期，福人島已改稱失落之島。

　　德國神學家霍諾里烏斯·歐坦（Onorio di Autun）在《世界圖像》
一書中，曾經將福人島描繪成最宜人的島嶼：「大海中有一個不為
人知的失落之島，是全世界最舒適、最肥沃的地方。即使人類偶然
間發現了這個島，一旦離開以後就遍尋不著，因此被稱為失落之
島。」14世紀的法國作家皮耶·貝緒爾（Pierre Bersuire）曾以同樣
的方式來形容幸運島，據說：「因為只有偶然間憑藉著運氣才可能
找到這座島，然而，想要再次找到它，是不可能的事。」

　　許多人都在尋找這個永遠無法再次找到的失落之島，好望角與新
大陸被發現後，尤其讓更多人投身這波探險熱潮中；有人聲稱自己
至少確認了福人島的位置，因此葡萄牙國王艾曼紐一世在1519年6
月4日和西班牙簽署埃武拉條約，放棄葡萄牙在加納利群島的權利
時，失落之島也被明文包含在條約內。法蘭德斯地圖學家傑拉杜

斯‧麥卡托在1569年製作的地圖內，也還標示著失落之島。

即使到了現代，仍然有人在緬懷著這遍尋不著的失落之島，義大利詩人圭多‧戈札諾（Guido Gozzano）便為一例。

位於新世界的伊甸園 人類在1492年抵達美洲大陸，為中世紀劃下句點，這是約定成俗的說法，而哥倫布也被視為第一個步入現代世界的人。事實上，一個歷久不衰的普遍看法認為，哥倫布是第一個不顧普遍存在的敵意，站出來支持地圓說的人。這個看法其實是無稽之談，因為希臘人早就已經提出地圓說——我們早在本書第一章就已經談過——而且這個學說（至少在學術圈）也安然被中世紀文化所接受。哥倫布和其他人一樣，都認為地球是圓的，而且就像同時代的人一樣，認為地球保持不動，是全宇宙的中心，而波蘭天文學家哥白尼在《天體運行論》裡發表的日心說，則是在發現新大陸之後五十年才問世。然而，哥倫布對於地球大小的計算是錯誤的，他的諸多對手的想法較合理，這些人認為西班牙與哥倫布想要往西航行抵達的東方，距離根本遙遠到無法越過（無論是哥倫布或他的對手自然都沒想到那片廣闊的大海中間有美洲大陸的存在）。

事實上，哥倫布這位「現代的第一位主角」在思想上同時也屬於中世紀，他的態度顯然傾向從字面意義來解讀聖經。這位熱那亞人在試著抵達他所相信的遠東時，懷抱著許多根深柢固的想法，其中之一就是要尋找伊甸園。

對哥倫布造成深刻影響的書籍之一，是主教皮耶‧艾利的《世界圖像》。艾利在書中屢次提及有關伊甸園的一些刻板印象（哥倫布的這本藏書流傳至今，頁緣處還有他的筆記）。在哥倫布的遊記中，他曾經好幾次提到自己找到了一片被長滿豐富水果的森林覆蓋，且住著多彩鳥兒的土地，認為那就是傳說中的應許之地。不只如此，哥倫布堅信伊甸園位於一個幾乎與天空等高的地方，並告訴西班牙王室一個讓人驚訝的假設，表示地球並不完全是圓的，而是在他新發現的地方向上隆起，成了梨形。

哥倫布以後，安東尼奧‧萊昂‧皮涅羅（Antonio de Leon Piñelo）於1656年在《新世界的天堂》（*El Paraiso en el Nuevo Mundo*）再次提出伊甸園位於美洲的假設。新世界的發現引起了一連串有關美洲原住民起源的廣泛討論，許多人都支持美洲原住民是諾亞後裔移民至美洲的論點。然而，皮涅羅並不支持美洲印第安人來自地中海地區的說法，反而是抱持著完全相反的看法，他以為：這些居民早在大洪水之前就在此定居，諾亞就是在那裡建造了方舟；由於人們認為這艘方舟有28125噸重，它足以越過大洋，抵達亞美尼亞的亞拉拉特山上。這趟旅程應該是始於世界紀元1625年11月，一直到1626年11月為止（從世界被創造出來那一刻開始計算）；起點是安第斯山脈，從中國的那一側進入亞洲大陸，到達恆河，最後抵達亞美尼亞，距離總共3605里格（譯注：1里格為3海里）。從以上這些假設作出的結論，就是伊甸園位於新世界。皮涅羅更表示，從伊甸園流出來的四條河並不是聖經裡提到的那四條，而是拉普拉塔河、亞馬遜河、奧里諾科河及馬格達萊納河。

然而事實上，似乎從那個時候開始，就再也沒有人在新大陸上尋找伊甸園。義大利航海探險家韋斯普奇在態度上比哥倫布謹慎，他僅僅指出有一片沃野「似乎是」伊甸園，不過並沒有進一步討論。

位於巴勒斯坦的伊甸園　接下來，人們開始往非洲和亞洲尋找伊甸園。皮耶－丹尼爾‧尤埃（Pierre-Daniel Huet）在〈論伊甸園位置〉（Trattato sulla situazione del paradiso terrestre, 1691）一文中，以懷疑的態度檢驗了所有的假設，其中包括一個奇怪的論點，認為伊甸園位於法國阿圖瓦地區的埃丹（Hédin），因為埃丹與伊甸的發音相近。然而尤埃最後還是認為伊甸園位於美索不達米亞，尤其可能在底格里斯河東岸，並且在書末附上不同地點的詳細地圖。

卡梅神父（Dom Calmet）在評注舊約與新約聖經的時候提到，他認為伊甸園位於亞美尼亞（1706）。

然而，最讓人著迷的假設，應該是認為伊甸園位於唯一也是真正

的應許之地，亦即巴勒斯坦。舉例來說，17世紀神學家艾薩克．佩雷爾（Isaac de la Peyrère）在〈亞當前人說〉（Preadamitae）寫道，經過計算，他發現若根據東方歷史來回溯世界的起源，那麼世界起源的時間遠比聖經所述早了許多，因此佩雷爾作出結論，認為亞當的創造以及後來基督的到來，僅與中東地區有關，而且世界上其他地方則有非常不同的發展，時間上也早了數千年。因此，認為伊甸園位於遙遠國度的想法是無益的，因為那些地方的人們完全處於另一個現實，所以我們應該將思考範圍侷限在埃及到幼發拉底河之間的區域。然而，如果認定伊甸園位於人們從未到過的地方，那麼就可以把伊甸園想像得非常大；假使伊甸園位於中東地區，它的面積必然小了許多，而且還夾在沙漠與大海之間，這怎麼可能呢？倘若亞當沒有犯下原罪，伊甸園就得容納未來的所有人類，因為上帝要人繁衍增多，那麼，在亞當的後代增長到無可估計的程度以後，又該住在哪裡？他們會因此被趕出伊甸園嗎？這是個不容小覷的問題，相關聖經文本的論述更是何其多。

後來，在神話力量的運作下，伊甸園重新出現在非洲，因此史卡菲（Scafi, 2006）在他的歷史巨作《人世間的天堂》（*Il Paradise in Terra*）寫道，即使是19世紀的探險家兼傳教士李文斯頓（Livingstone），他在前去尋找尼羅河源頭的時候都深信，只要自己能夠找到源頭，就可能同時找到這座人間天堂。

皮耶－丹尼爾．尤埃《論人間天堂位置》封面，1691年巴黎出版。

黃金國 中東地區並沒有非常豐富的自然資源。由於世人希望能找到比這片人類因遭受降罪而被迫居住之處更

美好的土地，許多理想主義者、探險家和冒險家又紛紛回到新世界去搜尋；這也是為甚麼另一個傳說，也就是世俗伊甸園——亦即黃金國埃爾多拉多——會進一步發展之故。

我們在前面講到，許多不同的人間天堂傳說中，居民都長生不老或至少非常長壽，而且有許多故事都談及不老泉。希羅多德曾提到，衣索比亞有一個地下泉源（一般相信衣索比亞人和非洲中部居民都很長壽），不過後來的傳說卻講到伊甸園內的泉水，而且說這泉水不但可以治病，如果在泉裡沐浴，還能恢復青春。《亞歷山大演義》裡曾出現生命之水，這座謎樣的噴泉只有在越過阿布哈茲的「黑暗大地」之後才可能找得到，此外，亞歷山大大帝的故事也提到了幾個阿拉伯的泉源。

有許多中國傳說曾提到過奇蹟之泉，有一則韓國民間故事也講到兩名窮困的農夫偶然間發現奇蹟之泉的故事：他們喝下一口泉水，馬上就恢復青春。這個傳說歷經整個中世紀時期流傳下來，之後到了美洲，而尋找青春之泉的任務，則落在16世紀西班牙探險家胡安・龐塞德萊昂（Juan Ponce de León）身上。龐塞德萊昂原本在哥倫布的船上，和哥倫布一起抵達伊斯帕尼奧拉島（Hispaniola，即今日的海地）。那裡的印第安人告訴他，某座島上有能夠讓人返老還童的泉水。然而，印第安人給的位置很粗略，因此龐塞德萊昂從南美洲北部海岸出發，穿過加勒比海，一直到了佛羅里達，沿路慢慢尋找這座島。在1512至1513年間，龐塞德萊昂徒勞無功地在那些地方航行；後來又再次啟程尋找，一直到1521年為止，他在佛羅里達海岸被印第安人用弓箭射傷，最後因為感染死於古巴。

青春泉的傳說並沒有跟著龐塞德萊昂死去，英國探險家華特・雷利爵士（Sir Walter Raleigh）也從1596年起數次展開尋找黃金國的探險活動。

等到尋找黃金國這件事逐漸失去吸引力的時候，人們開始以諷刺的形式來談論這一主題，藉以批判人類世界的精神，例如伏爾泰撰寫的《憨第德》（Candide, ou L'Optimisme）即為一例。

穆爾希德‧設拉子（Murshid al-Shirazi），〈生命之泉旁邊的希爾與以利亞〉，出自12世紀詩人尼扎米（Nizami）《五卷詩》古書，1548年出版，目前收藏於美國華盛頓特區史密森機構圖書館。

頁162~163：17世紀法國畫家尼古拉‧普桑（Nicolas Poussin），〈春〉，又名〈伊甸園〉，1660至1664年間繪製，目前收藏於法國巴黎羅浮宮。

　　這泉水的位置衍生出許多有關「關鎖的花園」的幻想故事，這關鎖的花園就像已將亞當驅逐出去之後的伊甸園，雖然再也沒有人類存在，仍然充滿各種歡愉和美味。伊甸園神話的重重迴聲，早已轉化成各式各樣既迷人又邪惡的世俗異教傳說，例如16世紀義大利詩人塔索（Torquato Tasso）的詩作《被解放的耶路撒冷》（Gerusalemme liberata），女巫阿爾米達用愛情來囚禁騎士里納爾多的花園，就是從伊甸園傳說衍生而出來的。

伊甸園傳說的主要來源

舊約聖經

〈創世紀〉第2~3章

耶和華神用地上的塵土造人，將生氣吹在他鼻孔裡，他就成了有靈的活人，名叫亞當。

耶和華神在東方的伊甸立了一個園子，把所造的人安置在那裡。耶和華神使各樣的樹從地裡長出來，可以悅人的眼目，其上的果子好作食物。園子當中又有生命樹和分別善惡的樹。

有河從伊甸流出來，滋潤那園子，從那裡分為四道：第一道名叫比遜，就是環繞哈腓拉全地的。在那裡有金子，並且那地的金子是好的；在那裡又有珍珠和紅瑪瑙。第二道河名叫基訓，就是環繞古實全地的。第三道河名叫希底結，流在亞述的東邊。第四道河就是伯拉河。耶和華神將那人安置在伊甸園，使他修理，看守……耶和華神便打發他出伊甸園去，耕種他所自出之土。於是把他趕出去了；又在伊甸園的東邊安設基路伯和四面轉動發火焰的劍，要把守生命樹的道

19世紀法國畫家尚·奧古斯特·多米尼克·安格爾（Jean-Auguste-Dominique Ingres），〈黃金時代〉，1862年繪製，收藏於美國麻薩諸塞州劍橋市福格美術館。

極樂世界的場景，紀念早逝的奧塔維亞‧保琳娜（Octavia Paolina），公元 3 世紀繪製，濕壁畫，於羅馬奧塔維亞地下墓穴出土，局部，描繪亡靈接引神赫爾墨斯、早逝的少女與其他女孩一起採玫瑰的景象，目前為義大利羅馬國立古羅馬文明博物館暨馬西莫浴場宮的收藏。

路。（新標點和合本）

黃金時代

赫西俄德，公元前 7 世紀

《工作與時日》*Le Opera e i Giorni*，第 109~126 節

一開始的時候，居住在奧林帕斯的神先創造了黃金民族的人類：那是克洛諾斯統治天空的年代。人類如神仙般地生活，心情安適平靜，不受辛勞與不幸所苦；他們也沒有悲慘晚年，身體總是充滿氣力，歡度節慶，遠離厄運：死亡時，他們就好像睡著了一樣。他們享受所有的美好事物，肥沃的土壤自然長出許多豐碩的果實，和平知足的人們在諸多喜樂之間享受著這些豐盛。在大地掩埋他們的身體以

後，他們成了讓人敬畏的靈魂，在世間保護人類不受邪惡侵害的守護者；他們監督著各種判決與罪惡；乘著風，在世間徘徊遊蕩，予人財富：因為他們也得到了這樣尊貴的權力。

極樂世界

維吉爾（公元前 1 世紀）

《埃涅阿斯紀》*Eneide*，卷 6，第 941~963 節

他們一起在黑暗中走著，迅速接近門邊。虔誠的埃涅阿斯抵達入口，噴上汲取的水，將樹枝固定在門檻上。做好以後，就實現了對女神的誓言，於是便來到具有宜人綠色森林、受福者居住的快樂之境。這裡的空氣較自由，原野散發紅色光輝，天空上有許

穆罕默德參觀天堂，取自
15世紀土耳其手稿《登霄
之書》，目前收藏於法國
巴黎國家圖書館。

多星辰與一個太陽。有些受福者在草地上進行運動競賽，或在黃褐色的競技場上搏鬥；有些人則吟唱詩歌，或是一同跳舞。色雷斯人奧菲斯身著長袍，用手指或象牙撥子輕輕彈著手中的七絃琴。

可蘭經裡的天堂

可蘭經，第47章第15節

敬畏的人們所蒙應許的樂園，其情狀是這樣的：其中有水河，水質不腐；有乳河，乳味不變；有酒河，飲者稱快；有蜜河，蜜質純潔；他們在樂園中，有各種水果，可以享受；還有從他們的主發出的赦宥。

（馬堅譯本，參考可蘭經漢譯經文查詢網站http://www.islam.org.hk/cqse/cqse.asp）

聖奧古斯丁的天堂

聖奧古斯丁
《創世紀字解》Genesi alla lettera，卷8

我很清楚，許多作者都曾經以天堂為題撰文：這麼說好了，總的來說，有關此主題的最常見觀點有三；其一從字面上來解釋「天堂」，其二則單從其寓喻意涵來解釋，其三則綜合前兩者：也就是說，有時從字面上解釋，

有時採譬喻性意涵。簡單且坦白地說，我較偏好第三種看法……因此，天堂只是一個上帝給人居住的地方，也就是說，一個凡人生活的地方……講到這些河流，既然它們在流經地區非常知名，而且幾乎全世界的人都知道它們的存在，我又何需進一步確認它們是真實的河流抑或是寓喻性的說法？好像這些河流並不存在現實世界，而只是指涉另一真實世界的名稱而已？可以肯定的是，這些河流確實存在：其中兩條河在古代的名稱與現代不同，這就像目前的台伯河在從前叫作阿爾布拉河一樣；這四條河中，吉翁河實際上是現在的尼羅河，現在的恆河是以前的菲松河，至於其他兩條河，也就是底格里斯河和幼發拉底河，仍然維持著同樣的名稱……

聖依西多祿的天堂

聖依西多祿
《詞源》，卷14

天堂是一個位於亞洲東部的地方。這個名稱來自希臘文，翻譯成拉丁文是「hortus」，花園的意思。在希伯來文中，它叫作伊甸園，在我們的語言中有歡愉、佳餚之意。事實上，天堂裡長滿了各式各樣的花草果樹，其中也包括生命之樹：那裡既不寒冷也不炎熱，氣候總是溫和宜人。天堂的中央有一水源，它灌溉整片森林，然後分

成四條河流。在亞當犯下原罪以後，人類再也無法接近這個地點：事實上，它的入口完全被一把銳利的劍給封了起來，也就是說，入口處有一堵高大的火牆，火焰旺盛，幾乎直達天際。即使是守護著天堂入口的智天使，手中也握著白熾的利劍：那火焰趕走人類，善天使則驅逐惡天使，因為天堂的入口不但禁止人類進入，同樣也將罪惡的靈魂阻擋在外。

曼德維爾的天堂

約翰‧曼德維爾
《世界知名奇觀見聞》，卷 33

有關天堂，我無法以應有的方式來談論之，因為我未曾去過；對不起，它真的太遙遠了。而且，我大概也不值得進天堂。無論如何，幾位來自那些地方的智者曾告訴我一些有關天堂之事，我很樂意在此與你分享。這些智者表示，人間天堂位於世界上最高的地方。它的位置非常高，幾乎可以碰到月亮的軌道，也就是月亮運轉的路徑。它的位置非常高，所以大洪水的時候，儘管地上、地下與周圍全都被洪水淹沒，洪水卻無法抵達天堂。整個天堂都被一堵牆圍了起來，不過沒人知道這牆用什麼造的，因為它上面覆滿密密麻麻的苔蘚，根本看不到牆。它似乎不是平常的石牆，使用的也不是一般的造牆材料。這座牆由南

延伸到北，只有一個被終年不斷之火焰阻擋的入口，凡人無法進入……要前往天堂無法經由陸路，因為那些沙漠中有凶猛野獸肆虐，而且山高岩峻無法穿過，此外，那裡也有許多地區被黑暗所圍繞。要前往天堂也無法經由水路，因為那水流強勁湍急，從高峰傾流而下，形成大浪，沒有船隻能夠逆流而上。此外，水勢浩大隆隆作響，捲起一陣陣震耳欲聾的暴風雨，船上的每一個人，即便使盡全力大聲呼喊，也無法互相聽到對方在說什麼。

塞席爾的異象

馬修‧帕里斯（Matthew Paris）
《大事紀》*Chronica Majora*，卷 2，第 4 節，1840 年

在宏偉的教堂內，有著壯麗的居所，是善人靈魂居住之地。這些靈魂的顏色比雪還白，面容和光環像金光般地閃耀。每天的某個時間，他們會傾聽來自天上的音樂，據說可以聽到各種已知樂器一起彈奏的樂音。這種溫柔甜美的和諧滋養著住在這座教堂中的靈魂，而這些靈魂也享用著世界上最精美的食物。無法進入聖殿前廳的靈魂還不配聽到這些天籟……之後，塞席爾和他的導遊走向朝著聖殿東方延伸的平原，到達一個百花爭豔的宜人之境，那裡的植物、樹木和果實都散

〈逐出天堂〉，目前收藏於德國慕尼黑巴伐利亞國家圖書館，Clm 15709, f. 171v。

發出誘人香味。這個地方有一清澈泉水灌流，這泉也是四條不同顏色河流的源頭。泉上有一巨樹，樹枝粗壯，高度驚人。這顆樹長滿了各式各樣的果子，可以說是嗅覺與視覺的饗宴。樹下靠近泉水的地方，有一巨大健美的美男子，從頭到腳裹著一襲做工精美的彩色長袍。他的兩隻眼睛，一眼看來似乎在笑，另一眼看來似乎在哭，聖米迦勒說：「你可以看到，人類之父亞當，一眼表現出笑意，那顯示出他的喜樂，對於即將獲得救贖的子孫感到一股不可言喻的榮耀；另一眼流下的眼淚，是為了那些在上帝審判中必須受到拒絕與譴責者感到遺憾。」他身上穿著一襲還不甚完整的長袍：那是永生不死與榮耀的長袍，因為他的不服從而受到剝奪。然而從亞當諸子中較合乎正道的亞伯至今，這件袍子因為一代代子孫的正直作為與善行，而慢慢重新做了起來。這件袍子因為被選中者表現出的不同美德而有了各種不同的顏色。在被選中者額滿以後，這件長生不老與榮耀的長袍也將完成；屆時，世界末日即將到來。」

他看到自己眼前有一堵高聳入雲的牆。那牆看來奇妙，展現出無與倫比的美感，牆上有一扇關著的門，它散發出奇妙的光采，上有各種金屬與貴重寶石裝飾。當他慢慢接近、離門還有半哩遠的時候，那扇門朝著他打開了，從門中傳出了甜美香氛，對他來說，即使全世界都變成香味，也比不上透過這門傳出來的那股甜美，而且他從那香氛中獲得了許多力量，這些力量似乎能讓他承受過去的種種折磨而毫髮不傷。

透過門，他看到一片受宏偉光線照射的土地，那光線比太陽的光輝還耀眼，讓他非常想要進去那地方……

那片土地的確受到一道明晰的光線照射，就好像燈的光暈被太陽的光輝蓋過一樣，那兒的正午陽光也會被那道具有神奇光采的光線給蓋過。此外，那個地方非常廣闊，除了他跨入門口的那個部分以外，完全看不到邊際。那片土地還有宜人的草地，上面滿是各式鮮花果樹，以及各種香草與各種香氣恆久不散的木本植物。

伊甸園裡的阿斯托爾弗

盧多維科·亞力奧斯托
《瘋狂奧蘭多》，第34篇，第51節以後，1516年

平原中央有一宮殿矗立，彷彿散發出熊熊烈焰：輝煌無比，光芒四射，熠

聖派翠克的井

《聖派翠克論煉獄》*Tractatus de Purgatorio Sancti Patrici*，卷9，第54~56節，約1190年

耶羅尼米斯・博斯（Hier-
onymus Bosch），〈來世的
世界：伊甸園與靈魂升
天〉，15世紀，目前收藏
於義大利威尼斯格里馬尼
宮博物館。

騎著駿鷹的魯杰羅，古斯塔夫·多雷（Gustave Doré）於 1885 年替《瘋狂奧蘭多》繪製的插圖。

熠貌遠超過人世慣常。

阿斯托爾弗朝那周長超過三十哩的宮殿騎去，步伐緩慢，不疾不徐，欣賞周圍美麗風光：相形之下，我們居住的世界何其醜惡，在輝煌宮殿前黯然失色，為上天與自然所不喜：而那宮殿周遭的世界，則甜美、明亮且歡愉。

阿斯托爾弗一飛近那明亮的屋頂，就因為那奇觀而驚奇不已：牆壁完全被寶石覆蓋，比紅寶石更有光澤且更紅……

在那幸福之家的明亮門廳，阿斯托爾弗遇上一名老人，他身披火紅如鉛丹的斗篷，穿著雪白似乳的長裙。

老人白髮白鬍，美髯厚長及胸；面容可敬，似乎是天堂的選民。

他歡欣鼓舞地向虔敬下馬的騎士說：「噢，騎士，你為了求聖而來到人間天堂，雖然這並非你旅程的目的地，亦非你所渴望之事，你還是應該相信我，你從那寒冷半球來到這裡，並非沒有深層的原因。」

聖布倫丹的島

《聖布倫丹航海記》，卷 31~33，公元 10 世紀

在雲霧中航行了一個小時，雲霧終於散去，眼前出現一道如陽光般的強光，看來像是清澈明亮的黃色光暈；越往它靠近，這光暈愈形增長，不但

讓眾人驚歎，更讓人能在天空上看到許多其他地方看不到的星辰與七顆運轉的行星，而且天空大放光明，以至於不需要太陽的存在。聖布倫丹問道，這等光明從何而來，那裡是否有另一個更大、更美且更亮的太陽，而其他人則回答道：「此地的這等光明來自一個我們似乎無法在天空上看到任何徵象的另一個太陽。散發出這等光明的這個太陽靜止不動，位置比繞著我們轉的太陽還要高，亮度也高了十萬倍，就如月亮受到太陽照射，照亮世界的太陽乃受到這另一個太陽照量……。」

繼續往前航行，天空愈形美麗，空氣更加清朗，日光也更強大，他們也聽到各式各樣的悅耳鳥鳴，散發出喜樂、舒適與愉悅之情，就如聖布倫丹與隨行僧眾晉見國王的感受，他們聽到也聞到許多珍貴之物，那香甜幾乎要讓人靈魂出竅……。

向上帝禱告以後，眾人下了船，看到一片因為美麗與其內珍奇迷人的美好事物，而比任何地方都還要珍貴的土地：清新純淨且珍貴的甜美流水，各式各樣的果樹，玫瑰百合紫羅蘭與各種香草……鳥兒整齊地唱著一首甜美的歌曲，彷彿身處春天。那裡有各式各樣作工精美的街道，滿是貴重寶石，賞心悅目，還有各種怡然自得的家畜野獸，全都和平共處……葡萄園和棚架上滿是極其美味的珍貴葡萄……

布倫丹問道，為什麼這個地方充滿了

聖布倫丹的航行，13 世紀，私人收藏。

這麼漂亮的事物與偉大的美德、美好與美麗，管理者於是回答：「創世之初，我們的上帝在世界上最高的地方創造了這個地方，由於高度所致，大洪水並沒有淹沒這裡……此外，天空與星辰的繞行軌跡更直接地經過此地的上方遠勝於他處……因此這裡從來沒有黑暗，每一道陽光都是直射……這裡沒有人犯下原罪或不可寬恕之事，也沒有人做不應該做的事。」

梨形的世界

克里斯多福・哥倫布

〈第三次旅行報告：寫給西班牙天主教國王的信〉"Relazione dal Terzo Viaggio. Lettera ai Re Cattolici Dalla Spagnola"，1498 年 5 月至 8 月

我過去一直讀到，世界——陸地與大海——是圓的，托勒密與其他權威皆曾經以此為題撰文，他們的陳述與經

梨形世界，取自威廉·費爾菲爾德·沃倫（William Fairfield Warren）《發現天堂》，1885年出版。

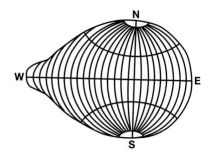

驗都說明月蝕、太陽東升西落以及北極較南極高等狀況，都是地圓說的證據。然而，我現在看到太多不規則的狀況，讓我構思出有別於地圓說的另一個想法，我認為世界並非眾人描述的圓形，而是像梨子一樣體圓蒂尖，或者說，好比一個上面有一女性乳頭狀突起的圓球，這個突起處的位置最高，最接近天空，正位於春分線之下，在這片遠東盡頭的海洋上……

能強烈證實這個看法的，是當上帝創造太陽的時候，太陽出現在遠東極端，太陽的第一道曙光就照在東方，也就是該半球的至高點。雖然亞里斯多德認為，世界上最高、最接近天空的地方也許是南極點或位於其下的地區，不過其他智者也曾挑戰這個說法，認為北極點其下地區才是世界最高點。這很清楚顯示，這些智者認為這個世界有一個比其他地方都還高、還接近天空之處，不過從來沒有人假設這地方位於春分點之下，正是因為我前面提到的原因。這也難怪，因為西半球至今並沒有什麼確知的消息，只有含糊的猜想。我至今從未找到有哪些拉丁或希臘作家，曾經實際界定出伊甸園的位置，也從未有任何權威能根據證據在世界地圖上訂出其位置。有些人認為伊甸園在尼羅河位於衣索比亞的源頭；不過沿著尼羅河流域旅行的人，並沒有找到什麼在溫度或高度上可能是伊甸園真實位置的地方，也沒有搜尋到什麼高到大洪水可能淹不到的地方……

我已經談到過我對此半球與其形狀的看法：我也相信，如果能通過春分線抵達這個至高點，你會發現自己身處最溫和的氣候，也會看到許許多多不同的星辰與水域；這並不是因為我相信這至高點可以航行抵達，或是被水環繞，也不是因為我相信可以往上達到那麼高的地方，而是因為我相信那個地方就是伊甸園，一個若非神的旨意，沒有人類能夠抵達的地方……

我不認為伊甸園位於前人所敘述的崎嶇山區，我以為，伊甸園位於那梨形地最高點的蒂頭所在之處，一點一點慢慢往上爬升。我同時也相信我之前所言，沒有人能抵達至高點，而且無論伊甸園有多遠，這水都可以從那裡流出來，流到我的家鄉形成這個湖。這些都是有關伊甸園的重要線索，因為這情況符合聖人與我提到的博學神學家的言論，此外，這些線索也都非常符合我的想法，因為我從來沒有讀過或聽聞過有哪個類似的龐大淡水湖如此讓人熟悉，而且如此接近鹹水。

華特・雷利尋找黃金國

華特・雷利爵士

《遼闊、富饒、美麗的圭亞那帝國，
以及黃金城市馬諾的發現》*The Dis-
covery of the Large, Rich, and Beautiful
Empire of Guiana, with a Relation of
the Great and Golden City of Manoa*，
1596 年

我有個可靠的消息來源，也就是那些
曾經看過圭亞那帝國首都馬諾亞黃金
城的西班牙人，這個他們口中的埃爾
多拉多，無論在輝煌、寶藏與地理位
置都比世界上其他城市或至少比西班
牙人所知道的世界還優越的黃金國
度，處於一個鹽水湖中，這湖就像裡
海一樣，長達兩百里格。

如果拿黃金城和弗朗西斯科・洛佩斯
（Francisco Lopez）等人描繪的祕魯首
都相比，才能說服自己，這一切都是
可信的；由於我們需要其中一則敘述
作為判斷依據，因此我在這裡引用了
洛佩斯《西印度通史》（Storia Gener-
ale delle Indie）第一百二十章，藉由
洛佩斯對於圭亞那皇帝祖先瓜伊納卡
帕（Guaynacapa）宏偉宮廷的敘述：
「住家、餐桌與廚房使用的器皿都是
用黃金白銀打造，比較常見的是銀器
與銅器，或者是比較堅硬耐用的金
屬。」他的衣櫃有看來龐大的黃金製
空心雕像，旁邊飾有符合自然比例的
鳥獸與樹木花草形象，以及他國境內
的水域所飼育的魚類。衣櫃裡還有金

銀打造的繩索、袋子、箱子和槽等，
以及看似木柴的一堆堆金磚。總之，
在他的領土中，沒有一樣東西不用黃
金重新打造。事實確實如此，而且據
說印加人在靠近普納（Puna）的地方
還有一座島，上面有一座美妙的花
園：園裡有各式金銀打造的花草樹
木，一個相當新穎的做法，也是前所
未見的輝煌景致。除此以外，印加人
在庫斯科存放了大量尚未提煉的金銀
原石，不過這些寶藏都隨著瓜斯卡爾
（Guascar）的死亡而佚失，因為印加
人在意識到西班牙人會將寶藏奪走送
往西班牙」……極度好奇之下，我還
很想知道亞馬遜戰士的真相，有些人
相信他們的存在，有些人則不相
信……亞馬遜人也有大量黃金飾品，
這些黃金是他們用一種綠色石頭換來
的，西班牙人把這種石頭叫作「絞痛
石」（piedras hijadas），我們將他拿來
治療疑難雜症，也認為它對結石具有
療效。我在圭亞那曾看過不少：所有
國王或酋長身上都帶著一顆，而且他
們的妻子幾乎也都會戴著，因為他們
將這石頭視為罕見寶石。

前往黃金國的憨第德

伏爾泰

《憨第德》，第 17~18 章，1759 年

他和卡肯波踏進了他們看到的第一個
村子。有些身上穿著破爛金色錦緞的

特奧多雷‧德‧布里（Théodore de Bry），《偉大的旅程》，1590年出版於德國法蘭克福。

孩子，在村口玩著丟磚塊的遊戲。我們這兩個外地人讓眼前所見給逗樂了：他們手上的磚塊是圓的，非常大，有著黃紅綠等許多顏色，而且散發出一種奇異的光彩；兩名旅人不禁撿了幾塊起來，這會兒才看到這些磚塊其實是黃金、翡翠和紅寶石，其中比較小塊的，相當於蒙古人用來裝飾皇帝寶座的珍寶。——憨第德說，這些玩磚塊的孩子絕對是這個國家的王子。而就在他講這話的時候，村裡的

學校老師出現，要孩子們回去學校——憨第德又說，你看吧，王室導師出現了。

那些小王子們紛紛放下手中遊戲，拿來玩耍的東西和磚塊全都散了一地。憨第德把磚塊撿了起來，向老師跑了去，必恭必敬地把手上的東西拿給他，並暗示他小王子們忘了把那些黃金和寶石拿走。這老師笑了笑，把它們往地上扔，驚訝地端詳了憨第德一會兒，然後繼續往前走……

隨即有酒館的兩名青年和兩名少女邀請他們坐了下來，這些人身上都穿著金衣，髮辮也有織帶交纏裝飾。他們的晚餐包括四道湯品，每個人再分配到兩隻鸚鳥，還有一盤兩百磅重的水煮肉，兩隻極其美味的烤猴子，一盤有蜂鳥三百隻的菜餚，以及另一盤飛鳥六百隻的菜餚，此外還有風味絕佳的肉醬與精緻的餡餅，全用水晶製的盤子盛裝。青年與少女也替他們倒了甘蔗提煉出來的美酒⋯⋯

用餐完畢以後，卡肯波和酣第德把兩片不小的金塊放在桌上，這是他們在路上撿到的，他們認為用來支付這頓餐食應該綽綽有餘；餐館男主人和女主人看到這景象，無法克制地放聲大笑了出來，久久不能自己：──他們說，先生們，我們知道你們是外地人，這裡很少有外地人出現，很抱歉我們方才在看到你們用路上撿到的石頭付賬時笑了出來，毫無疑問地是，你們身上絕對沒有這裡的貨幣，不過在這裡吃飯也不需要：此地為了貿易往來而設的餐館，都是由政府買單，你們在這兒並沒有受到太好的待遇，因為這村子很窮，不過等到你們到了其他地方，絕對會受到該有的待遇⋯⋯

──我們所在之處，在過去是印加人的家園，他們魯莽去了其他地方，最後被西班牙人毀滅。留在家鄉的王宮貴族比較睿智，他們取得全國人民的共識，沒有居民可以離開我們這個小王國，而這也是我們為什麼能夠維持著純真快樂的生活。西班牙人對這個國家的概念很混亂，他們將之稱為埃爾多拉多，而一位被稱為羅利騎士的英國人，在一百年前曾經到過附近，不過因為我們被難以越過的懸崖峭壁所包圍，所以我們至今還能免於遭受歐洲國家掠奪。歐洲人對於我們家鄉的石頭和泥土懷抱著一股令人難以理解的貪慾，為了擁有這些石頭泥土，還會趕盡殺絕，把我們滅口。

阿爾米達的花園

托爾誇托・塔索
《被解放的耶路撒冷》，第 16 首第 9~27 節，1581 年

離開蜿蜒小徑，
宜人花園現跡，
水光瀲灩，轉晶熒熒，
百花競妍，草木蔥翠，香草萬千，
有陽光普照的山丘，有綠樹成蔭的谷地，
森林岩洞一眼盡收；
瑰麗珍寶愈形出色，
巧奪天工，渾然天成。

眼見交融之景，
自然與人工處處相得益彰。
處處不見斧鑿痕跡，
好似自然以模仿為樂。
其餘氛圍為女巫法術之效，
那靈氣讓樹木開花結果：

花長久，果堅實，
一新果出，一成果熟。

在同一棵樹的枝葉間，
無花果果實隱匿，
同一枝條上，金果綠果同垂掛，
新果熟果並陳；
葡萄藤蔓向上蜿蜒，
在陽光普照的果園簇擁生長：
有青果有熟果，有金黃有淡紅如石
榴，
甜美汁液已湧現。

蒼翠枝葉間鳥兒穿梭跳躍，
啁啾婉轉，競相爭鳴，
微風穿過枝葉簌簌，
吹拂水面波濤起伏，
鳴聲止，風聲愈形深沉，
更輕柔地吹過葉間水面，
無論偶然或是藝術，
悠揚風聲與啾啾鳥鳴共奏樂章。

群鳥間有一鸚鵡身披彩羽，
羽色繽紛喙紫紅，
啼聲既流暢又明亮，
好似人類言語。
囀鳴之間抑揚頓挫，
技藝高超好似奇蹟，
其他鳥兒都靜默傾聽，
連風都停止低語。
……
「……我們採下閃著朝露的玫瑰，
那到夜晚就失去光輝的玫瑰，
採下愛情的玫瑰：在這能相愛的時刻

擁抱彼此。」

然後，鸚鵡沉默了，
眾鳥重新齊鳴，聲聲悅耳，
鴿子交喙示愛之舉更甚，
每種動物重展愛慕之情，
堅挺的橡樹與貞節的月桂，
以及園內所有植物，似乎都繁茂生長
著，
大地與流水發出的聲音，
好比愛情的甜蜜與歎息。

在這麼多溫柔旋律與
愉悅討喜的甜蜜之間，
卡羅與烏巴爾多走著，
固執且堅定地拒絕誘惑。
那凝視穿越樹間，
似乎看到里納爾多與阿爾米達，
她盤腿定坐草地上，
他將頭枕在她腿上。

輕蓋胸前的薄紗微敞，
髮絲隨著夏日微風飄逸，
慵懶而媚態百出，
涔涔汗水讓臉龐更顯容光煥發，
濕潤眼框裡閃過燦爛自在的笑意，
宛如照亮黑暗的一道光。
他俯身在她身上，把頭埋在她胸前，
爾後，抬起臉來靠著她的面龐。

他飢渴的眼神在她身上獲得滿足，
燃燒著激情，憔悴模樣漸顯，
她時時傾身低頭，享受著炙熱眼神，
品嚐著唇舌間的甜蜜，

然後他一聲長歎，
靈魂似乎飛入了她的身軀。
兩名戰士在一旁靜觀著這對戀人。
……
聽了以後，她笑了笑，
卻不停地看著鏡子梳整。

然後整理了凌亂的頭髮，
重新把頭髮編了編，
纖細髮絲上綁著花環，
好比上了搪瓷的黃金，
自然白皙的酥胸上玫瑰映成趣，
爾後理好袵襟，覆上薄紗。

即使明亮美麗的孔雀開屏
所展現出狀似眼睛的羽毛，
與彩虹彎彎隨露珠映照
散發出金光的斑斕，也相形失色。
她身上的腰帶讓所有華美裝飾黯然，
即使褪衣裸身，腰帶亦不離。
腰帶以元素混合熔融無形化有，
是為凡人之所不能。

欲拒還迎，從容拒絕，
卻又親密撫愛，和悅示好，
口出蜜語，留下甜蜜的眼淚，
斷續地喘息，留下輕輕的吻：
她把上面這些集結起來，

賈姆巴蒂斯塔‧提埃坡羅
（Giambattista Tiepolo），
〈受阿爾米達迷惑的里納爾多〉，繪製於1753年，目前為德國巴伐利亞宮殿處所有，收藏於符茲堡皇宮。

用慢火緩緩將之熔合，
打造出那條她綁在美麗腰際間
令人眩目的腰帶。

求愛調戲完以後，
吻了他，便起身離開。
她一如以往地走出花園，
處理她的事情與咒語。
他則待著，因為他不能

踏出或離開這座花園。
和鳥獸花草作伴，
除了阿爾米達，只有孤獨一人。

當寂靜的夜降臨，
喚起他們的祕密約會，
兩人在花園內的同一片天空下
渡過幸福的夜。

第六章

亞特蘭提斯、姆大陸與雷姆利亞大陸

亞特蘭提斯，取自阿塔納斯·珂雪，《地下世界》，1664年於阿姆斯特丹出版。

右：儒勒·凡爾納小說《海底兩萬里》的插圖，1869至1870年。

頁184~185：托馬斯·科爾（Thomas Cole），〈帝國的毀滅〉，1836年繪製，紐約歷史學會收藏。表現亞特蘭提斯的毀滅。

　　在古往今來所有傳奇性地域之中，最能激發哲學家、科學家與神祕現象探索者想像的，就是亞特蘭提斯（參閱 Albini 2012）。當然，這個傳說之所以能永垂不朽，是因為許多人深信這個大陸曾經存在，而且是因為沉入海底，所以才很難找到任何蛛絲馬跡去證明它的存在。在地球上，陸地會消失不見這種事，並非什麼離奇的假設。1915年，德國地質學家阿爾弗雷德·魏格納（Alfred Wegener）首度提出大陸漂移學說，演變至今，人們早已相信，在兩億兩千五百萬年前，地球上的陸地只有單一一塊盤古大陸，後來（約在兩億年前）盤古大陸開始分裂，慢慢形成了我們現在熟知的地貌。因此，在這段大陸分裂的過程之中，可能有許多亞特蘭提斯出現過，又消失無蹤。

最初兩件關亞特蘭提斯的文獻，出現在柏拉圖的《蒂邁歐篇》（Timaeus）與《克里提亞斯篇》（Critias）這兩篇對話錄裡（不幸的是，柏拉圖並未完成後者，而且對話似乎就停在即將揭露那憑空消失世界的新訊息之處）。

柏拉圖參考古老神話，提到古希臘政治家梭倫（Solone）受到埃及智者啟發的故事，不過並未使用「亞特蘭提斯」這個名稱。古希臘作家希羅多德（西元前5世紀）也已經提起過亞特蘭提斯人，不過他將他們視為北非人，說他們吃素而且從來不睡覺；事實上，柏拉圖這兩篇對話錄是我們唯一可以找到的最早相關資料。

《蒂邁歐篇》比較像是綜合性概論。柏拉圖表示，赫拉克勒斯之柱（儘管近年來對其位置眾說紛紜，此文所指地點經確定為直布羅陀海峽）以西的海洋之中，有一座面積比利比亞和亞洲加在一起還要大的島。這座島叫作亞特蘭提斯，島上發展出一股偉大奇妙的勢力，統治著赫拉克勒斯之柱以東從利比亞延伸到埃及的地區，以及到第倫尼亞（譯注：指伊特魯里亞，現今義大利半島西岸中部地區）的歐洲地區。《蒂邁歐篇》裡說道：「好了，這些力量集結了起來，在某個時間點曾嘗試侵略你們、我們以及海峽這一側的地區。在那個時候，梭倫啊，貴國因為美德與力量，在全人類之間聲名廣播。事實上，貴國本著卓越的勇氣與軍事技能，一方面策動希臘人，一方面依照需求而自行行動，在其他國家背叛以後，仍能克服極端危急的險境，最終打敗侵略者，獲得勝利。如此一來，便避免了尚未受到征服的地區落入敵人手中，並慷慨解放了赫拉克勒斯之柱這一側的所有居民。然而過沒多久，卻發生了可怕的地震與洪水，不過一天一夜的光景，貴國整支軍隊不幸沉入地底下，亞特蘭提斯島也以同樣的方式沒入海中，消失無蹤。那片海域也因此成了不可穿越、無法探索的地區，因為島嶼沉沒後在那裡形成了一片難以通行的泥淖。」[1]

維達那克（Vidal-Naquet, 2005）提出，雅典和亞特蘭提斯的戰爭故事，影射的其實是一個柏拉圖所希望、還在原始階段的雅典，一個在波斯戰爭以後發展為帝國勢力的雅典。不過就像本書提到的其

注1：柏拉圖《蒂邁歐篇》第3章。

朱利奧‧羅馬諾畫派（Scu-
ola di Giulio Romano），
〈水迷宮之丘〉，16世紀
繪製，目前收藏於義大利
曼托瓦總督宮。

他地點一樣，我們在此不拘泥於部分文本所帶來無窮無盡的問題，
而只是專注於這傳說到底是如何慢慢地將亞特蘭提斯放到一些最不
可能、最讓人無法想像的地點去？

　　柏拉圖的論述對許多古典時期作家產生直接的影響。亞里斯多德
並沒有提到亞特蘭提斯，不過他在《論天》卷2第4章那段似曾啟
發哥倫布的文字中表示，赫拉克勒斯之柱的所在地區，由於地圓之
故而和印度接壤，而且海洋兩岸都有大象生存之事實，是兩岸在過
去原本連在一起的證據（柏拉圖談論亞特蘭提斯的時候曾經提到過
大象）。亞里斯多德在《天象論》（Meteorologica，卷2第1章）則
寫道，赫拉克勒斯之柱另一側的大海，因為泥淖之故而少有風
浪——呼應了《蒂邁歐篇》島嶼沉沒後留下一片泥濘的說法。

　　此外，公元前1世紀古希臘歷史學家西西里的狄奧多羅斯、公元

謎樣亞特蘭提斯的理想神殿形象，出自曼利·霍爾（Manly P. Hall）《古老的祕密教義》，1928年出版。

1世紀的老普林尼，以及大約同時期的亞歷山卓的斐洛（Filone di Alessandria），都曾經重述過柏拉圖這個故事。公元1至2世紀的普魯塔克在《梭倫的生平》（Vita di Solone）曾感歎道：「《克里提亞斯篇》在讀者開始享受故事滋味之際，就這麼停了。」

許多基督教作家也採用過這則神話，例如公元2世紀的特圖里安，而與柏拉圖同時代的塞奧彭普斯（Teopompo di Chio）也在作品《腓力二世史》（Filippica，只有少數斷簡殘篇遺留下來）提到過這個故事。七個世紀以後，埃里亞努斯（Eliano）在《雜聞軼事》（Varia Historia，卷3第18章）裡以諷刺的手法討論《克里提亞斯篇》，提到一個位於大西洋另一側的梅洛皮斯島（Meropis），那裡的居民無論身高或壽命，都是一般人的兩倍。

到了公元5世紀，曾評論過《蒂邁歐篇》的普羅克洛（Proclo）傾向認為亞特蘭提斯曾經存在，不過也表示（76, 10），即使「其他人說亞特蘭提斯是傳說，一個缺乏現實的虛構故事」，不過這個傳說卻含有「一種對於永恆真理的暗示」，並且傳達著「一種隱含的意義」。

到了公元6世紀，拜占庭地理學家科斯瑪·印地科普雷烏斯特（追隨《蒂邁歐篇》的腳步）仍然提到亞特蘭提斯，不過稍後一直到中世紀結束，似乎再也沒人為這個傳說著迷。到了文藝復興時期，這個議題又被提了出來，除了認為亞特蘭提斯位於美洲的馬爾西利奧·費奇諾（Marsilio Ficino）、吉羅拉莫·弗拉卡斯托羅（Girolamo Fracastoro）與喬萬·巴蒂斯塔·拉穆西奧（Giovan Battista Ramusio, 1556）以外，《西印度群島史》（Storia Delle Indie）的作者弗朗西斯科·洛佩茲·哥馬拉（Francisco Lopez de Gómara）亦有提及。哥馬拉（1554）指出，新大陸似乎符合柏拉圖描繪的奇觀，並進一步假設亞特蘭提斯人就是阿茲特克人。法蘭西斯·培根（Francis Bacon）把他的烏托邦稱為「新亞特蘭提斯」並非偶然（1627），培根曾經明確表示，古代的亞特蘭提斯就是美洲，並援引祕魯與墨西哥的王國為例。

然而，亞特蘭提斯不可能是美洲，因為這片土地還完整無缺，況且美洲並非島嶼而是大陸，蒙田（Montaigne）早就已經謹慎地指出這一點。

其他像是巴托洛梅·德拉斯·卡薩斯（Bartolomé de las Casas, 1551~1552）等人，則認為亞特蘭提斯與失蹤的以色列支派有關，也因此替許久之後大膽提出亞特蘭提斯位於巴勒斯坦的人開了一條路，而且這個說法一直到貝爾（Baër）於1762年寫下〈歷史評論隨筆：古人眼中的亞特蘭提斯〉（Saggio storico critico sull'Atlantide degli antichi）以前，還曾經被多次提出。貝爾在該文表示，他支持亞特蘭提斯所在海域不過就是紅海的說法，亞特蘭提斯文化的滅亡，就是聖經中所多瑪和蛾摩拉的毀滅。

許多人曾經以各種不同方式提到亞特蘭提斯，其中包括繪製出該島著名地圖的阿塔納斯·珂雪神父（1665），不過我們無法在此一一列舉。珂雪將亞特蘭提斯放在約是目前加納利群島的位置，認為火山爆發是造成島嶼沉沒的原因，珂雪在《地下世界》（*Mundus Subterraneus*）一書曾探討相關主題。

後來，隨著歐勞斯·魯德貝克（Olaus Rudbeck）《亞特蘭提卡或人類故鄉》（*Atlantica sive Manheim*）的出版而有了新發現。魯德貝克是一位嚴謹的學者、博物學家與解剖學家，他是烏普薩拉大學的校長，也是笛卡兒（René Descartes）的對談者。魯德貝克的這本著作影響了牛頓──牛頓在身歿之後於1728年才出版的〈古王國年表〉（Cronologia dei regni antichi）中，隨時都表現出要投身於探索神祕事物的態度，其中更多次提及亞特蘭提斯。對魯德貝克來說，亞特蘭提斯位於瑞典，也就是雅弗之子、諾亞之孫阿特拉斯遷居之地。北歐地區的盧恩字母在時間上早於腓尼基字母，魯德貝克因此開始將傳說中的國度許珀耳玻瑞亞（Hyperborea）的居民視為上帝選民，而許珀耳玻瑞亞後來也創作出許多有關雅利安人文化的神話（參閱本書第七章：最後的圖勒和許珀耳玻瑞亞）。

詹巴蒂斯塔·維柯（Giambattista Vico）大大嘲諷了魯德貝克的

歐勞斯‧魯德貝克指出亞
特蘭提斯的位置，取自魯
氏著作《亞特蘭提卡人類
故鄉》卷首，1679年烏普
薩拉出版。

想法（1744），認為與他同時
代的許多作者，都希望自己的
母語是盧恩字母的嫡系，甚至
是亞當最初使用的語言。[2] 然
而，安傑羅‧馬佐爾迪（Ange-
lo Mazzoldi, 1840）卻不顧維
柯對民族主義神話的批判，將
亞特蘭提斯放在義大利半島來
討論。

　　讓我們回到北歐斯堪地那維
亞的假說。魯德貝克提出的想
法甚至使得尚‧西爾萬‧巴伊

（Jean-Sylvain Bailly）在《柏拉圖的亞特蘭提斯書信》（*Lettere
sull'Atlantide di Platone*, 1779）中提出，原本亞特蘭提斯的位置比瑞
典還要偏北，應該位於冰島、格陵蘭、斯匹次卑爾根島、斯瓦巴群
島或新地島一帶。巴伊曾和伏爾泰有過爭論（雖然巴伊的信未能在
伏爾泰過世前交到伏爾泰手中）；這位可敬的對手早在1756年就在
〈論國家習俗與精神〉（*Saggio sui costumi e lo spirito delle nazioni*）中
寫道：如果亞特蘭提斯曾經存在過，位置應該是現在的馬德拉島。

　　此外，在17和18世紀之間，另一個有關亞特蘭提斯可能位置的想
法也開始發展，而且這次還具有科學主張，西亞迪（Ciardi, 2002）
曾就此論及「亞特蘭提斯的第二春」。這裡指的是一系列以地球可
能年齡為題的研究，這些研究以化石和地層界定等新興研究為基
礎，其結果顯然與聖經的年表相抵觸。如此一來，柏拉圖神話就被
視為數千年期間地震改變了地貌的證據，而這也開啟了水成論與火
成論之間的爭論（亞特蘭提斯是被水還是被火山爆發摧毀？）。

　　亞特蘭提斯就這樣從神話跳到了地質學、古生物學的領域，而且
讓像是布馮、居維葉、亞歷山大‧馮‧洪保德等科學家──甚至包
括達爾文──感到興趣。然而，我們在此不討論科學，還是得繼續

注2：參考艾可的評論
（1993）。

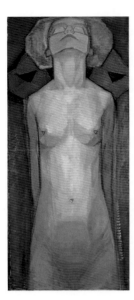
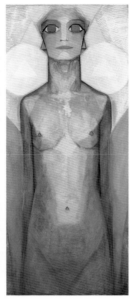
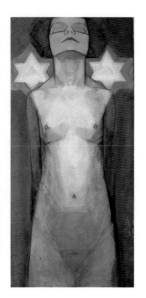

皮特‧蒙德里安（Piet Mondrian），〈演變〉，1911 年繪製，受到神祕學者海倫娜‧布拉瓦茨基的著作所啟發而作，目前收藏於荷蘭海牙海牙市立博物館。

回到傳說的領域。

因為，在這群學者仔細重讀柏拉圖的時候，神祕學家和神祕探索者仍然持續不斷地出現。

威廉‧布萊克（William Blake）認為，英格蘭和美國是亞特蘭提斯的遺留，也是以色列各支派的所在地。19 世紀的兩位神祕學大師法布爾‧道利維（Fabre d'Olivet）和主張通神論的海倫娜‧布拉瓦茨基（Madame Blavatsky），也各自有其對於亞特蘭提斯的想像，其中布拉瓦茨基更曾在 1877 年作品〈揭開伊希斯的面紗〉（Iside svelata）裡闡明（我們將在以第七章進一步討論前者）。

儒勒‧凡爾納（Jules Verne）小說《海底兩萬里》中那個被大海吞噬的海底世界，儘管只有文字敘述，描述卻比任何神祕學文本更具意義，而且幾乎完美地展現出柏拉圖的幻想。

然而，比其他人更不遺餘力地復興亞特蘭提斯神話，而且至今仍持續被追隨者引用的，則是伊格內修斯‧唐納利（Ignatius Donnelly）與和他的作品《亞特蘭提斯》（Atlantis, 1882）。對自己的信念向來堅定不移的唐納利，在前書出版幾年之後以《偉大密文》（Il Grande Cittogramma, 1888）聲名大噪，他不是第一個「培根／莎

士比亞爭議」的支持者，卻是其中最著名的一位。這個爭議主張「莎士比亞戲劇」應該是出自法蘭西斯・培根之手，唐納利如癡如狂地致力於分析「莎士比亞文本」中可以顯示培根才是真實作者的密文和隱藏訊息。

在唐納利的亞特蘭提斯論述中，我們也看到了同樣縝密的分析，而且只要看看其作品開頭就可一見端倪：「從前的印度洋上，在地中海出海口前方，有一座龐大的島嶼，是大西洋上一塊大陸的殘存部分，也就是古時所謂的亞特蘭提斯大陸。根據柏拉圖的敘述，這個地方和長久以來世人所假設的不一樣，並不是神話，而是真實的歷史。亞特蘭提斯是人類初次從野蠻進入文明的地區，而且經過數世紀之後，成為一個人口眾多、勢力龐大的國家，其人民遍及墨西哥灣沿岸、密西西比河河岸、亞馬遜地區、南美洲太平洋沿岸、地中海地區、歐洲與非洲東部沿岸、波羅的海沿岸以及黑海、裡海沿岸，讓上述所有地區都成為文明國度。亞特蘭提斯意指大洪水之前的世界：是伊甸園、金蘋果花園、極樂世界、阿爾喀諾俄斯的花園、梅索法洛斯、奧林巴斯、北歐神話的阿薩神域等古老國度傳統——藉此代表一偉大國度的共同記憶，是原始人類在和平快樂時期的生活之地。古希臘、腓尼基、印度和斯堪地那維亞的神明原本只是亞特蘭提斯的國王、王后和英雄人物，那些被歸屬到他們身上的行動與故事，只是實際歷史事件的混淆記憶。埃及和祕魯的神話代表的是亞特蘭提斯原本以太陽為尊的宗教；埃及可能是亞特蘭提斯最早的殖民地，而埃及文明就是亞特蘭提斯文明的複製品。歐洲地區青銅時期的發展是因為亞特蘭提斯之故，而亞特蘭提斯人也是最早開始鍛鐵的民族。所有歐洲字母都源自腓尼基字母，而腓尼基字母則來自亞特蘭提斯字母，而且亞特蘭提斯人也將這些字母傳給了中美洲的馬雅人。亞特蘭提斯也是雅利安人或印歐民族的原鄉，而閃族人和圖蘭人也有可能是亞特蘭提斯的後裔。亞特蘭提斯因為一場可怕的自然浩劫而消逝無蹤，全部居民隨著整座島嶼一起沉入大海，只有少數人乘著小船木筏逃逸，並將大災難的消息帶到東方

與西方諸國，而這些消息一直流傳下來，成了現在大洪水以及新舊世界各國洪水災難的傳說。」

　　為了證明自己提出的理論具有科學價值，唐納利研究了過去所有有關地震與大型災難造成土地沉沒的記錄，以及冰島、爪哇、蘇門答臘、西西里、印度洋海域等地區因為海嘯而造成島嶼消失的事件，還有里斯本大地震。唐納利認為，在亞特蘭提斯尚為陸地的時期，歐洲與美洲之間曾有許多島嶼連接這兩個大陸。

　　也許是唐納利帶來的影響，也許有其他原因，世人在20世紀曾試圖尋找亞特蘭提斯或其殖民地塔爾特索斯（Tartessos，聖經與希羅多德都曾提到的伊比利亞半島消失之城）的遺跡，或在撒哈拉沙漠尋找被埋藏在沙中的殘垣，不過都沒有獲得具有結論性的成果。有人認為，非洲西北部亞特拉斯山脈那群藍眼金髮白膚的柏柏爾人，可能是亞特蘭提斯毀滅事件倖存者的後裔，不過民族學家里奧·弗羅貝紐斯（Leo Frobenius）則繼續往南，到尼日尋找亞特蘭提斯的遺跡。另外也有人以為，在公元前15世紀沉沒於地中海的錫拉島（Thera），其殘餘部分應該是現在的聖托里尼島（Santorini）。

正要啟航的船隊，錫拉島阿克羅帝里（Akrotiri）濕壁畫的局部，繪製於公元前1650至1500年，目前收藏在希臘雅典國立考古博物館。

最後要提到的，是長久以來一直為眾人討論的一張羊皮地圖，也就是土耳其海軍上將皮里‧雷斯（Piri Re'is）繪製的世界地圖（參考Cuoghi, 2003）。這是一份讓人很感興趣的製圖文獻，很多人相信裡面有畫出南極大陸（在那個年代，南極尚未被發現），而亞特蘭提斯專家則認為那是在描繪位於火地群島和未知之境（Terra Incognita）之間的亞特蘭提斯——不過完全沒有任何證據能證明此一詮釋的正當性。

有人認為亞特蘭提斯的消失和所謂的百慕達三角洲有關係。世界上有許多飛機和船艦在百慕達三角洲消失，讓這個地區成了當代傳奇（不過根據專家說法，百慕達三角洲一帶發生的事故數並沒有比其他空中交通頻繁的區域來得高）。據說亞特蘭提斯的水下遺跡仍有活躍的能量源，也有人提到百慕達三角洲一帶存在著電磁干擾與重力異常現象，認為這些都是古代亞特蘭提斯遭受大災難所遺留下的結果；有人更認為，亞特蘭提斯文明至今仍在百慕達三角洲海底深淵的海底城市中存續，這才是失蹤事件的原因，不過支持此說者並沒有解釋為什麼亞特蘭提斯人對這種形式的海盜活動樂此不疲。

右：海軍上將皮里・雷斯
繪製的地圖，1513年，目
前收藏於伊斯坦堡托卡比
宮後宮圖書館。

　　當然，源自柏拉圖作品的這個執念，也引出關於其他消失大陸的
假想。唐納利曾提到另一個據稱是人類搖籃的雷姆利亞大陸（Le-
muria），就是其中一個例子。雷姆利亞大陸的位置據說在澳洲、新
幾內亞、索羅門群島與斐濟群島之間──而且其他「雷姆利亞大陸
專家」甚至把非洲和亞洲也一起算進去──即使科學家已經確知，
太平洋和印度洋地區並沒有任何地質結構可能對應到這個假設存在
的雷姆利亞大陸。

　　談到雷姆利亞大陸，就不可能不提到性格大膽無畏的神祕學者海
倫娜・布拉瓦茨基。布拉瓦茨基認為雷姆利亞人之中有幾位「偉大
的覺者」，而這些覺者也是神祕學者不停在過去歷史中重新挖掘的
對象。

　　姆大陸（Mu）和雷姆利亞大陸的狀況很類似（以至於很多人在
使用這兩個名稱的時候往往是指同一個地方）。19世紀的天主教司
鐸查爾斯・艾蒂安・布拉塞爾（Charles Étienne Brasseur）曾試著
用一種由迪亞哥・德蘭達（Diego de Landa）構想出的15世紀解碼
法來破解一份馬雅抄本（可惜這方法完全錯誤），而且認為這抄本
講的是一塊因為大災難而沉沒的大陸（同樣是錯誤的想法）。當他
看到自己無法理解的符號時，認為可以將它解譯成「姆」。關於姆

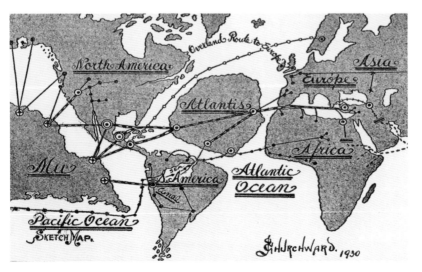

詹姆斯・丘奇沃德製作的
地圖，取自《失落的姆大
陸》，1931年出版。

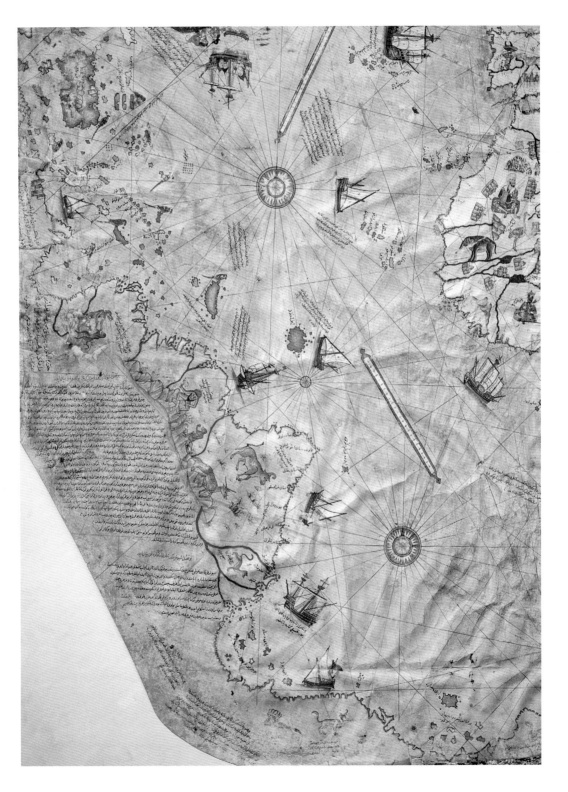

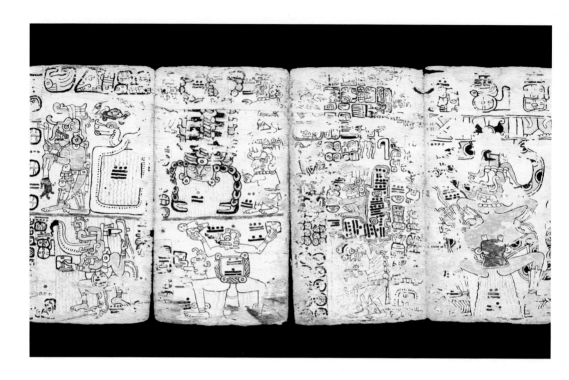

大陸的這種想法，先是被奧古斯塔斯・勒普朗根（Augustus Le Plongeon）採納（1896），後來則因為詹姆斯・丘奇沃德（James Churchward）上校而更廣泛流傳（丘奇沃德曾於1926年出版《失落的姆大陸》（*The Lost Continent of Mu*））。據傳，有位印地安祭司曾把一塊古老泥版拿給丘奇沃德看，這泥版上記載著人類的起源，而且寫下這些文字的，是來自東南方亞洲原始大陸的「神聖兄弟」。

根據泥版文字，最早的人類出現在姆大陸，那時的人類分成許多不同的部落，由拉姆王（ra-mu）統治。姆大陸的主要居民屬於白色人種，他們把科學、宗教與商業傳播到世界各地。姆大陸也和其他原始大陸一樣，曾經遭受火山海嘯襲擊，並因此在一萬三千年前沉沒，消失的時間比亞特蘭提斯（姆大陸的殖民地）早了一千年。1912年，保羅・謝里曼（Paul Schliemann）顯然是想仿效發現特洛伊城遺址的考古學家祖父，於這一年的10月20日在《紐約新聞報》發表撰文，闡述自己從亞特蘭提斯的發現所獲得的啟示，不過，後來證明了這篇文章只是一個騙局，或者該說完全就是胡謅，而且保

《馬德里古抄本》（又稱克爾特斯古抄本、特洛亞諾古抄本）的片段，時間約在公元900至1521年之間，目前收藏於西班牙馬德里美洲博物館。

保羅‧謝里曼的啟示，
1912 年 10 月 20 日於《紐
約新聞報》發表。

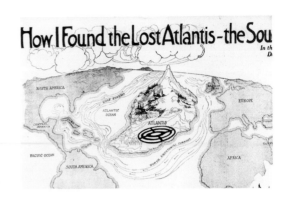

羅並非偉大考古學家的孫子的傳言，也因此不脛而走。

這些天馬行空的幻想往往以一件事實為根據，就是既出現在埃及或中東地區，也存在於其他亞洲及美洲印地安文明中的金字塔或金字形神塔（譯注：古代蘇美人的神廟）。然而，這一點並不能證明什麼，畢竟這類堆疊結構有可能在不同的文化中獨自演化出來，因為它表現出沙子經過風力吹拂以後的形貌，正如階梯式結構像是常見的侵蝕現象，樹木的形狀則與到處可見的柱形結構有關聯。然而，對於熱中神祕學的人來說，南美洲、埃及、黎巴嫩、以色列、日本、中美洲、英格蘭、法國等地到處都有巨石陣與巨石堆疊建築的事實，應該是這些文化全都系出同源，來自某個更古老文明的證據。

亞特蘭提斯也吸引了許多繞著納粹打轉的神祕學者。我們在本書以圖勒和許珀耳玻瑞亞為題的章節中可以看到這一點，不過在這裡值得一提的是奧地利工程師漢斯‧霍爾必格（Hans Hörbiger）的永凍理論，霍爾必格認為，亞特蘭提斯及雷姆利亞的沉沒，是地球吸引月亮的結果。卡爾‧格奧爾格‧雀屈（Karl Georg Zschätzsch）在《亞特蘭斯提：雅利安人的原鄉》（Atlantide patria primitiva degli Ariani）裡曾提到一個在「北歐—亞特蘭提斯」或「雅利安—北歐」的優勢民族，而極端納粹種族主義份子阿爾弗雷德‧羅森貝爾格（Alfred Rosenberg）也支持這個概念，據說納粹頭目之一的海因里希‧希姆萊曾經在 1938 年派人到西藏尋找這些亞特蘭提斯白人的遺骸。另一位支持許珀耳玻瑞亞起源說的理論家尤利烏斯‧埃佛拉（Julius Evola），則畫出了「極北民族」的想像遷徙地圖，其中一條路線由北到南，一條由東往西，並將亞特蘭提斯視為該民族

按照其極北原鄉建造的城市。這地圖的南邊則是雷姆利亞大陸的遺跡。「某些南方黑人民族及澳大利亞民族可以被視為民族生命已步入遲暮期的殘存者，」大體而言，埃佛拉這麼說：「那是個崇拜冥界魔鬼的低下民族和具有動物本性的雜種共存之地，在那裡，爭戰的記憶以神話的形式流傳下來，這些神話總是強調光明神祇（繼承自北方民族的元素）與

取自格奧爾格·威廉·帕布斯特（Georg Wilhelm Pabst）電影《亞特蘭提斯》，1932年上映。

黑暗魔鬼的對比。」

總之，就像聖杯的故事一樣（參閱本書第八章），亞特蘭提斯的位置在過去幾個世紀中曾經出現在許多讓人意料之外的地方，就如我們在前面看到的，從北大西洋中央的亞速群島到北非、從美洲到斯堪地那維亞、從南極到巴勒斯坦等都有，還有其他真正的或冒牌的考古學家認為它在北大西洋的馬尾藻海、南美玻利維亞、巴西、或是西班牙南部的安達魯西亞地區。

最近，塞爾吉奧·弗勞提出結論，認為赫拉克勒斯之柱的位置不應在直布羅陀海峽，而是在西西里海峽，如此一來，亞特蘭提斯應該是曾經出土過早期腓尼基文字的義大利薩丁尼亞島。此一腓尼基文字為「Trshsh」，讀做「Tartesso」，譯做塔爾特索城邦──如此一來，亞特蘭提斯傳說中的殖民地也從西班牙移到了薩丁尼亞島。即使有人可以提出異議，認為亞特蘭提斯早已消失，而薩丁尼亞島卻仍然健在，弗勞指出，薩丁尼亞島曾經經歷過大到足以滅島的海嘯，傳說應該就是由此而生。另一方面，假使古希臘人果真未曾越過西西里海峽，柏拉圖對這個在他寫下《蒂邁歐篇》與《克里提亞斯篇》時仍在蓬勃發展中的島嶼，應該也不會有什麼太清楚的概念。

亨利·莫林（Henry Morin）替喬治－古斯塔夫·圖杜茲的兒童文學作品《小伊斯王》繪製的插圖，1914年出版。

　　亞特蘭提斯的神話也讓世人對其他被淹沒的消失文明發生興趣。法國西北部布列塔尼一帶的許多傳說都會提到的伊斯城（Ys）就是其中之一（在布列塔尼語叫作「Kêr-Is」，「Kêr」為城市之意），該城據說出現在布列塔尼半島的杜亞內內灣。伊斯城之所以被大海吞噬，是為了要懲罰葛拉隆國王的公主和伊斯居民所犯下的罪行。這個傳說有許多不同的起源，其時代約莫在布列塔尼地區基督教化以後，而且儘管沒有文獻記載，這個傳說的源頭確實與異教有關。

　　伊斯城傳說的版本很多，其中以敘述文形式出現的，包括喬治－古斯塔夫·圖杜茲（Georges-Gustave Toudouze）的兒童文學作品《沉沒的城市》（*La Città Sommersa*, 1914）。

　　受到亞特蘭提斯（或姆大陸）靈感啟發的故事、小說和電影相當多，在此無法一一列舉。其中，亞瑟·柯南·道爾（Arthus Conan Doyle）曾寫過《馬拉考深淵》（*The Maracot Deep*, 1929），這是一個科學探險隊前去尋訪八千年前定居在深海的亞特蘭提斯人的故事。愛德加·萊斯·巴勒斯（Edgar Rice Burroughs）則以非洲叢林為背景，寫下一系列歐帕城的故事：歐帕城是深藏在叢林裡的失落之城，有許多泰山冒險故事以此地為背景，它從前是亞特蘭提斯的

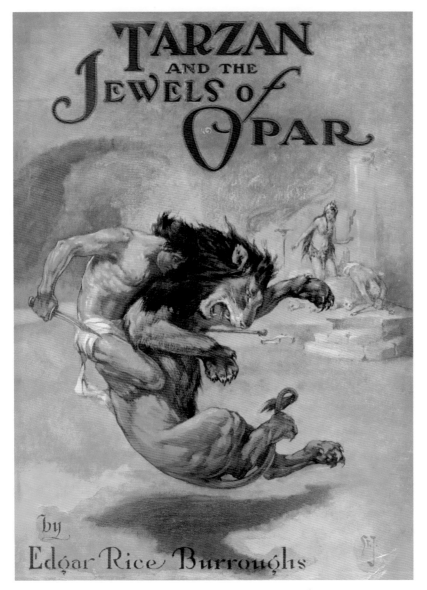

〈泰山與歐帕之寶〉，麥克勒格出版社，1918年出版。

殖民地，後來有兩個種族存活了下來，其一是身形姣好的女歐帕族，另一是形貌似猿的男歐帕族。亨利·萊特·哈葛德（Henry Rider Haggard）在《洞窟女王》（*She*, 1886~1887）中提到過一個比古埃及還古老的謎樣非洲文明，由一名美豔卻殘酷的女王統治。

《洞窟女王》裡面並沒有提到亞特蘭提斯，不過皮埃爾·伯努瓦（Pierre Benoît），在他1919年出版的小說《亞特蘭提斯》（*L'Atlan-*

雨果‧普拉特（Hugo Pratt），姆大陸地圖，取自漫畫《姆大陸》，1988年出版。

tide）卻提到了，此書非常受歡迎，但也被指控抄襲哈葛德的作品。在伯努瓦的故事中有一座島嶼，位於曾經淹沒撒哈拉沙漠的大海上，它後來變成一座地底城市，由一名非常迷人卻冷酷無情的女王安蒂妮亞統治。安蒂妮亞會將受她迷惑的來訪賓客變成黃金雕像。許多電影情節都取材自這篇小說，其中包括1932年由帕布斯特（Pabst）執導的電影，以及各種漫畫。

　　許多著名漫畫作品都受到亞特蘭提斯和姆大陸所啟發，例如美國漫畫家里曼‧楊（Lyman Young）的冒險漫畫系列《提姆泰勒的好運》其中一集《蘿安娜女王的神祕火焰》、比利時漫畫家皮埃爾‧賈克布（Edgar P. Jacobs）的《亞特蘭提斯之謎》與他筆下人物莫迪摩教授的冒險故事、義大利漫畫家雨果‧普拉特（Hugo Pratt）1988年作品《姆，失落之城》中主人翁柯爾特‧馬爾特塞的諸多冒險故事等。

亞特蘭提斯。亞特蘭提斯學參考文獻

安德烈亞·阿爾比尼（Andrea Albini）
《文字汪洋中的亞特蘭提斯》*Atlantide. Nel mare dei testi*，頁32~34，2012年。

關於亞特蘭提斯的書籍、文章與文獻記錄，數量之豐，讓人印象深刻。2004年，學者尚塔爾·富克里耶（Chantal Foucrier）曾寫道，網際網路上以亞特蘭提斯為題的網頁，羅列出來有九萬頁之多。儘管如此，這個數字還可能是低估了：一項2010年5月針對谷歌（Google）搜尋引擎的研究顯示，相關英文網頁就有兩千三百萬筆資料。

同樣地，西班牙文的資料列出來約一百二十萬筆，德文資料一百八十萬筆，而義大利文和法文分別是四十六萬三千筆與三十八萬筆……至於以亞特蘭提斯為題的紙本出版品，隨著時間持續不停地出現，歷久不衰，同樣也讓人印象深刻。1841年，亨利·馬丁（T. Henri Martin）在《柏拉圖蒂邁歐篇研究》（*Studi sul Timeo di Platone*）指出許多對亞特蘭提斯文學有重大貢獻的系列著作：其中之一無疑是一系列極其精彩的出版品，其作者，里昂·斯普拉格·德坎普（Lyon Sprague de Camp）在一項以亞特蘭提斯為題、原於1954年出版的批判性研究中，按照姓氏首字母順序列出兩百一十六位作者——他所謂的「亞特蘭提斯專家」——的職業、相關作品出版時間與他們的推論。在這個統計數字中，只有三十七位作者作出「有關亞特蘭提斯之敘述指的是一個『想像』、『令人存疑』或是『寓言』之地」的結論，其餘都認為亞特蘭提斯確實存在。試著想想，那些在典籍、歷史與哲學等領域中專門研究柏拉圖的學者，很難過分認真地看待有關亞特蘭提斯的敘述，大多只是提一提而已，並不會深入探討，因此贊成亞特蘭提斯「地理理論」的人會比較多，是可以理解的。在一份出現於1926年的亞特蘭提斯與相關議題參考資料中，克勞德·胡（Claude Roux）與尚·蓋特弗塞（Jean Gattefossé）列出一千七百筆包含地理、民族學、各大陸的古民族遷徙等等的各種資料，同時也納入有關洪水、古老傳統與大陸

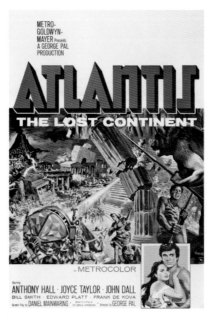

喬治·帕爾（George Pal）電影《失落大陸亞特蘭提斯》的海報，1961年上映。

漂移等訊息。狹義來說，相對於柏拉圖講述的主題，這些題目可以說是錯綜複雜，不過我們得考慮到，這種題目龐雜的情形其實正表現出亞特蘭提斯主題書籍的共同特質，其中更有許多議題會一而再、再而三地重複出現。為了確認這一點，法國作家暨沉沒寶藏尋寶人皮埃爾・亞爾納克（Pierre Jarnac）表示，以亞特蘭提斯為題的所有出版品數量相當豐富，足以打造出一座用五千多本以上著作堆砌成的紀念碑。

克里提亞斯的故事

柏拉圖

《克里提亞斯篇》，113B 以後

在此之前，他曾提到眾神抽籤之事。據說，所有土地都被分成不同地段，有些較寬廣，有些較狹小，每一個神都在抽到的地方設下為自己舉行的祭祀儀式。

得到亞特蘭提斯島的海神波塞頓也不例外，他在島上某處和一名凡間女子生下孩子，並替他們造了下面這樣子的居所。從大海到島中央是一整片平原，而且是所有平原中最好、最肥沃的土地。離平原中心約五十斯達地之處有一座不甚高的山丘。

這裡有間房子，屬於一名凡人，他的名字叫作伊維諾，和妻子露塞珮在此生活。兩人有一個女兒克莉托，甫達

婚嫁之齡，就失去了雙親。受克莉托吸引的波塞頓，於是與她共枕。因此，波塞頓在女孩居住的山丘周圍挖出一條條同心圓狀的溝，由面積大小不等的陸地與海洋將山丘圍繞起來：兩圈陸地與三圈海洋幾乎以島中央為圓心，每個圓的形狀近乎完美。如此一來，就沒有人類能夠抵達那個地方，因為當時人類還沒有發明船隻，亦不識航海術。之後，身為神的波塞頓，絲毫不費力地將位於中央的島化為仙境，讓大地湧出兩泉——其一源頭湧出熱泉，另一為冷泉——並讓土地長出各式各樣大量的食用植物……

因此，阿特拉斯的後代人數最多也最顯赫；由於獲得國王稱號的是長子，而且王位由長子世襲，這王朝就這麼一代代長久地傳了下去。於是，這些統治者累積了前所未見、後人無可及的大量財富，不但讓整個城市繁榮了起來，甚至富及全國。帝國勢力所致，許多貨品紛紛進口至此，不過島嶼本身的資源甚至更加豐富，所有生活必需者皆有生產：首先，這兒有採礦而來的堅硬與熔融金屬，還有另一個現在只有名稱流傳下來的山銅；山銅在當時並不只是一個名詞而已，它是一種島嶼各地都有蘊藏開採的金屬，價值僅次於黃金。然後，島上森林繁茂，盛產木材可供木匠恣意使用，樹葉青草也足夠養活各種家畜野獸；連大象都遍布此地。因此，不但是生活在沼澤、湖泊和河流裡的動物，以及高山和平原生活的動物，連

體型和食量皆龐大的大象,都能獲得充分的營養……

運用這些來自大地的資源,亞特蘭提斯的國王能夠建造起寺廟、宮殿、港口、船廠等,並以下列方式將帝國的其餘地區視為整體一起開發。

首先,他們在圍繞古老都會的海域建起了橋樑,藉此在外部區域和自始就是神與祖先居所的王宮之間,建立起聯繫管道。由於每一座宮殿都是代代相傳,在裝飾上也能愈形增添,與前人競美爭妍,讓宮殿成為輝煌壯麗、能震撼人心的奇觀。事實上,他們從海往上挖了一條寬三百呎、深一百呎及長五十斯達地的運河,以和大海的最邊緣區域連接起來。如此一來,就形成了一條從外部海域直通此地的港口通道,開出一個能容許大型船隻通過的出入口。

同樣地,他們也在橋樑的位置把用以分割海洋的陸地切割開來,挖出一條每次能容納一艘三列槳座戰船通過的通道,並將通道加以遮蓋,而且在設計的時候,也將不甚低的堤防高度考慮了進去。比較寬的陸地是將海水抽乾、與海爭地而得,其寬度達三斯達地,而相鄰的另一塊陸地也具有同樣的寬度。連著通過兩塊陸地,接下來的海域有兩斯達地寬,緊鄰陸地的寬度亦為兩斯達地。然而,圍繞中央島

當蒂·埃尼亞齊奧(Danti Ignazio)繪製,壁畫中的海神代表利古里亞(局部圖),繪製於1560年,目前收藏於梵蒂岡博物館地圖廳。

嶼的河道卻只有一斯達地寬。王宮所在的島嶼，直徑為五斯達地。全部區域——或者該說島嶼、環繞島嶼的陸地與一百呎寬的橋——完全都被石牆圍繞，每座橋樑與每個入海處，都設有塔樓和關口。建造用的石材為白色、黑色與紅色，採自中央島嶼的海岸以及周圍環狀陸地的內岸與外岸，如此一來，這些採石作業同時也能協助島嶼內部兩座深水港的建造工事，並覆以同樣的石材。

在諸多建設中，有些比較簡單，有些則有各種彩色石材組合的交織變化，展現出自然之美。最外圍陸地上的石牆外側整面鍍銅，如灰泥般加以處理；內側則鍍錫，而面對衛城的那一面則覆上展現出火紅色調的山銅……所以，這股在當時集中在亞特蘭提斯的龐大勢力，因為下列原因而被神聯合了起來，讓他們成為我們的敵人。

在許多世代，只要他們還存有神性，就會遵守法律，順應其神聖起源。他們有坦率且偉大的思想，曾經，他們在遭遇生命中的意外與相互關係時，是以平靜且自省的態度來面對。從這個意義來看，除了美德以外，其餘都被低估，對於當前擁有的財產毫不在意；當然，他們輕鬆自在地處置著手上握有的大量黃金與其他資源，絲毫不成負擔，並沒有被奢華沖昏了頭，也沒有因為富有而失去自制力：總之，他們從未受到動搖。甚至，由於洞察力之故，他們看到這些財富會因為共同協議與美德而增長，如果將之

視為榮耀而過度關注，最後不但會化為烏有，連美德也一併失去。因為這種人生哲學以及固有的神性，上述財富才能一點一點地累積起來。

在其神性逐漸消逝之際——這是由於他們不停和人類結合，神性慢慢淡化，最後人類性格終於占了上風——他們也失去原本控制財富的能力；換言之，墮落了。如此一來，在有先見者的眼中，人類就顯得淒慘：之所以淒慘，因為他們破壞了最為寶貴的東西。相反地，無法洞悉真正生活、以快樂為目的的人，會認為這些人暨快樂又容光煥發，因為他們貪婪又渴望權力，對正義毫無顧慮。然而，以律法統領世界的萬神之神宙斯發現，這個民族儘管條件優越，還是誤入歧途。所以，宙斯決定以適當的方式懲罰他們，讓他們重新獲得平衡與智慧。因此，宙斯將諸神召集至最莊嚴的大廳——那個位於全宇宙中心、可以預見未來事件的地方——讓祂們聚集在一起，並開始說（柏拉圖的文字到此中斷）。

亞特蘭提斯人

西西里的狄奧多羅斯（公元前1世紀）
《歷史叢書》*Bibliotheca Historica*，卷3，頁56

既然我們談到了亞特蘭提斯人，講講神的誕生也有點幫助……亞特蘭提斯

人居住在大洋沿岸,一處土壤非常肥沃的地方。這些人似乎和他們的鄰居不太一樣,虔誠又好客。他們相信,自己的國度是諸神的搖籃,最著名的希臘詩人似乎也都贊同這個觀點,而讓赫拉說道:「我動身前往陸地邊境,諸神之父俄刻阿諾斯與諸神之母忒堤斯之鄉。」根據亞特蘭提斯的傳說,他們的第一個國王是烏拉諾斯,他造了城池,將原本散居鄉間的人類聚集了起來。他帶領追隨者遠離野蠻生活,教導他們如何使用並保存果實,也讓他們學習其他有用的發明。烏拉諾斯的帝國幾乎遍及所有陸地,不過以西部和北部為主要區域。烏拉諾斯會觀察天象,他預測了好幾件未來即將發生的事,並教導人民如何利用太陽路徑來測量一年的時間,以月亮路徑來劃分出月份,並且將一年分成四個季節。不識星辰永恆秩序的民眾很欽佩這些占卜之事,因而認為烏拉諾斯具有超自然能力。在烏拉諾斯死後,人們將他封為神,藉此紀念他替人民帶來的福祉。人們用烏拉諾斯的名來稱呼宇宙;一方面因為他們將對於星辰起落和其他自然現象的知識歸咎於他,另一方面也藉此表現崇敬與致意。世人於是將烏拉諾斯稱為萬物的永恆王者。

老普林尼
《博物志》,卷2,頁204~205

因為大自然也以這樣的方式來創造島嶼:大自然將西西里島和義大利分開,賽普勒斯島與敘利亞分開,艾維亞島和維奧蒂亞州分開,亞特蘭提斯的艾維亞島和馬爾克里亞分開,貝斯必克島和比提尼亞分開,留科希亞島與塞壬居住的海岬。

反過來,海裡的島嶼和陸地連起來的時候,島嶼就會消失……如果相信柏拉圖的說法,它就造成陸地完全消失,尤其是目前大西洋的所在位置。

埃利亞努斯(公元2至3世紀)
《雜文軼事》*Varia Historia*,卷3,第18章

歐洲、亞洲、非洲都是被大洋圍繞的島嶼:世上只有一片土地堪稱大陸,那就是位於這個世界以外的梅洛庇德(Meropide)。這是一塊面積非常遼闊的大陸。那裡的所有動物都很龐大,即使是住在那裡的人類,身高和壽命也是我們的兩倍。那裡有許許多多風俗各異的大城市,用以規範的律法也和我們的非常不同……優瑟貝斯城(Eusebes,梅洛庇德的一個城市)的居民和平地享受著富饒的生活,物產之豐,不須犁和牛就能從大地採集果實;不須動手播種與工作。他們身體永遠健康,生活總是歡喜愜意,他們為人正直無可指責:連諸神都很喜歡去造訪這些居民。馬奇莫斯城(Machimos,梅洛庇德的另一個城市)的居民非常好戰,他們總是處於爭戰,而傾向於侵略相鄰的民族,因此該城

現在才會有許多不同民族聚居。該城居民不到兩百萬……某次，他們決定經過我們的這些島嶼：成千上萬的人穿過大洋來到許珀耳玻瑞亞。然而，當他們得知這些生活條件並不優渥的許珀耳玻瑞亞人，在我們之間被視為最快樂的民族，便認為繼續往前也毫無用處。

新亞特蘭提斯

法蘭西斯・培根
《新亞特蘭提斯》*New Atlantis*，1627年

我們從（停留了一整年的）祕魯出發，帶著十二個月的生活必需品，航越南海前往中國與日本。儘管風勢和緩，我們仍然順著東風航行了五個月，之後，風向轉變，連吹了好幾天的西風，我們幾乎無法往前航行，有時甚至向後退……

隔天晚上，我們在往北二十多海里處看到一片濃霧，讓我們注意到自己應該離陸地不遠，因為那一片南海是個完全未知的區域，有可能存在著尚未被人類發現的島嶼或大陸。我們一整晚都對著那些有助於辨識出陸地存在的線索，隔天早上，我們可以清楚看到，那是一塊平坦且滿是樹林的陸地，這也是晚上看起來為什麼這麼黑的關係。航行一個半小時以後，我們進入了一個小水灣，它是一座美麗城市的港口，規模不大卻也精心打造，從海上看過去，景色宜人……

有位看來似乎很重要的人物前來迎接我們。他身穿寬袖長袍，那袍子交雜著淺駝色與一種非常美的天藍色，比我們的天藍色還要明亮；長袍下的服裝為綠色，戴著形貌高雅的頭巾狀帽子，不如土耳其頭巾龐大，捲曲的髮絲從帽緣垂下……

隔天，約莫十點鐘，總督再度出現，問候寒暄以後，誠懇地告訴我們，他是回來拜訪我們的；他討了張椅子，坐了下來，我們也有十多個人陪他坐下（其他人不是在忙就是出去了）；等我們全都坐定，他便開始說道：「我們班薩勒姆島（用他們的語言如此稱呼）的居民有項特權：由於我們地處偏遠，加上要求到訪客人保密且很少接受外人之故，我們對這個世界上有人居住的大部分地方都很熟悉，而世人對我們所知無幾。」……

他們通曉歐洲語言，對於我們的生活和活動認識很深；而在歐洲的我們（儘管近年來我們對於遙遠國度的新發現和航海旅行並不少）卻從來不知道這個島的存在……

這位總督友善地笑著說，還好我們替自己提出的問題道了歉，那問題幾乎讓人覺得，我們認為那個國家是個巫師的國度，這些巫師會派出空氣精靈到各地，好讓他們獲得來自其他國家的消息……「你們得知道（儘管對你們來說幾乎不可思議），三千年或更久以前，全世界的航海交通（尤其是

弗朗西斯・巴耶烏（Francisco Bayeu y
Subías），〈奧林巴斯：與巨人的戰
爭〉，繪於 1764 年，目前收藏於西班
牙馬德里普拉多美術館。

長程橫渡）遠比現在頻繁許多……同樣在那個時期，有長達一個世紀或更久的時間，偉大的亞特蘭提斯上也有居民蓬勃發展。事實上，雖然有一名偉人曾向你們描繪了在那裡定居的海神波塞頓後裔，那裡的神殿、王宮、城市與壯麗宏偉的山丘，還有各個可通航的河流（好比圍繞著那個地方和神殿的許多鎖鏈），與斜坡上繁不可數、好似可以通往天國的台階等等，個個饒富詩意且令人驚歎，亞特蘭提斯確實也像當時被稱為柯亞的祕魯以及被稱為提蘭貝爾的墨西哥一樣，在武力、航海與富有程度上都是一等一個超級強權……然而沒多久以後，諸神的復仇就降臨在這個驕傲自負的帝國上。不到一百年的時間，偉大的亞特蘭提斯被徹底毀滅，而且原因並非你們作者所述的大地震（因為那個地方少有地震發生），而是因為一次大洪水，事實上，即使是現在，在亞特蘭提斯曾經存在的地區，仍有宏偉河川與高聳山岳帶來舊世界任何地區都無法比擬的豐沛水量。」

蒙田的想法

米歇爾・德・蒙田（Michel de Montaigne, 1533~1592）
《隨筆集》*Saggi*，卷1，第21章〈食人族〉"Dei cannibali"

柏拉圖讓我們認識的梭倫曾表示，自

已從埃及塞易斯城（Sais）幾位祭司處聽聞，在大洪水以前，這世上曾有一座叫作亞特蘭提斯的大島，位置就在直布羅陀海峽入口處，面積比非洲和亞洲加起來還要大……然而，這島不太可能是我們近年來才發現的新世界；因為這島幾乎和西班牙接壤，倘若該島位置因為洪水而被推移了這麼遠，那絕對是令人難以置信的，因為那距離相當於今日的一千兩百里格；更何況與當代航海活動已經幾乎證實，新世界並不是一個島嶼，而是一塊主要的大陸。

維柯的懷疑論

詹巴蒂斯塔・維柯
《新科學》*Principi di Scienza Nuova*，卷2，第4章，1744年

在進入這裡的論證以前，我們先簡短舉例說明世人在過去對此事有些什麼樣的想法，這些想法有許許多多，它們或不明確、或輕佻、或不適當、或狂妄、或可笑，在此無暇一一贅述。走筆如下：因為在野蠻人的時代，由於民族自尊而又被稱為「vagina gentium」（意指世界的起源）的斯堪地那維亞，被認為是全世界其他國家之母，由於學者的傲慢，喬瓦尼（Giovanni）與歐勞・馬尼（Olao Magni）相信哥特人找到並保留了世界最早的字母，也就是亞當時期所使

法蘭西斯·培根作品《大復興》卷首插畫，1620年出版。

用者；這個理論被其他學者視為謬論。然而，操辛布里語的喬瓦尼·葛洛皮奧·貝卡諾（Giovanni Goropio Becano）卻追隨了這個理論並加以發展，認為他所使用的這種和撒克遜語相去不遠的語言，來自伊甸園，而且是所有其他語言之母；這個想法受到朱塞佩·朱斯托·斯卡里傑羅（Giuseppe Giusto Scaligero）、喬瓦尼·卡梅拉里奧（Giovanni Camerario）、克里斯多福·布雷克馬諾（Cristoforo Brecmanno）與馬提諾·史寇奇奧（Martino Scoockio）等諸位學者所嘲諷。那種傲慢又變本加厲地在歐勞斯·魯德貝克在作品《亞特蘭提卡》（Atlantica）中出現，認為希臘字母來自盧恩字母，而盧恩字母則是倒過來的腓尼基字母，而腓尼基國王之子卡德摩斯則賦予這些腓尼基字母像希伯來文一樣的次序與聲音，到後來，希臘人又將這些字母倒了過來，制訂字體；由於重新找到這些字母的人被稱為「梅庫洛曼」（Mercurouman），人們認為古埃及人所使用的字母是墨丘利（Mercurio）給的，而墨丘利其實是哥特人。讀者在了解上述這些有關字母來源的肆意詮釋時必需注意，不能只用一種看待新事物的冷漠態度來對待之，而應深入思量，因為它們是人類與神聖異教知識的基礎。

海倫娜·布拉瓦茨基

《祕密教義》*The Secret Doctrine*，卷2，1888年

因此，有鑒於可能出現的混亂狀況，在講到這四塊大陸時，採納有識讀者所熟悉的稱呼，是比較方便的做法。所以我們建議，在指稱第一塊大陸或衍生出第一個人類種族的陸地時，將之稱為：

一、「永恆聖地」。之所以如此稱呼，是因為下面的原因：「據說這個——我們將深入討論的——『聖地』從來就不屬於其他大陸的一部分，未曾與其他大陸接壤，因此它是唯一一個從創生之始歷經所有循環而至摩奴時期仍一直存續下來的陸塊。那是原始人類的搖籃，也是最後一名具有神性的凡人的居地……這塊神聖又謎樣的陸地，除了一篇〈評述〉（Commentario）中富含詩意的文句：『北極星持續不斷地照耀著，世世代代，從黎明到末日的黃昏』以外，我們能講的並不多。」

二、許珀耳玻瑞亞。這是我們對第二塊大陸的稱呼，它從北極往南方和西方延伸，以迎接第二個種族……

三、雷姆利亞。我們建議將第三塊大陸稱為雷姆利亞……它包括一部分現在的非洲，不過這個極其龐大的陸塊還從印度洋一直延伸到澳洲，現在完全沉沒在太平洋底下，少數高山則成了現在的島嶼……

四、亞特蘭提斯。這是第四塊大陸的稱呼。如果世人能更深入地了解古代人的傳統，就會發現亞特蘭提斯其實是第一塊有歷史的土地。柏拉圖提到的同名知名島嶼，其實只是這塊龐大大陸的一小部分。

五、歐洲。第五塊大陸是美洲，不過因為它位於對蹠點，所以印度－雅利安的神祕學家將和美洲同時期出現的歐洲及小亞細亞稱為第五大陸。如果這些神祕學家遵照大陸出現的地質與地理次序來排定，那麼這個順序就不會是這樣。然而，因為大陸次序乃根據人類種族的出現而有第一到第五的順序，其中第五個種族就是我們的根源種族，亦即雅利安民族，歐洲才會被稱為第五大陸。神祕學並沒有將島嶼和半島列入考慮，也未遵循陸地和海洋在現代的分布狀況……

對現代教育的追隨者與支持者來說，原始人類是出現時間早於第三紀的巨人而且早在一千八百萬年前就已經存在的說法，必然是荒唐可笑的謬論。整個生物學界都不願承認這個第二紀第三泰坦種族的想法，泰坦族的巨大體型讓他們能夠和空中、陸地與海洋中的巨大怪物相抗衡……人類學家可以恣意嘲笑我們的泰坦族，就像他們嘲笑聖經裡的亞當，或是神學家嘲笑人類源自猿猴的說法……和達爾文的人類學與聖經神學相較之下，神祕學無論如何要求較少，解釋較多。神祕學史應該也嚇不了人；因為就數字而言，今日權威既無定見，看法也像地中海的海浪一樣變化莫測。

與尼莫船長一起前往亞特蘭提斯

儒勒・凡爾納
《海底兩萬里》，第 7 章，1869~1870 年

沒幾分鐘，我們已經穿上裝備，背好充滿氣的氧氣瓶。然而，我沒看到電燈，所以向尼莫船長指出這一點。

「那東西沒用，」他回答道。

我以為自己聽錯了，正打算重問一遍，就看到船長已把金屬頭盔戴上了。

拿起一旁等著我的長棍，不消多久，我們的雙腳已經踩在大西洋海底三百公尺深的地方。

午夜已近，水底又黑又暗，尼莫船長對遠處的一個紅點指了指，那看來就像是某種大型營火，在距離鸚鵡螺號兩哩處閃爍著。我說不上來這是什麼樣的火、它以何種物質為燃料、以及它為何與如何能在海底深處持續燃

燒。重要的是它會發光，儘管有些朦朧，不過已經足以讓我辨識方向……

走了半個小時以後，海底的岩石開始多了起來。水母和微小的甲殼動物微微發出燐光。我瞥見了一個個覆蓋著數百萬植形動物和海藻的石堆。

我常在這片黏稠的海藻地毯上踩滑，若是沒有那根長棍，我大概會摔好幾次跤。

當我轉身，鸚鵡螺號的白光因為距離之故，開始慢慢消逝。

我之前提到的那些石堆，在海底的分布有著某種我無法解釋的規律性。我看到幾條巨大的犁溝，它們一直往前延伸到遙遠的黑暗之中，讓人完全無法估量出長度。

這裡還有其他讓我費解的細節。我那雙沉重的鉛鞋，似乎壓碎了一堆骨頭，發出了啪嚓一聲。

我們正在穿越的一大片寬廣平原到底是什麼？……

凌晨一點，我們終於抵達山腳下的那片坡。不過在爬上去之前，還得先冒險進入森林，穿過那些讓人步履維艱的小徑。

是的，一大片枯樹林，沒有葉子，沒有樹液，在水的作用下成了化石，處處都是巨大的松樹。

那看起來就像是一座被深植在土壤中的樹根托起的垂直煤田，樹枝就像用黑紙剪成的細膩藤蔓花紋，清楚顯現在這水的天花板上。

試著想像一座攀附在山側的森林，不過森林小徑布滿了海藻，而海藻間還住滿了各式各樣的甲殼動物。我往前走，攀過巨岩，翻過倒下的樹幹，扯下垂掛在樹枝間的海洋附生植物，驚嚇著在樹林間竄逃的魚群。我興奮至極，絲毫不覺得疲憊。

我們抵達第一個高原，又是一陣驚喜連連。

那裡有美麗如畫的廢墟矗立，顯然是人類而非大自然的傑作。許許多多的石堆，隱約可以看出宮殿神殿等形狀，上有各式各樣的植形動物茂盛生長，各式海藻海帶宛如藤蔓，替廢墟覆上了一層厚厚的植被。

那麼，這個被災難吞噬的世界到底是什麼地方？

誰把那些岩石與石塊堆成像是史前時代的支石墓一樣？

我在哪裡？尼莫船長到底突發奇想把我帶到了什麼地方？我好想質問他，不過此時此刻沒法這麼做，於是一把抓住了他的手臂。

然而，他搖了搖頭，向我指了指山的最高峰，好像在對我說：「走吧，我們繼續前進。」

我拿出最後的力氣跟上去，沒幾分鐘就抵達了比周圍岩石高原高出十幾公尺的山頂。

我往我們爬上來的方向看了看。

和周圍平原相較，這座山的高度不超過兩百五十公尺，不過在我們後方、山的另一側，卻有座兩倍深的峽谷。

我向四周看了看，被遠方一片受強光照射的寬闊空間所吸引。

那座山是火山。

儒勒・凡爾納小說《海底兩萬里》的插圖，1869至1870年。

在山頂下方十五公尺左右處的岩石與礦渣之間，有個龐大的噴火口，一陣陣的岩漿傾瀉，宛如火瀑布般地落入下方水體之中。

位置所致，這火山成了一把巨大的火炬，照亮著下方平原，直到地平線的盡頭。

那個海底火山口噴發出岩漿，卻沒有火焰。

火焰需要氧氣才會發生，因此無法在水底下出現；然而那讓自己熾熱無比的岩漿流，卻能達到火紅的程度，和周圍的水相抗衡，將接觸到的水化為蒸汽。

急流捲走了形成的所有氣體，而岩漿流則朝著山腳流去。

我的目光順著岩漿往下，在眼前看到一片毀壞傾倒、整個被夷為平地的城市，城內建築屋頂塌陷，神殿毀滅，拱狀結構坍塌，圓柱斷裂倒地，不過我們仍然可以看得出這些建築具有紮實的比例，與托斯卡尼一帶的建築類似。更遠一點的地方，還可以辨認出巨大輸水管道的遺跡。

在這裡，高起的小山丘上有一座衛城，結構讓人聯想到巴特農神殿；在那裡，碼頭遺跡讓人想起古代的港口，一個在很久以前曾經在一片已消失的大海上替商船和戰艦提供遮蔽的港口。

更過去的地方，長長的城牆早已崩塌，寬廣的道路杳無人跡：這是一座沉在水裡的龐貝城，尼莫船長讓它在我眼前復活了。

我在哪裡？我不惜任何代價都想知道，我好想把頭上禁錮著我的銅製頭盔拿下來，好好地聊一聊。

尼莫船長走到我面前，點了點頭。

然後他拿起一塊白堊石，向一塊黑色玄武岩走了過去，寫下了一個詞：亞特蘭提斯。

羅森貝爾格的言論

阿爾弗雷德・羅森貝爾格
《20世紀的神話》*Der Mythus des 20. Jahrunderts*，頁24，1930年

地質學家表示，在北美洲和歐洲之間曾有一塊大陸，目前在格陵蘭和冰島之間仍然可以找到這塊大陸的遺跡。這些地質學家表示，極北地區的島嶼（新地島）具有一些徵象，顯示出海平面曾經比現在高出一百公尺；而且北極的位置很有可能位移過，以及北極過去曾經有過氣候較為溫和的時期。這個說法，替亞特蘭提斯的古老傳說帶來了一線曙光。海洋讓這片水域的巨大冰山破裂，並推移冰山的位置，而在同個時期，這裡曾有一塊氣候宜人的大陸，上面住著一個極有創意的民族，衍生出一個勢力龐大的文化，他們的子民以航海家和戰士的身分，足跡遍及世界各地。然而，即使亞特蘭提斯的假說現在已不受到支持，我們還是得假設，史前時期的北歐文化中心確實曾經存在。

伊斯城的祕密

喬治－古斯塔夫・圖杜茲

《小伊斯王》Le Petit Roi d'Ys，第3章，1914年

「是啊！」科朗汀號的小船長以那種天知道的表情打斷了談話——就在講到從前伊斯城的位置時……我知道，我常看到……

若比克還沒時間把話講完，就被自己那麼簡單的話語，能對那些聽他說話的人產生如此影響而感到驚愕不已。莫爾南和傑羅拉莫・特羅帝埃都跳了起來……

「你知道……你看到了？」莫爾南結結巴巴地說……若比克驚訝地看著他們，好像它是再自然不過的事。

「我知道，當然！」……這裡的所有人都知道，許久以前，大海為了處罰該城居民的罪惡，吞噬了一個叫做伊斯的城市。民間甚至有一首布列塔尼民謠描述這個故事，翻譯過來是這樣的：「你聽說了嗎，你聽說了嗎／那神人說／伊斯國王葛拉隆……」

「啊！我完全會錯意了……除了那首這裡的居民都知道的民謠以外，你什麼也不知道……除此之外你真的不知道別的嗎？」

「當然，先生，我知道的當然比那民謠還多。對農夫、賣抹布的老商人來說，民謠已經夠了，不過我確實知道這個城市在哪裡，是的，先生，那個沉到海底下的地方。」

莫爾南走上前：將雙手放在少年肩膀上，努力以鎮定的口吻慢慢地說：「好好聽我說，若比克，我接下來問你的事很重要，你的答案可能具有你想也想不到的價值。我會來到這裡，完全是為了尋找伊斯城，我個人堅信這個城市曾經存在……我相信這個城市的遺跡就在這一帶，就在這海灣下方某處，我會花上好幾個星期、甚至幾個月的時間來尋找……因此，你的話很有份量……所以，你確定你知道這地方嗎？」若比克表情嚴肅地站了起來，將手伸出，好像在發誓一樣；雙眼直視這名和他說話的人說：「我知道伊斯城在哪裡。」

「你知道，是因為有人在學校裡跟你說過，還是守夜人有說過？是歷史還是傳說？」

「我知道，因為我看過。」

「你看過有人畫畫，還是看過圖片？」

「我在海裡看過，在海底下。」

「你因為聽人說過所以幻想自己看過？」

「我親眼看過二十次……我摸過切割過的石塊，魚網從那兒撈上來的。我叔叔帶我去了那裡，告訴我不要在哪裡下網，如此一來網子才不會纏在海底的牆上。他還告訴我，很久很久以前……」

「是的，在公元5世紀。」

「也許吧！總之，當法國還不是法國的時候……他告訴我，杜阿梅勒茲海灣並不存在，在山羊岬與拉茲角之間，有一座名叫伊斯的宏偉城市，座

賈克・費德（Jacques Fey-der）電影《亞特蘭提斯》的海報，電影於1921年上映，根據皮埃爾・伯努瓦的小說改編。

落在一座水壩上，由一位非常有智慧的老國王葛拉隆統治，不過他有一個很壞很壞的女兒阿娥斯⋯⋯」
「那是布列塔尼語的名字，法文是達芙妓。」特羅帝埃插嘴道。
「沒錯，」若比克神態自若地繼續說著。「有一天晚上，葛拉隆已經就寢，阿娥斯在宮廷舞會上認識了一名舞者，這舞者不知怎麼讓阿娥斯賭氣去偷了父親的金鑰匙，打開了擋住海水的水閘的鎖。原來，那名舞者是惡魔。阿娥斯偷了鑰匙，打開水閘，海水就這麼往伊斯城撲了上去。葛拉隆被朋友聖圭諾利搖醒，趕緊騎上馬把女兒帶走；不過海水卻以漲潮的速度迅速往他們的方向撲過去，他聽到有聲音喊道：『把你背後的惡魔給丟下去！』阿娥斯跌下馬，海浪將她吞噬，最後海水在里茲海灘停了下來，葛拉隆則抵達朗代韋內克，杜阿梅勒茲海灣就這麼形成了。故事就是這樣。」

傑羅拉莫·特羅帝埃搓著手說:「把地震現象改編得很漂亮的通俗故事,這地震在短短幾分鐘內毀了伊斯城,把整個城活生生地沉到海底下一百公尺的地方,以地面下沉創造出這個美麗的海灣。」

海中之城

埃德加·愛倫·坡(Edgar Allan Poe)
〈海中之城〉"La città nel mare",
1845 年

看!在一座奇異孤獨之城
死神替自己立了寶座
就在陰暗偏遠的西方

在那裡,好與壞,善與惡
都已永久沉睡夢鄉。
那裡的神殿、宮闕與高塔
(古老卻屹立不搖的高塔!)
與我們所有的無一相似。
在那裡,遺忘之風吹起
蒼穹下了無生氣
靜靜凝滯在夜幕之下。

荒城無光夜漫漫
星光月色不臨
海面的絲縷幽光
無聲地灑在塔樓──
輕輕涌上塔尖──
溢向圓頂,登上尖頂,閃耀君之廳堂──
映在廟宇──與那巴比倫式的城

埃瓦利斯特·維塔·盧米內(Evariste Vital Luminais),〈葛拉隆的逃亡〉,1884 年左右繪製,目前收藏於法國坎佩爾美術館。

牆——
飄向被遺忘許久的空蕩蕩的涼亭——
涼亭上雕琢的花草爬藤
攀上許許多多神妙的聖堂
縈繞檐壁的花環
香菫、紫羅蘭與藤蔓纏繞。
塔樓與陰影交融
一切好似懸浮空氣中
從這堅挺的城塔
死神目光眈眈，俯視一切。

傾頹的神殿與敞開的墳墓
與閃爍粼粼波光的水面齊高
然而每一尊神像的眼前
再也沒有金銀寶藏——
也沒有珠光寶氣的死者
從海底把波濤誘惑
因為，唉！漣漪再也不起
那如鏡般廣漠的水面——

沒有潮浪起伏來訴說
風兒也許吹拂著遠方更快樂的海
域——
沒有波浪蕩漾來暗示
風兒也許吹撫著不如此寧靜得可怕的
大海。

但瞧天空騷動一陣
這海——也掀起一陣翻涌！
彷彿那高塔漸漸向下
破開沉寂的潮水——
好似尖塔頂端再無氣力
在朦朧空中畫出一道空白。
波濤此時愈發紅光——
時間的呼吸愈形微弱——
沒有世俗呻吟的陪伴
孤城緩緩地、慢慢地沉寂
從成千王座上升起的地獄
也將敬畏海中之城。

第七章

最後的圖勒與許珀耳玻瑞亞

歐勞斯‧馬格努斯（Olaus Magnus），〈海圖〉局部特寫，繪於 1539 年。

圖勒（THULE） 圖勒這個名詞，最早出現在希臘探險家皮西亞斯（Pitea）的遊記。在皮西亞斯的敘述中，圖勒位於北大西洋，是夜不落日的冰與火之地。很多人都曾經提過圖勒這個地方，像是埃拉托斯特尼、旅行家狄奧尼修斯（Dionisio Periegete）、斯特拉波、梅拉、老普林尼、維吉爾（在《農事詩》卷1第30節提到圖勒是位於已知世界之外的極端之地）以及公元2世紀安東尼烏斯‧迪奧吉尼斯（Antonio Diogene）的小說《圖勒的不可思議奇蹟》（*Le Incredibili Meraviglie al di là di Tule*）。到了公元5世紀，散文家馬爾提亞努斯‧卡佩拉（Marziano Capella）又重新提起這個傳說，而且它就此在整個中世紀時期不斷地流傳下去，從波愛修斯（Boezio）、比德（Beda）到佩脫拉克（Petrarca），再到現代，即使世人早已放棄尋找這個地方，文人墨客仍然將它當成一個充滿詩意的神話來運用。在過去，圖勒不時和冰島、蘇格蘭北方的昔德蘭、丹麥的法羅群島和愛沙尼亞的薩拉馬島等地畫上等號，不過重要的是，從這些不甚準確的地理資訊中，「最後的圖勒」傳說就此誕生。

歐勞斯‧馬格努斯（Olaus Magnus）的〈海圖〉（Carta Marina, 1539）是相關島嶼傳說的最著名圖像。在這張圖裡，馬格努斯將圖勒稱為「提勒」（Tile）。

14世紀的航海家如尼可羅‧詹（Nicolò Zen）與安東尼奧‧詹（Antonio Zen）兄弟檔就已提起過其他極北之境的島嶼，聲稱自己曾經登陸弗里斯蘭島或埃斯特蘭島。尼可拉‧詹（Nicola Zen）是兩人後裔之一，在1558年曾出版《詹氏兄弟的島嶼探險揭密》

〈瑪蒂爾德女王掛毯〉上的諾曼船，1027 至 1087 年之間製作，收藏於法國貝葉市掛毯博物館。

（*Dello Scoprimento dell'isole di Frislanda, Eslanda, Engroveland, Estotiland e Icaria Fatto per due Fratelli Zeni*）——而且在麥卡托製作的地圖中，也記錄了弗里斯蘭島和德羅傑奧島。1570 年，奧特柳斯將弗里斯蘭島、德羅傑奧島、伊卡里亞島和埃斯托提蘭島都記錄在地圖集《世界概貌》（*Theatrum Orbis Terrarum*）的「北方區域描述」部分。深受英國皇室信賴的英國學者暨神祕學家約翰‧迪伊（John Dee）則因為受到尼可羅‧詹的著作影響，計畫尋找一條經由北方前往太平洋的航道，並命令探險家馬丁‧弗羅比舍（Martin Frobisher）負責主導必要的探險活動。

許珀耳玻瑞亞人　圖勒的傳說後來被融入許珀耳玻瑞亞的傳說之中。在古代人眼裡，許珀耳玻瑞亞人（Hyperborea 的音譯，意指「那些住在比北風之神玻瑞阿斯更遠的人」，是北風的擬人化，又譯為極北族人）是住在希臘北方遙遠之境的民族。他們生活的地方是個完美的世界，每年有六個月受太陽照耀。

　　根據西西里的狄奧多羅斯的說法，米利都的赫卡塔埃烏斯（Ecateo di Mileto，公元前6世紀）認為許珀耳玻瑞亞位於極北之境，在海洋（環狀包圍著已知土地）與里菲山（傳說中的山脈，位置不明，有時在極北，有時在多瑙河出海口）之間。

阿布德拉的赫卡塔埃烏斯（Ecateo di Abdera，公元前4至2世紀）在《論許珀耳玻瑞亞》（*Sugli Iperborei*，目前只有少數斷簡殘篇流傳下來）則認為這個地方是一個海島，「面積不比西西里小」，是一個可以近距離看到月亮的地方。

赫西俄德認為許珀耳玻瑞亞人「在埃里達諾河上游的瀑布區」。由於埃里達諾河是波河的古名，這些許珀耳玻瑞亞人的居住地就不會太北方，這若非赫西俄德對於極北的概念有些侷限，就是他對波河的概念有著太過美好的想像。另一方面，古希臘人曾討論過埃里達諾河的地理位置，有些人認為它應該是朝北流至北方海洋出海。古希臘詩人品達認為，許珀耳玻瑞亞人應該在伊斯特羅河（多瑙河古名）「綠蔭圍繞的起源」之處，而埃斯庫羅斯（Eschilo）則在《解放普羅米修斯》（*Prometeo Liberato*）中提及，伊斯特羅河的源頭位於里菲山區許珀耳玻瑞亞人的國度。對西格昂的達馬斯特（Damaste di Sigeo）來說，里菲山的位置比負責看管黃金的獅鷲還要北邊。

希羅多德替阿里斯特亞斯（Aristea di Proconneso）一首目前已經佚失的詩做了總結；在這首詩中，作者談到自己因為阿波羅的靈感啟發而出發前往一個偏遠地區旅行，他一直走到伊塞東人的國度，「越過」獨眼人的國度、守衛黃金的獅鷲與許珀耳玻瑞亞人，其中後者居住在一個氣候永春、空中有羽毛飄揚的地方。

在古代的記述中，無論許珀耳玻瑞亞在哪裡，往往都不是什麼神之選民的發源地，不過隨著民族主義的假設在語言起源研究中逐漸發展，也有越來越多人開始支持極北地區為語言和原始民族搖籃的看法。羅蘭‧瓊斯（Rowland Jones）在《哥篾圈》（*I Circoli di Gomer*, 1771）一書中提出他的看法，認為原始語言來自凱爾特人，「除了英文以外，沒有其他語言能發展到如此接近第一種通用

語言的位置……凱爾特人的方言和知識來自特里斯墨吉斯忒斯（Trismegisto）、赫耳墨斯（Ermete）、墨丘利（Mercurio）或哥篾（Gomer）的圈子。」法國天文學家巴伊則表示，斯基泰是世界上最古老的國家之一，中國人也是他們的後裔，不過他也曾指出，亞特蘭提斯亦是斯泰基人後裔。總之，北方曾是文明的搖籃，世上最早的幾個人類民族從北方開始往南散布──而在散布的過程中，有一部分也會變質劣化。因此，相信雅利安族源自許珀耳玻瑞亞的想法，是唯一一個自始至終不被動搖的信念。

極地神話有各式各樣的詮釋：有些人認為，極地寒冷的氣候條件，正是促成文明發展的主要原因，而地中海與非洲的溫暖氣候，讓這些地方出現了比較劣等的民族；還有人認為，北方文明在朝向

湯馬斯・安德（Thomas Ender），〈冰川〉，19世紀繪製，目前收藏於德國布來梅的布來梅美術館。

頁228~229：亞伯拉罕・奧特柳斯，〈冰島地圖〉，16世紀繪製。

氣候較溫和的亞洲擴散時，發展愈形完整；另外還有人說，極地地區在史前時代有著非常溫和的氣候。舉例來說，曾任波士頓大學校長的威廉・沃倫（William F. Warren）在《發現天堂》（*Paradise Found,* 1885）一書表示，人類文明的搖籃與伊甸園的位置都在北極；正統神創論則以為，世界上並沒有從低級物種到人類的演化，而且還是反過來，因為北極的第一批居民既美麗又長壽，只有在大洪水發生與冰河時期降臨以後，人類才移民到亞洲，成了現今較低等的民族；史前時代的極地地區陽光普照且氣候溫和，物種退化則是發生在中亞地區的寒冷草原。

為了支持極地溫暖說，就必須承認氣候變遷是因為地軸顯著位移所致（神祕學者和各種「極地學說支持者」至今仍相信這個說法）。這個論點衍生出數量相當龐大、或多或少具有科學性的作品、議題與論點，然而我們在此無法總結，因為本書以傳說地點的歷史為題，著重在世人對於這些地方曾經有過什麼樣的想法，在此只要知道曾經有人提到過極地溫暖說的概念即可。[1]

仍然保有些許科學嚴謹態度的沃倫並沒有接受地軸位移的論點，並推測這極北民族最初的後裔在抵達亞洲以後，從一個不同於北方的角度觀察天空，卻因為素質劣化所造成的無知而產生錯誤的天文觀念。無論如何，這個說法確立了「極地民族」的優越性及其亞洲與地中海後裔族群的低劣性，而這樣的概念後來又孕育出雅利安種族主義的傳說。

即使是原始雅利安族的起源地，也有無數假說。卡爾・彭卡（Karl Penka）認為他們來自德國北部與斯堪地那維亞（1883）；奧圖・史克拉德（Otto Schrade）則認為他們來自烏克蘭（1883）。人類始祖來自於另一塊大陸的想法，最早由18世紀的啟蒙主義分子提出，其中包括伏爾泰、康德和赫爾德等人，而這個概念完全與聖經的說法對立。當時的人認為人類源於印度，不過這些德國浪漫主義者顯然以為，古羅馬時期的野蠻文明應該源自於時間上可以回溯到條頓人時期一支凱撒大帝沒能打敗的古代日耳曼民族，而且後來

注1：關於所有「極地學者」論點的詳盡介紹，參考戈德溫的作品（1996）。

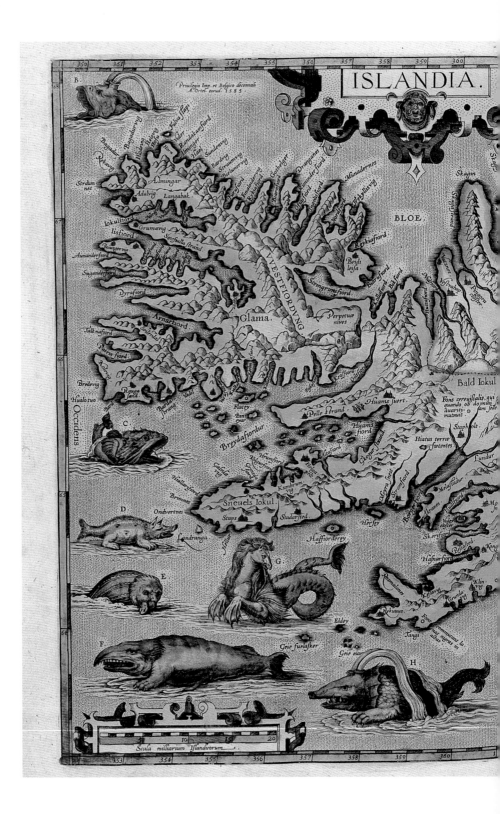

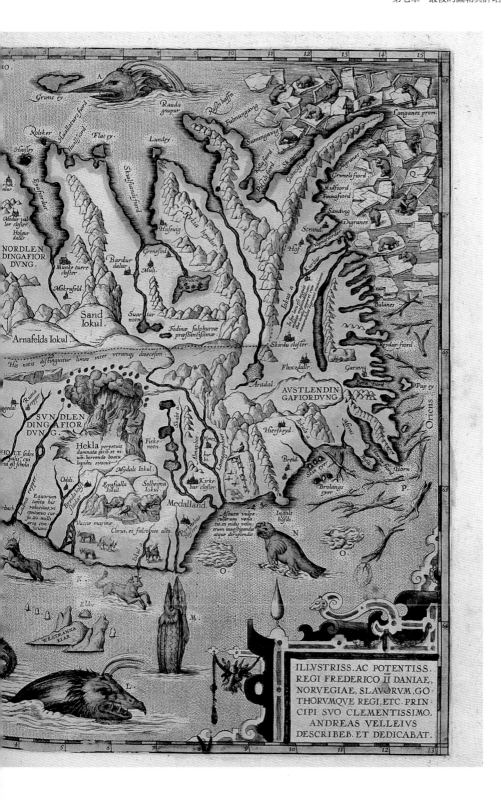

中世紀哥德教堂文化的蓬勃發展也有同樣的起源。因此，只要能把印度文明和北方民族連在一起，就能找到答案，而當時試圖了解梵文是否為人類語言之母的語言學家也曾提供研究成果，試圖建立印度文明和北方民族的連結。[2]

儘管許多支持上述說法的學者並沒有意識到自己的研究會造成什麼樣的後果，雅利安種族主義的傳說還是由此而生。[3]

神祕學傳統對這個傳說造成了非常深遠的影響。我們在談論亞特蘭提斯時提到的布拉瓦茨基，在《祕密教義》中明言支持種族遷移論，認為曾有來自喜馬拉雅山北方的完美民族進行遷徙，不過這個民族在大洪水以後移居到埃及（這個說法也讓某些人認為，布拉瓦茨基的論點至少沒有刻意表現出種族主義）。在布拉瓦茨基所描述的人類想像史中，許珀耳玻瑞亞是一塊從現在的格陵蘭一直延伸到堪察加半島的極地大陸，而且是第二個人類民族——也就是具有許多可怕特徵的雙性巨人——的發源地。

尼采在《上帝已死》（L'Anticristo, 1888）一書曾說：「我們都是許珀耳玻瑞亞人。」而且也藉機稱頌北方人的古老美德，藉此與基督教的墮落產生對照。

喬斯林·戈德溫（Joscelyn Godwin）在《北極》（Arktos, 1996）一書中提出的地圖，讓我們可以清楚看到有多少地方曾經成了許珀耳玻瑞亞的所在地。如果這個理論確實具有某種程度的真實性，其中一個地點應該是正確的，那麼，攤在我們眼前的傳說就有十五個之多。許珀耳玻瑞亞也和聖杯一樣，隨著許多世紀的演進，如鰻魚一般地行蹤詭譎，飄忽不定。

有關雅利安種族主義的許珀耳玻瑞亞起源，許多19世紀的神祕學作者都曾經深入討論，例如法布爾·道利維（Antoine Fabre D'olivet, 1822），不過這個傳說顯然還是因為泛日耳曼主義和納粹主義的緣故而重生。

極地神話與納粹主義　在希特勒上台以前，納粹分子中就已經存在

注2：參考艾可的著作（1993）。

注3：「雅利安人」一詞是施萊格爾（Schlegel）在1819年所創。有關雅利安種族主義的傳說，可參考歐倫德的作品（Olender, 1989）。

〈雅利安人起源假説地圖〉，取自喬斯林·戈德溫的《北極》，1996年出版。

著許多神祕學的信徒。哪幾位納粹領袖實際上屬於哪些不同的神祕主義派別？以及希特勒是否真的遵循著這種文化氛圍？仍然是有爭議的問題。[4]然而毫無疑問的是，1912年，德國出現了一個叫作日耳曼會（Germanenorden）的祕密結社，專門提倡雅利安神祕學（ariosofia），也就是一種倡議雅利安優越性的哲學。1918年，塞波騰道夫男爵（von Sebottendorff）創辦了一個支社，將之命名為「圖勒促進協會」，這是個具有強烈種族主義色彩的祕密結社。納粹黨徽「卍」字，就是在圖勒促進協會的影響下衍生而來。

注4：可參考加里（Galli 1989）和顧德里克－克拉克（Goodrick-Clarke, 1985）的作品。

1907年，約爾格・蘭茲（Jörg Lanz）創辦了新聖殿騎士會，這似乎對納粹重要頭目希姆萊有所啟發，使他設立了以雅利安至上為基礎的納粹親衛隊。蘭茲提議將所有低劣民族去勢、絕育並驅逐到馬達加斯加，將他們當成獻給上帝的祭品一樣來焚燒。這些信念在經過必要的修改以後，都被融入了納粹種族主義。

1935年，希姆萊創辦古代遺產研究教育學會（Ahnenerbe For-schungs und Lehrgemeinschaft），這是個日耳曼民族人類學與文化歷史的專門研究機構，目的在於重新發現古代德國民族的偉大，與優越納粹民族的起源。據說，這個協會備受奧圖・拉恩（Otto Rahn）的想像所影響（有關拉恩我們將在聖杯一章討論），致力於尋求聖物，不過他們顯然並不把聖物當成基督徒的象徵，而是視為真正北歐異教傳統後裔的力量來源。希姆萊可能也深受雅利安神祕學所影響，而這種雅利安神祕學乃根據圭多・馮・李斯特（Guido von List）的思想（李斯特在納粹主義出現之前就已經逝世，不過身後留下許多忠實的門徒），認為古老的北歐盧恩字母極其重要，而且這種字母的重要性並不是因為它是古老日耳曼民族的書寫系統，而是因為它們被視為一種魔術符號，讓人可以透過它們獲得神祕的力量、施行占卜與巫術、製作護身符，並讓一種瀰漫於整個宇宙間的微妙能量得以循環，因此，這些字母的目的在於確定事件發生的進程——我們也不能忘記，納粹的「⚡」就是受盧恩字母的啟發而來。

第二次世界大戰結束後，負責指揮羅馬納粹親衛隊的卡爾・沃爾夫（Karl Wolff）將軍曾於在世時接受電視訪問。沃爾夫表

圖勒促進協會的徽章，1919年。

理想的雅利安人　　　　　**現實的雅利安人**

左：〈你！現在就站出來！〉，表現雅利安人理想形象，取自《信號》雜誌。

右：阿道夫‧希特勒的肖像，1923年。

左：阿諾‧布雷克（Arno Breker），〈準備戰鬥〉，20世紀。

右：某次集會拍下的約瑟夫‧戈培爾（Joseph Goebbels）。

左：約瑟夫‧索拉克（Josef Thorak），〈同志們〉，展現雅利安人之美的理想形象。

右：海因里希‧希姆萊的肖像。

示，希特勒在下令將教宗庇護十二世綁架到德國的時候，曾要求沃爾夫在梵蒂岡圖書館取得特定盧恩字母的資料，對希特勒來說，這些字母顯然具有神祕奧義的價值。沃爾夫說，自己以各種藉口推遲了綁架，其中包括難以確定這些重要的盧恩字母到底藏在何處。無論他說的是不是事實（不過綁架教宗一事確有記載），神祕主義、泛日耳曼主義、轉向對抗據說具有猶太根源的現代科學，瘋狂尋找一種專屬於日耳曼民族的真正科學等，都是在納粹氛圍中廣為流傳的元素。

阿爾弗雷德・羅森貝爾格是另一位對納粹主義造成強烈影響的理論家，他的《20世紀的神話》在德國是僅次於希特勒《我的奮鬥》的暢銷書，銷售超過一百萬本；這本書裡也提到了北歐民族的神話，自然也有被視為最後圖勒的亞特蘭提斯。[5]

最後，講到許珀耳玻瑞亞文明，自然也不能忘了尤利烏斯・埃佛拉1934年與1937年發表的作品。

冰宇宙論　除了許珀耳玻瑞亞傳說以外，還有其他妄想性更甚的地理天文理論，而它們顯然也啟發了許多嚴肅卻很少被注意到的思想與決定。自1925年起，納粹分子開始出版一位奧地利偽科學家漢斯・赫爾碧格（Hans Hörbiger）以冰宇宙論（Welteislehre）為題的出版品。這個理論因為菲利普・佛斯（Philipp Fauth）的《冰川天體演化學》（Cosmogonia Glaciale, 1913）而聲名大噪，並深受羅森貝爾格和希姆萊等人的喜愛，不過這本書實際上絕大部分出自赫爾碧格之手。隨著希特勒上台，赫爾碧格的理論也受到一部分科學圈人士嚴正看待，例如和倫琴（Röntgen）一起發現X射線的科學家萊納德（Lenard）。

對赫爾碧格來說，宇宙是冰與火永恆對抗的舞台，冰與火之間的爭鬥並不會造成一次性的演化，而是週而復始的循環或時期演替。他認為，過去曾有一個體積是太陽的數百萬倍的極高溫巨大星體，和一個宇宙冰的龐大集合體互相撞擊。冰體打入了這個熾熱的星

注5：見本書第六章羅森貝爾格有關亞特蘭提斯的選文。

取自菲利普．佛斯，《冰川天體演化學》，1913年出版。

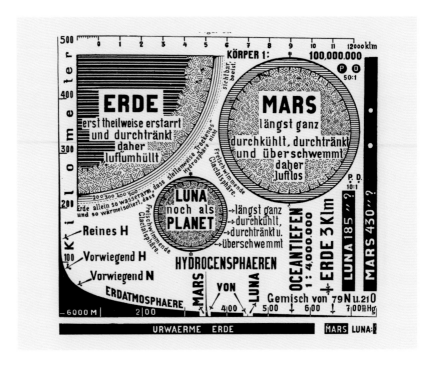

體，在裡面以蒸汽的模式運行了數千萬年以後，造成大爆炸。碎片四散，有些進入冰凍的太空，有些則在一個中間區域形成了太陽系。

月亮、火星、木星和土星都是冰凍星體，傳統天文學所謂的銀河則是個冰環；不過這些其實只是攝影花招罷了。太陽黑子則是因為冰塊脫離木星後被太陽吸了過去而形成的。

現在，最初的爆炸力量逐漸降低，每個星球並不如傳統科學所誤以為地在橢圓形軌道上繞行，而是在一個近似螺旋狀（無法察覺）的軌道上，繞著具有吸引力的大型星球運轉。在我們目前所處的循環結束以後，月亮會越來越靠近地球，造成地球海平面慢慢升高，將熱帶淹沒，只剩下最高的幾座山能浮在水面上，宇宙射線變得更強，並將造成基因突變。我們的衛星——月球——終將爆炸，在化為一團冰塊、水和氣體以後，墜落到地球上。由於火星的影響所導致的各種複雜事件，地球也終將變成一個冰球，最後被太陽吸收。

之後，另一次爆炸事件發生，造就一個新的開始，就如過去的地球曾經因為爆炸而有過另外三個衛星，而且它們最後都逃不了被地球吸收的命運。

顯然，這個天體演化學以某種借鑒自古代神話與史詩的永恆輪迴為前提。被當時的納粹稱為傳統知識者，再次取代了納粹眼中所謂猶太自由科學的假知識。此外，冰宇宙論看起來也非常具有極地理論與雅利安起源說的特色。鮑威爾斯（Pauwels）和貝爾格（Berger）認為，希特勒堅信這個冰宇宙起源的理論，因而對自家部隊深具信心，認為他們絕對能在冰天雪地的俄羅斯領土表現如常（1960）；然而兩人也認為，由於必須證明對於宇宙冰的反應，德國納粹賴以逆轉戰局的V1飛彈實驗也因此延後。

後來，一名化名為艾馬・布魯克（pseudo-Elmar Brugg）的人，出版了一本著作（1938），將赫爾碧格尊為20世紀的哥白尼，認為冰宇宙論解釋了一種能將地上的事件和宇宙的力量結合起來的深層關係，並做出結論，表示猶太民主科學完全忽視赫爾碧格的情形，完全就是庸才對付天才的典型陰謀。

矛盾：地中海地區的許珀耳玻瑞亞人　最初，純粹的雅利安種族主義顯然將法國人、義大利人、甚至英國人排除在外，不過漸漸地，由於種族主義的各種推測，不得不將全體歐洲人視為雅利安人後裔。我們甚至可以看到法西斯種族主義以及《種族保衛》雜誌的可悲嘗試，後者極盡所能地把髮色深、個子小的所有地中海人納入「許珀耳玻瑞亞」模型，甚至將有鷹鉤鼻的但丁・阿利吉耶里都變成了雅利安人。如此一來——其最終結論——只要消滅非雅利安人，尤其是閃族人即可。

這個作法也意味著將希臘這個最具代表性的地中海國家給雅利安化或「極化」。這些種族主義者無法忽視希臘，因為希臘被德國浪漫主義者視為西方文明的搖籃——甚至在20世紀，據傳為親納粹哲學家的海德格爾（Heidegger）還曾經說過，要進行哲學探討，

《種族保衛》雜誌第 1 期
封面，1938 年 8 月 5 日創
刊。

只能用德文或希臘文。

希臘在 20 世紀的雅利安
化，就是以希臘文明的誕生源
自於印歐民族入侵地中海的說
法為論據。由於無法提出讓人
信服的論點，此一論述飽受批
評，不過這並非我們在此討論
的重點，我們只要知道，這
「極地說」在過去兩世紀間非
常盛行，也啟發了其他許多我
們在接下來講到地球空洞時會
提到的「極地」傳說。

圖勒

斯特拉波（公元前64年~公元19年）
《地理學》*Geographica*，卷4，第5章

有關圖勒，由於它地處偏遠，而且在
我們提到的所有地方之中是位置最北
者，我們手上握有的歷史資訊也就更
啟人疑竇……圖勒人以黍米、蔬菜、
水果和根莖維生；這些人每拿到小麥
和蜂蜜，就會用這些材料來製造他們
的飲料。

希羅多德與許珀耳玻瑞亞人

希羅多德（公元前484~425年）
《歷史》，卷4，第13章

凱斯特羅比奧（Caistrobio）的兒子阿
里斯特亞斯（Aristea di Proconneso）
在一首詩中表示自己曾抵達一個由阿
波羅掌管的伊塞東人之國；伊塞東人
再過去是獨眼人的國度；再過去則有
看管著黃金的獅鷲；然後是領土一直
延伸到海邊的許珀耳玻瑞亞人。阿里
斯特亞斯說，除了許珀耳玻瑞亞人以
外，其他種族——從獨眼族開始——
都不停地與相鄰種族爭戰不休：伊塞
東人甚至被獨眼人趕出了自己的家
鄉；斯基泰人則被伊塞東人趕走；住

獅鷲，普利亞雙耳陶瓶局
部圖，公元前4至3世
紀，目前為德國柏林國家
博物館古物收藏部藏品。

在南部海邊的辛梅里安人則因為受到斯基泰人的威脅，也離開了自己的國度。

西西里的狄奧多羅斯（公元前1世紀）
《歷史叢書》，卷2，第47節

敘述完亞洲北部以後，讓我們來講講有關許珀耳玻瑞亞人的故事。在諸多古代神話的記述者中，米利都的赫卡塔埃烏斯等人表示，比凱爾特人生活區域還要過去的地方，有一座不比西西里小的島嶼，位於大小熊星座的下方，是許珀耳玻瑞亞人的居所。這個民族之所以被如此稱呼，因為它們居住的地方比北風還要更北邊。這座島嶼很肥沃，會長出各種水果，氣候異常溫和，每年甚至可以收穫兩次。據說勒托（Leto）在此出生：因此阿波羅在此地比其他神更受尊重，此地居民就好像是阿波羅的祭司，因為他們每天都會持續不斷地以歌詠的方式讚頌阿波羅。這島上有一座獻給阿波羅的美麗園子，內有一座球狀的大型神廟，擺滿了各式各樣的祭品。那裡還有一座獻給阿波羅的聖城，大部分居民都是彈奏奇塔拉琴的樂手，在神廟裡邊彈琴邊吟唱讚歌，歌詠著阿波羅的事蹟。許珀耳玻瑞亞人有自己的特殊語言，自古以來就和希臘人保持良好的關係，尤其和雅典人與提洛人交好。據說，有些希臘人曾經抵達許珀耳玻瑞亞，並且在那裡留下寫有希臘文的可觀貢品。同樣地，阿巴里斯（Abari）也曾經從許珀耳玻瑞亞抵達希臘，藉此與提洛人續訂友好關係。另外也有傳說，在許珀耳玻瑞亞島上可以近距離且清楚地從地球看到月亮，而且月亮有些特徵和地球非常類似。此外，據說阿波羅每19年天體運行週期結束時會到島上一次——因此希臘人將這個19年的週期稱為「默冬週期」。阿波羅出現時，自春分到昂宿星團升起的每一晚都不停地彈奏奇塔拉琴和跳舞，對自己的成就感到驕傲。這座聖城和聖園由玻瑞阿代（Boreadi）——也就是玻瑞阿斯的後裔——統治，他們的職務以世襲的方式傳承下去。

許珀耳玻瑞亞族

弗里德里希・尼采
《上帝已死》，1888年

——讓我們互相看看自己的臉。我們是許珀耳玻瑞亞人——我們知道自己生活在一個僻靜偏遠的地方。「無論經由陸路或水路，你都找不到通往許珀耳玻瑞亞的道路。」即使是品達，在他的年代早已知道這一點。越過北方，越過冰天雪地，越過死亡：那是我們的生活，我們的喜樂……我們發現了快樂，知道途徑，在迷宮摸索數千年以後，終於找到了出口。還有誰能發現呢？現代人嗎？「我不知道怎麼進入也不知道怎麼出去，我完全不

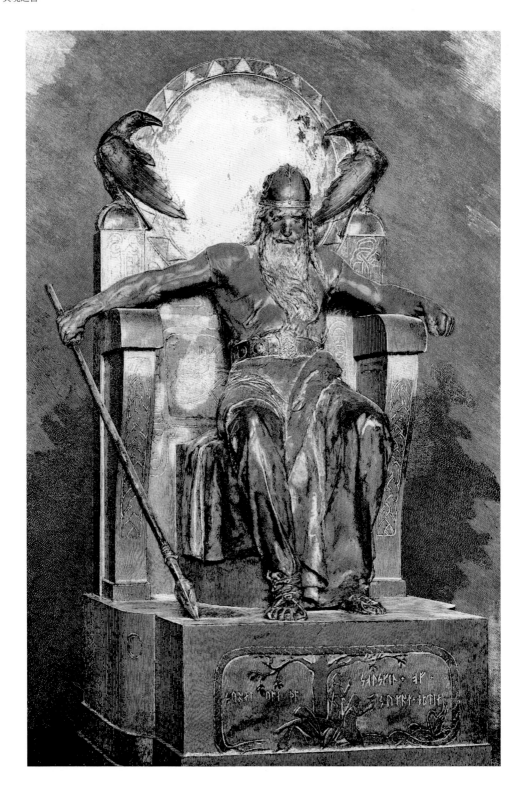

〈寶座上的奧丁〉，19世紀版畫。

知道該怎麼辦，」現代人歎口氣道……就是這種現代性讓我們病了——因腐敗的和平而病，因懦弱的妥協而病，因現代社會的是與非所囊括的所有道德污穢而病。這種因為「理解」而「寬恕」所有的容忍心與寬度，對我們來說好比西洛可風。我們寧可生活在冰雪之間，也不願被現代道德與其他類似的南風所包圍！……我們夠勇敢，既不寬縱自己，也不姑息他人：不過有很長的一段時間，我們並不知道應該把我們的勇氣拿來做什麼。我們變得鬱悶不樂，被稱為宿命論者，而我們的命運則是富足、緊張與力量的聚積。我們感到飢腸轆轆，期望能有宏偉事蹟，尤其儘可能地與弱者之樂事，亦即「順從」保持距離……暴風雨即將來臨，天色逐漸陰沉——因為我們還沒找到道路。我們的幸福公式：一個是，一個否，一條直線，一個目標。……

什麼是好？——能夠提升人的力量感、權力意志與權力本身的一切。

什麼是壞？——源自弱點的一切。

什麼是幸福？——感覺到力量在提升，感覺到一種阻力被克服了。

不能知足，必需追求更高的力量；不計代價追求和平一事並不存在，戰爭高於一切；不追求德性，而是追求實力（文藝復興時期所指的德性，不受虛偽道德桎梏的德性）。

弱者和拙劣者必須滅亡：我們對人類的慈善以此為原則。而且這麼做也是在幫助他們。

什麼缺點最有害？——對所有拙劣者與弱者施以慈悲——基督教……

我們不應美化或修飾基督教：它自己對這種更高等的許珀耳玻瑞亞人發動了死亡戰爭，禁止了許珀耳玻瑞亞人的所有基本本能，並從這些本能發展出邪惡，亦即惡人——強人一直被視為應受譴責排斥的典型「墮落之人」。基督教選擇了弱者、可憐人和拙劣者的那一邊；它對抗著人類保護堅強生活的本能，從中發展出一種理想；它甚至讓本質最為強韌的智者也墮落了，因為它教導人們，最高的智慧有罪、具有誤導性、而且充滿誘惑。最可悲的例子就是帕斯卡，他相信自己的智慧因為原罪而惡化，而實際上基督信仰才是造成毀壞的原因！……

北歐的強韌種族之所以沒有推翻基督教上帝，因為他們不甚重視宗教——也表現出他們的品味低下。他們大可以替如此垂死破舊的頹廢產物劃下句點，不過對他們來說，未能破除之，確實是個沉重的詛咒：因為這讓疾病、衰老與矛盾全都聚積在他們所有本能之上。

安東萬・法布爾道利維

《人類社會狀態或對人類歷史的哲學觀點》*De L'état Social de L'homme ou Vues Philosophiques sur L'histoire du Genre Humain*，第 16 章，1822 年

我正在比較一個離現世非常遙遠的年代，我閉上可能因為長期偏見而受到

損害的雙眼，試著穿透數世紀的黑暗，凝視我們所屬的白種人出現在世界舞台的時刻。

在這個我稍後會試著訂出確切時期的時代，白種人仍然孱弱、沒有法制、沒有藝術、沒有文化、毫無歷史、太缺乏理智以至於連希望也無。白種人居住在北極亦即其起源地的附近。

黑人的歷史較為悠久，他們主宰地球，掌握著科學與權力的權杖；他們占據整個非洲與絕大部分的亞洲地區，並在亞洲奴役、壓制著黃種人。

部分紅種人的殘餘人口藏身美洲高山地區，在那裡苟延殘喘，從經歷的可怕災難中存活了下來。紅種人曾經統治整個西半球，黃種人則在東方，不過紅種人的勢力也往南延伸到赤道，而那時的白種人就如我前面所述，才剛開始在北極地區出沒。

這四個主要人種與因為他們互混而衍生的許多種族，一起構成了「聯合國」……這四個人種自己本身又有發生衝突、互相區隔、交雜混亂之事，世界領袖的位置曾經歷過多次爭鬥……我無意在此討論這些滄桑史，因為其中涉及無窮無盡的細節，在這裡只是無益於事的負擔而已，此類討論並無法帶領我們朝著我提出的目標前進。

我在這裡只針對我們所屬的白種人來討論，並且專注於他們出現在北極周圍之後的年代，試著描繪出他們的歷史：白種人幾次從北極地區成群結隊南侵，突擊其他還處於支配地位的種族，而當北方的白種人取得領導地位時，他們仍然不斷地往南入侵系出同源的同胞。儘管經過數世紀的時間洪流，世人對這個起源仍保有模糊的記憶，因此又將北極稱為人類的搖籃。許珀耳玻瑞亞族的名稱和許多圍繞著他們的寓言故事，就是這麼來的。最後，這些寓言衍生出許許多多的傳統，並讓歐勞斯·魯德貝克認為柏拉圖的亞特蘭提斯應該在斯堪地那維亞，進而讓巴伊將遺世獨立、天寒地凍的斯匹茲卑爾根島視為亞特蘭提斯的所在地，科學、藝術與全世界神話的發源地。

我們很難知道白種人或許珀耳玻瑞亞族到底在什麼時候開始有了某種形式的文明，更難去發現這個種族到底出現在哪一個更遙遠的時期。摩西在〈創世紀〉第6章提到的尼弗凌就是他們，其起源可以回溯到世界創始的初期。許珀耳玻瑞亞族的名稱在古代文獻中出現了很多次，不過對他們的行徑從來就沒有明確的資料。根據西西里的狄奧多羅斯的說法，許珀耳玻瑞亞族的國度最靠近月亮，可以被理解為居處於極地。

埃斯庫羅斯在《普羅米修斯》表示，許珀耳玻瑞亞位於里菲山。阿里斯特亞斯據說曾以該族為題寫下詩篇，他聲稱自己曾經拜訪之，保證這些人是住在上亞洲東北，目前被我們稱為西伯利亞的地方。阿布德拉的赫卡塔埃烏斯在亞歷山大大帝時期發表的一件作品，將許珀耳玻瑞亞推到更遙遠的

康拉德·迪利茲（Konrad Dielitz），〈齊格菲〉，19世紀繪製。

地方，認為它在北極熊出沒的新地島一帶，一個叫做埃利梭亞的島嶼上。然而，事實就如品達在公元前5世紀所言，世人對於這個種族的國度在哪裡，根本就毫無概念。對於蒐集古代傳統很感興趣的希羅多德也徒勞無功地向斯基泰人詢問了這個問題，可是也毫無所獲。

極地的象徵

尤利烏斯・埃佛拉
《反叛現代世界》*Rivolta Contro il Mondo Moderno*，第3章，1934年

前面已經討論過「極地」的象徵意義。它相對於水的可流動性、形體不固定的特質，極地總是被描繪成象徵「精神上的穩定性」的島嶼或陸地，是聖人、英雄與神仙的居所；高山或高地則和奧林帕斯具有意義上的關聯性——無論是島嶼或高山，兩者在古老傳統中都和「極」的象徵意義綁在一起，被用來指稱這世界至高無上的中心；若從「神聖」的意義來解讀，它也與統治力的原型有關。除了象徵的意義以外，某些經常被提及的傳統說法，以及特定的資料，都將「北方」（Nord）視為一座島嶼、陸地或高山，而且在意義上與伊甸園也完全無法區別。也就是說，我們眼前的這個題目同時具有精神意義與實際意涵，它可以回溯到一個象徵即為事實、事實即為象徵的年代，一個歷史與超歷史完全無法分割、相互映射的年代。這個極點總是存在於受時間調控的歷史事件之中，是唯一固定不變的參考點。

在某些傳說裡，這象徵性的島嶼或極地在上古時期（相應於「黃金時代」或人類剛出現時），是個真實的、位於北方的地區，位置就在現在的北極；而且，住在這裡的人擁有「非凡的精神」（黃金的、榮耀的、光明與生命等性質），後來便產生了上述的象徵意義，變成了一個擁有最純淨的神聖傳統的種族，也成了該傳統後來在其他種族與文明中造成之各種形式與表現的最直接的源頭。

許珀耳玻瑞亞，雅利安人的白色之島

尤利烏斯・埃佛拉
《聖杯之謎》*Il mistero del Graal*，1937年

黃金時代「奧林帕斯」的文明起源是另一個基本的傳統教條，據傳，這起源地位於北方極地或寒帶的中心地點，後來變得不適居住，有關這些我們已經在其他地方提出相關文獻。以原來奧林帕斯形式或重生的「英雄」形式來表現的許珀耳玻瑞亞傳統，在冰河時期末期到新石器時代之間，亦即人類逐漸散播到歐亞大陸各地的期

約翰・亨利希・菲斯利（Johann Heinrich Füssli），〈索爾戰米德加爾特之蛇〉，1790年繪製，目前收藏於英國倫敦皇家藝術學院。

Due volti
due età

ma lo stesso
sorriso, la
stessa razza

左：里諾‧布辛可（Lino Businco），〈女性，種族特徵的保存者〉，取自《種族保衛》雜誌第 4 期，1938 年 9 月 20 日發行。

右：約翰‧海因里希‧伍斯特（Johann Heinrich Wüest），〈羅納冰川〉，約在 1795 年繪製，目前收藏於瑞士蘇黎世美術館。

世界至高無上中心的「島嶼」或「活人島」——這「活人」（顯然）指原始神聖種族的族人——為何常常和「死者國度」混淆，因為這裡的「死者」指的是佚失的種族。舉例來說，根據凱爾特人的一則傳統說法，人類的始祖是亡靈之神迪帕斯特，祂住在大海另一側偏遠地區的「邊境群島」，根據德魯伊的傳統說法，史前高盧居民的其中一部分就是直接從那裡來的。甚者，據說黃金時代的國王克洛諾斯－薩圖爾努斯在人世間稱王以後，遭到廢黜並去勢（亦即生育的「創造」力量受到剝奪），在遙遠北方靠近北極海的一個地區一直「在睡夢中」活著，而那片海洋也因此被稱為克羅尼德海（Mare Crònide）。這個情形也造成了各式各樣的混亂狀況，不過就本質而言，總是和轉換或超歷史、或是關乎於某種許珀耳玻瑞亞主題之下的被掩蓋的現實、潛在或無形的精神中心有關。

間，形成了諸多種族文明行為的基礎。部分種族直接來自北方；有些似乎來自大西洋西方另一個為北方之複製地的地方。這也是為什麼許多共同的象徵與記憶都會指向一塊有時位於極北、有時又在西方的土地。有著許多不同名稱的許珀耳玻瑞亞，後來也被用來指稱位於大西洋的圖勒，也就是白色之島或光輝之島——在印度語叫作「shveta-dvîpa」（淨土），在古希臘文則叫作「Leuké」（白島）——屬於來自太陽之地、阿波羅之地或阿瓦隆的「雅利安族原種」。

所有印歐文化傳統的共同記憶，都提到過這樣一個地方的消失，這個地方後來更成了一個與冰河時期或大洪水有關的傳說。對一些從特定時期就開始逐漸佚失、失傳或消失的典故來說，這些共同記憶就是它們的真實歷史對應。這也是或多或少被用來象徵

第八章

聖杯傳奇

　　本書的主題是傳奇性的地域和地點。在討論聖杯和亞瑟王傳說的時候，若是將布列塔尼傳說（ciclo breton）裡包含的無數資料——包括各式各樣、有時相互矛盾的版本——全都納入，那麼大概得花上好幾百頁的篇幅來寫。然而，本書只針對地點來討論，我們的工作就變得簡單多了，因為我們只需談兩個地點，其一是圓桌武士所在的亞瑟王城堡，另一處則是傳說中保管聖杯的阿瓦隆。

亞瑟王傳說　我們在此必須盡快概述一下亞瑟王傳說這主題。它在布列塔尼傳說裡充滿了矛盾，光是幾位主要角色的行為，就經常在不同的文本中有不同的說法。舉例來說，亞瑟的形象一直都陷在神話的迷霧中，他在公元6世紀的威爾斯語文本中是傭兵領袖，稍後，在據說是威爾斯僧侶內尼厄斯（Nennio）於公元830年左右撰寫的《不列顛的歷史》（*Historia Brittonum*）中，則成了亞瑟王。

左：阿爾達之杯，8世紀初文物，目前為都柏林愛爾蘭國立博物館的收藏。

右：但丁‧加百利‧羅塞蒂（Dante Gabriel Rossetti），〈聖杯夫人〉，1874年，目前為私人收藏。

也有好幾種不同的說法指稱他是活在公元6世紀的聖人，其實，一直到12世紀蒙茅斯的傑佛瑞（Geoffrey of Monmouth）撰寫的《不列顛諸王史》（*Historia Regum Britanniae*）才初次提及他具有王室的身分。最後，亞瑟成功地以一位受到魔法師梅林保護的年輕人的形象進入了布列塔尼傳說裡，而且由於他是全世界唯一能拔出石中劍的人，因此成了羅桂斯國王（Logres）。

在交叉比對文本與傳說以後，我們就會發現「王者之劍」（Excalibur）的問題。在某些傳說的版本中，王者之劍是少年亞瑟從岩石裡拔出來的那把劍，不過就事實（也就是被文字記載下來的傳說）而言，這把最早由羅伯特・德・博隆（Robert de Boron）和克雷蒂安・德・特魯瓦（Chrétien de Troyes）提到的石中劍並非王者之劍（後來亞瑟王在與佩里諾爾王交鋒時使此劍折斷）。托馬斯・馬洛禮（Thomas Malory）在《亞瑟之死》（*Le Morte Darthur*）對王者之劍有更詳盡的描述，表示亞瑟從湖中妖女薇薇安手中取得的才是王者之劍──這把劍確實也是由一隻從湖裡伸出來的手遞給亞瑟。

王者之劍插在其銀色劍鞘內的時候，能讓佩戴的王者刀槍不入，不過這劍鞘卻被亞瑟同父異母的姐姐摩根勒菲弄丟了，亞瑟後來也因此受了致命的傷勢。受重傷以後，亞瑟下令將王者之劍丟回湖中，此後，所有人都認為這把劍再也無法重見人世。儘管如此，有些無可救藥的聖杯追尋者卻認為，這把劍出現在離義大利西恩納不遠的聖加爾加諾修道院；這座修道院內有一把石中劍，據說是聖加爾加諾為了頌揚基督而插在石頭上的。除了很難找出聖加爾加諾和亞瑟王傳奇的關聯性之外，要把這兩把劍牽扯在一起也相當費力，因為加爾加諾的石中劍其實是一種反戰象徵，而亞瑟王的兩把劍，據傳曾奪走無數敵人的生命。

魔法師梅林這個角色也同樣地曖昧。梅林據說是魔鬼之子，常常以亞瑟王顧問的仁善形象出現，不過有些傳說則將梅林描繪成邪惡的巫師。

注1：有關石中劍的真偽可參考加爾拉斯切里的研究（Garlaschelli, 2001）。

左：奧伯利・比亞茲萊
（Aubrey Beardsley）替托
馬斯・馬洛禮爵士《亞瑟
王之死》繪製的插畫，
1893~1894 年，石刻版
畫，目前為私人收藏。

右：沃爾特・克蘭（Wal-
ter Crane），〈亞瑟拔出石
中劍〉，1911 年繪製。

聖杯到底是什麼？　　布列塔尼傳說以聖杯為核心，種種謎團圍繞著它產生。那麼，聖杯又是什麼東西？它似乎是個瓶子、酒杯或盤子（我們從不同文本中得知，所謂的碗或盤指的是一種用以盛裝精緻食物的杯狀物；參考弗魯瓦蒙的埃利南德〔Elinando di Froidmont〕的敘述）。這只碗或盤可能曾經裝著耶穌留在十字架上的鮮血，或是指祂在最後的晚餐裡使用的杯子；不過也有人認為，所謂的聖杯其實是刺入耶穌側腹的隆基努斯之矛。儘管如此，中世紀詩人沃爾夫拉姆・馮・埃申巴赫（Wolfram von Eschenbach）在《帕西法爾》（*Parzifal*）中卻說，聖杯其實是一塊叫作「聖石」（lapsit exillis）的石頭（後來被聖杯狂熱者讀成「lapis exillis」，也因此衍生出許多不同的詮釋與詞源）。

　　1180 年左右，法國詩人克雷蒂安・德・特魯瓦在《聖杯的故事》（*Conte du Graal*）裡甚至沒有把「聖杯」（Graal）這個稱呼當成專有名詞，仍然將「graal」當成一般性字詞來使用；這個字直到後來

才在其他亞瑟王傳說作品中以專有名詞的方式出現。

克雷蒂安·德·特魯瓦並沒有提到耶穌的血,不過數年以後,羅伯特·德·博隆的作品《亞利馬太的約瑟》(*Joseph d'Arimathie*)中卻有提及:聖杯確實曾出現在最後的晚餐中,不過隨後亞利馬太的約瑟(Giuseppe d'Arimatea)也拿它來收集十字架上的血。後來約瑟移

左:亞瑟,馬賽克地板,1163年創作,位於義大利奧特朗托大教堂中殿。

右:出現在圓桌中央的聖杯,取自戈蒂耶·梅譜(Gauthier Map)《蘭斯洛特爵士之書》*Libro di Messer Lancillotto del Lago*,1450年,目前收藏於巴黎的法國國立圖書館,Ms. Fr. 120, f. 524v。

民東方,聖杯也在歷經滄桑以後輾轉來到阿瓦隆(Avalon),被一位漁人王保管。這漁人王受了謎樣的傷,唯有在一名最純潔的騎士(在博隆筆下是帕西法爾)抵達阿瓦隆,並向漁人王提出有關聖杯用途的問題之後,漁人王的傷勢才能痊癒。

另一方面,在一系列不同作者的選集中,我們可以看到許多不同的作者都曾提到聖杯顯靈,所以也不難理解為何愈是比較文本,愈會讓這個充滿不確定性的謎團擴大。更何況,自從博隆的版本以後,聖杯被賦予愈來愈多的象徵意義,在眾人眼中,聖杯持有者屬於一個知道耶穌向亞利馬太的約瑟揭示之祕密的蒙選社群,而且那些建立教廷的「正規使徒」並不知道這個社群的存在。這個狀況讓我們了解到,聖杯之謎為何至今仍讓試圖解密的諾斯底派(Gnostics靈智派)人士和神祕主義者著迷不已,可惜的是,這個世人無法完整呈現而且被聖杯此一神祕象徵符號所遮掩的祕密,永遠都會是個無可破解的謎團。

對於理論家尤利烏斯·埃佛拉來說(1937),聖杯是「超越了普通意識極限」的東西,無論如何都和相對於基督教信仰的北歐傳統有關。對民俗學家傑西·威斯頓(Jessie Weston, 1920)而言,聖杯

是一個源自凱爾特神話的生育能力象徵。[2]對法國哲學家勒內‧蓋農（René Guénon, 1950）來說，聖杯象徵著一種已經佚失的歷史真相——也就是說，這個一直讓每個時代的神祕主義者感到著迷的真相，曾經在過去的某個時期裡是眾所周知的，只是到近代卻消失了。從這個意義來說，聖杯在幾世紀以來一直都是每一個「虛空」祕密的雛形，隨著每一次解密的嘗試，它愈藏愈深，愈來愈迷人，也成了使世人毫無止盡地搜尋此一佚失知識的原因。

聖杯到底在哪裡？　無論如何，在博隆的作品問世以後，聖杯就一直被保存在阿瓦隆，而且尋找聖杯的情節往往出現在圓桌武士的故事中，例如布列塔尼傳說裡幾個主要人物：帕西法爾、蘭斯洛特、加拉哈德等等。順道一提的是，儘管這些騎士在後來的傳說裡成了專門保護柔弱仕女的英雄，但在原始的圓桌傳說中確實存在著或多或少性格強悍的年輕女性，而且騎士的主要任務是前往康沃爾參加純粹屬於騎士競爭、有時甚至是生死鬥的長槍比武大賽。

　　那麼，阿瓦隆又在哪裡？有關於此，史上傳說眾說紛紜，不過至今還會讓許多觀光客與聖杯狂熱者動身前去的地方，是位於英格蘭

注2：這樣的詮釋啟發了20世紀詩人托馬斯‧斯特恩斯‧艾略特（T. S. Eliot），讓他寫下《荒原》一詩。

喬治‧阿納爾德（George Arnald），〈格拉斯頓伯里修道院的遺跡〉，19世紀繪製，目前為私人收藏。

西南部薩默塞特郡的格拉斯頓伯里（Glastonbury）。

世人將格拉斯頓伯里幻想成阿瓦隆的原因之一，是因為在1191年，幾名僧侶在老教堂附近找到一塊石碑，上面用拉丁文寫著「著名的亞瑟王和他的第二任妻子桂妮薇兒長眠於此阿瓦隆島」。

格拉斯頓伯里有一塊目前還位於原址的墓碑寫著，在1278年，亞瑟王和桂妮薇兒的遺體在愛德華一世的見證下，被改葬在修道院教堂的內部，之後，遺體隨著1539年修道院遭到破壞而消失，再也不見蹤影。事實上，羅伯特‧德‧博隆曾經說過，亞瑟王因為桂妮薇兒的背叛和心愛騎士高文之死而深受打擊，在他最後一場戰役受了致命傷；不過博隆也說，亞瑟王不會死，而且會被帶到阿瓦隆，讓同母異父的姐姐摩根勒菲治癒。他曾答應要回來，不過自從

安置在溫徹斯特城堡大廳
的亞瑟王圓桌。

他去了阿瓦隆，就音訊全無。無論如何，即使亞瑟王在格拉斯頓伯里隱退，世人也無法在他墳前追念。

　　走筆至此，我們還是不知道卡美洛（Camelot）宮廷在哪裡。早期的亞瑟王傳說中並沒有卡美洛這個詞，一直到12世紀的法國小說才出現（首次出現是在克雷蒂安・德・特魯瓦的小說《騎士蘭斯洛特》*Le Chevalier de la Charrette*）。羅伯特・德・博隆說，亞瑟王的國度在羅桂斯，不過威爾斯語的「Lloegr」卻是一個語源不明、概指英格蘭的名詞。後來，卡美洛這個名詞漸漸普及，例如托馬斯・馬洛禮就曾在《亞瑟王之死》中多次提及。馬洛禮的某一段文字讓人聯想到溫徹斯特古堡，事實上，溫徹斯特古堡大廳還展示著一張據說屬於亞瑟王的圓桌，不過近年的碳14年分測定顯示，這張木桌是用13世紀砍下的樹做成的（在15至16世紀之間重新上漆，成了現在的樣子）。[3]《亞瑟王之死》的出版商編輯卡斯頓（Caxton）則比較傾向卡美洛位於威爾斯的說法。

　　總之，對聖杯狂熱者來說，卡美洛的位置比阿瓦隆的位置還更不

注3：參考波里多羅（Polidoro）於2003年發表的著作。

左：古斯塔夫・多雷，
〈卡美洛〉，為阿佛烈・丁
尼生（Alfred Tennyson）
作品《國王敘事詩》繪製
的插畫，1859~1885年。

明確，然而因為電影與電視工業經常攝製亞瑟王故事的關係，大眾對於卡美洛的童話般想像早已廣泛流傳且根深蒂固（連馬克吐溫都曾在1889年撰寫《亞瑟王宮庭上的康州美國佬》A Connecticut Yankee in King Arthur's Court）——相關主題的媒體作品，從1904年的《帕西法爾》到1960年的知名音樂劇《卡美洛》，即使到現在仍然不停地出現。聖杯的故事並不只出現在法文和英文的文學作品裡，連德文作者都來湊熱鬧；這些德文作者顯然對於稱頌盎格魯－諾曼文化的輝煌不甚感興趣，因此在13世紀詩人沃爾夫拉姆・馮・埃申巴赫的《帕西法爾》中，聖杯成了一塊寶石（青金石），受傷的國王也變成安佛塔斯，而且這塊聖石也被保存在一個很難找到確切位置的山上（Muntsalväsche）。在阿布萊希特・馮・夏爾芬貝爾格（Albrecht von Scharfenberg）的《青年提督瑞爾》（Jüngerer Titurel）中，這座山位於西班牙的加利西亞，聖杯則被保存在一座巨大的圓形神殿葛拉爾斯堡（Gralsburg）中。夏爾芬貝爾格筆下的聖杯所在地，除了相當程度的地理位移以外，這座神殿的外形與耶路撒冷聖殿類似，而《帕西法爾》中由聖殿騎士負責保護聖杯也絕非偶然——即使聖殿騎士在沃爾夫拉姆還活著的13世紀仍然過著平靜安逸的日子，尚未成為謎樣的、不存在的教派的先烈和創始人——這也是為什麼聖殿騎士和聖杯這兩個神話後來會被結合在一起。在《提督瑞爾》中，聖杯甚至被搬到祭司王約翰的國度，聖石傳說和神話般的祭司王約翰國度就此被結合在一起。

更別說鍊金術方面將lapis exillis詮釋為lapis elisir（賢者之石）所造成的混淆，還有人解釋為寶藍青金石（lapis ex coelis），這種寶石被視為天上掉落的星辰，後來被用來裝飾路西法之冠。

神話的浪漫重生　我們在思考聖杯故事的過程中發現，隨著中世紀的結束，布列塔尼傳說就不再出現新的故事了，似乎文藝復興時期、巴洛克時期與啟蒙時代的人對聖杯並不感興趣。不過到了浪漫主義時期，聖杯故事又再度復甦。

19世紀初，德國文學家弗里德里希‧施勒格爾（Friedrich Schlegel）和他的妻子朵蘿希雅‧孟德爾遜（Dorothea Mendelssohn）重新詮釋了魔法師梅林的故事，而在英格蘭，阿佛烈‧丁尼生（Alfred Tennyson）則寫下以亞瑟王傳說為題的詩歌，例如〈夏洛特夫人〉（The Lady of Shalott）就是受到馬洛禮《亞瑟王之死》的啟發而寫下的作品。夏洛特夫人住在卡美洛附近，她身受邪惡女巫摩根勒菲詛咒：只要她往卡美洛看一眼，就會失去生命。因此，夏洛特夫人將自己鎖在塔樓裡生活，只利用一面鏡子觀看外面的世界。有一天，夏洛特在鏡子裡看到了蘭斯洛特，而且瘋狂地愛上了他——不過她也知道這位騎士愛的是桂妮薇兒王后。她知道自己可能為愛付出生命，因此乘上小船，盡可能地遠離自己所愛的男人。然而，小船卻隨著埃文河的流水朝著卡美洛前去，船上的夏洛特夫人一邊唱著歌，一邊慢慢死去。

以圓桌武士故事為題的繪畫作品，大多出自前拉斐爾派畫家之手。這些作品表現出中世紀精神的復甦，而聖杯的形象也重新出現在許多共濟會與玫瑰十字會的儀式中。性格詭怪的法國作家約瑟分‧佩拉丹（Joséphin Péladan）甚至在19世紀末創辦了玫瑰十字、聖殿暨聖杯教團。

最後要說的是，由於德國巴伐利亞新天鵝堡以布列塔尼傳說作為壁畫主題，因此使這些故事活靈活現地呈現在世人眼前。新天鵝堡是巴伐利亞國王路德維希二世這位狂熱的城堡修建者的成果，路德維希二世也深深著迷於音樂家華格納對於許多古典文學作品的重新詮釋。事實上，華格納深受埃申巴赫的作品所啟發，無論是《羅恩格林》、《崔斯坦》或《帕西法爾》皆然（在《帕西法爾》這齣歌劇中，尋找聖杯的主題從一開始就清楚地被點了出來），不過也許因為在沃爾夫拉姆的故事裡，聖杯是保存在Muntsalväsche，華格納因此將聖杯的保存地變成了Montsalvat。

聖杯移到蒙特塞居　那麼，Montsalvat又在哪裡？有些人認為

安東尼‧弗雷德里克‧奧古斯塔斯‧桑迪斯（Anthony Frederick Augustus Sandys），〈阿瓦隆女王摩根勒菲〉，1864年繪製，收藏於英國伯明罕博物館暨美術館。

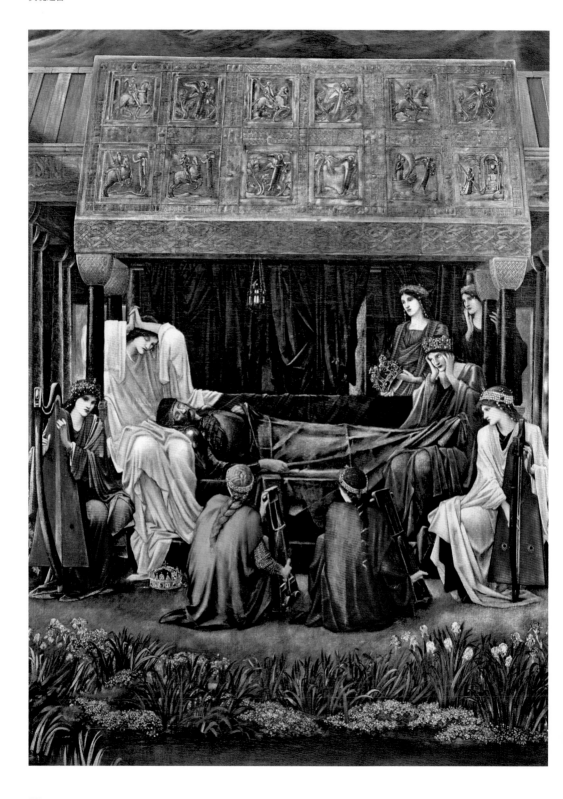

右：但丁‧加百利‧羅塞蒂，〈加拉哈德爵士〉，1857年繪製，收藏於英國倫敦泰德美術館。

左：愛德華‧科萊‧伯恩瓊斯爵士（Sir Edward Coley Burne-Jones），〈亞瑟王之死〉，19世紀作品，收藏於波多黎各龐塞市美術館。

Montsalvat這個名稱來自蒙特塞居（Montségur），一座位於庇里牛斯山上的卡特里（catari）教派碉堡，此地也是該教派被完全消滅之前的最後堡壘。神祕學者一直以來都認為卡特里教派不應被視為異端，而是靈知、祕密知識的守護者。因此，要將聖杯的祕密和卡特里教派的祕密融合在一起，並不是件難事。將聖杯的祕密和卡特里教派的祕密視為一體的情形，最早發生在19世紀，先有克勞德‧福瑞爾（Claude Fauriel, 1864），後有尤金‧阿魯（Eugène Aroux, 1858）的著作。尤金‧阿魯是一名性格怪異的玫瑰十字會神祕學者，他在作品中用了相當多篇幅來討論一個據稱為但丁所屬而且和卡特里教派這種異端極為類似的教派──「愛之信徒」（Fedeli d'Amore），之後，他更找出了聖杯、卡特里教派和普羅旺斯村莊之間的關聯性（見其著作《中世紀時期騎士之謎和柏拉圖式愛情之謎》*I misteri della cavalleria e l'amore platonico al Medio Evo*），同時也沒有忽略掉它們和共濟會之間的明顯關係。

其中幾種謠傳在20世紀初的普羅旺斯地區吸引了一群追隨者，儘管有一些可能帶有地方主義和觀光旅遊的色彩，卻也出現了一位有點令人難以費解的支持者，這裡指的就是身兼學者、登山家、洞

穴學家、後來成為納粹親衛隊軍官的德國人奧圖‧拉恩。

埃申巴赫版本的傳說結合華格納作品而廣為流傳的神祕主義詮釋、埃申巴赫對卡特里教派「純潔」理想的興趣（在拉恩眼中，這種理想能喚起聖殿騎士心中的純潔特質），再加上認為這些卡特里信徒繼承了古代德魯伊教派「許珀耳玻瑞亞」知識的想法，以及在納粹思想原型中慢慢浮現的純粹雅利安人理想等諸多因素，讓拉恩自1928到1932年間在西班牙、義大利、瑞士等地進行了許多研究，他尤其將焦點集中在法國南部朗格多克地區蒙特塞居碉堡廢墟一帶。

拉恩在這裡獲得了一些歷史資料，據說在這座異教徒碉堡受到最後攻擊的前一晚，三名卡特里教徒早已帶著梅羅文加王朝達戈貝爾特國王的遺物離開。拉恩深信，因為德魯伊教派、卡特里教派、聖殿騎士和圓桌武士之間有著無庸置疑的關聯性，這些教徒帶走的遺物之中，必然也包括聖杯在內。

至此，拉恩突然間靈光乍現，認為蒙特塞居的卡特里教徒就是轉而信奉摩尼教的德魯伊後裔。至少對他而言，德魯伊祭司相當接近所謂「完美」的卡特里教徒，這一點證明了後者為前者的後裔。卡特里教派的祕密智慧後來被最後幾位吟遊詩人保存了下來，他們的詩歌——雖然表面上看來是獻給愛人的作品——總會提到所謂的上智（Sophia），也就是諾斯底派所說的智慧。

拉恩在蒙特塞居一帶探險的時候，發現了許多藏在地底下和洞穴中的祕密通道，因而讓他對於聖杯的奇妙儀式有所想像，甚至聲稱自己找到了許多牆上刻滿聖殿騎士象徵與卡特里教派標誌的房間。其中有一個矛狀的圖形，馬上讓他想到隆基努斯之矛，再次強調和聖杯意象之間的密切關係。

上述種種因素衍生出一種傳言，讓人認為拉恩終於找到聖杯，並將之保存在納粹親衛隊位於帕德博恩附近的維威爾斯堡內，直到第二次世界大戰結束為止（儘管研究聖杯傳說與卡特里教派的學者並沒有在現存卡特里教派文獻中找到任何有關聖杯的蛛絲馬跡）。

1933年以後，拉恩定居柏林，進一步研究聖杯與另一個原始傳

蒙特塞居碉堡遺跡，奧圖‧拉恩攝影。

統宗教「光教」（Religione della Luce）。他的研究吸引了親衛隊首領海因里希‧希姆萊的注意，而拉恩也因此被說服，正式加入納粹親衛隊。

　　我們知道，奧圖‧拉恩在1937年因為失寵於納粹高層（被懷疑

蘇格蘭羅斯林禮拜堂的綠
人雕像。

是同性戀而且據說有猶太血統），以懲戒為由將他送到達毫集中營，並且被分派執行了各種不同的任務。儘管他在1938~1939年的冬天從親衛隊退役，這段經歷仍然是他個人生涯的低潮。幾個月以後，拉恩的屍體出現在提洛地區的高山白雪之間，而拉恩為何死亡的謎團（意外？自殺？因為知道太多不可告人的祕密而讓納粹頭目決定讓他永遠閉上嘴巴？對異議人士的懲罰？）至今仍未解開。[4]

　　贊邦（Zambon, 2012）口中所謂「庇里牛斯山聖杯傳說」並不只有讓納粹上當而已。早在1930年代，法國南部成立了蒙特塞居暨聖杯之友協會（這裡的聖杯並非拉恩所想的那樣是肉眼可見的實體，而是一種神祕學的概念），該組織成立的目的在於以一種奧克精神（occitana）之名對抗納粹。無論如何，由於有這兩種完全相反的神祕主義存在，所以，這個世界上除了前往格拉斯頓伯里的朝聖者，或者不知道聖杯堡確切位置就前往加利西亞的朝聖者以外，還有人數與附近盧爾德的朝聖者不相上下的蒙特塞居朝聖者。

聖杯的旅行　另一方面，還有一種流傳許久的說法認為，魔法師梅

注4：狄卡爾佩尼亞（Di Carpegna, 2011）指出，聖杯的傳說一而再、再而三地出現在許多極右派傳統主義與民族主義運動之中，例如勒龐（Le Pen）領導的法國民族陣線和3K黨的儀式，甚至在2011年挪威大屠殺事件（92人死亡）的行凶者安德斯·貝林·布雷維克（Anders Behring Breivik）的新聖殿騎士團聲明中曾出現過。

義大利杜林市上帝之母教堂局部圖。

林和摩根勒菲生平中許多事件的發生地點並不在英格蘭，而是在法國的布羅榭蘭迪亞森林，亦即現今位於布列塔尼地區雷恩市（Rennes）附近的潘蓬森林（Paimpont）。然而，正如布羅榭蘭迪亞森林自古以來就和聖杯無關，我們還可以找出許許多多其他根據不同來源而被聲稱為聖杯藏匿地的不同地點，例如義大利南部普利亞地區蒙特堡的吉索爾堡、義大利卡拉布里亞地區羅塞托卡波斯普利科的城堡（這是因為聖杯和神聖羅馬帝國腓特烈二世之間的關聯）、英國蘇格蘭地區的羅斯林教堂（這至少得感謝丹‧布朗和他的著作《達文西密碼》）、加拿大、俄羅斯高加索山脈的納爾塔蒙加、義大利杜林市的上帝之母教堂、以及西班牙的聖胡安德拉佩納修道院等等。在以法國雷恩堡為背景的最新版本聖杯傳說中，蒙特塞居的影子依然揮之不去。然而，由於這本書是以傳說地點的「歷史」為題，在遵循時間順序的原則下，我們必須在最後一個章節再來討論此事，屆時我們將談談因為重大的錯誤而將現實地點賦予傳奇性的狀況——此徵象顯示，所謂的傳統並不一定非常古老，也可以是無中生有，以便賣給容易輕信他人說法之人的編造故事。

大盤

弗魯瓦蒙的埃利南德（Elinando di Froidmont），13世紀

〈基督教早期教父〉"Patrologia Latina"，取自《編年史》*Cronica*，卷212，814~815年

當時在不列顛，有一位隱士曾看到異象，他看到聖人亞利馬太的約瑟將耶穌屍體放下，也看到耶穌和門徒用晚餐時所使用的聖杯。那位隱士道出了所謂「聖杯的故事」。法語中的「Gradals」或「gradale」指的是一種有深度的大碗，是富人拿來盛裝美食與搭配醬汁的器皿，這大碗內以層疊的方式盛著一口大小的食物。這種碗一般被稱為「Graalz」，有「愉快的事物」的意味，指用以飲食的愉悅心情，也指通常以白銀或其他珍貴材料製作而成的器皿本身，或是盛裝其中的美食。我並沒有找到這個故事的拉丁語版本，只有找到法語，而且還不完整。

梅林向亞瑟王說的話

羅伯特·德·博隆，12~13世紀

《梅林》*Merlino*

梅林向亞瑟王說：「殿下，你們因為神的恩典而成王。你們的父親尤瑟是一位有德性的人：他在位期間設下圓桌騎士團，藉此象徵耶穌在濯足節當天宣布猶大出賣他的那個聚會。」

這桌子仿聖若瑟·阿黎瑪特雅之桌而造。聖約瑟之桌因為聖杯之故而成為聖物，將好人和壞人分開⋯⋯

聖約瑟曾在獄中受託保護聖杯：而且是耶穌親自交給他的。聖約瑟出獄以後，和一群來自猶大山地的人一起進入沙漠⋯⋯

聖約瑟走到聖杯前，祈求上帝告訴他自己該做些什麼。之後，聖靈聲音顯現，告訴他，他必須打造一張圓桌。聖約瑟照做了，而在桌子做好以後，就將聖杯放在上面，要人們圍著桌子坐下：那些無罪之人坐上了桌，那些有罪之人全都因為無法待在旁邊而離

〈圓桌武士〉，繪於紙上，13世紀繪製，目前收藏於法國巴黎國立圖書館。

開。桌子有個位置是空的：對聖約瑟來說，沒有人應該坐在耶穌的位子上⋯⋯

你們都知道，上帝安排了第一張桌子；聖約瑟造了第二張；而我，則是在你們的父親尤瑟·潘德拉岡的時代，造了注定要輝煌的第三張桌子：全世界的人們都談論著在你們的時代聚集在這張圓桌的騎士團。你們要知道，受託保護聖杯的聖約瑟，在他死後把聖杯交給名叫布隆的妹夫保管。布隆育有十二子，其中一個兒子名叫阿拉諾：漁人王布隆將大舅子請他保管的聖杯託給了阿拉諾。在上帝的命令下，阿拉諾從猶大山地出發，朝著西方的島嶼前去，和他的人民一起來到了我們的國度。漁人王在愛爾蘭諸島上一個全世界最美麗的地方定居，然而他卻面臨了我所見過最惡劣的狀況：事實上，漁人王病得很重。然而，我可以保證，無論這漁人王多老或多病都死不了，一直到某一名圓桌騎士征戰各地、行俠仗義——到處參加競賽與尋求冒險——以至揚名全世界為止。當這名騎士榮耀滿載，足以進入富有漁人王的宮廷中，並在宮中向人詢問聖杯為何存在、作用為何的時候，漁人王就會馬上痊癒，而且在他揭示上帝的密語以後，就會死去。這名騎士將會成為耶穌基督寶血的守護者。如此一來，下在不列顛的法術就會解開，預言也會完全實現。

聖杯的顯現

克雷蒂安・德・特魯瓦，12世紀
《聖杯的故事》

裡面有一道很強的光，強到好比許多蠟燭在一個房間內所發出的光芒。在他們談論著一件件事情的時候，有一名僕人從另一個房間走了進來，手中握著一枝白色的矛，從爐火和坐在床上的那群人之間走了過去，所有人都看到了那枝白矛和白色鑄鐵；眾人看到鐵矛尖端沾著一滴血，而且那緋紅色的血甚至滴在僕人的手上。當晚才抵達的那名年輕人看著那件令人驚異之物，卻忍著不問這一切為何會發生，因為他記得讓自己成為騎士的導師曾有教誨，叫他注意不要多話；所以他很害怕，如果提出這樣的問題會讓自己丟臉，因此並沒有提出任何問題。

後來，又有兩名僕人走了進來，他們手中拿著用黑色琺瑯裝飾的純金燭台。那些拿著燭台的僕人，個個看來都莊重美觀。每個燭台上至少都有十支點燃的蠟燭；有名少女雙手捧著一

威爾海姆・豪斯齊爾德（Wilhelm Hauschild），〈聖杯的奇蹟〉，19世紀，德國新天鵝堡收藏。

個大碗，和僕人們一起往前行進，她身著華服，看起來高雅美麗。當少女捧著大碗進入房間內，裡面發出一道明亮的光，將蠟燭的光暈掩蓋了過去，就像太陽升起時月亮星辰黯然失色一般。之後還有另一名手持銀盤的少女。前面的大盤為純金打造，上面鑲了各式各樣的貴重寶石，都是大海與陸地上最罕見的珍稀：這大盤上寶石的價值無疑超越了其他所有寶石。這些寶物就像前面那支矛一樣，從他面前經過，行經一間間的房間。這名年輕人看著這些寶物經過，絲毫不敢詢問這大盤到底是給誰用的，因為他一直不停地想到賢者告誡他的話。

羅伯特・德・博隆
《帕西法爾》

他們坐在桌前等待第一道菜端上的時候，看到一名身著華服的年輕人從一個房間走了出來，他的脖子上圍著一塊布，雙手捧著兩個小銀盤。隨著他進來的男童手上拿著一支矛：鐵製的矛尖上有三滴血。他們從帕西法爾面前經過，走到另一個房間去。之後又有另一名年輕人，手上拿著耶穌在聖約瑟坐牢時交給他的一件器皿：這名年輕人敬畏地捧著這只器皿。在漁人王看到這名年輕人的時候，向他鞠了躬，口中唸著「我的杯」；整座城堡的人也跟著覆述。這整個景象讓帕西法爾感到非常驚訝，如果不是因為害怕打擾到主人，他可能會提出幾個問

題。帕西法爾想了一整晚，不過他想起母親的話，告誡他不要多話，也不要問太多問題。因此他決定什麼也不問；在帕西法爾和漁人王的對話中，曾幾度有讓他順著話題提問的機會，不過帕西法爾並沒有這麼做：他因為前兩晚沒睡而感到極度疲憊，幾乎在餐桌上打盹。此時，手持這只聖杯的年輕人再度回到了這個房間；另一名手持尖矛的年輕人和少女則跟在他身後。帕西法爾這次也沒有提出任何問題。漁人王布隆看帕西法爾一直不問，感到非常苦惱。漁人王安排用這種方式向諸位騎士賓客展示聖杯，是因為上帝曾告訴他，唯有在一名騎士向他詢問聖杯的功能的時候，他的傷勢才會痊癒：這名騎士必需是世界上最優秀的騎士。這個任務就落在帕西法爾的身上：如果帕西法爾問了這個問題，漁人王就會痊癒。

佚名作者
《聖杯續史》*Perlesvaus*，第 6 章，13世紀

就在此時，兩名少女從一禮拜堂肩並肩走了出來。其中一名用雙手捧著聖杯，另一名則拿著尖端還滴著血的聖矛。兩人走進了諸位騎士和高文正在用餐的房間。從聖杯飄出來的香味是如此地甜美神聖，讓所有人都忘了要繼續用餐。高文看著聖杯，覺得自己似乎看到了一只外形在那個年代並不常見的高腳杯。他看著還滴著血的尖

矛，覺得自己似乎看到兩個拿著金燭台與點燃蠟燭的天使。少女經過高文面前，然後進了另一間禮拜堂。高文陷入沉思，內心充滿一股只能讓他聯想到上帝的強烈喜樂。其他騎士都悲傷憂愁地看著高文。就在那一刻，兩名少女從禮拜堂走了出來，再次經過高文面前。高文似乎看到三個天使，而之前只有看到兩個，此外，他似乎也在聖杯裡看到一個嬰兒的形狀……當他抬起頭的時候，聖杯似乎懸浮在半空中，好像飄在一個釘在十字架上的人的上方，這人腹側插著一支矛。高文看到這景象，心中充滿憐

憫，腦海裡只想著王所遭受的痛楚。

佚名作者

《聖杯的追尋》，13世紀

所有人全部安靜坐定時，雷聲轟然巨響，讓人覺得整座宮殿似乎會塌下來一樣。然後一道陽光馬上射了進來，它蔓延四處，讓整個房間顯得異常明晰。此時，所有人都感到似乎受到聖靈恩典啟迪一般，開始互相對看，納悶這感覺到底從何而來；然而在房間裡的每個人，一句話都說不出口：眾人默然。好長一段時間，沒有人能說

愛德華・伯恩－瓊斯（Edward Burne-Jones），〈失而復得的聖杯〉，1894年繪製，目前收藏於英國伯明罕博物館既美術館。

得出話，互相對看，好比啞掉的野獸：之後，被白色絲綢覆蓋著的聖杯進入房中，不過沒人能看清楚到底拿著聖杯的是誰。聖杯從宮殿正門進入，而且在聖杯進入的那一刻，整座宮殿馬上香氣四溢，好像全世界的香料都被撒在這裡一般。捧著聖杯的人來到房間中央，並在每張桌子之間走動；在他經過的時候，每個位子上都出現了坐在位子上的人想要吃的食物。全部的人都上菜以後，聖杯就消失了，沒有人知道到底發生什麼事，或是去了哪裡……「陛下，」高文說：「還有另一件你們不知道的事：

這房間裡的每一個人都吃到了自己想吃的食物，就像發生在受傷漁人王的宮廷內一樣。然而，我們所有人都是如此罪孽深重，沒法清楚地看到聖杯，而且事實上仍然看不到聖杯真正的模樣。這也是為何我現在發誓，我從明天早上就開始尋找，刻不容緩，為期一年又一日，若有必要則加以延長；假使我能夠或注定得看到聖杯，那麼，在我能夠看到比今天還更清楚的聖杯景象之前，我絕對不會回到宮內，無論這期間發生什麼事情。如果我沒能享有這樣的榮耀，我就會回來。」

沃爾夫拉姆・馮・埃申巴赫（Wol-
fram von Eschenbach，1170~1220）
《帕西法爾》，卷9，第454首，1~30

異教徒弗雷傑塔尼斯
滿懷恐懼地說
他親眼看到
一種最為神祕的星象。
他講的是一件叫做聖杯的物品，
他從星象中看到了這樣的名稱：
「祂在地上留下一群天使，之後又回
到眾星之間，
因為祂的純潔讓祂能回到祂的家。
自此以後，它就由有德性且善良的基
督徒保管。
受到聖杯召喚者，都是有德性的人。」

沃爾夫拉姆・馮・埃申巴赫
《帕西法爾》，卷9，第469首，2~8

我想跟你們談談這些人以何為生：
他們倚靠一種石頭，
一種本質純粹的石頭。
如果你們不認識這種東西，
那我必須在此特別提出它的名稱。它
叫做聖石。
這石頭也稱為聖杯。

托馬斯・馬洛禮
《亞瑟王之死》La Morte Darthur，第6
章，1485年

所以人都回到卡美洛城堡圍牆內，國
王和貴族們都去教堂聆聽晚禱，之後
用晚餐。在晚餐餐桌上，每位騎士就
像以前一樣，坐上自己的位子。突然
間，雷聲大作，讓人深怕宮殿因此坍
塌，不過就在此時，房間裡射入一道
比平時更加耀眼許多的陽光，所有人
都沐浴在聖靈恩典之中。環顧四周，
騎士發現其他人似乎都被美所圍繞，
不過沒有人說得出話。之後，被白色
絲綢覆蓋的聖杯出現，如此一來，沒
有人能看到它或誰拿著它，整個房間
香氣四溢，用餐者前方出現了他們喜
愛的食物和飲料。在巡經整個房間以
後，這只聖杯突然消失，此後，在場
人士的聲音回來了，國王感謝上帝對
他們的仁慈。之後，高文爵士說道，
「今天，我們每個人都享用到了自己
喜歡的食物和飲料，不過我們並無法
看到聖杯，因為聖杯被一塊寶貴的薄
紗蓋住了。因此我在此立誓，自明天
開始，我會致力尋找聖杯，我會遠離

沃爾特・克蘭（Walter
Crane），〈加拉哈德謁見
亞瑟王〉，約1911年繪
製，目前為私人收藏。

愛德溫・奧斯汀・艾比
（Edwin Austin Abbey），
〈加拉哈德與聖杯〉，1895
年繪製，目前為私人收
藏。

宮廷一年又一天，若有必要還會更久，一直到我能夠更清楚地看到聖杯為止。如果我做不到這一點，我會重新回到這裡，接受上帝的旨意。」之後，圓桌騎士全站了起來，將他們的誓言唸了一遍，國王意識到自己無法阻止諸位騎士去實踐誓言，感到非常遺憾。

不存在的聖杯

尤利烏斯・埃佛拉
《聖杯之謎》Il mistero del Graal，
1937年

品達在講到許珀耳玻瑞亞的國度時曾說，這個地方無法經由陸路或海路抵達，只有像赫拉克勒斯一樣的英雄，才可能找到前往許珀耳玻瑞亞的道路。根據遠東地區的傳說，位於極北地區的島嶼，唯有在能夠飛翔的靈的引導下才能抵達，而我們曾提到與卡爾吉－阿凡達那有關的西藏神祕北方淨土香巴拉傳說，則認為這島嶼「存在每個人的心中」。

這個主題也出現在聖杯傳說之中。在《聖杯追尋》（Queste）中，聖杯城堡被稱為靈之宮，在《威爾斯人帕西法爾》（Perceval li Gallois）之中，則被稱為「靈的城堡」（這裡的靈指具有靈性的生靈）……假使普魯塔克認為

克羅諾斯在許珀耳玻瑞亞看到的異象是在睡夢中發生，那麼當時的克羅諾斯應該是在一種顯現死亡的狀態。在《亞瑟王之死》中，蘭斯洛特看到聖杯異象時也是處於相同的狀態，然而在《聖杯追尋》中，蘭斯洛特處於睡夢中抑或是死亡的狀態下，看到受傷騎士拖著身體到聖杯旁以減輕痛楚。這些體驗都超過了普通意識所能理解的極限。

有些時候，城堡被表現成一個肉眼看不到且無法抵達的地方。唯有獲選者、幸運巧合或是透過咒語的協助，才可能找得到它，刻意搜尋者通常看不到。……

聖杯的所在地總是以城堡、皇宮堡壘等樣貌出現，從來就不是教堂或神殿。只有在比較後期的文本，在已經基督教化的傳說中，才開始提到所謂的聖杯祭壇或禮拜堂，而且到後來，這些傳說中的聖杯也和聖餐禮所使用的杯子混淆。在比較古老的傳說版本中，並沒有出現這樣的東西；而且聖杯除了和王者或王室特徵有關以外，也和劍與矛之間存在著著名且密切的關係，有關於此，只要從下面的基督教制度來思考，就能將之合理化。在這樣的基礎上，這個需要「誓死保衛」的聖杯所在地，並無法和基督教與教廷相關聯，因為就如前面所言，教廷方面不停地忽略這個傳說，更者，這個地點也和任何宗教或神祕學地點沒有關係。它說起來比較是一個保存了原始傳統遺風的啟蒙地，而這

一點以一種兼具王室與屬靈特質的二元尊嚴為根據，此二元尊嚴具有不可分割的統一性。

夏洛特夫人

阿佛烈・丁尼生

〈夏洛特夫人〉"The Lady of Shalott"，1942 年

沿著河的兩岸，廣闊無際的麥田，
覆蓋了整片高原，一直綿延到天邊；
田野上路徑蜿蜒，
直通高塔林立的卡美洛；
路上人潮來回絡繹不絕，
忙著前往百合盛開之地，
那夏洛特夫人的小島。
楊柳泛白，白楊輕顫，
微風起起落落，河水流動毫無間歇，
流過小島周圍，再快速流往卡美洛。
四面灰牆四座塔樓，俯瞰滿地繁花，
靜謐島上有閨閣居，是
「夏洛特夫人」的居所。
唯有晨起收割，清早在麥穗田間
活動的人，才會聽到一股歌聲
在河上歡欣迴盪，朝著卡美洛傳去。
月亮下，疲憊的收割者休憩著，
清風吹撫的山丘上捆捆麥束疊起，
他們聆聽並耳語著：
「她正是那位女巫，夏洛特夫人。」
她日夜編織著一塊色彩鮮豔的魔毯。
她曾聽聞謠言，
若她膽敢朝卡美洛看去，

奧古斯特・史俾斯（August Spiess），〈安弗塔斯宮廷上的帕西法爾〉，1883~1884 年繪製，目前收藏於德國新天鵝堡歌手大廳。

詛咒即會降臨。
她不知道這詛咒為何，
只能寄情編織，不去煩心其他瑣事，
將自己關在塔樓。
一面明鏡高掛，終年在她面前，
世界幻影其中現。
她看得見那條主要的道路
蜿蜒抵達卡美洛；
在藍色鏡中，騎士兩兩並肩騎來。
然而，夏洛特夫人裙下
卻少了一位忠誠忠實的騎士。
但她依然樂於編織
明鏡中的幻影景緻，
在夜闌人靜之際，
時有喪葬隊伍，在點點燭光

與音樂的陪伴下前往卡美洛，
或者，在明月高掛之際，
一對新婚愛侶抵達：
「我受這些幻影折磨許久」
夏洛特夫人常說。
離閨居一箭之遙，騎士馳騁麥田間，
陽光灑落葉間，銅甲護腿閃亮，
蘭斯洛特傲四方。
紅十字騎士盾甲誓保護，
永遠跪於淑女前，
澄黃田野上閃閃發光。
騎士氣宇非凡顯，戰馬行經，
馬蹄爍，英姿展；
騎馬時，頭盔下黑色捲髮輕流瀉。
從河岸，從河中，騎士形影映鏡中。

約翰·威廉姆·沃特豪斯（John William Waterhouse），〈夏洛特夫人〉，1888 年繪製，目前收藏於英國倫敦泰德美術館。

「嘀啦，哩啦，」騎士唱。

棄紡車，捨織布，她在房中跨三步，
睡蓮綻放眼前開，羽毛頭盔面前顯，
爾後，朝著卡美洛，遙望。
織布飄然飛窗外，明鏡倏然裂兩半，
「於我，詛咒已降臨。」
夏洛特夫人哭喊。
狂風暴雨東方起，蒼黃樹林力漸減，
兩岸間河水嗚咽，天幕低垂風雨勁，
雨降塔城卡美洛，她在岸邊見一舟，
停靠垂柳下等待：
她在槳上書：夏洛特夫人。
沿著河岸往下行，
無畏狂喜中，預見自身一切悲慘事，
木然望向卡美洛。
她解開鐵鏈，躺臥船中。
在那裡，強勁水流
將夏洛特夫人帶往遠方。
歌聲悲哀聖潔，高低起伏，
伴著血液緩緩凍凝，
她闔上雙眼，朝卡美洛前去。
隨著流水抵城之前，
岸邊迎來第一棟屋宇，
夏洛特已在歌聲中逝去。
流經高塔與露台，臨近花園與廳堂，
熠熠形影飄過，面容死白，靜靜地
從房舍間流進卡美洛。
騎士、平民、淑女、爵士，
眾人齊聚碼頭，
在槳上讀出名字：「夏洛特夫人」。
這是誰？這是什麼？
燈火通明的臨近皇宮，
喧嘩歡呼嘎然停止，
眾騎士胸前劃十懷恐懼。

唯有蘭斯洛特沉思一陣，
道：她有張美麗的臉，願神賜福，
求主垂憐，賜予平安，夏洛特夫人。

奧圖·拉恩之言

奧圖·拉恩
《路西法的宮廷》*La Corte di Lucifero*，
1937 年

我手上這一版《帕西法爾》的出版者認為，沃爾夫拉姆的聖杯城堡應該位於庇里牛斯山脈，那一帶的地名如亞拉岡與加泰隆尼亞等，都可能讓他有了這樣的假設。因此，庇里牛斯山農民把蒙特塞居廢墟當成聖杯城堡來看，並沒有什麼錯。聖杯尋者帕西法爾在旅程盡頭朝救贖城堡前去時所必須騎馬穿越的雪地，很可能就是庇里牛斯山的雪。沃爾夫拉姆將聖杯城堡稱為「Munsalvatsche」，許多人都認為這個名稱有「荒山」的意思，其字根為法文中的「sauvage」，荒野之意，來自拉丁文「silvaticus」（這個字來自「silva」，指森林）。而蒙特塞居一帶向來不乏森林……還必須一提的是，荒山在當地方言中的發音是「Moun salvatge」，聽起來與沃氏使用的名稱非常相似。
《帕西法爾》和《羅恩格林》的作者與作曲家理查·華格納和沃爾夫拉姆不同，華格納將這個聖杯城堡稱為救贖之山。

第九章

阿剌模忒堡、山中老人與阿薩辛派

〈穆罕默德升天圖〉，波斯細密畫，1494~1495年繪製，目前收藏於英國倫敦大英圖書館。

　　我們先前曾提到雷恩堡。事實上，這世界上有許多真實存在的地點，因為政治因素所致而發生形象上的轉變，成了傳奇地點（而且直到今日仍開放參觀）。裡海西南岸的阿剌模忒堡遺跡（Alamut），就屬於這種情形。

　　阿剌模忒堡，又稱鷹巢（Nido del Rapace）。巔峰時期的阿剌模忒堡應該是很可怕的，尤其對那些試圖攻城卻無功而還的人來說。這座碉堡屹立許久，一直到1256年才被蒙古人攻下並摧毀。無論在現實還是傳說中，它都是建造在一個狹長的山峰上，基地長四百公尺，寬度至多三十步，對於行經通往亞塞拜然之路而從遠方眺望此城的人來說，它看起來就像是一座天然的屏障，沐浴在陽光下時呈白色，在深紅帶紫的落日中呈淺藍色，在黎明顯得蒼白，在日出時顯得血紅，有時深藏雲間，有時周圍閃電大作。依稀可以看到城堡上緣有許多座人造四角塔的輪廓，由下往上看，好似一把把綿延數百公尺的倒置石刃，近距離威脅著你，而較能通行的斜坡，是一片鬆滑易坍的碎石坡。在這座碉堡尚且完整且有人居住的時候，人們藉由少數幾座在石壁中鑿出來的螺旋狀祕密階梯進出，這些通道只需要一位弓箭手就能防禦。世人就是這麼描述阿剌模忒堡，它是阿薩辛派（Assassini）那座難以攻陷的要塞，只有騎著老鷹經由空路才能抵達。

　　阿薩辛派的故事從中世紀開始出現，最早開始談論阿薩辛派的編年史作家都和十字軍有密切的關係，如提爾的威廉（Guglielmo di Tiro）、史特拉斯堡的傑拉爾德（Gerardo di Strasburgo）、呂貝克的

〈花園中的男子〉，波斯
細密畫，17世紀繪製，目
前收藏於印度新德里的印
度國立博物館。

阿諾德（Arnoldo di Lubecca）和馬可波羅，一路下來直到現代最具
影響力的後繼者約瑟夫・馮・漢默－普格斯塔爾（Joseph von Ham-
mer-Purgstall），他曾寫下《阿薩辛派的歷史》（*Storia degli Assassi-
ni,* 1818）。

那麼，阿剌模忒堡裡到底發生了什麼事情？這個地方最初由一個
令人著迷、神祕且殘暴的人物哈桑・沙巴（Hasan Sabbāh）所統
治，哈桑的追隨者自他幼時就開始聚集此地，人數慢慢增長，他們
被稱為「非達因」（*fidā''iyyūn*），意即「敢死隊」，誓死追隨，而
哈桑也利用這些人來進行政治暗殺活動。

許多現代學者都試著以更正確的角度來重新詮釋哈桑傳說，不過
這個傳說已經如此深入人心，直到現在，我們在義大利文中仍然使
用著「assassino」這個字（「刺客」之意），而英文中「assassina-
tion」這個字意指因政治目的而謀殺公眾人物，「assassin」成了
「殺手」的同義字；更別說有關此字的詞源，目前世人廣為接受的
說法，都認為「assassino」一字來自「*hashish*」（大麻），因為這個
團體會使用這種藥物之故。在一本叫做《故事集》（*Novellino*）的
托斯卡納地區中篇小說選集中提及，腓特烈二世前往阿剌模忒堡會
見哈桑，這位垂垂老矣的可怕老人為了向腓特烈二世展現他的權
力，命令追隨者中的兩人登上一座塔的塔頂，接著他摸了一下鬍
子，這兩人就從塔上縱身一跳，落地摔死，因為這些阿薩辛派分子
非常服從首領的命令。

然而，我們在這裡還是簡短交代一下傳說以外的史實。阿剌模忒
堡的居民是伊斯蘭教什葉派的信徒，這是人數最多的支派：有些忠
實信徒認為阿里（Alì，穆罕默德的堂弟，穆罕默德之女法蒂瑪的丈
夫）是穆罕默德唯一且真正的繼承人，不過在穆罕默德過世以後，
實權與遺產其實是由阿布・伯克爾（Abu Bakr）繼承，他獲得哈里
發的名號，並將此名號傳給他的繼承者暨穆罕默德的將軍奧瑪爾。
在阿布・伯克爾成為哈里發以後，教團內部因正統問題爭執不已，
直到阿里被暗殺才告一段落。因此，阿里的追隨者成立了什葉派

（相對於所謂「正統」的遜尼派），尊奉阿里為真正的伊瑪目（領袖）、戰士、聖人與救贖，與整個伊斯蘭世界爭奪最高統御權，並被認定為神人。

當開羅法蒂瑪王朝哈里發穆斯坦綏爾決定將頭銜傳給小兒子穆斯塔利而非年紀較長的尼扎時，尼扎的忠實追隨者便以波斯伊斯瑪儀派的名義獨立了出來。這些人以哈桑·沙巴為領袖——哈桑在歷經滄桑以後終於成為虔誠的伊斯瑪儀派信徒——並於1090至1091年間取得阿剌模忒堡。

根據伊斯蘭學者亨利·科爾賓（Henry Corbin, 1964）的說法，伊斯瑪儀派因為十字軍、馬可波羅以及漢默－普格斯塔爾等編造的「犯罪故事」而惡名昭彰；法國作家西爾維斯特德薩西（Sylvestre de Sacy, 1838）認為「阿薩辛」來自「Hashshâshîn」——亦即大麻使用者——他所發表的作品也有火上加油之效。事實上，許多關於阿薩辛派的傳說都源自伊斯蘭文化，不過我們在此只針對非虛構的事實重建來討論。

科爾賓認為，哈桑受到祕傳信仰所啟發，其講道和傳教都屬純粹精神層面的活動。然而，科爾賓似乎忽略了其他歷史資料，而根據這些資料，哈桑不只是一位精神導師，更是一名政治家，他為了支持自己的宗教信仰，慢慢建構出一系列的防禦工事，讓他能完全掌控周圍的領土，而阿剌模忒堡則被視為一座極度重要的要塞，從阿剌模忒堡可以控制通往亞塞拜然和伊拉克的道路。哈桑·沙巴就住在這座碉堡之中，在此受到死忠信徒包圍，直到終老。

哈桑是名嚴謹自律、魅力十足的領袖，他公正不偏袒，甚至把兩個兒子判了死刑，其一是因為喝酒，另一是因為犯下謀殺罪。我們可以確定的是，哈桑廣泛實施政治暗殺，他的繼任者也都延續了這樣的手段。其中一位讓人畏懼萬分的阿薩辛派領袖錫南（Sinan）更得到了「山中老人」的稱號，而在阿薩辛派傳說愈形流傳之際，連哈桑也開始被稱為山中老人。雖然我們熟知的許多中世紀文獻都是在公元1124年哈桑死後才出現，時間上可以回溯到耶路撒冷王

〈攻陷阿剌模忒堡〉，波斯手抄本插圖，1113年繪製，目前收藏於法國巴黎的法國國家圖書館。

國時期，而且在那個時期領導阿拉伯世界抵抗十字軍東征的薩拉丁和錫南領導的教派之間也互有往來，薩拉丁的宰相尼扎姆‧穆爾克（Nizāmu'l Mulk）據說可能是被刺客暗殺身亡。這名刺客在哈桑命令下假扮成苦行僧，在十字軍忙於攻打耶路撒冷時行刺。錫南則被控謀殺蒙費拉托的康拉德侯爵（Corrado di Monferrato），據說錫南派兩名手下模仿基督徒的習俗和語言，在推羅主教設宴款待康拉德侯爵的時候喬裝成僧侶，悄悄混入基督徒之間，毫不知情的侯爵因此被暗殺。然而，這個故事的真實性令人懷疑，因為另有消息來源顯示，康拉德有可能是被某些基督教友殺害，甚至謠傳這其實是英格蘭國王理查一世下的令，這個例子正說明了要從傳說中篩檢出真實歷史是很困難的。總之，我們可以確知的是，無論是薩拉丁或十字軍都對錫南感到萬分畏懼，同時錫南與聖殿騎士之間也存在著隱晦不明的關係，也因此衍生出許多神祕的謠言。

　　現在讓我們看看傳說的部分。根據部分遜尼派阿拉伯作家和基督教編年史家的說法，山中老人發現了一種可怕的方法，讓他的戰士

對他忠心耿耿，甚至願意為他犧牲生命，因此成為無敵的戰爭機器。這些戰士在孩提時期（也有人說自出生開始）就被帶到這座位於山頂的碉堡，在美麗花園中以美食、美酒、女人、花草與大麻等迷惑之。當這些人再也離不開這虛構天堂裡的美好事物時，就把他們帶離這美好夢境，讓他們第一次親身體驗苦悶的現實生活，然後給他們另一個選擇：「如果你去殺掉我命令你殺掉的人，你就能重新回到那個離你遠去的天堂，永遠不離開，如果你失敗了，你就會回到這個汙穢窮困的世界。」

那些人吸毒成癮，以犧牲為目的而犧牲，是到頭來必定會自殺的殺手。

阿剌模忒堡的傳說也就隨著上述種種流傳了好幾個世紀，替許多詩歌、小說與影片的創作帶來啟發——直至今日。

電影畫面，取自麥克．紐威爾（Mike Newell）導演的電影《波斯王子：時之刃》，2010 年上映。

阿薩辛派

呂貝克的阿諾德（1150~1211 或 1214 年）

《斯拉夫編年史》Chronica Slavorum，卷7

在大馬士革、安提阿與阿勒坡一帶的山區，住著薩拉遜人的一個分支，他們在方言中被稱為「Heyssessini」（黑瑟希尼），在羅曼語則被稱為「山中老人」。這群人的生活沒有紀律可言，吃豬肉，違反薩拉遜人的戒律，而且隨性與任何女人交媾，甚至和母親與姐妹亂倫。他們在山上生活，居住在物資無虞且堅不可摧的城堡中，他們的土地並不肥沃，因此以畜牧為生。這些人的首領讓各地的薩拉遜貴族和基督教權貴異常害怕，因為他常以下面的方式來殺害這些權貴。這首領在山中有許多美麗的宮殿，每座宮殿都有高牆保護，只能從重兵把守的入口進出。他在這些宮殿中撫養了許多村民的兒子，他們自出生就被帶到宮中，接受教育，學習不同的語言如拉丁語、希臘語、薩拉遜語等等。這些年輕人的老師，自他們幼時到成年這段時間，教導他們要完全服從首領的命令。如果他們遵照首領的命令，就會享受到天堂的喜樂，因為他們的首領具有控制神聖事物的力量。他們受到教導，如果他們服從這個世界上其他貴族的旨意，就無法得到救贖。這些年輕人自出生就被關在宮中，除

了醫生和老師以外沒有見過任何人，而且一直到受到首領召喚、賦予刺殺任務的時候，才會接受另外的訓練。一旦受到首領認可，這些人就會被詢問，是否願意服從命令以進入天堂……如果他們接受，首領就會賜給他們一把黃金匕首，派他們去刺殺權貴。

馬可波羅

《馬可波羅遊記》，頁40~41

木剌夷（Milice）是山中老人自古以來生活的地方。讓我們來聽聽馬可先生從好幾個當地人那裡聽來的故事。在這些人的語言中，山中老人被稱為「阿洛丁」（Aloodin）。他在兩座高山之間的山谷中，打造出全世界最美也最大的花園；這裡有各式各樣的鮮花水果，全被漆成金色的美麗宮殿，以及各種珍奇鳥獸；此地水道遍佈：有水、蜜、和美酒在水道中流淌。這裡有全世界最美的少女，個個都能歌善舞，擅於彈奏；山中老人希望讓他的子民相信，這個地方就是天堂。他根據穆罕默德的敘述打造這座花園，因為穆罕默德曾向他的追隨者許諾，上天堂的人能得到世上最漂亮的女人，被流著牛奶、蜂蜜和美酒的河所圍繞。他確實也讓該地的薩拉遜人也相信，那座花園就是天堂；而且花園只有那些山中老人想打造成阿薩辛的人才能進入。花園的入口有一座堅不可摧的碉堡，山中老人將所有十二歲的

少年都留在他的宮中，這些人都將成為他的戰士。山中老人會分批讓這些少年進入花園，或四人、或十人、或二十人一起，在進入花園之前，他會讓他們喝下鴉片，睡上三天，然後將他們抬進花園裡，再把他們叫醒。當這些年輕人在花園中醒來，看到各種珍奇美景，會相信自己確實身處天堂。這些侍女隨侍在側，提供各種歌舞娛樂，他們在此隨心所欲地享受，若按著他們的意願，他們絕對不會離開這個花園。山中老人的宮廷富麗堂皇，讓那片山區的淳樸子民相信他就是所謂的先知。山中老人要派人出任務的時候，他會讓其中一名青年喝下藥水，讓他睡著，再把青年扛到他的宮殿中。青年醒來的時候，發現自己身處宮殿內，納悶且悲傷不已，因為再也不見天堂。之後，青年會被領至山中老人跟前，因為相信自己面前是一位真正的先知，所以在山中老人面前尊敬地鞠躬。此時，這位尊貴的長者就會向青年問道：「你從何而來？」青年回答：「從天堂來。」並且向面前的長者描述著天堂的種種，以及自己亟欲回到天堂的願望。在山中老人想要殺掉任何權貴的時候，他就會從這些自天堂出來的青年挑選出最積極者，讓青年去殺掉他的目標。為了回到天堂，這些青年都會心甘情願地接下任務，好回到真主身邊；如果在刺殺任務中被逮到，青年會自盡，因為他相信如此以來就能回到天堂。所以，當山中老人有了殺害目標，他就

會對接下任務的青年說：「去吧，去完成這件任務，我派你去，因為我想讓你回到天堂。」這些青年刺客便欣然接受任務。如此以來，山中老人就能隨心所欲，因為沒有人會逃避他交代的任務，這也是許多國王因為恐懼而向他臣服的原因。

約瑟夫·馮·漢默－普格斯塔爾
《阿薩辛派的歷史》，卷4，1818年

無論在阿薩辛派位於波斯或敘利亞領土的中心，也就是阿剌模忒堡和邁斯亞夫，城市郊區都有受到高牆圍繞的美麗花園，是名符其實的東方天堂。花園內的花壇果園有運河流經，裡面遮蔭田野，蒼綠草地，有著銀白流水，以及玫瑰覆蓋的涼亭和枝葉圍城的護欄，那裡有廣闊的廳堂，陶瓷打造的亭子裝飾著波斯地毯與希臘織品，用的是黃金、白銀與水晶打造的杯碗，風姿綽約的侍女、黑眼勾魂的妖嬈少女就像是來自穆罕默德天堂的天女天使，她們就如枕頭和美酒般地香軟醉人……這裡的一切都洋溢著快感、感官刺激和喜悅。能力適合且決心將靈魂奉獻給殺手任務的年輕人，會受邀與長老或領袖同桌，加入討論。之後，年輕人喝下由天仙子調製成的毒藥，在昏迷中被帶到花園中，在他醒來以後，會相信自己被送到了天堂，而且周圍的天女也會以言語和行動來說服他，讓他深信自己確實在天堂。當年輕人享受過先知應允給有

泰奧多爾‧夏塞里奧
（Théodore Chassériau），
〈溫水浴室〉，1853年繪
製，目前收藏於法國巴黎
奧賽美術館。

福者的天堂以後，他會吃下眼神晶亮的天女所提供的美食，並喝下精美酒杯裡的美酒，然後因為疲憊與鴉片的效果，再度陷入昏睡，幾個小時以後，發現自己在長老身邊醒來。長老向這些人保證，他們的身體並沒有離開原本的地方，去天堂一遊的是他們的靈魂，而且他們的靈魂在天堂所預嘗的幸福，只有願意服從長老並為信仰犧牲生命的忠實信徒才能獲得。如此以來，這些受到矇騙的年輕人就盲目地獻出自己的生命，成為謀殺工具，他們急於犧牲塵世生命，以進入永恆天堂……直到今日，在君士坦丁堡和開羅都還能看到這種天仙子製成的毒藥能夠造成何種程度的刺激，它

讓土耳其人昏昏欲睡，也激發了阿拉伯人炙烈的想像力，這一點正讓我們了解到，那些年輕人是有多麼急於尋求這些草本毒品（大麻）所帶來的快感，因為吃下以後，他們就能夠承擔加諸在他們身上的種種。也正因為這個緣故，使用這些藥品的人就有了「阿薩辛」稱呼，意指使用藥草的人。

Le Ciel est à la place de la terre.
Der Himmel ist an der Stelle der Erde.

L'enfant donne la bouillie à la maman.
Das Kind gibt der Mutter den Brei.

La bonne est maîtresse.
Die Magd ist Hausfrau.

Le Mouton est berger et les hommes moutons.
Das Schaaf ist Hirde und der Mensch Schaaf.

Le Dindon conduit les enfants au champ.
Der Welschhahn führt die Kinder auf's Feld.

Le Poisson pêche l'homme.
Der Fisch fängt den Menschen.

Le Chien est à table, le maître mange les os.
Der Hund sitzt am Tische, sein Herr nagt d. Knochen.

L'âne conduit le Meunier au moulin.
Der Esel führt den Müller zur Mühle.

Le Cheval monte l'homme.
Das Pferd steigt auf den Menschen.

L'Ours fait danser son maître.
Der Bäre läßt seinen Herren tanzen.

Les Hommes sont en cage, les animaux regardent.
Die Menschen sind im Käfig die Thiere Zuschauer.

Les Femmes font la patrouille.
Die Frauen machen die Patrouille.

Le Bœuf tient le soc de la charrue.
Der Ochse führt den Pflug.

Le Conscrit enseigne les Généraux.
Der Rekrute unterrichtet die Generäle.

Robert Macaire et Bertrand conduisent les Gendarmes.
Robert Macaire und Bertrand führen die Gendarmen.

Le Chien chasse son maître dans la baraque.
Der Hund jagt seinen Herren in den Stall.

第十章

安樂鄉

〈顛倒世界〉，1852~1858
年間的作品，報紙印刷，
目前為法國馬賽歐洲暨地
中海文明博物館收藏。

在許多不同的傳說之中，人間天堂都以一種純粹物質化的形式出現，也就是所謂的「安樂鄉」（Cuccagna）。義大利詩人阿爾圖羅・葛拉夫（Arturo Graf）曾在1892至1893年間說過：「人類對天堂和安樂鄉的想像並沒有什麼明確的分界，兩者之間只是程度上的不同：天堂有時候比安樂鄉更高貴、更具精神意義；不過有些時候，稍微理想化一些的安樂鄉，就變成了天堂。」

古希臘作家曾提過許多不同的樂土，例如阿里斯托芬（Aristo-fane）筆下物產豐盛生活幸福的鳥城，以及古羅馬作家琉善（Lucia-no）在《信史》中描述的黃金城，那裡的農作物結出來的不是穗而是麵包，更不消說在金星上的各種豐富樂趣（不過琉善一開始就開門見山地表示書中充斥著許許多多的謊言）。〈世界風土誌〉（Ex-positio totius mundi）這篇論文原本以希臘文寫作，在公元4世紀被譯為拉丁文，它描述了一個快樂國度，那裡的人民生活幸福，不受疾病所苦，吃的是蜂蜜和天上掉下來的麵包。

中世紀時，安樂鄉這個字眼第一次出現在公元10世紀的一首詩〈烏尼博斯〉（Unibos）裡。烏尼博斯是一名農夫，由於不堪三名迫害者的騷擾，他於是設法說服他們，深海中有一個快樂幸福的國度，迫害者因此跳入海中，烏尼博斯也擺脫了他們的糾纏。此外，還有來自東方的其他靈感來源，波斯小說就常常提到一個叫做夏度齊安姆（Sciadukiam）的幸福國度。葛拉夫指出，一名中世紀流浪諷刺詩人在12世紀寫下的詩篇中曾提到一名安樂鄉修道院長，1188年的文獻中也曾出現過一名「安樂鄉的威爾納」。目前流傳下

約翰・威廉・沃特豪斯（John William Water-house），《十日談》插圖，1916年繪製，目前為英國利物浦國立博物館群收藏。

來最古老的詩篇，是寫作於13世紀的諷刺寓言詩〈安樂鄉〉（Li Fabliaus de Coquaigne）。在這首詩中，作者為了懺悔而前往羅馬朝聖，晉見教宗，因而被教宗派去了安樂鄉；他在詩中描述在安樂鄉裡看到的各種奇景奇事，而這些奇景奇事後來也在各種不同的傳說版本中持續不斷地出現。

義大利作家弗朗西斯可・富爾維奧・弗魯哥尼（Francesco Fulvio Frugoni）在《第歐根尼的狗》（Cane di Diogene, 1687）寫到的安樂鄉是位於布洛達海中的島嶼：「受到看來宛如軟質起司的白霧包圍……河中流著牛奶，泉源流出各式各樣的美酒，山與谷由不同的起司構成，樹上長出起司和肉腸，下冰雹時天空會落下糖果，下雨時天上下著肉汁。」

文獻對於安樂鄉所在位置的記載並不精確。薄伽丘的《十日談》（Decamerone）中，馬索曾向卡朗德里諾講到好命村的種種奇景，說那是一個用香腸來固定葡萄藤的地方，它位於巴斯克地區，距離佛羅倫斯數千里之遙。

在一齣德國宗教劇《安樂鄉》（Schlaraffenland）中，這個地方位於維也納和布拉格之間。《西恩納的亞歷山卓與巴托羅米奧所揭露的安樂鄉新史》（Historia nuova della città di Cuccagna, data in luce *da Alessandro da Siena e Bartolamio suo compagno*）曾提到[1]，要前往安樂鄉，必須經海路航行28個月，然後轉陸路旅行3個月才能抵達；義大利詩人特奧菲洛・弗連戈（Teofilo Folengo）則指出，這個快樂的國度「位於地球上的偏遠地區」。在一首公元8至9世紀間撰寫的英文詩中，安樂鄉位於西班牙西方的海上——詩裡還說，和只有水果與甘泉供人享用的天堂相形之下，安樂鄉更加美好。這樣的說法著實不容低估：假使人間天堂的概念導致了世人對於幸福和純真的欲求，那麼，對於每個年代悲慘饑餓的人們來說，安樂鄉所呈現的歡樂景象，一直以來都讓人產生比走出困境還更加世俗的願望，企求能滿足更原始、更令人無可抗拒的諸多慾望。這類故事都是以窮苦人家為對象，藉此告訴他們，即便是像他們一樣的窮人，最終也會有生活無虞的一天。安樂鄉傳說並非源自瀰漫著神祕主義的環境，而是源自於數世紀以來受到饑餓所苦的普羅大眾。

在安樂鄉裡能享受到的自由，就像在狂歡節一樣，整個世界可以是歡樂且顛倒過來的，即使是一名農夫也可以嘲弄主教。事實上，安樂鄉和所謂顛倒世界的主題有關，在這個顛倒世界中，人類拖著由牛操控的犁、磨坊主人代替驢子負上馱鞍、漁夫被魚釣、動物欣賞著兩個被關在籠子裡的人類。在中世紀手抄本邊緣插畫中出現的顛倒世界概念——例如以兔子追捕獵人為題的插圖——可以源自相當嚴肅的主題，後來有許多版畫以被老鼠圍攻的貓城堡為題，就是從這個主題衍生而出。

在猶太拉比文獻中曾出現這麼一段話：「我看到了一個顛倒的世界。權勢者在下，卑微者在上。」（《巴比倫猶太法典末門卷》（*Talmud di Babilonia, Baba Bathra*））此外，格林童話（1812）也有一則將安樂鄉的幻想和顛倒世界的幻象融合在一起的故事。

另一方面，基督教福音也提到，天堂會預留更高的位置給被剝削者，這種說法描繪的就是顛倒世界。然而，在聖經中，當財主在地獄裡受苦的時候，那蒙受賜福的拉薩路只是坐在亞伯拉罕身旁，並沒有享受盛宴。安樂鄉的想像，實際上是將世人在精神層次上關於

注1：參考葛拉夫於1892~1893年的著作（見參考書目）。

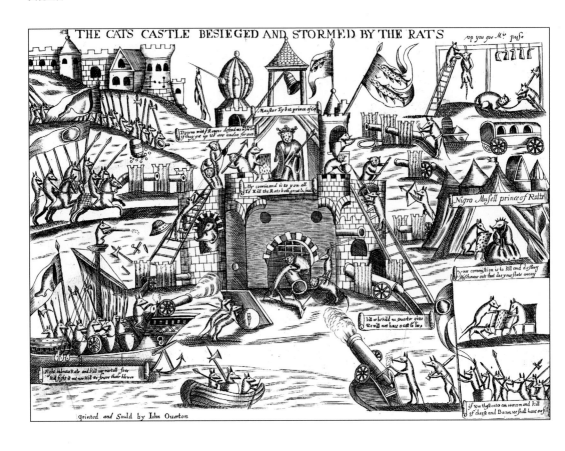

公正與正義的夢想，轉化到口腹之慾的層次。

最後，安樂鄉的夢想可能會讓人脫離現實，而追求過度逸樂會讓人變成畜牲野獸的說法，正讓我們想到義大利作家科洛迪（Collodi）。他在《木偶奇遇記》將伊甸園的形象降轉成好命村，也就是故事中的玩具國，讓主角皮諾丘在短時間內經歷犯罪與懲罰。

皮諾丘的那段經歷，指的就是被逐出人間天堂的過程，而本書對於失落伊甸園主題的探討，就在皮諾丘的種種不幸遭遇下畫下句點。

〈老鼠圍攻貓城堡〉，19世紀作品，報紙印刷，為英國倫敦大英博物館收藏。

頁294~295：〈人類荒唐事〉或〈顛倒世界〉，18世紀作品，報紙印刷，目前為法國馬賽歐洲暨地中海文明博物館收藏。

夢之島

琉善，公元 2 世紀
《信史》，卷 2

沒多久，出現了許多島嶼。左側距離較近之處有一座城市，它座落在一塊又大又圓的軟木上，是眾人急於前往的蘇傑利亞城；右側較遠處有五座高大的島嶼，島上有熾熾烈火燃燒。我們船頭的正前方還有另一個又低又矮的島，距船不超過五百肘。就在我們靠近這座島嶼時，又吹起一陣美妙微風，既芬芳又讓人感到愉悅，也就是歷史學家希羅多德所謂從阿拉伯福地吹來的風。向我們迎來的那股甜美香味，混雜著玫瑰、水仙、風信子、百合花和紫羅蘭，此外還有沒藥、月桂和藤花。我們被這股香味所吸引，在長期辛勞之後，我們又燃起新的希望並逐漸地靠近了這座島嶼。我們在這座島的沿岸看到許許多多的港口，每座港口的規模龐大且能遮蔽風浪，島上清澈河水緩緩流向大海，還有大片草地與森林，以及在岸邊岩石和樹枝上鳴唱的鳥兒；這個地方洋溢著一股輕鬆愉悅的氛圍；宜人氣氛輕輕攪動著森林，搖晃枝葉間持續不斷地傳出迷人音樂，好似孤獨吹笛人的樂音。此外，這裡還聽得到一種混雜但不紊亂的噪音，它就好像在宴會裡出現的聲音，有人吹著笛子，有人唱著讚歌，有人隨著笛子和豎琴的樂聲拍手……整個城市用黃金打造而成，圍牆用的是翡翠，門有七扇，都是用一整塊肉桂木實木打造；然而，城市的地面和延伸到牆內的土壤卻是象牙色的；用綠柱石建造結構的每一座神殿全都極其宏偉，以單片紫水晶打造的龐大祭壇是進行屠殺的地點。城市周圍留著一條珍貴的沒藥河，河寬百肘，深五肘，適合游泳。河水被用在以玻璃打造、燒月桂木當柴火的大型浴場中；然而浴池裡並不是水，而是熱露水；人們身上穿著以精緻蜘蛛網製成的紫色袍子。

至於該城居民，他們沒有身體，無形且無血肉之軀，本身只呈現出外形輪廓。儘管沒有軀體，他們仍然具有靈質，會動，會思考，會發出聲音，簡言之，似乎他們的靈魂在沒有軀體的狀況下還能四處走動，而且覆上了相似於軀體的形象；如果不伸手去摸，根本不會發現自己看到的並不是軀體；他們事實上就好像站著的影子，不過一點也不給人蕭瑟暗淡的感覺。這些人不會衰老，一直維持在他剛抵達該城之際的年齡。這個地方沒有夜晚也沒有白天，籠罩在一抹暮色之中，宛如黎明來臨太陽尚未升起之際。此地居民不識季節（這是個永春之城），而且只吹著西風。整個國度都長滿著各式各樣的花卉、果樹與提供遮蔭的樹木；這裡的葡萄藤一年可以收成十二次，每年都可以釀酒；據說石榴、蘋果和其他果樹每年可以收成十三次，因為其中有一個被稱為「米諾斯月」的月份可以收成兩次；

LA FOLIE DES HOMMES

Ce grotesque desseins en un Globe tracé,
Fait voir en racourci le Monde renversée.

La Femme a de Mousquet la quenouille l'Epoux
Et berce pour surcroix l'Enfant sur ses genoux.

Qui peut sans s'etonner voir forger les Chevaux,
Et de l'Homme ferré devenir Maréchaux.

Quel plaisir de Chasser aux Lievres sur la Mer,
Et de voir les poissons voler dedans les Aire.

Voyez pour se vanger de celui qui l'Ecorche,
Jean Lapin a son tour tourne l'Homme à la broche.

Voici le plus affreux des Combats singuliers,
Ses Hommes portant Chevaux devenus Chevaliers.

Pendant que l'Oiseau prend au filet deux Amans,
Le Marye voltigent se vient prendre dedans.

Les Cochens affamez par des Traits inhumain
Egorgent font griller dépecent les Humains.

à Paris chez Mondhard

OU LE MONDE A REBOURS.

Fille donne ici la Bouillie a sa Mere,
Fils a coups de fouet apprend a vivre a son Pere.

Deux hommes attelez entrainent la Charrue
Le Bœuf est Laboureur et sur leurs dos se rue.

Asne, de l'Homme étoit autrefois la monture
Homme porte au moulin a present la mouture.

Ici l'Homme etrillé s'attache au Ratelier
Le Cheval a son tour devient Palfrenier.

En pas grave un Baudet se quarrand dans la Ville
Et a son Jardinier porter Choux et Lentille.

l'Homme autrefois prenoit a la ligne un poisson
Le poisson aujourd'huy prend l'Homme a l'hameçon.

Et Objet plein d'horreur un Bœuf tout en Furie
Et d'un Homme ecorché Sanglante boucherie.

A l'Hôtel de Saumur.

Les Villes tout a coup s'elevant dans les Nuës
Sont au plus haut des Cieux en l'onte suspendues.
Et pour combler l'horreur d'un tel renversement
Les Astres detacher tombent du Firmament.

在這個地方，從穗上長出來的不是穀物而是現成的麵包，好像菇菌一樣。城市周圍有三百六十五處水源，還有數量一樣多的蜂蜜源，以及五百處規模較小、可供人汲取芳香油品之地，與七條牛奶河和八條酒河。居民的集會處位於城外一個叫做「樂土」的地方：那是一片美麗的草原，周圍長滿各種樹木的茂密森林，替躺在草地上的居民提供了遮蔽。樹下草地是片厚實的花毯。風是眾人的侍者，運載著除了酒杯以外的其餘所需，那裡不需要酒杯，因為在樂土附近有許多玻璃樹，這些樹的果實就是各式各樣形狀大小各異的酒杯。居民到樂土去的時候，會從樹上摘下一兩只杯，放在身前，酒杯裡馬上就會裝滿酒讓居民享用。在樹冠處，夜鶯與其他鳴禽會從周圍草地叼來花朵，邊飛邊唱，花瓣就像雪一樣地從空中飄然而下。此外，經過芳香油源與河上而香味滿載的厚實雲層會停留在樂土上方，在清風吹撫下，細密露珠飄落在居民身上，讓居民身上飄著香氣。

居民飲宴之際，有音樂和歌謠陪伴：尤其愛唱荷馬的詩文，而且荷馬本人也在群眾之間共樂，位置也比尤里西斯更高……

在這些都唱完的時候，第二個由天鵝、燕子和夜鶯組成的合唱團就會出現。當這個團開始歌唱，風會定下基調，整個森林也會一起應和。

然而，他們從中獲得的更重要樂趣其實是這個：靠近樂土的地方有兩個泉源，一是歡笑之源，另一是快樂之源；居民在飲宴時會喝下其中之一，剩餘時間則用來享受歡笑……

至於性愛與愛情，他們的態度是這樣的：他們公開在眾人注目之下做愛，無論與男與女，並不覺得這樣的行為有何羞恥之處。只有蘇格拉底發誓他接近年輕人的意圖是純粹的，不過所有人都認為他撒謊：通常，雅辛托斯和納西瑟斯至少坦誠不諱，蘇格拉底則否認之。婦女為眾人所有，沒有人會感到嫉妒，而且非常博愛，年輕人會主動獻身給想要他們的人，不會有任何異議。

安樂鄉

〈安樂鄉〉（Li Fabliaus de Co-quaigne），公元8世紀

有一次，我去羅馬謁見教宗請求懺悔，教宗派我去一個地方朝聖，我在那裡看到許多美好的事物：現在讓我們來聽聽居住在該地區的那些人是怎麼生活的。

我認為，上帝和眾聖徒對此地的祝福和祝聖遠超過其他地方。

這個地區就是安樂鄉，一個你睡越多就賺越多的地方……

所有房舍的牆壁都用鱸魚、鮭魚與鯡魚打造；桁架用的是鱘魚，屋頂用火腿，橫梁用香腸。

這個地方有許多吸引人之處，玉米田

老彼得・布魯格（Pieter Bruegel il Vecchio），〈安樂鄉〉，1567 年繪製，目前收藏於德國慕尼黑古繪畫陳列館。

周圍擺了一塊塊的烤肉與豬肩肉，街道上烤著會自行翻面的肥鵝，旁邊緊跟著白蒜醬，而且我告訴你們，每條街道上都能找到鋪了白色桌巾的餐桌：人們可以隨心所欲地吃吃喝喝；無論是魚是肉，每個人都可以毫無禁忌地吃著自己想要的東西，想要用馬車帶走食物的，也可以按自己的能耐帶走；鹿肉或鳥肉可炙烤可水煮，不用多付費用，而且根據此地風俗，也不需要付錢：而且那個地區還流著一條貨真價實的酒河……

那裡的人們並不邪惡，反而是勇敢且謙恭有禮的。

那裡一個月有六週，一年有四個復活節、四個聖約翰節與四次葡萄收成，每一天都是節日或週日，還有四個諸聖節、四個聖誕節、四個獻主節與四個狂歡節，大齋期每二十年一次，而齋戒是件樂事，每個人都心甘情願；從早上到下午三點，他們會吃上帝賜給他們的東西，可以是肉或魚或其他沒人敢禁止的東西。不要以為這麼說是開玩笑，那裡的人沒有高低貴賤之分，沒有人需要謀生：每週三次，天會降下熱餡餅雨，而且那場雨會下在每個人的頭上，所有人都可以隨心所欲享用；這地方非常有錢，每個街角都可以看到滿滿的錢袋；每個人都可以白白拿到金幣，不過沒人購買也沒人販賣。這裡的女人個個美麗，仕女少女都能得到心中想要的人，沒有人

會生氣，只要想要且能力所及，都能讓自己快樂；女性不會受到指責，反而備受尊重，如果女性偶然間看到自己想要的男人，可以公然求愛，做想做的事⋯⋯這裡還有另一個從來沒在其他地方聽到過的驚奇，那就是能讓人恢復青春的不老之泉，在此，我應該算是把此地的種種新鮮事交代完了。

卡朗德里諾與血滴石

喬萬尼・薄伽丘
《十日談》，第 8 日，第 3 則故事，
1349~1353 年

我們城裡向來就是龍蛇雜處之地，常有許多稀奇古怪的事情。不久以前，城裡有一名叫做卡朗德里諾的畫家，是個個性淳樸卻也乖僻的人。他經常和另外兩名叫做布魯諾和布法爾馬科的畫家廝混，這兩位生性快活且精明，他們和卡朗德里諾往來，就是看上他憨厚老實，以作弄他為樂。

在佛羅倫斯還有另一位聰明風趣的年輕人，名叫馬索・德爾・薩喬，專愛挖空心思取鬧；他聽聞卡朗德里諾頭腦簡單，打算作弄之，讓卡朗德里諾相信他天花亂墜的吹噓。

有一天，馬索和卡朗德里諾在聖喬瓦尼教堂巧遇。教堂主祭壇神龕上方的繪畫和雕刻不久前才完工，馬索看到卡朗德里諾獨自對著這些作品看得出神，覺得這正是作弄卡朗德里諾的最佳時機與地點；馬索告訴一個朋友自己打算怎麼做，兩人一起來到卡朗德里諾的座位附近，假裝沒看到他，開始高談闊論，聊起各種寶石的特性，馬索在言談中表現出的權威，讓人覺得他是一位偉大且知名的寶石鑑定家。卡朗德里諾聽著他們的談話，過了一會，見他們沒什麼避諱，就起身加入他們；馬索見狀大喜，繼續眉飛色舞地大談闊論，直到卡朗德里諾忍不住插嘴問他，這麼神奇的寶石要到哪兒去找。

馬索回答他，這種寶石大部分都出產於巴斯克地區貝林佐內一個叫做好命村的地方。在好命村，人們用香腸來捆綁葡萄藤，只花一個銅板就能買到一隻肥鵝，還額外贈送一隻小鵝。那兒還有一座用磨碎的帕米森起司堆成的高山，山上居民每天就是用閹雞高湯烹煮著通心麵和麵餃，煮好了就往下丟，隨便人怎麼吃；附近還有一條流著甜白酒的河，河裡一滴水也沒有，流的是世界上最好的佳釀。

「噢，」卡朗德里諾說，「這真是的好地方，不過請你告訴我，他們怎麼處理煮過的閹雞？」

馬索回答道：「巴斯克那地方的人會把閹雞全吃了。」

卡朗德里諾又問：「你去過那兒嗎？」

馬索回答：「你問我有沒有去過？當然，而且不只一次，是很多次。」

卡朗德里諾繼續問：「那地方離這裡有多遠？」

耶羅尼米斯‧博斯，〈七宗罪〉，15世紀末繪製，目前為西班牙馬德里普拉多博物館收藏。

馬索回答：「超過百萬里，你一整晚也算不出來的距離。」

卡朗德里諾說：「這麼說來，那地方比阿布魯齊還遠。」

「當然，」馬索回答道，「稍微遠一點。」

單純的卡朗德里諾看到馬索在講這些話時一本正經，完全不像在開玩笑的樣子，只覺那人所言不假，深信不疑，於是說道：「可惜這地方太遠，我沒那麼多錢去，要是近一點的話，我一定要跟你一起走一遭，看看這通心麵怎麼滾下來，好好吃個夠。不過

告訴我，願天主保佑你，那地方找不找得到那些神奇的寶石呢？」

馬索回答道：「當然，那裡有兩種非常神奇的寶石：第一種是來自塞提尼亞諾和蒙提齊的礫石，這種礫石可以被做成石磨，用來磨麵粉；所以那個地方有這樣的俗諺，恩典來自上帝，石磨來自蒙提齊；然而，因為我們這兒這種礫石很多，根本不把它當一回事，就像那裡的人不把翡翠當一回事一樣，因為那兒的翡翠堆起來比莫雷洛山還高，而且在夜晚會發出無比光輝。要知道，你若是能將一對這樣的

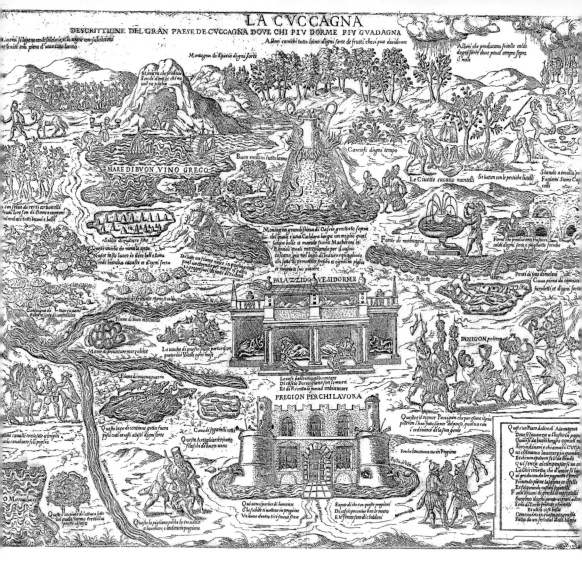

LA CVCCAGNA

DESCRITTIONE. DEL GRAN PAESE DE CVCCAGNA DOVE CHI PIV DORME PIV GVADAGNA

礫石琢磨好並鑲成戒指獻給蘇丹，無論你要什麼，蘇丹都會賞給你。另外還有一種被我們這些寶石鑑定家稱為雞血石的寶石，它更是神奇。隨便什麼人，只要把這種寶石帶在身上，其他人就看不到他。」

卡朗德里諾聽了以後表示，「這真是神奇；不過這第二種寶石要去哪兒找呢？」

馬索回答，這種寶石通常出現在慕謬內。

卡朗德里諾又說：「這種寶石有多大？是什麼顏色？」

馬索回答：「寶石的大小各異，有些比較大，有些比較小，不過全部的寶石都接近黑色。」

卡朗德里諾把這些話都記住了，便推託有事，藉此向馬索告別，打定主意要去尋找這種寶石。

〈安樂鄉，一個睡愈飽收獲愈多的地方〉，1871年繪製，報紙印刷，目前為英國倫敦大英博物館收藏。

顛倒安樂鄉

雅各布·格林（Jakob Grimm）與威廉·格林（Wilhelm Grimm）
《格林童話》，1812~1822 年

過去曾有一個安樂鄉，我在那兒散步的時候，曾看到羅馬和拉特朗兩座城市懸掛在一條絲線上，有個沒腳的人在原野上趕上了一隻快如閃電的馬，以及一隻非常鋒利的劍，只要一擊就能將一座橋劈開。

我又很巧地看到一隻銀鼻子的驢，牠在路旁追逐著兩隻纖細的野兔，然後，那兒還有一棵很大的椴樹，上面長滿了熱麵餅。我看到一隻乾瘦的老山羊，拉著一百車的豬脂，加上鹽共一百六十車。你們覺得我胡謅夠了嗎？還沒。我還看到一整片用犁犁過的田，那犁不用牛也不用馬就可以做工，那兒還有一名一歲個嬰孩，能把四塊磨石從特拉維索一丟丟到巴勒摩，然後又從巴勒摩丟到維佐峰上。

我還看到一隻老鷹在波河裡悠哉自在地游泳。之後，我還聽到魚兒發出震天巨響，還有甜膩的蜂蜜像水一樣從深谷往高山上流動。

這些都是很奇怪的故事。那兒還有兩隻會割草的烏鴉，兩隻正要造橋的蚊子，兩隻把一隻狼壓死的鴿子，兩個小孩子生出來的兩隻小羊，和沼澤外正在打穀的兩隻青蛙。然後，我還看到一位受兩隻老鼠祝聖的主教，以及兩隻貓從一隻熊身上扯下來的舌頭。

有隻蝸牛跑了過來，打死兩隻兇猛的獅子。一名理髮師正在剃一個女人的鬍子，還有兩個嬰兒命令母親閉上嘴。

我看到兩隻賽狗從河邊帶走石磨，附近還有一名老村婦表示牠們幹得好。農莊裡有四隻馬正努力地取下玉米粒，兩隻山羊在生火，一隻紅牛忙著烘烤。那兒還有一隻會叫的母雞：咯咯咯。故事講完了，咯咯咯。

好命村

卡洛·科洛迪
《木偶奇遇記》，頁 30~32，1883 年

小燈蕊是整個學校裡最懶惰也最頑皮的孩子；儘管如此，皮諾丘卻非常喜歡他。事實上，皮諾丘馬上跑去小燈蕊家找他，邀請他前來早餐，不過皮諾丘撲了個空；皮諾丘回去找他第二次，小燈蕊仍然不在家；後來他又去了第三次，仍然徒勞無功。

他到底去了哪裡？皮諾丘四處尋找，最後發現小燈蕊在一間農舍的門廊下躲了起來。

「你在這裡幹什麼？」皮諾丘邊接近他邊問道……

「我要去一個地方……一個全世界最美的地方：一個真正快樂的地方！」

「這地方叫什麼名字？」

「它叫做玩具國。你何不跟我一起去？」

「我嗎？我才不要。」

「皮諾丘，你不去就大錯特錯了！相信我，如果你不跟我去，你絕對會後悔。對我們小朋友來說，你去哪兒找一個比這更棒的地方？那裡沒有學校，沒有老師，沒有書本。在那個快樂的地方，從來就不用讀書。星期四不用上學，而且每星期都有六個週四和一個週日。更別說秋季假期從一月一號開始，一直到十二月的最後一天結束。我真喜歡這樣的地方！所有文明國家都應該這樣……」

「在玩具國的日子是怎麼過的？」

「就從早到晚整天玩耍。晚上睡一覺，隔天早上又重新開始玩。你覺得怎樣？」

「嗯！……」皮諾丘頓了一下，輕輕點了頭，好像在說：「這樣的日子我也想過！」

……

早上，天一亮，所有人都快樂地抵達了玩具國。

這個地方和世界上其他地方都不一樣。

全部的居民都是小孩子。年紀最大的十四歲，最小的才剛滿八歲。滿街都嘻嘻哈哈，處處是吵鬧聲、叫喊聲，讓人頭都昏了！到處都是一群群的小搗蛋。他們打彈子、扔石片、打球、騎腳踏車或騎木馬；有些玩鬼抓人，有些玩追人；至於其他，有的扮小丑吃火，有的朗誦，有的唱歌，有的翻跟斗，有的倒立行走，有的滾圈圈，有的身著將軍服頭戴紙頭盔，帶領著紙紮的假軍隊，有人笑，有人喊，有人叫，有人鼓掌，有人吹口哨，有人學母雞下蛋咯咯叫；總而言之，就是一片混亂，吵吵鬧鬧，讓人得把耳朵塞起來，才不會聾掉。所有廣場上都有小戲棚，從早到晚都擠滿了人，所有房子的牆壁上都用炭筆填滿了塗鴉，像是：完具萬水（應該是玩具萬歲），我們在也不要學小（應該是我們再也不要學校），打倒算速（應該是打倒算數）等等。

皮諾丘、小燈蕊和其他隨著趕車的一起來到此地的孩子，一進城一下車，馬上就加入了這場喧鬧。你可以想像，不要多久，這群孩子就打成一片。這世界上還有誰比他們更快樂、更滿足呢？在各種持續不斷的娛樂活動中，一個小時接著一個小時，一天接著一天，一週接著一週，時間就飛也似地過去了。

「噢！多美好的生活啊！」皮諾丘每次和小燈蕊偶遇時，都這麼說著。

阿提里奧・慕希諾（Attilio Mussino），《木偶奇遇記》的玩具國插畫，1911年繪製。

第十一章

烏托邦島

左：托馬斯‧莫爾《烏托邦》卷首插圖，1516年版本。

右：托馬斯‧莫爾《烏托邦》卷首插圖，1518年版本。

就詞源而言，「Utopia」（中文音譯為烏托邦）指「沒有的地方」——即使有些人比較喜歡將字首「U」解釋為希臘文的「eu」，因此將這個字解作「美好之境」；另外也有一些人認為，托馬斯‧莫爾（Thomas More）創造這個新字的時候（莫爾的《關於最完美國家制度和烏托邦新島之益趣全書》*Libellus vere Aureus, nec minus salutaris quam festivus de optimo rei publicae statu, deque nova insula Utopia* 於1516年問世，他在書中描繪了一個以此字為名的理想國），他覺得既然是用一個還不存在的國家為模範，也可以運用一下這種可作多種解釋的性質。

事實上，在莫爾的作品之前，早就已經有許多人設想過所謂的理想社會，例如柏拉圖在《理想國》和《法律篇》就曾提及；不過莫爾卻更進一步地描述這個「沒

格理弗，亞瑟·拉克姆
（Arthur Rackham）替《格
理弗遊記》繪製的插圖，
1904年出版。

〈格理弗遊小人國〉,《格理弗遊記》插圖,1876年繪製,目前為瑞典斯德哥爾摩蘭斯克魯納博物館收藏。

有的地方」、這個島嶼、島上的城市和建築物。其他曾經提到所謂理想之境的,還有托馬索・康帕內拉(Tommaso Campanella)的《太陽城》(1602),以及法蘭西斯・培根的《新亞特蘭提斯》(1627)。

　　政治文學以及我們所謂的科幻小說,充斥著所謂理想文明的描述,例如西哈諾・德・貝爾熱拉克(Cyrano de Bergerac, 1649, 1662)的《月球帝國趣味歷史》(1657)和《太陽帝國趣味歷史》(1662)、詹姆斯・哈林頓(James Harrington)的《海洋共和國》(1656)、丹尼・維哈瑟(Denis Vairasse d'Allais)的《薩瓦拉姆比的歷史》(1675)、富瓦尼(Foigny)的《南方之境》(1676)、豐特奈勒(Fontenelle)的《哲學家共和國或亞嘉旺的故事》(1768)、布列塔尼的瑞斯提夫(Restif de La Bretonne)的《飛人在南方的發現》(1781)、強納森・綏夫特在《格理弗遊記》(1726)中冷靜理性的賢馬國、亨利・聖西門(Henri de Saint-Simon)和查爾斯・傅立葉(Charles Fourier)的作品等,這些作者為了反對當時的資本主義社會,藉由這些作品來倡議一種烏托邦式的社會主義——至少在提到傅立葉的時候,我們不能只侷限在烏托邦的想

法，因為在整個19世紀期間，傅立葉的共產莊園概念曾經幾度出現了實踐的嘗試。此外，我們也不能遺漏透過《伊卡利亞遊記》（1840）來預示某種共產主義社會的艾蒂安・卡貝（Étienne Cabet），以及塞繆爾・巴特勒（Samuel Butler）的《烏有之鄉》（*Erewhon*, 1872）——原書名是將英文字「nowhere，不存在的地方之意」倒過來拼——和威廉・莫里斯（William Morris）的《來自烏有鄉的消息》（*News from Nowhere*, 1891）。

　　烏托邦有時也會以相反的形式出現，描述一個負面的社會，例如霍爾（Hall）的《另一個世界》（1607）與20世紀的許多作品，包括喬治・歐威爾的《1984》、卡雷爾・恰佩克（Karel Capek）的舞

〈格理弗與大人國的農夫〉，理查・瑞德格雷夫（Richard Redgrave）繪，《格理弗遊記》插圖，19世紀，目前為英國倫敦維多利亞與艾伯特博物館收藏。

查爾斯・維舒爾倫（Charles Verschuuren），替聯邦劇場計劃製作的海報，1936至1939年，以在紐約木偶劇院演出的卡雷爾・恰佩克作品《羅梭的萬能工人》為題。

台劇《羅梭的萬能工人》（*R.U.R*）、阿道斯・赫胥黎（Aldous Huxley）的《美麗新世界》、羅伯特・謝克里（Robert Sheckley）的《第七位受害者》、雷・布萊伯利（Ray Bradbury）的《華氏451度》、菲利普・迪克（Philip K. Dick）的《機器人會夢見電子羊嗎？》（導演雷利・史考特的著名電影《銀翼殺手》就是由此發想）等，更別說其他著名電影如弗里茨・朗（Fritz Lang）的《大都會》或是《人猿星球》等。

　　為了不要偏離本書討論「傳奇地點」的主題，也就是將討論範圍盡量侷限在數世紀以來被世人認定為真實存在、繼而衍生出傳說的地方，我們不應談論烏托邦的城市、島嶼和國家，因為就定義而言，它們都是不存在的地方（即使這些作者亟欲倡議的，是未來有一天應該、也必須要實踐的景況）。在這些想像的地點中，有一部分顯然是虛構創造的，例如綏夫特的作品，它們並沒有創造出世世代代輕信傳說而動身前往搜尋的探險家。然而，有些地方（例如烏托邦島、太陽城、《新亞特蘭提斯》裡的本薩勒姆）幾乎成了現實，如果世人並不全然堅信它們的存在，至少也期待或希望世界上真有這樣的地方——在這些敘述出現之前，拉丁文裡早就有「utinam」一字，這是一個可以被解釋為「希望上帝、我多麼希望、真希望」之意的副詞。通常，當欲求讓人產生期望的時候，欲求的對象就會變得比現實還要真實。期望未來會更好，讓許多人願意作出非常大的犧牲，也許會在先知、有識者、魅力十足的傳道人

與群眾的驅策下獻出生命，因為這些人利用了一種願景，藉著未來在人間（或其他地方）會出現的天堂的概念，引發追隨者的狂熱。

至於負面的烏托邦，每一次我們在現實日常生活中承認某些悲觀的言論，這些負面烏托邦似乎就化為真實。

但是，人並不總是想要在這些烏托邦社會裡生活，這些社會往往類似獨裁，讓人幸福快樂的代價是犧牲公民的自由。舉例來說，莫爾的《烏托邦》倡議言論自由、思想自由與宗教寬容，不過這些都僅限於有信仰的人，無神論者則被排除在外，並且不可擔任公職；不然就是警告「如果有人恣意遊蕩到邊境以外的地方，而且被發現沒有總裁判官發出的通行許可……將會受到嚴厲懲罰；膽敢再犯，則發配為奴。」此外，這些以烏托邦為題的文學作品或多或少都帶點重複性，裡面所描繪的完美社會最後總是具有同樣的模式。然而，這些作品內所提到的生活模式，或是作者有時藉機對他們所生活的社會提出的批判，都不是我們關注的重點，我們的重點在於他們所描述的地方。

這些地方並不很多，因為這些作者在描述烏托邦的時候，並不是每個人都會提到一個特定的地點，至於有提到特定地點的，其中只有少數會在人類的集體想像中留下印記、創造出屬於該地點的傳說。

如同前面所說的，這些烏托邦都有重複性，對於每個烏托邦城市的描述也有重複性，因為它們或多或少都在某種程度上不自覺地以聖經〈啟示錄〉裡的天堂為模範，在幾何學上優雅而對稱，有些則取自夢中的所羅門王聖殿，我們在本書第二章已經討論過。很清楚的是，約翰・瓦倫汀・安德烈亞（Johann Valentin Andreae）在《基督城》（*Christianopolis*, 1619）中，將理想之城描繪成一座以聖經〈啟示錄〉天堂為典範的人間新耶路撒冷。

為了說明每個不同的烏托邦如何創造出讓人嚴肅看待，進而加以實踐的形象，我們可以試著去思考文藝復興時期建築師所構思的每個理想城市。舉例來說，義大利北部的帕爾馬諾瓦城為九芒星狀，

PALMA

Noua PALMAE ciuitatis in patria Foroiuliensi ad mare Adriaticum ostium contra Barbarorum incursum a Venetis edificata

Propugnacula nouem, quae a se inuicem distabat 400 passibus. Circa hac plitey correderes pro ornamento urbis Fosse quæ cum ambitu longa sunt passus 20. Profundæ 12. Portas habet tres, et areas 3. Vbe in propugnaculis centrum hebet, in qua turris munitissima, ciuitatis subsidium. Habet diametri 800 passus.

帕爾馬諾瓦（Palmano-va），出自喬治‧布勞恩（Georg Braun）與弗朗茨‧霍根博格（Franz Hogenberg）的《世界之城》（Civitates Orbis Terrarum）卷5，1598年出版。

被城牆和護城河圍繞，城內有六條道路往城市中心匯聚，中心廣場呈六邊形。塞浦路斯的尼科西亞在威尼斯人的統治下，為了抵抗土耳其人的攻擊，至少它的外城被設計成理想城市的形式，以一個具有11座堡壘的包圍式結構來保護中世紀舊城區。

然而，更早期的理念或許也對莫爾和康帕內拉等烏托邦主義者有所啟發，因為早在15世紀，文藝復興時期佛羅倫斯建築師費拉瑞特（Filarete）就在其著作《論建築》（約1464）中構想了八芒星狀的斯福爾扎堡，這個形狀來自於兩個相疊但相差45度角的正方形，它可以完美地嵌入一個圓形中，每一個城門和每一座塔都是筆直道路的起點，直通城市中心。現代人比較感興趣的烏托邦，也許是法蘭西斯‧培根所構想的那樣；在培根的想法中，此地擁有和平且令人喜愛的制度體系，創造這體系的靈感則來自所有科學知識的

成果。這個被描述成所有知識與科技之儲存所的地方叫做所羅門王之家，其過度豐足的景況，讓我們想起在17世紀驅策收藏家的那股慾望，使收藏家設置了所謂的珍奇屋，裡面滿是各種使人炫目而驚奇的物件與工具。

最後要說的是，在替一個讓人遍尋不著的地方創造傳說的時候，文學確實能夠放大傳說的效果。豪爾赫·路易斯·波赫士（Jorge Luis Borges）曾在《特隆、烏克巴爾、奧比斯·特蒂烏斯》（*Tlön, Uqbar, Orbis Tertius*）這篇短篇小說裡提到，故事發生在一個令人感到不安且神祕的地方，一個「由天文學家、生物學家、工程師、玄學家、詩人、化學家、道德家、畫家、測量家等組成的祕密社會，由一名身分隱祕的天才所領導」。這樣的敘述並非偶然，除了讓我們聯想到培根筆下的本薩勒姆以外，顯然也讓我們想到「一位在17世紀初曾描述玫瑰十字會這個虛構社群的德國神學家；後來人們真的也根據這位神學家的想像創辦了一個同名社群」。這裡指的就是前面曾經提到的安德烈亞，構思出基督城這個虛構地點之人。

路易吉·塞拉菲尼（Luigi Serafini），《塞拉菲尼手抄本》（*Codex Seraphinianus*）插圖，義大利米蘭弗朗哥馬利亞里奇出版社1981年出版。

烏托邦島

托馬斯・莫爾

《烏托邦》，1516 年

在烏托邦人的島上，中央部分是最寬闊的地方，寬兩百哩，而且整個島有相當大的部分保持這個寬度，一直到島的兩端才開始逐漸變窄；這是沿著一長達五百哩的弧用羅盤測量的結果，因此這個島約呈新月形。新月的兩角之間有一寬約十一哩的開口，海水由此進入並延展到一個寧靜如鏡的水域。陸地完全包圍了它，保護它不受暴風侵擾，它就好像死水構成的大湖，極其平靜，幾乎每一條溪流都可以當成港口，讓船隻可以往每一個方向行駛穿越，島上居民也因此大為受益。因為沙洲和其他礁岩之故，開口處的某些部分非常危險。開口中央矗立著一座可以清楚看到因此並不危險的懸崖，島民在懸崖上設立了一座有人駐守的塔樓，至於其他礁岩，則暗藏水間，極其危險。只有島民知道水道位置，因此外地人很難在沒有烏托邦島民的引導下冒險進入海灣，試想，即使對島民來說，如果不是因為岸邊設有指標引導，出入水道也很危險的事。無論敵人的船艦有多少，只要稍微讓他們偏離，就能輕易地讓他們沈船。

島的另一側海岸，港口也不稀疏。然而登陸點有著良好的自然屏障，亦設有碉堡，只要少許軍隊就能擊退入侵者。另一方面，根據傳說，也根據地形外貌所示，在很久以前，這個地方並非被海環繞。據說，原本純樸粗野的島民之所以能被提升到某種超越其他所有凡人的文明與禮儀程度，完全是因為該島引以為名的征服者烏托坡（在烏托坡之前此地叫做阿布拉薩）。烏托坡在確保他登陸後的勝利以後，就將原本將島和大陸連接起來的十五哩地峽挖除，讓大海完全包圍這個島。他不只讓當地居民去進行挖除工作（因為他們對身體疲憊不以為意），也讓所有兵士加入島民的行列，如此以來，由於能廣泛分配工作，整個工程能夠以讓人不可置信的速度迅速完成，讓鄰國人民驚訝不已（因為這些人最初對此工程嘲弄不已，認為只是白費力氣）。這個島上有五十四座城，個個宏偉龐大，他們在語言、風俗、體制和法律上幾乎一模一樣，每個城看起來都很類似。

太陽城

托馬索・康帕內拉

《太陽城》*La Città del Sole*，1602 年

我前面已經講過我是怎麼環遊世界以及如何抵達塔普羅班島，後來我被迫登陸，為了逃離憤怒的島民，我躲進森林，然後從一個恰好位於赤道下方的大平原走了出來……我馬上遇到了一整隊帶著武器的男女，其中有許多

都會說我的語言，他們把我帶到了太陽城……

這是個由七個大圈圈構成的城市，每一圈分別代表一個行星，各自之間由四條街以及與正對著東南西北的四座門相連；然而因為設計之故，假使敵人攻下第一圈，則必須花更多力氣攻打第二圈，之後繼續遞增；每一圈都需要分別攻下，才能拿下整個城。不過就我看來，即使要打下第一圈都很難，因為它範圍廣大而且壁壘森嚴，還有城牆、塔樓、護城河和砲兵看守。

這城的北門是一座由一巧妙裝置操控的鐵門。走進北門，你會看到兩牆之間有一寬五十步的平坦地區。接著你會看到，所有建築物都沿著第二面牆緊緊相連，可以說完全合而為一。建築物上方的柱子有三角堡突出，看來就像一位位修道院的修士，下方除了透過建築物凹陷處以外無法進出。那裡還有設有凹凸窗戶的美麗房間，間間以薄牆相隔。只有凸牆才厚達八掌寬，凹牆只有三掌寬，共用牆則是一掌多一點。

繼續往上，你會來到比第一層窄了兩三步的第二層。從這裡，你可以看到第二面城牆與上面的三角堡和走道；這道城牆環繞著宮殿，牆內有迴廊，迴廊下方為圓柱，上方則是美麗的壁畫。

這樣子繼續下去，你會一層層地往上，一直到抵達下一圈的城門。這城門是雙層的，一內一外，你可以從這裡走上一座斜度幾乎讓人感覺不到的樓梯，抵達另一圈……

山頂有片廣大的平地，中央佇立著一座設計極其驚人的宏偉神殿……神殿呈完美的圓形，佇立在厚實且精緻的圓柱上，周圍沒有圍牆。巨大圓頂的正中央有個小圓頂，小圓頂有一開口，正對著下方的主祭壇，神殿內只設一座祭壇，而且位於正中央。圓柱呈圓形排列，周長達三百步，圓柱外的門廊寬八步，牆壁比椅子高一些，椅子則設於外牆內側的凹陷處……

主祭壇上方有一大型世界地圖，上面畫著天堂，旁邊還有另一個畫著陸地世界的地球儀。圓頂內側畫著天空上的所有主要星辰，還注記著它們的名稱，並各自以三句詩來表達它們對地面事物的影響。極點和大圓也有標示，然而因為缺少下方牆面，所以並不完整，不過完整的標示可以在祭壇上方的兩個地球儀看到。那兒總有七盞燈亮著，各代表七個星球。神殿上方的小圓頂周圍有幾個小房間，迴廊外還有許多更大的房間，這些是此地四十名教士的住所。圓頂上方有個風向標，可以顯示出三十六種不同的風，而且人們也知道每種風所各自代表的季節。這裡還有一本用黃金寫的書，記載著最重要的事情……

他們之間有一名祭司王，被眾人稱為太陽，不過在我們的語言中，則被稱為玄學家：他同時是這群人的精神與世俗領袖，具有最終決定權。他有三名附屬祭司：分別是力、智與愛，代

巴托勒梅奧·德貝內（Bartolomeo Del Bene），《真理之城》（Civitas Veri）插圖，1609年繪製。

表力量、智慧與愛情。

力管的是戰爭、和平與軍事；在戰爭中他有著僅次於太陽的權力；無論是官吏、戰士、兵士、軍火、碉堡與侵略，都由他管轄。智管的是所有科學、博雅教育及工藝教育的所有學者與大師，底下的人員和科學家一樣多：受他管轄的有天文學家、宇宙學家、測量家、邏輯學家、修辭學家、文法家、醫生、物理學家、政治家、道德家；他手上持有一本記載著所有科學的書，並將書中知識像畢達哥拉斯一樣地教授給所有人民。他讓人把所有科學知識都畫在所有牆面和三角堡的裡裡外外。

在神殿外牆以及講道時為了讓聲音集中而放下的帷幕上，都按順序畫上了所有行星，而且每一顆行星都有三句詩加以形容。第一圈的牆上畫了不只是歐幾里德和阿基米德的所有數學家，以及他們各自的重要主張。外牆上畫了全世界的地圖，並以表格方式列出各地的儀式、風俗和法規，各地使用的字母也寫在當地字母的上面。第二圈裡面有著各式各樣用畫的或鑲有真的珍貴與普通的石頭、礦物與金屬，每種材質都有兩句詩加以形容。外牆上畫著各式各樣的湖泊、海洋與河川，還有各種酒、油和烈酒，以及各自的特性、來源和品級；那兒還有一壺壺裝滿的酒，陳放一百年至三百年不等，幾乎可以治療各種虛弱體質。第三圈內牆上有世界上各式各樣的花草樹木，而且每種植物的標本都

〈尼科西亞地圖〉，賈科莫·弗朗哥（Giacomo Franco）於 1597 年繪製。

被種植在瓦器中，一盆盆放在三角堡內，旁邊還附上許多資訊如初次發現地點，個別植物的特質，與星辰、金屬、身體部位的關係，以及醫學運用方式等。外牆上畫著各式各樣在河流、湖泊或海洋中生活的魚類，並讓人了解牠們的特質、生活方式、繁殖方式、發育方式、運用方式，以及牠們相對於天體、地上事物、藝術與大自然的關係；我看到主教魚、鏈魚、釘子魚和星魚的時候非常驚訝，這個世界竟然有這樣的東西。那裡還有海膽和軟體動物，所有值得知道的知識都用精彩的繪畫與文字表達出來。

第四圈的內牆上畫了各式各樣的鳥類、牠們的特質、尺寸與習性，其中以鳳凰最栩栩如生。外牆上有各種爬蟲動物、蛇類、龍、蠕蟲、昆蟲、蒼蠅、蚊蚋等等，以及牠們的習性、毒性與特質。這些動物的種類比想像中多了許多。

第五圈內牆上有地面上最完美的動物，數量多到讓人驚訝。我們知道的不到千分之一，不過因為牠們體積龐大，所以也出現在三角堡的外面。牆上還有許許多多不同種類的馬，每一隻都畫得又美又正確。第六圈裡面包含了所有的機器工藝與它們的發明者，以及這些工藝在世界上不同地區的運用方式。外面則是法規、科學與武器的發明者。

所羅門王之家

法蘭西斯·培根

《新亞特蘭提斯》，1627 年

一千九百年前，這座島有一個最受到世世代代人民愛慕的國王，我們對他

的景仰並非迷信，而是將他視為神器，儘管他只是個凡人；他的名字是所羅門，我們將他尊為我國的立法者，讓我國有法可循。這位國王心胸寬大、深不可測且一心一意追求國家與人民的幸福。他因此考慮了許多事情：這個國家到底有多能自給自足、有多富足，才能在不需外援的狀況下維持運作；國土周長五千哩且大部分地區不甚肥沃；國家艦隊應該完全能用作捕魚，也能用作港口間的交通運輸，以及和鄰近且同屬國王統治的島嶼進行貿易；他想到過去國力曾經有多繁榮興盛，而國家情勢確實有可能走下坡而非繼續強大；他對那高貴且具有英雄主義的情操並無所求，只期（在人類能力可及之處）能在他在位時維持樂土的長治久安。因此，在這個國家的基本法律中，他取消外國人進入的資格，禁止外國人進入，而在當時（儘管在美洲災難之後）這種情形很常見，因為人們對新奇事物和習俗的交雜抱持著懷疑……

我們成立的目的在於了解事物的成因與秘密運作，並擴展人類帝國邊境，以實現所有可能之事……

我們有又大又深的洞穴，每個洞穴深度不一；最深者深達六百肘，有些則是在丘陵和高山下挖掘建造而成：如此以來，若將丘陵高度和洞穴深度加在一起算，有些洞穴的深度可達三哩。因為我們知道，山丘的高度與洞穴從平地往下算的深度其實是同樣的，兩者距離太陽、天體光線和開闊

空間都一樣遙遠，我們將這些洞穴稱為低窪地區。這些洞穴被我們用來進行各種凝結、硬化、冷凍與屍體保存。我們還把這些地方拿來模擬天然礦坑，透過合成各種材質並將它們長久保存在裡面，製造出新的人造金屬。有時候（這聽來可能奇怪），我們也會利用這些洞穴來治癒疾病，也讓一些選擇住在這裡的隱士在此延長壽命，供應他們各種生活所需；他們真的在這裡活了很久，而我們也從他們身上學到很多事情。我們在不同的地方都設了地下儲存所，在那裡放了不同種類的水泥，就如中國人燒製瓷器的方式。不過，我們製作的種類比較多，而且其中還有許多種比較精緻。我們也有各式各樣的肥料，能讓土地更加肥沃。

我們有高塔，最高的約有半哩高；有些塔建在高山上，如此以來，山的高度和最高塔的高度加起來，至少高達三哩。我們將這些地方稱為高聳區域，而介於高聳區域和低窪區域者，就是中間區域。根據這些塔的高度和位置，我們將它們用來（實驗）曝曬、冷凍、保存與各種天氣現象如風、雨、雪、冰雹和流星的觀察。有些塔裡住著隱士，我們有時會去拜訪他們，告訴他們該觀察什麼。

我們有大型鹹水湖和淡水湖，用來飼養魚類和鳥類。我們也會將一些動物屍體葬在水中，因為我們發現用土埋起來、埋在地底空間和浸在水中是不同的。我們也有用來將鹹水淡化的池

塘，也有以人為方式將淡水變成鹹水的池塘。我們還有大海中間的岩石和沿岸海灣，得以進行一些需要海風和海水蒸氣的實驗。我們也有水勢猛烈的湍流和瀑布，能帶動許多種不同的機制，以及運轉能增強風勢和製造不同運動的機器。

我們也有一些人工水井和噴泉，全都模仿天然水源與浴池打造，水內含有微量的礬、硫、鋼、鉛、銅、硝與其他礦物質。我們也有其他小井，供許多不同事物灌注之用，和缸盆相較，井水的流速較快，水質也較好。在眾多水源之中，有一種被我們稱為天堂水，因為經過這樣的處理以後，水質變得有益健康且能延年益壽。

我們用明亮寬敞的房子來模仿並示範大氣現象，例如雪、冰雹、雨、人造雨、人造雪以及雷電；我們也用這些空間來模仿並展示在空中生物如青蛙、蒼蠅等等。

我們有一些叫做康復室的房間，我們會根據需求調整裡面的空氣，以治療不同的疾病並維持健康。我們有美麗寬敞的浴室，裡面用了不同的混合物，好治療疾病，並讓脫水的身體復原；其他還有可以讓人健體固本、恢復肌肉疲勞的。

我們有各式各樣的大型果園花園，這些園子並非用來欣賞，而是用來實驗不同的地形與土壤，適合哪些不同的樹木花草生長：有些園子很大，裡面種了樹木和漿果，讓我們能製作出除了葡萄酒以外的不同飲料。這裡也會利用野生樹木和果樹進行各種嫁接與接種實驗：所有實驗都獲得良好的成果。在同樣的園子裡，我們也會利用各種人工手段讓花草樹木提前或延後開花結果。同樣地，我們也利用人工方式讓果實長得更大，甚至讓果實產生不同於自然生長狀態的味道、香氣、顏色和外觀。經過這些人工手段的處理，許多果實甚至能有醫藥用途。利用不同土壤的調和，我們不需種子就能種出植物，也能創造出一些不同於以往的新植物，或是將一種植物或一棵樹變成另一種植物。我們有養著各種動物和鳥兒的動物園與圍欄，飼養的目的不只是為了觀賞或保護珍稀，而是為了解剖與驗證，藉此了解可以怎麼對待人體。

我們在這裡得到了許多非凡的成果，例如，即使不同部位的重要器官失去功能或是被移除，我們也能讓生命延續下去，或是讓有些顯然已經壞死的器官再生等等。因為外科手術與醫藥之目的，我們也會在動物身上試驗毒素與其他藥物。

我們也會用人工的方式，讓動物長得比原本來得高大，或是讓牠們長得比原本小，阻斷牠們的生長；我們讓這些動物更能生育、生更多胎，或是讓牠們不育或不孕。此外，我們也用許多不同的方式，讓牠們的體色、形態和活動區分出來。我們發現了讓不同物種雜交的工具，因此製造出許多新種生物，而且和一般人的想法不一樣的是，這些生物能夠繁衍後代。

我們讓腐敗物質長出許多不同種的蛇、蟲、蒼蠅和魚，這些動物中有部分（事實上）可以像野獸和鳥類一樣呈現完美生物之姿，有性別差異，也能夠繁殖後代。我們的成功並非僥倖，我們事先就知道哪些生物會從哪些材料和哪種混合物裡長出來……

我就不花那麼多時間跟你描述我們是用什麼樣的啤酒廠、烘焙房和廚房來製作各式各樣稀有且具有特殊效果的飲料、麵包、肉品等。我們有葡萄酒和其他以果實、穀物和植物的根製成的果汁，也有混合了蜂蜜、糖、甘露、水果乾和特殊材料的飲品。此外，我們還將取自樹木傷口與甘蔗莖的汁液做成飲料。這些飲料的年份不同，有些可以陳化，或是效期長達四十年。我們也有用各種草藥、根莖和香料製成的藥劑，甚至在裡面添加各種紅肉和禽肉；有些藥劑實際上可以當成食物和飲品，以至於許多人以此維生，很少吃其他麵包和肉，這情況在老年人身上尤其常見。

總之，我們努力製作出極度輕盈、能夠滲透進入身體的飲料，它們不具刺激性，在口中味道甘醇細膩，滴幾滴在手背上，不用多久就會被吸收。我們也有一些特別的水，經過特殊製備，這些水化成了養分，如此以來，它們就成了極佳的飲料，許多人只喝它，不喝別的……

我們設有診療所或藥房。你們很容易就能想見——如果我們有比你們在歐洲還更多的動植物（因為我們知道你們有什麼）——我們手中的單方、藥物和藥用成分必然會更多。這些藥劑也有不同的年份，有些也經過長時間發酵。至於它們的製備，我們不但具有各種精密的蒸餾和分離方法——尤其是在適當溫度利用不同的過濾器和固體物質來過濾，也知道確切的組成形式，讓它們幾乎像自然簡單物一般地結合在一起。

我們也有很多你們沒有的機械技術，我們可以透過這些技術製作出紙張、麻紗、絲綢、面料、極有光澤的羽絨、絕佳的染色以及其他許多東西；我們有各種店鋪，有賣非日常生活使用的精品者，也有日常生活用品店。你們因此該知道，上面提到的那些東西，許多都已經流通到全國各地；儘管我們的發明也有可能流傳到外地，它們的模型和原型都被我們保留了下來。

我們還有各式各樣具有不同熱度的熔爐，無論是迅速加熱的、穩定持續的、溫弱的、強的、和緩的、乾燥的、帶有濕度的等等諸如此類皆備。然而除此以外，我們還有能模仿太陽和其他天體在繞軌運轉、前進和返回時產生的不同程度熱能，並製作出讓人讚嘆的效果。此外，我們還利用排泄物、動物的腸胃、血液和軀體等產生熱能，而濕草堆、燃燒的石灰等也都可以生熱。我們有僅靠運動來產生熱能的工具，以及絕緣良好的地方；在地底下也有能夠散發熱能的自然與人造空間。我們會根據不同類型操作

的需求，來選擇不同的熱能。

我們也設有光學的專門空間，用來展示各種光線、輻射和所有顏色；至於無色透明的東西，我們可以用各種顏色來呈現，而且不是像寶石和棱鏡所發出的虹光，而是單色光。我們也可以把光線聚集起來，傳送到很遠的地方，而且我們可以讓它變得相當銳利，讓細微的點和線都清晰可辨；此外，也可以表現出光線的各種顏色以及各種相關於圖像、尺寸、運動和顏色等的幻覺與錯視，甚至各種不同的陰影，讓人目不暇給。我們也會利用各種不同的物體來製造光線，這些都是你們不知道的技術。我們有工具能幫助我們觀察天空與遠地的物品，也可以讓遠處的東西看起來很近，或是讓近處的東西看起來很遠，操弄距離的真假。我們也有比眼鏡和鏡片更佳的視覺輔助工具。我們也有能讓我們清楚觀察微小物品的工具，用來觀察小蟲與蒼蠅的形態與顏色、寶石的粗糙度與裂縫等除此以外無法看到的東西。我們能製作出人造彩虹、光暈和光環，也能表現出物體可見光的各種反射、散射與聚集。

我們有各式各樣的貴重寶石，其中有許多非常美，而且是你們沒看過的；我們還有各種水晶和玻璃，其中有將金屬加以玻璃化來製作的，也有用其他材質製作的，它們都和你們利用玻璃來製造的器皿不一樣。我們也有大量的化石和不完全的礦物，這些都是你們沒有的。此外，還有具有驚人特質的磁鐵以及其他罕見寶石，天然和人造的都有。

我們有音響室，讓我們實驗與感受各種聲音和它們的形成。我們有你們沒聽過的和聲，四分之一的音調與比這個還細膩的聲音變化。我們還有各式各樣你們完全沒看過的樂器，有些樂器的聲調比你們那兒有的還要悠揚，此外還有大大小小既精緻又和諧的鐘。我們可以發出深沈宏偉的極小音量，或是高亢尖銳的音調；我們也能製造出完整的顫音與鳥鳴。我們能表現、模仿各種發音與鳥獸的叫聲。我們也有一些能夠輔助聽覺的器具。我們有許多不同的回聲，奇怪的和人工的都有，它們由多次反射的聲音形成，就好像是把聲音輾轉拋來拋去一樣；有些會反射出更強的聲音，有些更尖銳，有些更深沈；事實上，在字母或是嘴巴發出的聲音之中，有一些在經過反射以後會變成完全不一樣的聲音。我們也能將聲音透過管道與奇特的線路傳送出去。

我們有可以進行味覺實驗的香料房。我們可以將氣味放大，讓人在聞到時產生奇異之感。我們可以用各種混合物來模仿氣味。我們能製作出能欺瞞味覺的仿造品。我們也在這裡設了果醬實驗室，在此製作各種乾燥的和柔軟的甜食，還有各種不同且宜人的酒、奶、湯、沙拉等，在都比你們那兒更豐富。

我們有用來製作各種工具和裝備的機械房。我們可以在那裡進行各種模仿

多梅尼可・雷姆普斯（Domenico Remps），〈玻璃展示櫃〉，17世紀繪製，目前為義大利佛羅倫斯鑲嵌藝術博物館收藏。

和實驗，所能製作出的運轉速度比你們的槍械或任何機器都來得更快；我們利用輪轂和其他方式，就能更輕易、用更少力氣地進行製作並複製，而且做出來的工具比你們的更強大更猛烈，那力量遠遠超過你們最大的大砲與蛇砲。我們也生產大砲、武器和各種兵械，還有新的合成火藥，以及能在水裡燃燒且不會熄滅的希臘火。我們也能製作各式各樣的煙火，可供娛樂，亦可供實際使用。我們能模仿鳥類，有幾種方法能讓我們在天空飛翔；我們也有大大小小的船艦，除了潛水以外也有防禦功能，也有幫助游泳的腰帶和支撐物。我們有各種奇奇怪怪的鐘錶，有些利用回行運動，有些利用永恆運動。我們會透過圖像來模仿動物如人、野獸、鳥、魚和蛇等的動作。我們還有許多不同的運動，

在規律性、優雅與精細度上都極其奇特。我們也有數學室，裡面有各種製作精巧的幾何學與天文學儀器。

我們還有用來展現各種假象的陳列室，裡面展示著各種魔術、幻術、錯覺與假象。你們應該也會相信，假使具有掩飾事物並盡可能讓它看起來更神奇的能力，擁有這麼多令人讚嘆的自然之物的我們，也會在這個具有許多獨特事物的世界裡做出一些能夠欺瞞感官之事。然而，我們確實憎恨所有的騙局與謊言：以至於我們以處罰和罰款的方式，嚴格禁止人民炫耀任何經過裝飾或誇大的作品或事物，只能展現具有純粹本質、未受任何過度修飾者。

孩子，這就是所羅門王之家的財富。

基督城

約翰‧瓦倫汀‧安德烈亞
《論基督城共和國》*Reipublicae christianopolitanae descriptio*，卷2，第7節，1619年

我肯定得先跟你們描述這座城市的樣貌。它方方正正，一側的長度為七百呎。它有四座橋墩和厚實城牆，能提供充分的防禦。無論從哪個方向，這座城看起來都一樣。它的防禦以八座分佈在城內的塔樓要塞為主，此外還有十六座重要性相當的較小型塔樓，以及位於城中央、近乎無敵的堡壘……事物有著一模一樣的外觀，看來不豪華也不寒酸，這種規劃讓人能享受這裡自由與新鮮的空氣。居民約有四百，全都是虔誠的信徒，在這裡安寧平靜地生活。

天堂的新耶路撒冷

聖經〈啟示錄〉，第21章，第12~23節

有高大的牆，有十二個門，門上有十二位天使；門上又寫著以色列十二個支派的名字。東邊有三門、北邊有三門、南邊有三門、西邊有三門。城牆有十二根基，根基上有羔羊十二使徒的名字。對我說話的，拿著金葦子當尺，要量那城和城門城牆。城是四方的，長寬一樣。天使用葦子量那城，

共有四千里，長、寬、高都是一樣；又量了城牆，按著人的尺寸，就是天使的尺寸，共有一百四十四肘。牆是碧玉造的；城是精金的，如同明淨的玻璃。城牆的根基是用各樣寶石修飾的：第一根基是碧玉；第二是藍寶石；第三是綠瑪瑙；第四是綠寶石；第五是紅瑪瑙；第六是紅寶石；第七是黃璧璽；第八是水蒼玉；第九是紅璧璽；第十是翡翠；第十一是紫瑪瑙；第十二是紫晶。

十二個門是十二顆珍珠，每門是一顆珍珠。城內的街道是精金，好像明透的玻璃。

遍尋不著的地方

豪爾赫‧路易斯‧波赫士
《特隆‧烏克巴爾、第三世界》*Tlön, Uqbar, Orbis Tertius*，1940年

烏克巴爾的發現，要歸功於一面鏡子和一本百科全書……這件事發生在五年前。那天晚上，畢歐伊‧卡薩雷斯在我們這兒用晚餐，他正談論著手上一個寫作計劃，一本以第一人稱寫作的小說，其中，敘述者在忽略或扭曲某些事實以後，造成了許許多多的矛盾，讓某些讀者——極少數讀者——能夠藉此猜測出一個可怕或單純的事實。走道另一端的鏡子窺視著我們，我們也發現這鏡子有些可怕的地方（在深夜這樣的發現是無可避免的）。

約翰・瓦倫汀・安德烈亞的城堡，取自《論基督城共和國》，1619年出版。

畢歐伊・卡薩雷斯於是想起，烏克巴爾的一名異教徒曾聲稱，鏡子和交媾都是可憎的，因為它們都會讓人類的數量成倍增加。在被問到這種令人印象深刻的說法由何而來的時候，他表示《英美百科全書》上的烏爾巴克條目就是這麼寫的。在我們租來的附家具別墅中，就有這本百科全書。在第四十六卷的最後幾頁，我們找到烏普薩拉的條目；在第四十七卷的頭幾頁，則是烏拉爾－阿爾泰語系語言的條目；然而卻沒有提到烏克巴爾。畢歐伊在失望與驚訝之餘，翻了翻這百科全書的索引，嘗試了所有可能的發音：烏卡巴爾、烏科巴爾、武克巴爾、庫克巴爾、吾克巴哈……他在離

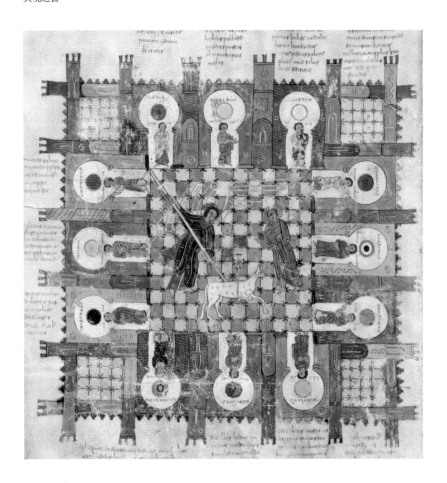

開之前告訴我，那是伊拉克或小亞細亞的一個區域。我承認，當時的我確實有些尷尬……隔天，畢歐伊從布宜諾斯艾利斯打電話給我。他說，他正在讀烏爾巴克的條目，在《英美百科全書》第四十六卷。這異教條目並不存在，不過文內確實有提到它的教條，而且幾乎和他引述的一模一樣，雖然文采也許不是那麼高明。畢歐伊引述的是「鏡子和交媾都是可憎的」，而《英美百科全書》的內文是這麼寫的：「對這些諾斯底主義人士來說，肉眼可見的世界是一種幻象，

或者——更正確地來說——是一種詭辯；鏡子和為人父都是可憎的，因為它們會繁殖且散播」……

我謹慎地讀著這些文字……我在重讀的時候發現，這些嚴謹的文字底下其實隱藏著一種根本的不確定性。在地理部分出現的十四個名稱中，我只認得三個（呼羅珊、亞美尼亞、埃爾祖魯姆），而且它們都以相當模稜兩可的方式穿插在文章之中；至於歷史悠久的名稱，只有一個：斯梅爾迪士，不過這只是為了比較之故才提及的。文章似乎說明了烏克巴爾的邊界，不

〈天堂的耶路撒冷〉，取自《貝亞杜斯評啟示錄》，約公元950年於萊昂出版，目前收藏於美國紐約皮耶龐特摩根圖書館，Ms. 644, f 222v。

過文中使用的模糊參考點都是同一個國家的河川、隕石坑與山脈……

兩年前，在一本百科全書手抄本中，我曾讀到一個假國家的概述；而現在這個狀況替我帶來了更珍貴也更困難的東西。現在，我手上握著一未知行星的完整歷史，在這龐大且有條不紊的文字中，描述了該地的建築、戰爭、神話所造成的恐懼以及當地語言發出的聲音，還有該國的皇帝、海洋、礦物、鳥獸魚蟲、代數、火、以及在神學與形上學的爭議。

第十二章

所羅門群島與未知的南方大陸

在這個世界上，有些地方曾經被人夢到、被描述、被尋找、甚至被記錄在地圖上，然後又從地圖上消失，而且，演變至今，所有人都知道這些地方從來就不曾存在過。然而，當時人們認為這些地方的文明發展情況類似祭司王約翰的國度，因而擁有理想的運作方式，為了尋找之，歐洲人四處在亞洲和非洲探險，不過顯然並沒有找到這些地方，反而找到了其他東西。

南方大陸就是這些讓人遍尋不著的地方之一。有關南方大陸的概念可以回溯到古希臘，從亞里斯多德（《天象論》卷2第5章）到托勒密都曾經提及，只不過經常和對蹠點理論相混淆（本書第1章曾討論到對蹠點）。畢達哥拉斯學派發展出所謂反人世界或「相對世界」，認為它是與已知世界（適居地、人世）相對稱的大陸，對於地球的平衡有著必不可少的重要性，能防止地球翻過來。古羅馬地理學家梅拉甚至認為塔普羅班島應該是位於南方大陸上某一個端點的海角。到了現代，相信自己已找到這地方的麥哲倫，將它稱為「*Terra Australis recenter inventa sed nondum plene cognita*」，意指「最新發現且尚未完全被了解的南方大陸」。

想要進一步了解這到底指的是什麼，只要仔細檢查兩張古地圖即可：古羅馬作家馬克羅比烏斯的經典地圖無法預見美洲的存在，史上第一本世界地圖的製圖人奧特柳斯幾乎已經記載了整個亞洲、非洲和美洲，不過兩人都對於世人今日稱為大洋洲的部分，卻是什麼都不知道。因為在他們的時代，人類還沒有發現澳洲和地球的那片區域，世人將那個地區想像成一塊球冠狀的土地、一片未知的大

亨利・羅伯茨（Henry Roberts），〈決心號〉，約1775年繪製，水彩畫，目前屬於澳洲雪梨新南威爾斯國家圖書館米契爾藏書。

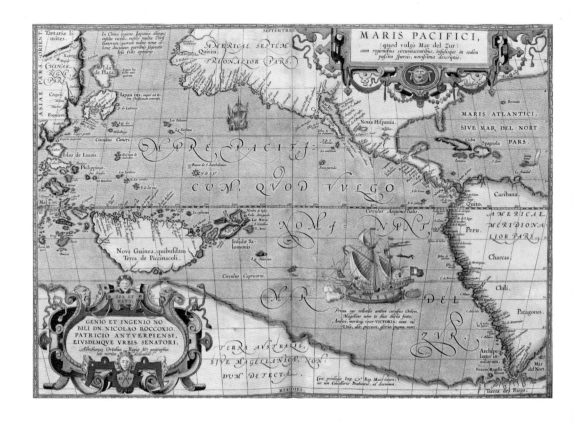

陸、一個將南半球完全覆蓋的龐大陸塊，而且根本不適合人類居住，或者是個猛獸遍布之地。

　　麥哲倫沿著南美洲南端的麥哲倫海峽航行時，在左手邊看到一列森林蒼翠且山上有白雪覆蓋的島嶼。那群島嶼現在被稱為火地群島，不過麥哲倫當時卻認為這地方是未知大陸往北延伸上來的分支。在麥哲倫以後，其他航海家也曾在南大西洋、南印度洋和南太平洋尋找這塊未知大陸。

　　西班牙人尤其熱中於尋找未知大陸，在信風的輔助下，他們從美洲海岸朝西航向太平洋。阿爾瓦羅・德・薩維德拉（Álvaro de Saavedra）就是這麼抵達了新幾內亞（他以為新幾內亞是未知大陸的一部分）。後來在1542年，魯伊・洛佩斯・德・比利亞洛沃斯（Ruy Lopes de Villalobos）先後在加羅林群島和菲律賓群島登陸。北太平洋的馬里亞納群島也是西班牙人發現的。到了1563年，胡

〈太平洋地圖〉，取自亞伯拉罕・奧特柳斯《世界概貌》，1606年出版。

右：科內利斯・德・尤德（Cornelis de Jode），〈新幾內亞與所羅門島地圖〉，1593年安特衛普出版。

威廉‧霍奇斯（William Hodges），〈庫克船長在新赫布里底群島的塔納島登陸〉，18世紀繪製，目前為英國倫敦格林威治國立海事博物館藏品。

安‧費爾南德斯（Juan Fernandez）從祕魯出發，抵達了目前仍以他為名的胡安費爾南德斯群島、以及馬斯阿富埃拉島和馬斯阿提耶拉島（現已改名為亞歷山大塞爾扣克島和魯賓遜克魯索島）。儘管如此，南方大陸仍然不知在何處。

在無邊無際的大海上航行並不容易。接下來我們即將提到的諸多因素，再加上航行的困難，正是所羅門群島發現史的寫照。所羅門

群島是另一個與南方大陸有關的傳奇之地，它和南方大陸的差異在
於後者並不存在，而所羅門群島雖然存在，只是它在被人發現之後
卻馬上失去蹤影。

　　1567年，西班牙航海家阿爾瓦羅・門達納德內拉（Álvaro Men-
daña de Neira）來到了一個在發現時馬上被命名為所羅門群島的地
方，他深信此地非常富庶，因為它應該是聖經中曾提及與俄斐的寓

言相關之處，據信，耶路撒冷聖殿的黃金柱就是來自此地。[1]

　　儘管找不到那些財富，門達納德回國時還是帶回了有關這片美好之境的消息，最後在1595年終於說服西班牙政府讓他進行第二趟航行。西班牙政府之所以答應，也因為就在那一段時間，西班牙無敵艦隊被英軍殲滅，而英國、荷蘭與法國勢力開始慢慢侵入太平洋。假使聖經故事中的這個富庶島嶼真的存在，西班牙必須先找到。然而，門達納德的第二次遠航只發現了馬克薩斯群島，卻再也找不到所羅門群島（一直到一個半世紀以後，世人才抵達其中的布干維爾島）。

　　門達納德再也找不到所羅門群島，因為想重回此地，他需要正確的座標（也就是緯度和經度），不過在他那個年代，一直到之後將近兩個世紀的時間，人們雖然可以輕易地運用適當的航海儀器，以太陽和恆星的位置來計算出緯度（以及一天中的時刻），卻無法得知經度為何。試想，美國紐約和義大利拿坡里的緯度相同，如果不知道兩地的經度，根本無法確知兩地之間的距離。為了解決這個問題，也就是知道怎麼找到塞萬提斯所謂的「固定點」（這並非人們普遍解讀為尋找一精確點的意思，而是指無論去到任何地方都能知道自己所處之確切位置的能力），16世紀的西班牙國王菲利普二世早就重金懸賞給任何能找出解決之道的人，後來菲利普三世提出給解決問題者六千達克特金幣的年薪加上兩千金幣的年金，荷蘭國會則提出三萬弗羅林的獎金。

　　測出經度的唯一方法，是確知所在地的當地時間以及出發地在同一時刻的時間：由於每相差一個小時，相當於經度十五度，只要分別知道兩地在同一時刻的時間，就能確認所在位置的經度。然而，若要知道出發地的時間，船上就必須有一只即使航程搖晃仍能正確運轉不受影響的鐘錶，而這一點一直到18世紀才得以實現。

　　由於缺乏這種精準的鐘錶，為了要能確定所在位置的經緯度，航海家設計出各式各樣饒富想像力的工具，有按照潮汐的，有根據月蝕的，有以磁針變化為基準的，也有利用觀察木星衛星的（根據伽

注1：參考本書第二章所論及羅門王和俄斐之處。

〈使用交感粉的各個階段〉，取自肯內爾姆·迪格比（Kenelm Digby），《交感劇場》，1660年於紐倫堡出版。

利略向荷蘭人的提議），不過這些方法沒有一種能夠真正發揮效用。

　　既然本書探討的是傳說，就來說說諸多方法與工具中最可怕的「交感粉」（polvere di simpatia）。在17世紀，世人深信所謂交感粉或武器軟膏這種物質，必須被抹在剛造成傷口而且還帶著血的武器或是還帶有傷口血漬的布料上。然後，空氣會吸引血液的原子，而交感粉的原子也會隨之被吸起。如此以來，傷口流出的原子就會被周圍空氣吸引。那麼，無論是布料、武器上或是來自傷口的血液原子，就會聚集在一起，聚集到傷口處；交感粉就會滲到肉裡，加速傷口癒合。即使傷口離武器和布料很遠，也有可能發揮效果（可參考迪格比於1658年和1660年的著作）。

　　然而根據同樣的原理，如果傷人的武器上抹的不是交感粉，而是一種具有強烈刺激性的物質，那麼傷者也會感到急性劇烈的疼痛。

　　為了解決經度的問題（有人突發奇想），只要抓一隻狗，在牠身

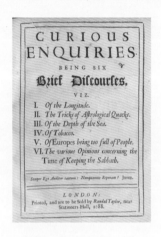

上弄個大傷口，把牠放在一艘要出發去大洋航行的船上，並努力讓傷口不要癒合。如果每天在一個約定的時間，有人在出發地將刺激性物質放在用來弄傷狗兒的武器上，狗兒馬上會受到刺激，因為疼痛而叫出來。如此以來，船上的人就可以知道當時為出發地的約定時刻，只要知道所在地的時間，就可以推斷出經度。我們無法確知是否真有人曾經使用過這個方法，不過這個提議出現在一本作者不明的小冊子《奇異探究》（*Curious enquiries*，1688年出版）之中，比較有可能是對交感粉的各種理論開的玩笑。

　　由於這些方法都沒有用，無法測量經度，所以一直到哈里森發明能夠將時間設定在出發點時間的船用精準計時器，才終於解決經度測量的問題。哈里森在1735年製造出第一款船用精準計時器，並且繼續改良。1772年，庫克船長在第二次遠航時，就帶著一只這樣的船用精準計時器出發。庫克船長在第一趟航程期間終於抵達澳洲海岸，不過當時的英國海軍本部仍然堅持要尋找南方大陸的所在

左：席妮‧帕金森（Sidney Parkinson），〈毛利人畫像〉，1770年繪製，目前為英國倫敦大英圖書館藏品。

右：《奇異探究》副本，費城圖書館公司收藏。

喬治・卡特（George Carter），〈庫克船長之死〉，1783年繪製，目前為美國檀香山伯妮絲帕瓦希比夏博物館藏品。

注2：丹尼・維哈瑟，《薩瓦拉姆比的歷史》（The History of the Sevarites or Sevarambi），1675年由倫敦雀麥出版社發行（以英文出版，後來被翻譯成法文）。該書一開頭的描述，讓許多人將它當成一本真實遊記，《知識期刊》（Journal des Sçavants）甚至專文評述。

位置。在第二次航行中，庫克自然沒有找到這夢中之地，不過卻找到新喀里多尼亞和南桑威奇群島，並且到了離南極洲非常近的地方，也登陸東加島和復活節島。由於庫克手中握有船用精準計時器，能記下所到之處的座標——未知南方大陸的傳說也就隨著這些探險活動而灰飛煙滅。

　　這塊探險家的失落大陸或是未曾尋獲的南方大陸，激發了許多作家的靈感想像，讓他們寫出以烏托邦為題的故事，描述著那些地方的理想文明，例如法國作家丹尼・維哈瑟（Denis Vairasse）的《薩瓦拉姆比的歷史》[2]、加百列・德・富瓦尼（Gabriel De Foigny）的《南方之境》、布列塔尼的瑞斯提夫的《飛人在南方的發現》、以及札卡利亞・薩里曼（Zaccaria Serimàn）的《恩利可汪頓的南方未知大陸之行》。然而，這些作家筆下吹捧的南方大陸全都是虛構的，只能見證世人對於南方大陸傳說的迷戀。不過，就像經常發生的狀況，烏托邦也可能以負面的形式出現，例如約翰・霍爾的《另一個

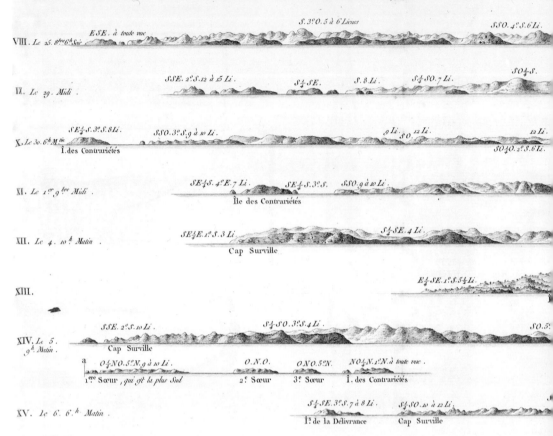

世界》。

　　義大利詩人圭多·葛札諾（Guido Gozzano）以一首優美卻也滿懷憂鬱的詩，詮釋出世人對一塊讓人珍視卻未曾能夠尋獲的土地所懷抱的留戀情感。他描述這未能尋獲之島消失的方式，有種虛無縹緲的距離感，好像他手中握有一些18世紀航海書的地圖一般；事實上，這種島嶼就如虛無假像一般消逝的概念，讓我們不得不去思考，在世人找到方法解決經度的問題之前，航海家為了要認出航程中遇見的大小島嶼，必須倚賴初次發現某一島嶼時所畫下的輪廓外觀。從遠處慢慢靠近，航海家能夠藉著輪廓來辨識出這座（在地圖上不存在的）島嶼，這輪廓就好比現今美國城市所謂的天際線。那

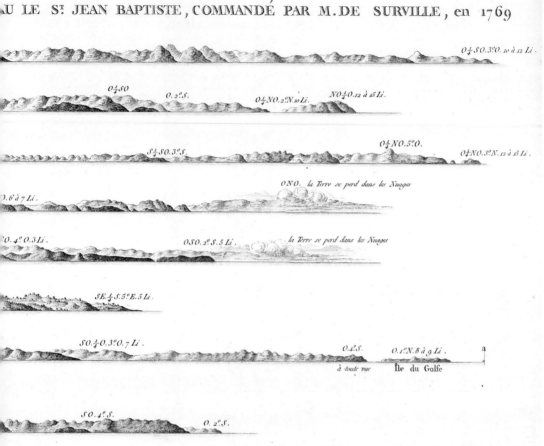

〈島嶼的輪廓〉，取自法國探險家查爾－皮耶．克拉瑞．德．弗勒里厄（Charles-Pierre Claret de Fleurieu），《1768至1769年間法國人在新幾內亞東南部的發現》，1790年法國巴黎出版。

麼如果有兩座島嶼的輪廓相似，好比兩座城市同時具有帝國大廈和（曾經存在的）世貿中心的狀況呢？此時，航海家就可能在錯誤的島嶼登陸，天知道這種事情在過去到底發生了多少次。

此外，造成島嶼輪廓改變的因素很多，除了天空的顏色、霧氣、每日時刻以外，會導致樹林質量變化的季節變遷也會造成影響。有時候，島嶼可能因為距離遙遠而染上一抹藍，不過這顏色可能在夜間或是有霧時消失，而且低雲也會遮住山的輪廓。只知道輪廓的島嶼是最難以捉摸的。在一座沒有地圖和座標的島上移動，就好比英國作家艾勃特（Abbot）筆下在平面國裡生活的人，只知道一個維度，只能從正面看東西，眼中所見就好比沒有厚度、高度和深度的

線條，更別說只有平面國以外的人才能從高處看到東西的維度。

　　事實上，據說非洲馬德拉島、拉帕爾馬島、戈梅拉島和耶羅島的居民，因為受到雲霧或複雜蜃景的幻影所欺騙，曾經相信自己看到東方有一座在海天之間難以捉摸的「消失的島嶼」。

　　所以，既然一個人可能因為海水反射而看到一座不存在的島嶼，就有可能將兩座島嶼搞混，因而永遠到不了自己想去的那個島。

　　就如老普林尼（《博物志》卷2第96頁）所言，有些島嶼永遠飄浮在半空中。

　　另一方面，即使到現在，偶爾還是會有幽靈島嶼出現，即使最具公信力的地圖亦是如此——這個狀況自然都是出現在南方大陸的所在區域。2012年年底，雪梨大學研究人員表示，在許多地圖上都有記載、介於新喀里多尼亞和澳洲之間的南太平洋珊迪島事實上並不存在，在該地區進行的所有調查都顯示，這個島嶼不但不存在，甚至不可能是因為被海水淹沒而消失在海平面上，因為該地區海域的深度很一致，都是一千四百公尺。然而，南太平洋的瑪麗亞特里薩礁、埃內斯特勒古韋礁（於19世紀中到20世紀初在土阿莫土群島和法屬玻里尼西亞發現）、木星礁、瓦楚塞特礁、蘭基提奇礁等，都曾經發生過類似的狀況，沒有人能夠證明這些島嶼的存在，而有些地圖上至今仍有記載（例如瓦楚塞特礁仍然出現在2005年版的《國家地理世界地圖集》）。

　　因此，就如老普林尼無法預見某些島嶼的存在與否，即使是地圖，都是不停在變動的。

　　當南極洲出現、南方大陸消失之後，傳奇之地的歷史紀事焦點遂被轉移到世人已經抵達卻尚未完全探索的南極洲以及南極的洞穴傳說[3]，試圖在地球內部尋找在表面上消失的地方。

注3：參考下一章。

〈南方大陸〉，取自奧隆思‧菲內（Oronzio Fineo），《現代世界地圖》，1534年出版，目前為法國巴黎國立圖書館藏品。

未知的南方大陸

丹尼‧維哈瑟

《薩瓦拉姆比的歷史》*The History of the Sevarites or Sevarambi*，1677~1678年

許多人都曾經沿著被稱為未知南方大陸的第三大陸海岸航行，不過沒有人曾經抱著描述它、記載它的目的去拜訪。世人確實可以在地圖上看到製圖家描繪的海岸，不過繪製的方式如此粗略，有可能造成概念上的混淆。

沒有人懷疑這塊大陸的存在，因為許多人都曾經親眼看到，甚至曾經登陸；然而，因為這些人並非按自身意願抵達該地，所以大多不敢往內陸推進，因此也無法提供太深入地描述。

我們現在公開的這個歷史，將會彌補這個知識的缺失。它的書寫方式簡易明瞭，沒有人會質疑它的真實性，讀者可以很容易地注意到，它具有真實歷史的所有特點。儘管如此，我覺得我還是必須提供更多理由，以增加這個歷史的權威性。

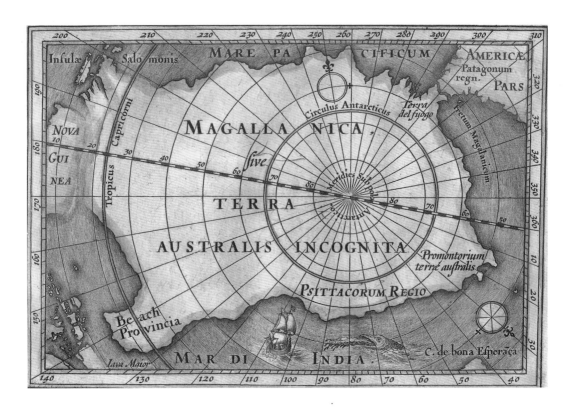

南方的語言

加百列・德・富瓦尼

《南方之境》*La Terre Austral Connue*，
1676年

這些人有三種方式可以表達他們的想法，分別是手勢、話語以及書寫，每一種表達方式也都出現在歐洲。手勢是他們經常使用的方式，我注意到，他們在一起的大部分時間，都不會高聲談話，因為只要利用這些主要原則來表達即可，「能夠以少許動作表達，就不需要運用太多動作」。

因此，他們只在必須連貫話題並將許多主張綜合在一起的時候才會說話。他們的所有話語都是單音節，動詞變化也是遵循同樣的原則。

舉例來說，「af」是「愛」的意思；現在式是「la」、「pa」、「ma」，「我愛」、「你愛」、「他愛」的意思；「lla」、「ppa」、「mma」是「我們愛」、「你們愛」、「他們愛」。他們只有一種過去式，也就是我們的完成式：「lga」、「pga」、「mga」是「我愛過」、「你愛過」等，「llga」、「ppga」、「mmga」是「我們愛過」等的意思。未來式是「lda」、「pda」、「mda」等，「llda」、「ppda」、「mmda」等。在南方語言中，「工作」

佩特魯斯・貝爾提烏斯（Petrus Bertius），《貝爾提烏斯地圖集》，出自《南方大陸的描繪》系列，1616年阿姆斯特丹出版，目前為美國普林斯頓大學的古地圖收藏。

是「uf」：現在式是「lu」、「pu」、「mu」等，過去式是「lgu」、「pgu」、「mgu」等。

他們的語言沒有變格，沒有冠詞，字彙也很少。簡單事物以單一母音來表達，合成物則利用主要組成成份的母音來表示。他們只知道五種簡單成份，其中第一種也最高貴的是火，以「a」來表示；之後是空氣，用「e」表示；第三種是鹽，以「o」表示；第四種是水，叫做「i」；第五種是土，以「u」表示。主要造成差異的是子音，而且子音的數目比歐洲語言來得多。每個子音表示母音指稱物的一種特質；「b」表示清楚明亮，「c」是熱，「d」是令人不快，「f」是乾燥等；按照這些規則，能清楚形成字語，聽他們講話的時候，就能馬上了解指稱事物的本質與內容。他們將星星稱為「Aeb」，這個字表示由火和空氣組成而且有亮度的東西。他們將太陽稱為「Aab」；鳥是「Oef」，用來表示一種牢固、乾燥且氣態物質的標誌。人叫做「Uel」，指一種一部分是以太、一部分是土壤，再加上水分組成的東西，其他事物也是依照同樣的原則來命名。這語言系統的優點，在於所有人在學會最初的組成成份以後，都成了哲學家，而在這個國度，一個人無法在指稱事物的同時又不解釋事物的本質，對於不知道語言簡中奧祕與目的的人來說，看來著實神奇。

狗頭人的島嶼

札卡利亞·薩里曼

《恩利可汪頓的南方未知大陸之行與猿猴及狗頭人王國之旅》*Viaggi di Enrico Wanton Alle Terre Incognite Australi ed ai Regni delle Scimmie e dei Cinocefali*，第5、7章，1764年

雖然我們不知道自己到底來到了什麼地方，從暴風雨的狀況來看，我們應該是來到了南方大陸，後來在觀測星辰的時候，我們也確認了這一點。羅貝托早就知道，那些地方至今未有歐洲人造訪過，不過他並未把他的疑慮告訴我。此外，從南極的位置來看，他也確信，總有一天會有船隻經過那些海岸，解救我們離開那裊無人煙的荒地，不過他也沒有告訴我，讓我繼續懷抱著錯誤假象……

之後，他們帶我們朝著那地方去，待我們走近一扇門，眼前出現兩隻畸形的灰猴子，一公一母，坐在房屋入口旁的長凳上。

天吶，這到底是什麼樣的驚奇！母猴腰際圍著一條毛絨絨的裙子，身體同樣也覆著同樣的袍子，頭上則頂著用棕櫚葉做成的帽子。

公猴身上覆著一件從頸部長及腳踝的長袍，頭上沒戴東西。他們看到我們的時候，似乎有些驚訝，站起來仔細打量著我們；我以為這麼認真的觀察，應該會衍生出什麼嚴肅的反應，結果這些野獸竟然爆笑了出來，大大

冒犯了我那敏感的虛榮心。母猴尤其不停地嘲弄我們，如果不是羅貝托低聲警告我，這不是撕破臉的場合與時機，我很確定自己應該會生氣，因為在那個時候，如果我們稍顯不滿，不但會自取其辱，更會危及生命安全。我只好冷靜下來，等待著終於不用再扮小丑奉承這兩隻骯髒野獸的那一刻。

之後，母猴清楚鳴叫了一聲，這聲音穿過了這野獸農場的庭院大門，越過一群年齡大大小小的猴子。就在那時，我們成了眾猴訕笑的焦點。有看著我們笑的，有檢查著我們的金色假髮、誤把它當成天生頭髮的，有抓著我們的衣緣不放的，隨後更不停地嘰嘰喳喳，儘管如此，牠們在驚異間夾雜著訕笑，這是愚昧無知者在看到新事物時才會出現的行為。其中一隻幼猴手上拿著一根桿子，就如那年齡的天性，牠不時用桿子戳弄著我們的手腳，就像我們的孩子對待猴子的態度。

札卡利亞・薩里曼，《恩利可汪頓的南方未知大陸之行與猿猴及狗頭人王國之旅》的插圖，於米蘭出版，日期不詳。

遍尋不著的島嶼

圭多‧葛札諾（1883~1916）
《最美的島！》

世上最美的島是遍尋不著的島；
那西班牙國王從葡萄牙國王手中
經正式文件簽署並由
教宗以拉丁文密封。

西班牙王子航行到了神話般的國度，
在尋找島嶼之際，來到了幸運群島：
朱諾島、歌果島、赫拉島以及馬尾藻
海和黑暗之海，
然而那座島嶼，卻仍不見蹤影。

船艦徒勞地飄蕩著，
戰艇無功繼續航行，
遍尋不著島嶼，教宗早已放棄，
然葡萄牙與西班牙仍然持續著。

這島嶼確實存在，有時遠遠出現在

特尼里弗和帕爾馬之間，籠罩神祕氣息：
「不存在的島！」加那利的居民
從泰德峰指著島，向訪客展示著。

海盜的古老地圖上標示著該島，
尚待尋找的島？讓人朝聖的島？
那是在海上滑動的童話之島，
偶爾，航海人可以從近處看到。

乘船接近那片受賜福的海岸，
未曾見過的花朵間佇立著大型棕櫚，
蒼鬱森林洋溢著活力與香氣，
有淚滴狀的豆蔻生長，也有樹幹滲出
橡膠……

這座遍尋不著的島好比宮廷仕女，
接近時香味先到……然而，若舵手繼續前進，
它會像幻影一樣迅速消失，
遠離之際，則會慢慢變成淡藍色的影子。

第十三章

地球內部、極地與地心世界的傳說

左：尼科洛．德爾阿巴特（Nicolò dell'Abate），〈埃涅阿斯自亞維努斯湖進入冥府〉，16世紀繪製，目前為義大利摩德納埃斯特美術館收藏。

右：丁托列托（Tintoretto），〈耶穌降臨地獄邊境〉，1568年繪製，目前為義大利威尼斯聖卡西亞諾教堂收藏。

　　地心到底是什麼樣子？在所有古老傳說的想像中，穿過地表進入地球內部，就會來到死者的國度，例如荷馬和維吉爾筆下的冥界、但丁筆下的地獄，與在但丁之前就已存在的對死後世界的諸多描述，像是伊斯蘭教的《夜行登霄》（*Libro della scala*）和其他描繪穆罕默德遊地獄的阿拉伯文文本等。

約阿希姆·帕提尼爾
（Joachim Patinir），〈渡
冥河的卡戎〉，約1520
至1524年繪製，目前
為西班牙馬德里普拉多
博物館收藏。

上：天使加百列陪同穆罕默德遊地獄的情景，阿拉伯文手抄本《升天之書》的插圖，15世紀於土耳其繪製，目前為法國巴黎國家圖書館收藏。

下：〈守護者〉，古埃及法老拉美西斯三世之子卡瓦賽特之墓的局部圖，公元前 1184 至 1153 年於底比斯繪製。

　　與地獄同性質者，還有義人的靈魂居住的極樂世界，以及塔爾塔羅斯（Tartaro），也就是希臘神話中宙斯用來囚禁泰坦人的地獄的那個部分，它據說是個非常深的峽谷，若投一塊鐵砧進去，要九天九夜才會落到谷底。在眾多作者中，只有托比亞斯·史文登（Tobias Swinden）認為地獄不在地底下而在天上。他在《地獄本質與地點之調查》（In-chiesta Sulla Natura e il Luogo dell'inferno, 1714）提出，地獄不可能位於地心，而應該在宇宙中最炎熱的地方，也就是太陽的中心。

　　然而，地球深處同樣也吸引世人注意。由於天空很難探索，而土地可以挖掘，因此礦業有著極其古老的歷史。

上：取自托比亞斯·史文登（Tobias Swinden）《地獄本質與地點之調查》，1714年出版。

下：〈礦山〉，取自格奧爾格·阿格里科拉（Georg Agricola），《論礦冶》，1556年於瑞士巴塞爾出版。

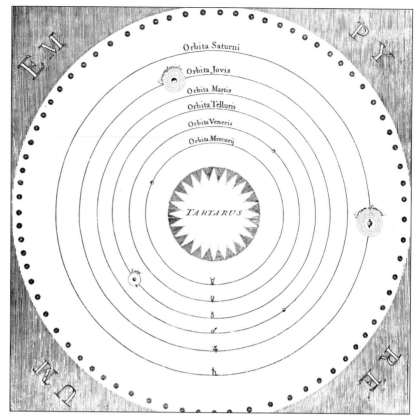

上：喬瓦尼・巴蒂斯塔・皮拉內西，〈假想監獄〉，約在 1761 年繪製，此為美國洛杉磯郡立美術館收藏。

左下：巴黎下水道，尚保羅・李塞諾華（Jean-Paul Le Chanois）替電影《悲慘世界》繪製的草圖，1957 年繪於巴黎，目前為法國巴黎電影資料館（Collections Cinémathèque française）收藏。

右下：奧古斯丁諾・托法內利（Agostino Tofanelli），〈聖加理多地下墓穴〉，1833 年繪製，水彩版畫，私人收藏。

　　進入地殼底下的地心，一直都對人類有莫大的吸引力。有人認為，人類對洞穴、峽谷、地下隧道的興趣，都是源自於一種想要回到母親子宮的傾向；我們也許都還記得小時候在睡著以前喜歡藏在被窩裡，想像深海航行、遺世獨立的景象；洞穴可以是一個能夠遇見地球深處怪物的地方，也可以是人類躲避敵人或其他地表怪物的避難所；有人則幻想可以在洞穴裡找到被藏匿起來的寶藏，或是想像裡面住著像是地精一樣的地底生物；在許多傳說中，耶穌並不是出生於茅草屋裡的馬廄，而是在洞穴裡出生。藝術家與小說家的想

出自托馬斯·伯內特
（Thomas Burnet），《地球
的神聖論》插圖，1681年
英國倫敦出版。

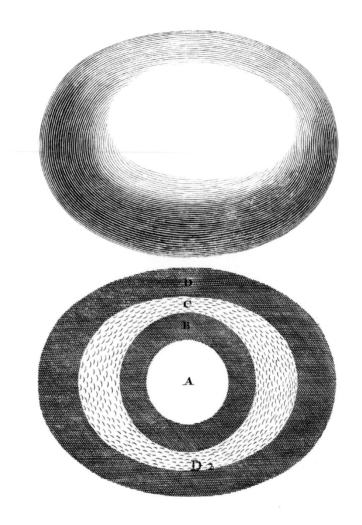

像，也因為這些帶有黑暗色彩的地方而盡情馳騁，例如皮拉內西
（Piranesi）以假想監獄為題創作的版畫，就孕育出未來的基督山伯
爵待了14年的伊夫堡監獄，以及雨果《悲慘世界》小說裡虛構犯
罪人物方托瑪斯的著名下水道。

　　托馬斯·伯內特（Thomas Burnet）在《地球的神聖論》（*Telluris
theoria sacra*, 1681）中曾估計，大洪水若要吞沒整個地球，大概得
用上6到8個海洋的水量，因此，大洪水之前的地球應是被一層薄
薄的地殼覆蓋著，下面充滿了水，中央核心由熾熱的物質構成。此

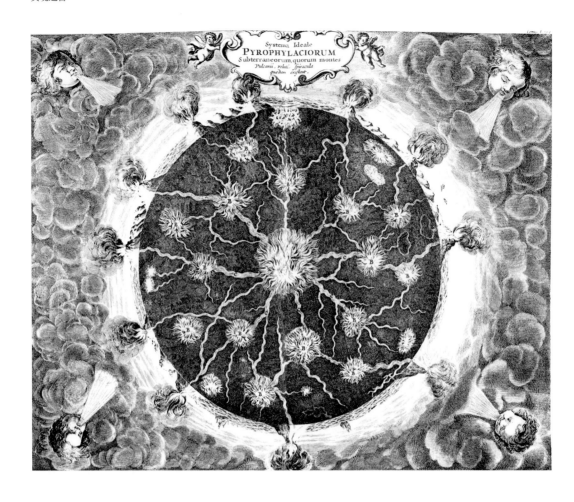

取自阿塔納斯‧珂雪，《地下世界》插圖，1665年出版。

外，當時地軸的傾斜角度不同，也讓地球處於永春狀態。後來地殼破裂，下面的水流了出來，造成大洪水。在洪水退去以後，地球就成了我們現在熟知的面貌。儘管如此，一般人還是認為，雖然地表下有許多洞穴和地底通道，總的來說，地心應該是固體。但丁甚至將地獄想像成一個巨大的漏斗，不過地獄以外的人間世界，仍然是結實穩固且遍布岩石，就像是在一個球體裡挖出一個圓錐形空間一樣。

　　阿塔納斯‧珂雪（Athanasius Kircher）嘗試利用最早的火山探險記錄在《地下世界》（*Mondo sotterraneo*, 1665）裡描繪地球的內

麥可・達爾（Michael Dahl），〈愛德蒙・哈雷〉（Edmund Halley）肖像，1736年於倫敦繪製，為英國皇家學會收藏。

部。這樣科學與科幻的奇妙結合，可以讓人想像一個由炎熱的岩漿河構成的地心，住著像是龍一樣的生物。

地球空洞說　第一位假設地球內部完全是空心的科學家，是以觀察彗星聞名的愛德蒙・哈雷（Edmund Halley）。有人認為數學家萊昂哈德・歐拉（Leonhard Euler）也曾提出類似的假設，不過其他學者則引述歐拉的文字來提出反駁，認為歐拉根本沒有談論到這個主題。哈雷在1692年的英國皇家學會《自然科學會報》上發表了一篇文章，提出地球由三層同心空心球構成的說法，每層空心球之間

相互隔絕，中央的球形炙熱核心為整個系統的中心。最外層空心球的轉動速度比內層其他空心球來得慢，這個轉動速度的差異解釋了磁極位移的現象。地球內部的空氣炙熱，裡面的陸地有人居住，從通道溢出的氣體則是造成極光的原因。

那個年代的科學家並沒有認真看待哈雷提出的假設，不過一位著名的清教徒神學家暨科學家，也就是以影響17世紀新英格蘭地區獵女巫事件而聞名的柯頓‧馬瑟（Cotton Mather），曾在1721年出版的《基督教哲學家》（*The Christian Philosopher*）裡提及哈雷的假設。無論如何，哈雷並不認為人類可以進入地球內部。

虛構的地點本來並不是本書關注的焦點，不過在講到地球空洞說的時候，我們確實得破例，因為有些我們提到的小說裡確實有哈雷理論或——後面會提到的——約翰‧克里夫斯‧西姆斯（John Cleves Symmes）的痕跡，而且許多後來成為科學的理論，的確也受到虛構故事想像的影響。在這些創作中，有些虛構故事只描述了一個有怪獸或原始生物出沒、由曲折如腸的狹窄隧道構成的地底世界，有些則描繪了一個以地表為天空的地下文明。

受到地心空洞說影響的小說有許多部，第一部可能是作者不詳的《由北極穿越地心抵達南極的遊記》（*Relazione di un Viaggio dal Polo Srtico al Polo Antartico Attraverso il Centro del Mondo*, 1721），

馬歇爾‧加德納，《地球內部之旅》插圖，1920年出版。

儒勒·凡納爾，《地心歷險記》插圖，1864年出版。

接著是查爾斯·弗約（Charles de Fieux）分成8冊出版的《拉梅基斯》（*Lamekis*, 1734），描繪一個被幾名埃及智者當成避難所的地下世界，在地下神廟和地底怪物之間發展出來的故事。稍後還有儒勒·凡爾納的名作《地心歷險記》（*Viaggio al Centro della Terra*, 1864），以及1945年至1949年間理查·夏爾普·夏佛（Richard Sharpe Shaver）在科幻雜誌《驚異故事》上的連載，描述一個從史前時代就在地心空洞中倖存至今的古老種族，試著利用古代遺留下來的驚人機械設備來折磨地表人類的故事。據說因為這個連載故事的緣故，雜誌接到許多來信，聲稱他們從地底下聽到了「地獄的聲音」。

　　儘管諸如此類的作品並不少，但第一個以哈雷假設為據來撰寫的重要小說，是路維·郝爾拜（Ludvig Holberg）的《尼爾斯·克林姆的地底旅行》（*I Viaggio Sotterraneo di Niels Klim*, 1741）。郝爾拜描述了一個烏托邦社會，主角在這裡的發現，以及這個社會所展現

的智慧都要比綏夫特筆下所呈現的（有關道德、科學、性別平等、宗教、政府與哲學的戲仿幻想小說）更耐人尋味，他甚至還解釋了地球內部的整個太陽系有著什麼樣的結構。

在義大利，賈科莫‧卡薩諾瓦（Giacomo Casanova）受到郝爾拜小說啟發而寫下的《伊科沙美隆》（*Icosameron*），卻是一部讓人失望的作品。這位極富冒險精神的威尼斯人，在遲暮之年淪落到波西

〈地底世界的生物〉，取
自路維．郝爾拜，《尼爾
斯．克林姆的地底旅行》。

　　米亞擔任華倫斯坦伯爵的圖書館員，在那段時間出版了這部拙劣的
小說，希望能藉此獲得文壇名聲與經濟成就，不過這部作品並沒有
替他帶來聲望，印刷費用反而讓他花光了僅存的積蓄。

　　卡薩諾瓦描繪的是一系列有些詭異的冒險故事，其中最吸引人的
角色是愛德華和伊麗莎白這對來自地下世界的兄妹，兩人藉由亂
倫，在地面世界孕育出一整個王朝，而且也將亂倫當成傳統傳了下

左：卡爾・古斯塔夫・卡
魯斯（Carl Gustav
Carus），〈芬格爾岩洞〉，
鋼筆水彩畫，19世紀繪
製，目前為私人收藏。

右：阿蘭・李（Allan Lee）
替托爾金《哈比人》繪製
的插圖，2003年出版。

去，就如卡薩諾瓦推定亞當與夏娃的作為一樣。然而在故事的其他
部分，無論是兩名年輕人怎麼進入地球中心，以及怎麼從地球中心
出來，卡薩諾瓦並沒有費心從地理和天文的角度著墨來解釋故事的
創意核心。至於接下來一百年間創作出的同類型著作，包括可能出
自著名惡魔學專家科蘭・戴・布蘭西（Collin de Plancy）的《地心
歷險記》（*Viaggio al Centro della Terra*, 1821），以及（接下來會講
到的）愛德華・布爾沃－利頓（Edward Bulwer-Lytton）的《未來
種族維利》（*Vril, the Power of the Coming Race*）。

到了20世紀，威利斯・喬治・愛默森（Willis George Emerson）
在《硝煙彌漫的神》（*The Smoky God*, 1908）描述了一名叫做奧拉
夫・楊森（Olaf Jansen）的挪威漁夫駕船和父親一起抵達了一座位
於地球內部的大陸，花了兩年遊歷一個地下王國的許多城市，最後
從南極回到地上世界。然而，相關主題的長篇巨作中，最受歡迎者

則是愛德加・萊斯・巴勒斯（Edgar Rice Burroughs）創作的地底人系列（Pellucidar）。這個系列後來被畫成漫畫，並結合了泰山系列，讓故事中出現來自凡爾納地底世界的恐

左：法蘭克・弗拉澤塔（Frank Frazetta）繪製，愛德加・萊斯・巴勒斯小說《佩魯西達爾》的封面。

中：勞倫斯・史特恩・史蒂文斯（Lawrence Sterne Stevens）繪製，維克托・盧梭（Victor Rousseau）《巴拉莫克之眼》封面，1920年出版。

右：巨菇森林，愛德華・里烏（Édouard Riou）替儒勒・凡爾納《地心歷險記》繪製的插畫，1864年出版。

龍、史前動物以及住在地球內部的智慧人種，而且這個地底世界被一個小太陽和圍繞它的小星球所照亮。地底人系列的第一集是《在地球核心》（*At the Earth's Core*, 1914），連續出了好幾集，其中有一集就是以這個地底世界的名稱為題，叫做《佩魯西達爾》（*Pellucidar*, 1915）。

俄羅斯地質學家弗拉迪米爾・阿法納西維克・歐布魯塞夫（Vladimir Afanasevic Obrucev）也許受到巴勒斯或凡爾納所啟發，在小說《普魯托尼亞》（*Plutonia*）裡描繪了一個滿是史前怪獸的地心空間，而維克托・盧梭（Victor Rousseau）也跟隨巴勒斯的腳步，在1920年出版了《巴拉莫克之眼》（*L'occhio di Balamok*），書中描述的地心由一個中心太陽所照亮，居民只要向這個地心太陽看一眼，就會死亡。我們無法一一列出所有受地球空洞說啟發而寫成的作品：根據辛希雅・瓦爾德（Cynthia Ward）於2008年發表的調查，光是英文小說就有八千部作品，而蓋伊・柯斯提斯（Guy Costes）和約瑟夫・艾爾塔伊拉克（Joseph Altairac）在2006年發表的報告，則記錄並評論了超過兩千兩百部各語種的同類型作品。然而，許多作品並不是來自虛構幻想，而是確實受到已發表的假說所啟發。1818年，一位名叫克里夫斯・席姆斯（J. Cleves Symmes）的船長曾致信美國的各個學術團體與每一位國會議員，表示他已經準備就緒，能證明地球是中空的，而且內部適合人類居住的事實。根據他的說法，大自然的所有東西都是中空的，像是頭髮、骨頭、植

奧古斯塔斯‧納普（J. Augustus Knapp）繪製，約翰‧烏里‧勞埃德小說《艾蒂朵爾帕》巨菇森林插畫，1897年出版。

物的莖等，因此我們生活的地球也應該是這麼回事，地球由五個球體構成，每一個球體的內側與外側都適合居住；我們在地球的兩極都可以找到圓形開口，其邊緣被一圈冰塊環繞，只要穿過冰層，就能抵達氣候溫和的區域。

席姆斯沒有留下任何書面材料，不過他走遍全美，四處舉行會議發表他的理論。據說他製作了一個木造的宇宙模型，目前仍為費城自然科學院的收藏。雖然席姆斯的理論站不住腳，要否定也不是那麼容易。席姆斯因為1812年的美英戰爭而成為英雄，而且擁有許多追隨者，因其理論而出現的論文和文章非常多，其中包括他兒子

撰寫的《亞美利庫斯‧維斯普奇烏斯》（*Americus Vespuccius*）。[1]

　　1892年，受到席姆斯概念的啟發，威廉‧布拉德肖（William Bradshaw）出版了《阿特瓦塔巴爾的女神》（*The Goddess of Atvatabar*），過沒多久，約翰‧烏里‧勞埃德（John Uri Lloyd）在1895年出版了書名有些奇趣的《艾蒂朵爾帕》（*Etidorhpa*，此字是將「Aphrodite」阿芙羅狄蒂倒過來寫成），在他的故事中，地球內部出現了一座類似凡爾納曾在《地心歷險記》描繪過的巨菇森林。席姆斯的概念也成為一種信念延續了下來，最近《艾蒂朵爾帕》再版時，在網路上是這麼宣傳的：「虛構？絕對不是，那只是無知者寧可相信的想法！作者是神祕學專家，在這本巨作中，試著讓讀者了解他發現有關地球、地球生命、地底生命與地表生命的可怕現實。」

　　威廉‧里德（William Reed）也曾將類似席姆斯的概念加以理論化，他在《極地魅影》（*The Phantom of the Poles*, 1906）提出，人類事實上不曾發現極地，因為極地根本不存在；所謂極地所在之處，其實是一個通往地球內部大陸的巨大洞穴。馬歇爾‧加德納（Marshall Gardner）在《地心歷險記》（*A Journey to the Earth's Interior*, 1913）談到一個位於地球內部的太陽；當一隻保存狀態十分完整的猛瑪象屍體從冰層中出土之後，加德納下了結論，認為屍體不可能如此長時間地保持完整，因此那些屍體應該是近期才從地球內部大陸逃出來的動物。無論是里德或加德納都認為，由於冰山的組成是淡水而非鹽水，它顯然是由地球內部大陸的河水形成（而這些河川當然也是淡水河，因為它們來自陸地冰川）。

　　里德和加德納的想法，到1969年還被拿出來炒作，一名自稱雷蒙‧伯納德博士（Dr. Raymond W. Bernard）的仁兄寫了一本《地球空洞》（*The Hollow Earth*），其中提到不明飛行物體應該是來自地球內部大陸，環狀星雲的存在，正好證實了空洞世界的存在。伯納德的著作雖然只是重述十多年前已經發表過的理論，卻廣受歡迎，即使到現在仍然持續再版。伯納德似乎是在南美尋找通往地心

注1：有人認為席姆斯的幻想故事是受到愛倫坡最初於1835年發表的短篇小說〈漢斯法爾〉（Hans Phall）啟發，在這篇故事中，主人翁搭乘熱氣球前往月球，從高空看到了北極。

的通道時患了肺炎，並因此病逝。

據說，一位希波爾船長（Captain Seaborn，有人認為他其實就是席姆斯）就是因為席姆斯的啟發而寫下《席母左尼亞》（*Symzonia*, 1820），並在書中放了地球內部的精確圖表。然而，儘管席姆斯提出地球空洞的假設，卻不敢想像生活在地表凸面的人類（包括他自己在內）居住在地球內部凹面世界的情形。關於這一點，塞勒斯・里德・提德（Cyrus Reed Teed）曾於1899年提出，（根據盎格魯－以色列偽科學和「無知的哥白尼所提出的龐大荒唐謬論」）人類所相信的天空其實是一團具有光線明亮區域的氣體，地球內部處處都是這種氣體；太陽、月亮和星辰都不是天體，而是各種現象所引起的視覺效果。提德創設了一個叫做科瑞山團結會（Koreshan Unity）的邪教，該教信徒聲稱已在佛羅里達州海岸利用「直線器」作實驗，證實地表其實是凹面的。就如雷伊（Ley）和德坎普（de Camp）所言，無論是認為地球像壞蘋果一樣坑坑洞洞的理論，或是地球空洞說，都是站不住腳的。事實上，地表底下幾公里的深處，由於熱和壓力的緣故，岩石的可塑性會增加，因此任何洞穴或空腔都會被填起來，這和一大塊液狀乳香脂上的任何孔洞，在受到壓力作用時都會被填滿的道理是一樣的。此外，艾薩克・牛頓早已說明，空心球體的內部，由於各方向的重力相同，任何鬆動的物體、水、土壤、岩石、人類等，都會處於一團混亂的無重力狀態之中，而離心力或是潮汐，則會造成空心球體瓦解。然而，當某個人或整個團體一味地盲從某些概念時，即使他們深信的假說明顯不成立，也無法說服他們改變想法——正如信徒打從心底祈禱奇蹟發生，但奇蹟卻未發生的事實，並不會讓他們失去信仰。

舉例來說，獲得許多追隨者支持的提德在1908年去世，他在去世前宣稱自己的屍體不會腐爛。他的遺體被展示了一段時間，然後因為開始腐爛而不得不處理掉，儘管如此，他的支持者仍然很多，以至於在1967年創建了一座科瑞山州立公園（目前的科瑞山州立歷史遺跡）來紀念他。

卡斯帕・大衛・弗里德里希（Caspar David Friedrich），〈呂根島上的白堊岩懸崖〉，1818年繪製，目前為瑞士溫特圖爾奧斯卡萊因哈特博物館收藏。

在第一次世界大戰以後，地球空洞說的理論隨著彼得‧本德爾（Peter Bender）和卡爾‧諾伊伯特（Karl Neupert）的著作傳入德國，而且非常受到德國海軍與空軍高層重視，因為德國政府內顯然有某些人對神祕學議題有著一定的敏感性。然而，有關本德爾的資料並不明確，有些人甚至認為本德爾和諾伊伯特根本就是同一個人。[2]

不過，根據古德里克－克拉克（Goodrick-Clarke, 1985）、雷伊（Ley, 1956）和加德納（Gardner, 1957）的看法，受到提德和馬歇爾‧加德納的理論所影響的本德爾，也曾經在1933年試圖製造並發射火箭：如果他的理論正確，火箭就會落在地球的另一面。然而這個計畫卻失敗了，火箭只落在發射點數百公尺以外之處。此外，本德爾還建議德國海軍派人前往波羅的海呂根島探勘，試圖從那裡利用高倍率望遠鏡與紅外線，沿著假定存在的地球凹陷處朝上看，以找到英國船艦的位置。[3]此舉似乎也符合德國浪漫主義的感性，因為呂根島是一個以自然美景，尤其是白堊岩懸崖聞名的地方，早在1801年夏天，卡斯帕‧弗里德里希（Caspar Friedrich）就曾受此地啟發，畫下知名作品。

弗里德里希留下了美麗的圖像，不過德國海軍的行動卻沒有留下任何痕跡。事實上，納粹似乎對於本德爾造成的時間浪費感到憤怒，因而將他拘留在集中營裡，後來本德爾確實也在集中營內過世。

諾伊伯特的影響則比較明確。他一直到1949年才過世，留下許多著作，而且他的合作對象朗恩（Lang）持續出版一份叫做《地理宇宙》（Geocosmos）的雜誌，到1960年才停刊。

諾伊伯特斷言，地球是個球狀的氣泡，人類住在氣泡內側的凹面上，上方有太陽、月亮和一個「鬼魅宇宙」在運轉。這個宇宙是一個深藍色的球體，上面有點點微光散佈，也就是人類眼中的星辰。他認為，哥白尼犯下的錯誤，在於哥氏相信光線以直線傳播，因為光線的傳播實際上有點曲度。

注2：提到過本德爾的只有貝爾吉爾（Bergier）和鮑威爾斯（Pauwels），而且這倆人完全忽略了諾伊伯特；加里（Galli）在1989年發表的作品曾提到，羅貝托‧豐迪（Roberto Fondi，缺乏文獻資料）認為本德爾和諾伊伯特為同一人。

注3：相關記載完全沒有提及本德爾，而是庫伊佩爾（Kuiper, 1946）在仔細研究後確認此行與本德爾有關。

同樣根據貝爾吉爾和鮑威爾斯的說法，第二次世界大戰期間，德軍射偏了幾枚 V1 導彈，就是因為他們根據凹面假設而非凸面來計算彈道。這些主張氣泡說的作家想像力非常豐富，假使他們的言論被世人當真，我們就有可能看到「妄想天文學」（譯注：指地圓說）顛覆世人認知的事件。另外，布爾沃－利頓的小說《未來種族維利》也非常受納粹黨重視，在這部小說中，亞特蘭提斯大陸沉沒後的大批倖存者都住在地球內部，他們因為掌握了一種叫做維利的宇宙能量而具有非凡的能力。布爾沃－利頓原本可能想寫科幻小說，不過因為他是英國神祕學社團金色黎明（Golden Dawn）的成員，他的作品早在納粹出現的十多年前就已經對德國神祕學界造成影響。當時的德國出現了一個叫做維利協會或光之小屋的團體，我們在前幾章講到圖勒促進協會時提到的協會創辦人魯道夫・馮・塞波騰道夫，也是維利協會的成員（順帶一提，布氏另一部小說《保羅克里弗德》（*Paul Clifford*）的首句「這是個風雨交加的黑夜」（It was a dark and stormy night），因為史努比而出名）。該會成員深信，居住在布爾沃－利頓描述的地底世界的維利族正要重新崛起，這是個具有超凡力量與美的優越種族。

地球空洞說在最近又在數學家莫斯塔法・阿卜杜勒卡德爾（Mostafa Abdelkader）於 1983 年發表的作品中重新出現，他試著用極其複雜的計算，利用日出和日落的現象來替凹面世界的幾何求解。他認為，只要捨棄光線以直線傳播的概念，承認光沿著曲線行進，並且將哥白尼的外在宇宙透過特殊數學運算投射在內部的地理宇宙，讓地表上的每一個點都能對應到內部，就可以證明這個理論。

有些專家認為，阿卜杜勒卡德爾提出的假設可能再次將世人導向某種地心說的形式，不過此假設在專家領域裡所引發的激烈討論與爭議，並非本書關注的範圍。如果我們住在以太陽為中心的地球空洞中，那麼地球以外的無限宇宙就不會存在，地球繞著地心太陽或是地心太陽繞著地球運轉之事，就沒什麼重要性可言，因為無論是哪一種狀況，都欠缺參數依據。要不然，就是像阿卜杜勒卡德爾所

說的「外部空間都被關在空心地球之內」，而且「像是銀河和類星體之類相距數十億光年的東西則會縮小到微觀的層次」。

此外，對阿卜杜勒卡德爾來說，如果我們生活在地表上，所有測量尺度同樣也適用於凹面地球：「無論觀察者在地內或地表，對於天體大小、方向與距離的觀察與估算結果都是一樣的。」因此也無法以實證觀察為基礎來否定凹面地球的假設。[4]

所幸阿卜杜勒卡德爾也寫到，儘管他的假設能在數學系統中被接受，但在物理世界卻不見得可行。無論如何，阿卜杜勒卡德爾的作為充其量不過是紙上談兵，目的在於表現他人提出的論點，也就是說，人類在凸面地表使用的度量衡同樣也適用於凹面地表。這一點對於人類在地表生活的方式並無影響，而天文學家也認為，即使接受阿卜杜勒卡德爾的觀點，人類探索宇宙的方式也不會因此改變。

極地傳說　我們在前面以圖勒和許珀耳玻瑞亞為題的章節已經提到過，在圍繞著德國納粹的各種神祕主義幻想氛圍中，極地傳說尤其受重視。這「極地」模型並不只是指出西方人源自北極，也認為他們必須回歸極地。由於現在極地氣候酷寒，這些極地說的堅定追求者就改了另一個說法：如果能夠抵達極地，穿過極地中央的一個大洞，人類就能發現氣候溫和且植被茂密的新大陸。

這不是什麼新奇的概念，在 16 世紀麥卡托製作的地圖上，北極就已經被畫成一個周圍海水匯流進入地球內部空洞的巨大洞穴。這個概念可以回溯到某些中世紀時期的百科全書，根據上面的敘述，北極的中心有一座周長 33 里格的山（麥卡托在他繪製的地圖中仍有記載），以及一個海水不斷流入的漩渦。

17 世紀的阿納塔斯・珂雪在《地下世界》一書中曾透過想像的版畫來表示，海水會經由白令海峽流入北極漩渦，而且「經由不明凹槽與錯綜複雜的管道」穿過地心，再從南極流出。對珂雪來說，這種水循環就好比 40 年前由哈維發現的人體血液循環。

到了 20 世紀，反對北極「洞穴」的理論，以及認為比北極更遠

注 4：從地表的一個極點往下挖一條 12742 公里長的隧道，穿過假定的地心到地表的另一個極點，同樣也無法驗證哥白尼的假說。如果人類生活在地內，這條隧道會變得越來越寬，規模甚至無法測量，最後又開始變得越來越窄，最後從地殼的另一個極點穿出去。

北極圈地圖，取自傑拉杜
斯‧麥卡托《北方極地描
繪》，1595 年於德國杜伊
斯堡（Duisburg）出版。

的地方還有一片未知之境的假設，同樣也有長足的發展。1904
年，美國海岸暨大地測量局的哈里斯博士發表了一篇文章，認為在
格陵蘭東北方的北極盆地裡，還有一大片人類尚未發現的土地，因
為有些愛斯基摩傳說曾提到北方大陸的存在（不過他何以認為這個
愛斯基摩傳說具有科學上的可信度，則相當令人費解），而且阿拉
斯加北方海洋潮汐紊亂的原因，只有這塊大陸的存在才能合理解
釋。

　　儘管接下來發生在現代的幾次極地探險並無法鼓勵人相信極地洞
穴和北方未知大地的存在，美國海軍少將理查‧伯德（Richard
Byrd）的探險故事仍然廣為流傳、膾炙人口。

　　伯德是一位偉大的美國極地探險家，他在 1926 年就曾駕機飛抵
北極（儘管他的聲明在日後遭到質疑），於 1929 年飛越南極，並在

佚名，〈冰屋〉，19世紀中期繪製，目前為加拿大多倫多皇家安大略博物館收藏。

頁372~373：威廉‧布拉德福德（William Bradford），〈在極地海域〉，1882年繪製，目前為私人收藏。

1946至1956年間多次進行南極探險，獲得美國政府嘉獎表揚。他是個被傳說圍繞的人，據傳，他身後留下了一本日記，其中記載了許多充滿戲劇性的文字，例如他在北極還要再過去的地區，找到了就如極地古老傳說所描繪的綠地沃土與溫暖氣候。這本偽日記甚至記載了極地大型洞穴的存在，而且這些傳說也逐漸和其他傳說或信仰交雜在一起，例如洞穴裡住著其他人類，或是洞穴是飛碟進出的出入口等。根據這些傳言，假使沒有人知道極地與洞穴的種種，那是因為美國政府基於各種複雜的軍事安全考量，嚴格管制這些消息的之故。

確實，伯德在1947年某次南極探險的廣播公告中曾表示：「越過

極地之後的區域，是一個很大的未知數。」某次結束探險行程以後，他也表示：「這次探險我發現了一片廣大的新土地。」不過伯德的這些言論，其實都能用最合理的方式去理解：他說「越過極地」，可以解讀成極地的另一端、超過極點的地區，也可以解釋成極地裡面。深信這未知地確實存在的人們，總是以最能帶來希望的方式來解讀，甚至開始幻想伯德的同伴在極地那一帶應該看到了什麼樣的怪獸。

伯德的傳說之所以會成形，可能是因為法蘭西斯・阿梅德奧・強尼尼（Francis Amedeo Giannini）的著作《極地以外的世界》（*Mondi al di là del polo*, 1959）。強尼尼是個想像力豐富的人物，多年以來一直支持著自己提出的理論，一個比地球空洞說還大膽的想法：他相信地球不是圓的，我們認識的世界只是一個無限大的大陸的一小部分，這塊大陸一直往極地還要再過去的地方延伸進入一個天體空間。無論如何，他接受了1947年伯德在越過北極之處有所發現之事。

興致勃勃地接受伯德所言者並不在少數，其中也包括我們先前已經提到的伯納德，不過，閱讀據說是伯德日記的文稿，其實是比較有趣的事。

這本日記果真出自伯德之手？這個問題廣受討論，衍生出許許多多的專著專文，如果你們上網搜尋，幾乎只會找到地球空洞論支持者的網站，一面倒地支持日記的真實性，不過在正式的傳記中（如大英百科全書或維基百科），卻不見該日記的蹤影。支持者自然會爭論，沒有任何正式資料來源提到這本日記，是因為有人千方百計透過審核的方式來阻止世人發現這本日記的存在。然而，我們同樣也找到了否認伯德曾在1947年進行探險的文章，有些則清楚指出伯德在1947年只到了南極，而支持者則認為伯德在那一年也曾經祕密去過北極。

有關日記的真假，最謹慎的結論是，這本日記就像希特勒或墨索里尼的日記一樣，都是假的；不過也可以換個方式想，將它解釋成

伯德少將，香菸包裝紙圖
案，出自美國紐約市立圖
書館的阿倫特收藏。

伯德在部分私人筆記中恣意寫下的個人想像。我們也不能忘記，伯
德是共濟會的成員，因此他（也許）具有神祕主義的傾向。最後，
有些人也許記得，伯德曾受到在1926年偽造第一次極地探險數據
的指控，因此假使他偽造了後續探險活動的數據，也不是什麼太奇
怪的事情。

　演變至今，謠言與傳說早就掩蓋了真實文件記載的訊息。無論如
何，伯德是受到美國政府表揚的英雄，肯定也是一位勇敢的探險
家；比較有可能的是，將這位飛越極地的探險家視為偶像的盲目崇
拜者，在伯德的周圍築起了許許多多的神話。事實是，此時此刻，
伯德傳說帶給我們的是一個不存在的極地，它可以是聖布倫丹島或
是彼得潘的夢之島，而人類對於極地的地理知識，早已排除了這些
幻想的真實性。

傳說中的阿加莎城與香巴拉　儘管如此，在想像地底世界的時候，
地球空洞以及人類生活在地球內部表面的假設，著實並非必要，其
實只要想像我們腳底下一直有個巨大的地底城市存在即可。這個假
設的優點，在於地底城市自古至今一直都存在。早在古希臘時期，
瑟諾芬（Senofonte）就曾在《長征記》（*Anabasi*）提到，安納托利
亞（Anatolia，指小亞細亞）一帶的居民往下挖掘，造出供人與牲

畜居住的地底城市，也用來存放他們賴以為生的物資。現在前往安納托利亞東南部卡帕多細亞的觀光客，可以參觀代林庫尤（Derinkuyu）這個往地下挖掘建造成的古老聚落，雖然只有一部分開放參觀。卡帕多細亞另外還有許多深達2至3層的地底城市，不過代林庫尤的深度高達11層，儘管目前並沒有完全挖掘出來。根據估計，代林庫尤原本的深度應在85公尺左右，這個城市利用一哩又一哩的地底通道和其它地底城市相連，大約可以容納三千至五萬人。代林庫尤也是早期基督教徒躲避宗教迫害或伊斯蘭教徒入侵的地點之一。

有了上述類似的實際經驗，到了19世紀，部分想像力豐富的作者創作出阿加莎城的傳說。

儘管此一傳說的宣傳者以東方傳統或印度聖人啟示為訴求，它本質上仍然受到許多在此之前的神祕主義如許珀耳玻瑞亞、雷姆利亞大陸或亞特蘭提斯等所影響。總之，阿加莎城（Agartha，或根據不同文本而有阿加塔、阿加提、阿加迪或阿斯加莎等稱呼）是一個地表下占地廣闊的區域，一個以相互連接的城市構成的真實國家，也是一個非比尋常的知識庫，這裡有一位至高權力的擁有者，又稱世界之王，他運用自己的龐大力量，影響地球上所有事件的運行。阿加莎城的範圍延伸到亞洲的地底下，有些人認為範圍廣及喜馬拉雅山一帶，不過被提及的祕密入口不在少數，從赤道地區的油鴟洞（Cueva de los Tayos，又作塔由斯洞）、戈壁沙漠、位於現今喬治亞共和國科爾基斯的女巫洞穴、義大利那不勒斯的庫邁女巫洞、美國肯塔基州的許多地方、巴西西部的馬托格羅索州、北極、南極、胡夫金字塔一帶、甚至澳洲艾爾斯岩等都有謠傳。

阿加莎城這個名稱，首見於法國作家路易·賈科留（Louis Jacolliot）的作品。賈科留個性古怪，曾寫過許多類似凡爾納和薩爾加里形式的冒險故事，不過在那個年代則以關於印度文明的大量著作聞名於世。在《靈性世界》（Lo spiritismo nel mondo, 1875）一書中，他試圖尋找東方神祕主義在印度地區的根源——他應該沒有花

太多力氣，因為與他同年代的大部分神祕學者都大量從真實的或偽造的東方神話中借鑑。賈科留提到了一個專家們從未聽說過的梵文文本《阿格魯查達－帕里切》（*Agrouchada-Parikchai*），它看來像是個大雜燴，很有可能是賈科留從《奧義書》（*Upanishad*）和其他宗教典籍摘取段落，再加上西方共濟會傳統而綜合出來的東西。賈科留表示，部分梵文典籍（從未清楚說明到底是哪些）曾談到一個叫做盧塔斯（Rutas）的地方，表示這個地區被印度洋吞噬，不過他後來又講到太平洋，將盧塔斯視為本應位於大西洋的亞特蘭提斯——不過我們之前已經談過，亞特蘭提斯的可能位置眾說紛紜。最後，賈科留在《神之子民》（*I figli di Dio*, 1873 或 1871）曾提到「阿斯加莎」，說這是一個位於印度次大陸底下的巨大城市，印度祭司貴族婆羅門之城。

事實上，相信賈科留所言者並不多——只有生性容易相信他人的布拉瓦茨基認真看待賈科留的言論。然而，亞維德列侯爵約瑟夫－亞歷山德・聖伊夫（Joseph- Alexandre Saint-Yves d'Alveydre）在《印度使團在歐洲》（*Missione dell'India in Europa*, 1886）裡的言論則造成了立即且可觀的迴響。1877 年，聖伊夫與經常出入各種神祕學圈子的伯爵夫人瑪麗－薇克朵・德・利茲尼屈－凱勒（Marie-Victoire de Riznitch-Keller）結為連理。伯爵夫人認識聖伊夫的時候已年過五十，當時的聖伊夫三十多歲。為了讓聖伊夫取得貴族頭銜，伯爵夫人向某位亞維德列侯爵買下了他的領地。在聖伊夫可以靠土地收益生活以後，就全身投入實踐自己的夢想：找到一個能使社會更和諧的政治方案，一個相對於無政府狀態的共同統治方式，一個由代表經濟、司法與精神力量的三個議會所組成的政府所治理的歐洲社會，也就是說，由教會與學者治理的社會，一種受啟蒙、能消弭階級鬥爭的寡頭政治，將左派右派、耶穌會和共濟會、資本和勞工聯合在一起。這個計畫受到極右派團體如法國行動派（Action Française）的關注，導致左派將納粹占領法國後成立的傀儡政權——維琪法國政府——視為「共治主義」的陰謀；不過右派

則將共治主義視為猶太－列寧主義分子的陰謀表現；對其他人來說，共治主義是耶穌會人士為了推翻第三共和國而進行的陰謀，還有一部分人則認為共治主義是納粹的陰謀，此外共濟會陰謀或猶太陰謀論的假設也不少。

無論如何，無論左派或右派，常會衍生出祕密社會大規模密謀不軌的說法。

伯爵夫人過世以後，聖伊夫在1895年開始撰寫最後一部作品《古代彩色編碼》（*L'archéomètre*, 1911）。這本書的書名指的是一個由同心圓構成的工具，它是可活動的，能夠利用圖表上所涵蓋的標識，形成無窮無盡的組合，這些標誌包括星座、行星、顏色、音符、聖字母、猶太文、敘利亞文、亞蘭文、阿拉伯文、梵文、以及神祕的印歐人原始語言瓦坦語（vattan）等。

然而，我們必須回到阿加莎城的主題。在撰寫《印度使團在歐洲》的時候，聖伊夫表示，有一名叫做哈吉・夏里夫（Hadji Scharipf）的神祕阿富汗人曾去拜訪他，不過這個人不可能是阿富汗人，因為他的姓名顯然就是阿爾巴尼亞人（而且我們手上唯一的一張照片顯示這人身著巴爾幹輕歌劇的戲服），據說這人曾向聖伊夫揭露這個阿加莎城的祕密。

正如啟發了聖伊夫靈感的賈科留所言，這個阿加莎城也深藏地底，是一個由五千名賢士或博學者治理的王國。阿加莎城的中央穹頂由一種位於高處的反射鏡來照亮，這些鏡子「只有範圍和顏色相等的光才能通過，而這就是我們物理學太陽光譜中的全光譜」（引述原文）。阿加莎城的賢士會研究所有神聖的語言，以理解世界共通的瓦坦語。在面對太過深奧的謎題時，他們會從地面往上騰空升起，如果身旁的弟兄沒拉住，這些賢士可能會一頭撞上穹頂。這些賢士會準備雷電，「控制著極地間與熱帶間的流體循環，以及位於地球不同經緯度上相互干擾的支流」（引述原文），選擇物種並創造出具有非凡通靈能力的小型動物：牠的龜甲背部有一個黃色的十字架，身體的每個端點都有一隻眼睛和一張嘴。心靈導師的概念則

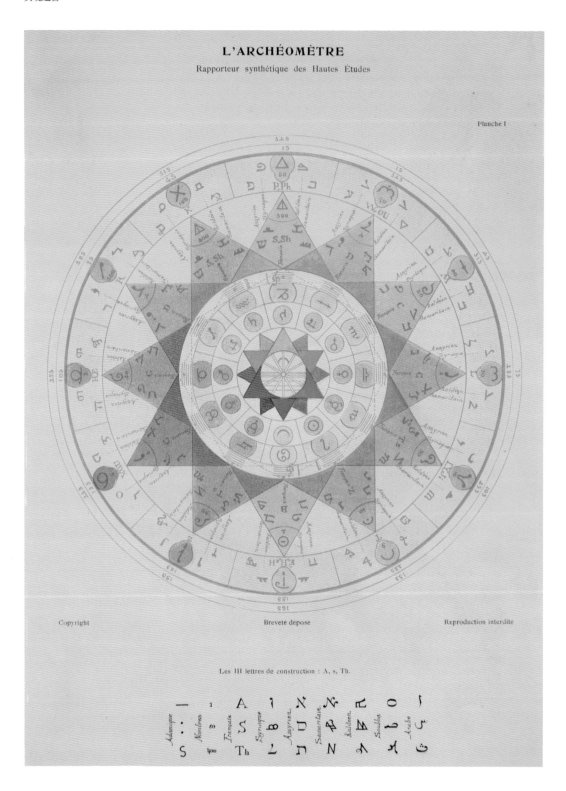

L'ARCHÉOMÈTRE

Rapporteur synthétique des Hautes Études

Planche I

Copyright

Breveté déposé

Reproduction interdite

Les III lettres de construction : A, s, Th.

左：取自亞維德列侯爵約瑟夫－亞歷山德‧聖伊夫《古代彩色編碼》，1903年出版。

右：根據雷蒙‧伯納德（Raymond W. Bernard）的文字描述所畫出的阿加莎示意圖。

是第一次出現──聖伊夫當然是受到共濟會教義的影響，認為過去與未來的所有歷史事件都是受到一股未知力量所引導。

聖伊夫的部分靈感啟發，可能來自描述香巴拉王國的東方文獻，儘管對許多神祕主義者來說，阿加莎城和香巴拉王國之間的關係是非常讓人困惑的。在許多地球空洞說支持者繪製的想像圖中，香巴拉是一個位於阿加莎地底大陸的城市。

有些版本的傳說將香巴拉和從來沒有被定義成地底大陸的姆大陸畫上等號，不過這裡要特別一提的是，香巴拉在東方傳說裡並不在地底下，而是深藏在人跡罕至的群山中，範圍遼闊，包括肥沃且美麗的平原、丘陵與高山，英國作家詹姆斯‧希爾頓（James Hilton）就是借由這樣的香巴拉傳說，創造出小說《消失的地平線》裡的香格里拉傳說，後來導演弗蘭克‧卡普拉（Frank Capra）也將這部小說拍成一部大受歡迎的電影。

希爾頓在小說中提到一個位於喜馬拉雅山極東地區的地點，一個和平寧靜、時間幾乎停止的地方。然而在這個例子中，一個小說中的虛構世界，一方面誘惑著神祕主義的世界，另一方面則引發了旅

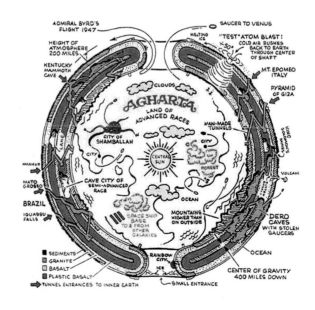

左：香格里拉的入口，取自羅布‧柯恩（Roberto Cohen）的電影《神鬼傳奇3》，2008年發行。

右：〈香巴拉天堂〉，19世紀繪製，絲綢畫，目前為法國巴黎吉美博物館的收藏。

遊炒作，從亞洲到美洲，各地衍生出許多假冒的香格里拉，以滿足觀光客拜訪的欲望；2001年，中國雲南省迪慶藏族自治州的中甸縣甚至正式更名為香格里拉縣。

最早有關香巴拉的消息，是由西方的葡萄牙傳教士傳出來的，不過這些人——在聽到這個地方的時候——以為它指的是契丹，也就是中國。比較確定的來源其實是《時輪經》（*Kalachakra Tantra*）這部宗教經典（來源可以回溯到印度的吠陀傳統），並由此生出了美麗且神祕的描繪。在藏傳佛教和印度佛教傳統中，香巴拉是個只有少數人才相信世上確有其地的國度，漸漸地，這些人認為香巴拉位於印度西部的旁遮普邦、西伯利亞、阿泰爾共和國等不同地點。不過一般而言，香巴拉卻被視為一種精神性象徵、一塊人間淨土、終能戰勝邪惡的承諾之地。

根據白斯特羅齊（Baistrocchi）在1995年的說法，第14世達賴喇嘛丹增嘉措曾在1980年10月表示，香巴拉不可能和阿加莎城畫上等號（至少根據佛教傳統）。白氏是這麼說的：「達賴喇嘛以東方人慣有的親切態度與高度精神層次展現的謙恭，先了解『阿加莎－阿加提』（Agarttha-Agharti）所代表的意義，並和他的精神顧問簡

短交換意見以後，以一種極其圓融的方式坦言自己未曾聽過這個地方，也沒聽過什麼位於地底下的靈性國度。不過他在作結論的時候也補充道，此間可能有些混亂，也許它指的是『香巴拉的偉大奧祕』；不過對達賴喇嘛來說，香巴拉是一個『真實存在的國度，即使它超越了理智可理解之境地，介於神與惡魔的國度之間，非常難以抵達……唯有透過複雜的鍛鍊去達到禁慾』才能抵達。」

到了19世紀，一名匈牙利學者桑多爾‧珂洛希‧喬馬（Sándor Korösi Csoma）提出了香巴拉的地理座標（介於北緯45度至50度間）。經常蒐集拼湊各種翻譯品質不良且不準確的二手消息的布拉瓦茨基，在作品《祕密教義》（1888）中自然也無法忽略香巴拉這個主題（不過她忽略阿加莎城之舉確實也令人玩味）。據說她透過心電感應接收到西藏線民傳來的消息，表示亞特蘭提斯的倖存者已經移居到位於戈壁沙漠的聖島香巴拉（這有可能是受到珂洛希‧喬馬的啟發，因為戈壁也位於他提出的地理座標範圍內）。

或許由於它有太多可能的所在地的緣故，香巴拉打動了許多試圖利用其象徵意義的政治人物。例如第13世達賴的政治顧問阿格旺多傑，為了對抗英國和中國對西藏的覬覦，說服達賴向蘇聯求援，並且為了達到此目的而證稱「真正的香巴拉位於俄羅斯，沙皇是香巴拉國王的後裔」──這個說法說服了沙皇，更讓沙皇因此在聖彼得堡設了一座佛寺。在蒙古，深信所有猶太人都屬於布爾什維克派的俄國男爵馮‧恩琴－斯特恩伯格（von Ungern-Sternberg）帶領著白軍對抗紅軍，為了操控手下軍隊，他許下承諾，告訴部下，他們會在香巴拉的軍隊裡重生。在入侵蒙古以後，日本人試圖說服蒙古人，讓他們相信日本才是原本的香巴拉。納粹高層裡到底有多少人相信香巴拉的存在？我們並不是很清楚，不過圖勒促進協會的圈子裡有相當多人相信，許珀耳玻瑞亞人曾多次移居亞特蘭提斯與姆大陸，他們最後可能抵達戈壁沙漠，建立了阿加莎城。由於相似性極高，人們也認為阿加莎城和北歐神話中的諸神國度阿斯加德有關，不過這裡的情況也開始讓人感到困惑，因為似乎有一派人認為，在

阿加莎城毀滅以後，一群「正直的」雅利安人南遷，在喜馬拉雅山下面建造了另一座阿加提城，而另一群則回到北方，逐漸腐化，並建立了邪惡國度香巴拉。我們可以看到，發展至此，神祕主義中提及的地理非常混淆，不過根據1920年代的一些消息來源，布爾什維克的祕密警察領袖曾計畫搜尋香巴拉，企圖將人間天堂和蘇聯天堂的概念融合在一起。另一個一脈相承的謠言，則是海因里希·希姆萊與魯道夫·赫斯曾在1930年代派人前往西藏的消息，這顯然是為了要尋找純種人類。在1920與1930年代期間，同時身兼神祕主義信徒與畫家的知名俄羅斯探險家尼可拉斯·羅維奇（Nicholas Roerich），曾經前往亞洲各地尋訪香巴拉，並在1928年出版了作品《香巴拉》（*Shambhala*）。羅維奇聲稱自己握有來自天狼星的魔法石如意寶珠。對他來說，香巴拉是一個和阿加莎城有關聯的聖地，兩城以地下通道相連。

不幸的是，羅維奇遺留下來的探險證據，幾乎都是他筆下那些不甚高明的畫作。

讓我們再回到阿加莎城的問題。在聖伊夫以後相當長的一段時間，出現了一位曾穿越中亞的波蘭探險家費迪南·奧森多斯基（Ferdinand Ossendowski），他出版了一本獲得相當大迴響的著作《野獸、人類與神》（*Bestie, uomini e dei*, 1923）。他在書中提到，自己從蒙古人處得知，阿加提位於蒙古下方，不過整個王國透過地下通道延伸到世界各地，該國臣民有數百萬，由一位世界之王統治。

在閱讀奧森多斯基的作品時，會發現有許多部分似乎是取自聖伊夫的著作，稍具批判意識者，可能會以剽竊來看待。然而，傳說的忠實信徒，包括勒內·蓋農（René Guénon）這位當代最著名的文化傳統思想家之一，都相信奧森多斯基表示自己未曾讀過聖伊夫的作品應該是實話，而證據就是《印度使團在歐洲》一書的初版幾乎全數損毀，只有兩本遺留下來。然而蓋農並沒有考慮到，在聖伊夫死後，這本著作於1910年由多爾邦（Dorbon）再版，因此奧森多

尼可拉斯・羅維奇,〈香巴拉〉,1946 年繪製,目前為私人收藏。

斯基很有可能讀過這本書。

　　然而,蓋農因為受到引導,而將奧森多斯基認定為無可置疑的權威(同時也認為賈科留是一位可信度極低的作者——相對於布拉瓦茨基),因為奧氏提到了世界之王,後來蓋農也寫了一本《世界之王》(*Il re del mondo*, 1925),更是大大提升了這位國王的知名度。無論如何,蓋農對於阿加莎城到底是否存在,或者只是個象徵(就如佛教的香巴拉),並不是太感興趣,因為阿加莎借鑑於一個王權和聖職必須緊密結合的永恆神話(顯然我們現在身處的這個印度教史觀所謂黑暗時代的悲劇打破了這種結合)。對蓋農來說,世界之王的頭銜:「意味著至高無上……恰歸於摩奴(Manu)這位最原始、最萬能的立法者,摩奴之名曾以不同形式見於許多古老民族。」另外要提的是,王權和聖職的結合,也常見於祭司王約翰的傳說。

　　如果對基督教傳統來說,耶穌是真正的麥基洗德,[5] 那麼耶穌和阿加莎城到底有何關係,其實是很難證明的。然而蓋農的整本書,卻自由地敘述著兩者的關聯性,完全違反所有神話與宗教的邏輯,就好像在倡議一個早於所有神聖宗教的原始傳統一樣。

　　曾經有人表示,要像蓋農一樣將這些自古以來就和地獄形象緊密

注 5:以祭司王約翰為題的第四章曾提到有關麥基洗德和王權與聖職在耶穌身上結合的問題。

結合的地底和洞穴神話，和具有天堂性質的超自然現實聯結在一起，並不是件容易的事。然而我們也看到了地球空洞之說著實魅力不凡，超越了邏輯的力量，因此，即使到現在，深埋於地殼內的阿加莎城仍然繼續存在，至少對那些相信確有其地的人來說確實如此。

尼爾斯・克林姆的地底世界

路維・郝爾拜

《尼爾斯・克林姆的地底旅行》，1741年

〈地內世界的生物〉，取自路維・郝爾拜《尼爾斯・克林姆的地底旅行》，1767年出版。

我才下降了十到十二肘，繩子就斷了。接下來，同伴的呼喊、尖叫很快就消失，我終於體認到發生在自己身上的壞事：我飛快地跌入深淵，就像新上任的冥王，只不過手中握著長矛而非權杖，我往下墜落，撞到的地面替我打開了通往塔爾塔羅斯的道路……

我下墜了約莫十五分鐘，穿過一片濃霧與無邊無際的黑暗，然後，一縷薄暮般的微光出現，漸漸地，我的頭上出現了一片明亮平靜的天空。愚蠢的我，認為自己被地底空氣或反方向的強風回推，以為來自洞穴的風將我帶回了地面。然而，眼前的太陽、天空和星辰似乎很陌生，看起來比地面世界的還要小。所以我以為，這些新的天體可能只是自己頭昏而產生的想像，要不然就是我早死了，現在身處死者的國度。不過在看到自己手上的長矛和綁在身上的繩子，我馬上笑了出來：我很清楚，通往天堂的道路並不需要長矛和繩子，天神當然不可能讓人帶著這些裝備，這讓人看來就像是想攻擊天堂，像泰坦人一樣地征服奧林匹亞。最後，我仔細想了一下，終於了解自己抵達了地底天空，體認

到地球空洞論的正確性，地殼下方藏一個比地面世界還小的國度，有著另一片天空，以及比較小的太陽、星辰和行星。這些事情讓我恢復了理智。在越來越接近下墜過程中遇到的第一個行星或天體時，我的速度開始降低，此時的我，早已持續墜落了一段挺長的時間。在我看來，這星球似乎變得越來越大，穿過圍繞著這顆星球的稠密大氣層，我可以輕易分辨出山巒、峽谷與海洋，我就像一隻鳥，沿著岸邊和魚礁在水面上低飛，就這樣，我在地面與天空之間飛翔著。

之後，我發現自己漂浮在半空中，而在那一刻，我的軌道也從垂直變成了環狀。我感到毛骨悚然，害怕自己被變成一個星球或是鄰近行星的衛星，一輩子就被迫這麼繞著轉個不停。不過據我估計，這種轉變並不會傷害到

我的自尊：一個星體或是衛星比挨餓的哲學家來得好一點。我重新鼓起勇氣，因為我發現自己在這純淨清澈空氣中漂浮期間，並不會感到饑餓與口渴。儘管如此，我想起口袋裡有個三明治（卑爾根居民稱為「玻肯」的東西，通常為橢圓形或長圓形），決定拿出來，看看我的味覺在這個狀況下是否能享受這樣的東西。然而，咬下第一口的時候我就體認到，來自地面的食物會讓我反胃，因此我把這三明治給丟了，好像它是個毫無用處的東西一樣。不過這三明治卻懸浮半空中，而且讓人驚喜的是，它開始循著一個較小的軌道繞著我轉，讓我了解到真正的運動定律，也就是所有處於平衡狀態的物體，都會進行圓周運動……

我維持在這個狀況約有三天之久。毫不間斷地繞著行星運轉，我開始能分辨日夜：有時我會看到地底太陽升起，有時看到日落，然後太陽完全消失眼前，不過這裡的夜晚與地上世界的夜幕低垂並不相同，因為日落以後，整個穹天看來依舊明亮耀眼，清澈如月。稍微通曉天體物理的我想通了一個假設，認為這個由地殼內部表面構成的穹天，從位於地底世界中心的太陽接收光線。我欣喜若狂，相信自己非常靠近神，認為自己是穹天的一顆新星，這顆鄰近行星的天文學家，會將我和繞著我運轉的衛星一起列入星體列表。就在此時，一隻有翅

膀的大怪獸出現在我身邊，不時從四面八方威脅著我。我原本以為它是地下十二星座之一，假使這猜想正確，我希望它是處女座，因為在所有星座之間，它是唯一一個能夠以某種方式減輕我寂寞感受的星座。然而在我越來越接近牠的時候，我發現那是一隻來勢洶洶的大獅鷲。我感到一陣恐懼，失去理智，也忘了方才才感受到的永恆尊嚴，在慌亂之間，拿出恰巧放在口袋裡的學院證書，向對手展示我已通過幾科學業考試，證明自己的學生生份，而且還有學士學位，能藉著訴諸此地的不合理性來否認任何外來對手的正當性。然而，在一開始的興奮感褪去以後，我慢慢恢復理智，對自己的愚蠢感到可笑。我還不了解這隻獅鷲為什麼跟著我，也不知道牠是敵是友，不過比較可能的是，牠受到我不尋常的外表所吸引，至少想靠近點多看幾眼。一個漂浮在半空中、手握長矛、背後還拖著一條像尾巴一樣的長繩子的人類，的確可能讓任何動物感興趣。後來我發現，獅鷲與我的不尋常景象，引起我繞行星球上的居民熱烈討論。那兒的哲學家和數學家以為我是彗星，因為他們將我身上的繩子誤認為彗星的尾巴，另外也有人認為我是個超乎尋常的流星，預告著某些即將到來的災難、瘟疫、饑荒或其他重大災禍。有些人甚至仔細畫下我的身體從遠處看來的樣貌，因此在抵達地面以前，他們早就已經將我

〈地內世界的生物〉，取自路維．郝爾拜《尼爾斯．克林姆的地底旅行》，1767年出版。

描述、定義、繪製並蝕刻在銅板上。在抵達那個世界、學會地底語言以後，我才知道這些事情，而在獲知時，我的嘴角揚起微笑，也感到有點沾沾自喜……

事實上，我在逃離公牛追逐時試圖爬上的樹，是臨近城鎮法官的妻子，而讓她受傷之事讓這罪行變得更加嚴重，因為傷者並不是什麼平民，而是顯貴人士：無論如何，對這群非常謙遜保守的人來說，這個公然襲擊事件都是個罕見且可怕的景象……

簡單來說，即使在當時我也很清楚，那些具有理智的樹是這行星的居民，而我自己也對大自然創造出來的生命多樣性感到讚嘆。這些樹的高度並不如我們地面上的樹，大約只比男性平均高度高一點；事實上，那兒還有更

多小型灌木或植物，我以為他們是小孩……

那個地帶緊鄰著居民是柏樹的馬爾達克地區；這些居民有著相同的外貌，唯一的差異只有眼睛的形狀，有些居民的眼睛是長的，有些是方形，有些很小，有些大到幾乎佔滿了整個額頭，有些有兩個眼睛，有些有三個，還有其他有四個眼睛的……

數量最龐大因此也是最具權力的部落是納基里族，一個眼睛是長的，身體看來也是長的族群。該國的領袖、議員與祭司只能由納基里族來擔任，只有這些居民能夠掌舵，其他部落成員都不許擔任公職，除非他聲明並宣誓一塊獻給太陽並放置在神殿制高點的方板看起來是長的。由於這塊聖板是馬爾達克信仰中最重要的文物，誠實的居民不願意染上做偽誓的汙點。如此一來，除了納基里族以外的其他居民只得遠離公職，不斷地接受侮辱和迫害；此外，即使聲稱自己不能指黑為白，還是會被帶到法庭上接受指控，表示這自然缺陷全來自他們的惡意和固執……

抵達後隔日，我在街上漫無目的地閒逛時，看到一個老頭被拖到絞刑架，旁邊有許多柏樹在高喊嘲諷。我問到這老頭犯了什麼罪，有居民表示他是異端份子，因為他公然指稱太陽之板看來是方的，而且儘管多次受到警告，仍然固執地堅持著那個可悲的想法。

所以，我冒著極大的風險，走進了太陽神殿，想要看看我的眼睛到底能否接受這些人的信仰價值，然而在我看來，這塊聖板似乎也是方的，我也誠實地告訴招待我的主人，他剛剛晉升該市的營造官。聽完我的話，他深深嘆了一口氣，表示他也覺得這板子是方的，不過他從來就不敢講出來，因為他怕掌權的部落會找他麻煩，剝奪他的職位……

在我回到波圖公國以後，只要一有機會，就猛力批評這個野蠻的國度，不過當我向一個好友刺柏表達我的憤怒，他是這麼回答我的：「對我們來說，納基里族的風俗看來可笑不公，不過如果認真從另一個觀點來看，這對你來說應該不是件太奇怪的事情。我記得你曾經提過，大部分歐洲國家都有優勢民族，他們因為天生在視野或智慧上的缺陷，將怒氣發洩在他人身上，而你自己也說過，那種暴力行為是神聖的，而且對政府極其有益。」……

在一個叫做考克雷庫的地區，存在著一種鋪張奢侈更勝於歐洲而且非常受到歐洲人鄙視的傳統……這個國家的居民全部都是雌雄異株的刺柏樹，不過只有雄樹負責粗活與家務；他們在戰爭時期確實會加入軍隊，不過軍階很少會高於普通士兵，只有極少數會成為棋隊少尉。至於雌性，則負責比較重要的公共、宗教與軍事職責。假使在過去我曾經嘲笑波圖國居民在分

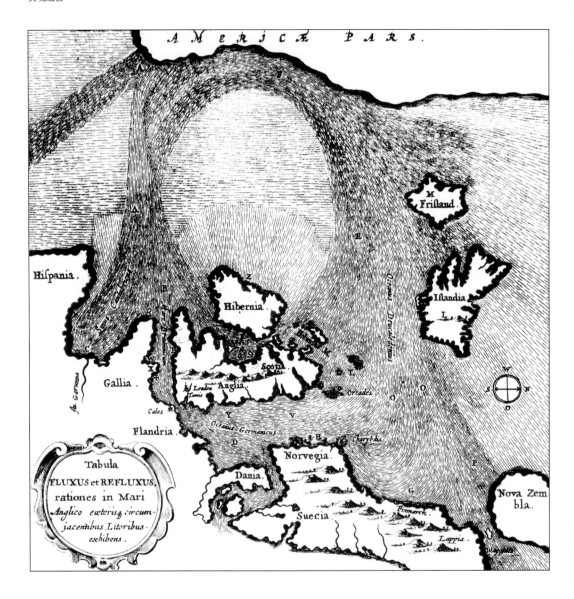

配職責時不能有性別歧視，這裡的居民似乎更瘋狂、更違背自然規律。我就是無法理解這些雄樹為何顯得如此無關痛癢，儘管他們的力氣更強身形更高大，卻讓這些不相稱的枷鎖強加在自己身上，而且數世紀以來一直忍氣吞聲。這本是容易擺脫的枷鎖，如果他們想要也膽敢斷絕這種雌性暴政的情形。然而，他們的這種想法早已成了根深蒂固的習慣，沒有居民願意冒險抹去這種令人感到羞恥的情況，更者，全部居民也都相信，大自然賦予雌性領導地位，雄性必須織布、磨穀、紡紗、掃地甚至被毆打。雌性捍

〈北極〉，取自阿塔納斯‧珂雪《地下世界》，1665 年出版。

衛這種做法的說法是：因為大自然賦予雄性力量與適合使力的肢體，所以我們必須相信大自然是刻意要讓雄性從事吃重的粗活……

在其他地方，存在著任性且淫亂的女性，為了金錢出賣身體，肆無忌憚地放蕩，同樣地，這裡有未成年與成年男性會出賣春宵，並為此開設妓院，在門上標記符號和不恰當的言語。若是太過明目張膽且公開，這些大膽的商人會被關進監獄或公開接受鞭刑懲罰，就像我們的妓女一樣。至於未成年與已婚女性在街上對男性品頭論足，跟他們點頭、眨眼、吹口哨、招捏、呼叫、騷擾、在門上用炭筆寫滿愛慕之言、公然談論自己的獵男成績、炫耀自己的勝利，都不會遭受批評，這就像在地面世界，年輕人張狂傲慢地列出自己替多少處女開了苞，或睡過多少人妻一樣。已婚或未婚女性向年輕男子唱情歌或贈送小禮物，也不會受到批評，而且這些年輕男子會表現出冷漠與矜持的模樣，因為馬上屈服在女性的要求和欲望下，是有失尊嚴的事情……

我跟其中一位居民說，他們的所作所為違背自然，因為宇宙法則與所有人的意見都認為，男性理應肩負起艱鉅重要的任務。他回答時表示，我把天性和傳統搞混了，因為女性的脆弱完全來自教育，正如該國架構所示，女性因為精神層面的美德與天賦而發光發亮之處，換到其他地方，則成了男

性自稱專屬者。事實上，考克雷庫的女性是謙遜、嚴肅、明智、堅定且沉默寡言的，男性則恰好相反，顯得輕佻、不成熟且聒噪。這個國度的居民聽到誇張的事情時，會用「人類的東西」來形容，如果做事草率愚蠢，則以「必須原諒男性的軟弱」來表示。

從極地進入地心

賈克・科林・戴・布蘭西
《地心之旅》，卷1，頁21~22，1821年

在步行了一刻鐘以後，我們面前出現了一個龐大的黑色屏障。這還不是北極的山巒，而是一片綿延到視野所及之外的寬闊森林，長滿了許多罕見的灌木與大樹，宛如松樹般蒼綠……北極再也不是冬季與死亡的帝國……

在嘗試觸摸之前，克雷蘭西想先了解一下這個材質（他後來是這麼跟我們說的）；他拿出獵刀，在這石頭上敲了幾下；刀尖被敲裂了，石頭發出了金屬般的聲音；他在其他部位試著劃了幾道，到處都顯現出鐵的顏色，不過稍微混雜了一點黑土色，而且質地非常堅硬。他向愛德華說，這些無疑是讓那些真正的物理學家熱烈討論的鐵山群……

我們走了一個半小時，才來到這山群的山頂，而且在途中什麼也看不到。不過等我們抵達圍繞著極地的山頂平

台，正為自己找到一片平坦寬廣、被一種比日光還純淨的光線照亮的地方而感到歡欣鼓舞之際，所有人都感受到了一種終生難忘的感覺。每個人都覺得自己的呼吸更輕盈，動作更敏捷；似乎騰空滑翔一般。離我們不遠處，有許多道光流，從遠處看來，好像是一根不太大的柱子，不過實際上這些光流龐大到難以估量。崔斯坦諾的想法和我一樣，認為極地是光與熱的中心，就跟太陽一樣，威廉和馬提內很怕就此縱身跳入熊熊烈火中，而且所有人都想要休息一下。然而，自我們踏上山頂，就開始感受到一股強烈的力量牽引著我們，此刻的一陣強震，告訴我們不能停下來，然後我們就被一股強大的力量吸進了北極……我們站在洞穴邊緣，看著這明亮無比的洞穴，它深不見底，讓所有人都感到毛骨悚然；然而，沒有人有時間思考，而我們這小群人就被一陣氣浪形成的漩渦給掃了進去……

我們迅速掉落這渦流之中……我們發現了一個不知如何言述的驚喜，一片廣闊無垠的光明……

「你們聽好，」克雷蘭西終於開了口，「有位物理學家在十八世紀初曾表示，地球不可能是實心的，因為地球直徑三千里格，其中至少有兩千九百是不必要的。因此，他認為地球內部有一個能夠調節運動的金屬核。這個系統被駁為悖論，不過我們的探險卻證實了它的真實性。我是這樣假設

的：人類生活在地球表面，圓周長九千里格，不過地表厚度其實只有五十或一百里格，而且內部是中空的，中心還有另一個球體存在。在這個球體中心，還有另一個核心或是更小的星球，而且這個核心具有磁性……現在，我們掉落處所在的磁性岩石產生了大量的蒸汽，直接從極地的開口溢出，大自然的造物者在這出口處放了一系列鐵山，讓鐵山形成冠狀。我相信，南極的開口也被同樣的冠狀物圍繞。如此以來，由於圍繞在兩極開口的大量鐵質，分別吸引著這個中央行星所製造的磁性蒸汽，地球得以保持在一個完美的平衡狀態。在我們知道頭上望眼所及之處其實都是地殼的時候，可以看到天空這件事，著實讓我們感到困惑。儘管如此，表面沉悶陰暗的地球有著明亮的內部也是有可能的，而圍繞著我們的空氣，或多或少透露著這片穹天的真實面貌。至於我們看到的這片光明，我認為它來自磁性蒸汽，這些蒸汽穿過兩極時，會一直不停地往上昇，因此反射了太陽光，造成極光現象。」

地下的景象

愛德華・布爾沃－利頓
《未來種族維利》第 2、4 章，1871 年

這條路很像山路：一側是我順著下來

〈南北兩極〉，取自阿塔納斯・珂雪，《地下世界》，1665年出版。

的那片懸崖峭壁。下方左側有一個廣闊的山谷，明確無誤地向驚訝無比的我證實著此地確實有工藝與文化存在。那兒有好些被奇異植被覆蓋著的田野，看來和地表世界的植被不太一樣；顏色並非綠色，而是沉悶暗淡的鉛灰色，要不就是金紅色。

那兒有看來似乎流入彎曲的人造堤岸的湖泊與溪流；有些流著純水，有些粼光閃閃宛如輕油。在我的右側，岩石間溝壑峽谷交錯；其間還有似乎是人為開鑿的步道，邊緣巨樹林立，那細緻如絨羽的樹葉與貌似棕櫚的樹幹，看來宛如巨型蕨類植物。其他植物看來像是蘆薈，不過比較高，而且還綴有簇生花。

其他還有一些狀似大型菇蕈的植物，莖部短小粗壯，支撐著相當大的圓頂狀物，圓頂上則生長或盤繞著長長的細枝。在我周圍的整個景象，只要是望眼所及之處，都被數也數不清的燈照亮著。那個沒有太陽的世界，就像正午的義大利風景般地耀眼與溫暖，不過空氣給人的壓迫感較低，熱度也較溫和。而且，那個景觀中也有些許聚落分佈。

我遠遠就能分辨，在湖泊與河流的堤岸邊，或是在半山腰上，都有看來無疑是人類聚落的建築物散落在植被之間。我甚至遠遠就看到像是人類的形體在那兒活動……在我頭頂上的並不是天空，只是一個巨大洞穴的穹頂而已。這穹頂的高度隨著距離而增加，一直到再也分辨不出來，藏匿在迷霧之間……

我終於得以看到建築物全貌。是的，這是座人造建築，是在一大塊岩石中挖出來的。乍看之下，我絕對會認為它是古埃及式建築，正面有著柱基龐大、越往上越細的巨大柱子；更靠近一點看，我覺得柱頭似乎比古埃及建築裝飾地更加華美高雅。就如科林斯柱式，它模仿了老鼠　的葉形，這些柱子的柱頭也從周遭植被獲取靈感：有些是蘆薈的形狀，有些則取自蕨類。之後，有個狀似人的東西從建築物走了出來……真的是人嗎？他停在寬廣的街道上環視四周，看到了我，並向我走來。他走到我面前數公尺的

電影《地心冒險》場景，艾瑞克‧布列維格（Eric Brevig）導演，2008年發行。

地方，那個景象讓我雙腳像生根般地動也動不了，一股言語無法形容的顫慄油然而生。他讓我想起出現在伊特魯里亞文化的花瓶或是東方古墓牆壁上精靈或魔鬼的象徵形象……有著人的形象，實際上屬於另一個種族。他很高，不過並不巨大，和最高的人類差不多，不過高度遜於巨人。

他的主要服裝似乎是收折在胸部、長至膝蓋的大型翅膀；其餘服飾還有衣袍及用薄纖維布做成的綁腿套。他的頭上戴著一只冠狀物，發出寶石般的光輝，右手則抓著一支細長光亮的金屬權杖，材質像極了拋光鋼。然而，那張臉才是讓我感到敬畏又恐懼的！那是張男人的臉，而且不屬於我們的種族。從線條和表情看來，比較像是獅身人面斯芬克斯的臉……展現出一種平靜、知性且神祕的美感。那膚色很奇特，與人類種族相較，比較接近紅人，不過還是不太一樣……一種更飽滿更柔和的色調，眼睛是黑色的，又大又深沉且明亮，眉毛呈彎月形。他的臉刮得乾乾淨淨，不過由此來看，儘管表情寧靜臉部線條優美，他還是讓我感到有些危險，就好比看到老虎或蟒蛇一樣。我感覺到，那個擬人形象對人類滿懷敵意。在他越來越靠近時，我打了冷顫。我跪了下來，用雙手把臉遮住。

小約翰‧克里夫斯‧席姆斯（John Cleves Symmes Jr.，1779~1829）

〈一封信〉"Una lettera"

聖路易斯，密蘇里州領地，北美洲

公元1818年4月10日當日

「本人藉此昭告世人：

我在此宣布，地球是空心的，而且內部適合人居；它包含了若干同心的實心球體，也就是說，一個球包著另一個球，而且在兩極各有範圍延伸約十二至十六度的開口。我會致力證實今日所言，如果世人願意提供協助，我也準備就緒，願意進入地心探險。

來自俄亥俄州的J.克里夫斯·席姆斯，前步兵團上尉。

備忘。我替媒體準備了一份專文，闡明問題的主要原理，替上述聲明提供證據，解釋各種現象背後的原因，並揭露達爾文博士的「黃金祕密」。因此，我要求這個世界與新世界的贊助：……我徵求一百名勇敢且裝備精良的夥伴，願意在秋季和我一同從西伯利亞駕著馴鹿雪橇朝著冰凍的海面出發；我保證，只要抵達北緯82度以北一度的地方，我們就會找到一片溫暖豐沃、長滿茂密植被、滿是動物、或者也有人居住的土地；我們會在下一個春天啟程返鄉。

J.克里夫斯·席姆斯

（隨信附上精神狀況診斷證明）

伯納德的假設

雷蒙·伯納德

《地球空洞》，1964年

以下為本書欲證實者。

1. 地球是空心的，並不是一般假設的實心球體，而且地球內部與地表透過位於兩極的開口來連通。

2. 美國海軍少將理查·伯德（Richard Byrd）是進入極地開口的第一人，而且分別從北極和南極深入地心四千哩，他的觀察與發現確認了我們這個有關地球結構的革命性理論是正確的，其他北極探險家的觀察同樣也證實了這一點。

3. 根據我們的地理理論，地球是空心而且不是凸起的，在兩極各有通往內部的開口，世上從來沒有人到過北極和南極，因為它們並不存在。

4. 地內新世界的探險比太空探險還重要，伯德的航空探勘也顯示出地內探險有其必要。

5. 伯德少將在北極和南極地區經由兩極開口進行的航空探勘顯示，地內新世界的面積比地表大，而第一個派探險家進入這個新世界的國家，將會成為世界強權。

6. 地內世界的氣候比地表溫和，所以也應該有植物、動物和人類的存在；果真如此，神祕飛碟很有可能來自最先進的地內文明之一。

7. 在發生核戰的時候，輻射落塵可能會終結地表生命，此時，地內世界能夠延續人類文明，對災難倖存者來說是一個理想的避難所，如此以來，人類就不至於完全滅絕。

宇宙的中心

塞勒斯・里德・提德
《科瑞山宇宙學基本原理》*Koresh, Fundamentals of Koreshan Universology*，1899 年

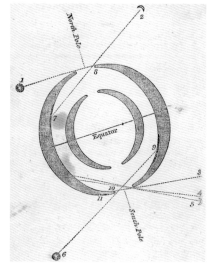

出自亞當・席伯恩（Adam Seaborn）《席姆佐尼亞：發現之旅》的插圖，1820年於美國紐約出版。

太陽、月亮、行星與星辰都不是世人所認為的大型天體，而是一股力量的焦點，由於這股力量具有實質性卻不具物質性，因此會受到物質轉變至非物質之嬗變過程所影響；這種轉變能力讓它能維持穩定燃燒狀態，並因而形成一種連續不斷的以太輻射……月亮與行星為視覺反射；月亮是地表的反射，行星則是介於金屬層版之間的浮動水銀盤……

在這宇宙的中心，有一個偏心動量，其中包含了一個同時帶有電磁正負性的星體核心，構成中央物理星體……它繞著一個以太錐移動，圓錐的頂點朝著北方，底部朝著南方。

愛斯基摩人的起源

雷蒙・伯納德
《地球空洞》

許多以此主題撰文的作者都假設，地球內部住著一個膚色棕色的矮小人種，甚至認為種族起源不同於其他種族的愛斯基摩人，就是來自這個地下

人種……有些愛斯基摩傳說談到一個位於北方的美麗天堂。這些傳說也講到一個永遠光明的地方，這個地方沒有黑暗，也沒有過分耀眼的陽光。

加德納寫道：「愛斯基摩人不來自中國，而且中國人和愛斯基摩人都來自地球內部的部落，絕對是有可能的。」

據說出自伯德之手的日記

理查・艾夫林・伯德
《日記》，1947 年

我必須祕密寫下這本日記，而且絕對保密。這是有關我在 1947 年 2 月 19 日駕機飛越南極一事。未來終將有一天，人類的理性會消逝，那時，是人就得接受必然的真相。我不能自由散播下面這些記錄，它們也許永遠不見

雷蒙·伯納德《地球空洞》1964年版的封面。

天日，不過我還是得做好本份，在這裡記錄下來，希望未來能有那麼一天，世上某些人的自私與貪婪再也無法打壓真相，所有人都能夠讀到這本日記……「指南針和電羅經都開始旋轉擺動，我們無法利用裝備來維持方向。我們藉由太陽羅盤來注意方向，一切似乎都正常。儀器控制的反應和運轉似乎都變慢了，不過並沒有凍結的跡象……在開始看到這片群山以後，已經飛行了29分鐘，這並不是幻覺。這是一個我們未曾見過的小山巒……

山的另一側似乎有一座河谷，其間有小河或溪流朝著中央流去。這下頭不應該出現什麼蒼綠的山谷！這裡絕對有什麼奇怪和不尋常之處！按理來說，我們應該只會飛越冰雪地帶而已！然而，我們卻在左方山腰上看到大片森林。我們的導航儀器還在發瘋似地亂轉……我將海拔高度修正在1400呎，然後向左急轉彎，好更仔細地檢查下面的山谷。它是綠色的，長滿了密實的青苔和青草。這裡的光線似乎有些不同，我再也看不到太陽。我們又朝左方繞了一圈，似乎看到某種大型動物，看起來像是一隻大象！怎麼可能！！牠看來像是一隻猛瑪象！這真是讓人難以置信！然而實際情況確實如此！……
我們又經過其他綠色山丘。室外溫度指示顯示在攝氏24度。現在，我們繼續按照原定路徑前進，機上的儀器似乎已恢復正常。這些儀器的反應讓我很困惑，於是我試著和基地聯絡，然而無線電卻不通……周圍景觀看起來平坦且一般。接著，我們看到一個狀似城市的地方！這是不可能的！飛機似乎輕盈了起來，而且似乎有一股奇怪的浮力。儀器操控毫無反應！我的天啊！我們的左方和右方，都出現了一種奇怪的儀器，它們慢慢靠近我們，而且似乎放射出什麼東西。現在，距離已經近到我能清楚看到它們的徽章了。那是個很奇怪的符號。我們到底在哪裡？發生什麼事了？……無線電斷斷續續，傳出了一個似乎是北方或德國口音講英文的聲音。他傳達的訊息是：「上將，歡迎您來到我國。我們會讓你在七分鐘後降落。請放心，你們會得到妥善的照顧。」此時我才發現，我們飛機的引擎早已停止運轉，整個裝置都受到一股奇怪的

力量控制，會自行運作……

有些人正朝著飛機走過來。他們很高，還有一頭金髮。遠處有一座閃閃發光的城市，散發著彩虹般的色彩。我不知道接下來會發生什麼事，不過這群人並沒有帶著武器。然後，我聽到一個聲音喚我的名，命令我開門。我服從命令開了門……

從這裡開始的事件記錄，都是我按回憶寫下的。它們看來幾乎是想像，如果不是真的發生過，大概會讓人覺得太過瘋狂。技師和我被帶下飛機，受到友善的對待。之後，我們被帶上一臺看似平台卻沒有輪子的小型交通工具，飛速朝著這個閃閃發光的城市前去。當我們越來越接近，這城市似乎是用水晶打造的。沒多久，我們就抵達一座我未曾見過的龐大建築物。它看來就像是建築師法蘭克·洛伊·萊特的設計，或者更正確地說，出自科幻小說連載巴克·羅傑斯的場景！……

「是的，」大師笑著說，「你正處於雅利安人的國度，沉入地底的世界。我們不會耽誤你的任務太久，之後會有人護送你們回到地表再過去一點的地方。不過現在，上將，讓我告訴你，為什麼你會被帶來這裡。我們從你們的種族製造出第一顆原子彈，並在日本廣島和長崎引爆以後開始感到憂慮，也在那個令人不安的時期派出飛行器到地表調查你們到底做了什麼事情。上將，這些顯然已經是過去，不

威廉·布拉德肖，《阿特瓦塔巴爾的女神》插圖，1892年於美國紐約出版。

過請讓我繼續解釋。你看，我們在過去未曾干涉地表人類的戰爭與野蠻行為，不過現在我們不得不出手，因為你們已經學會操控原子能，而這東西確實不適合人類。我們已經派遣使者將訊息傳給地表人類世界的強權，然而這些人卻置之不理。現在，你們被選為見證，好證明我們的世界確實存在。」……

大師又繼續說：「自1945年以後，我們試著和地表人類接觸，不過卻遭受惡意對待：地表人類甚至對我們的飛行器開火。是的，甚至展現敵意，派出戰機惡意追趕。因此，孩子，我現在告訴你，有一個龐大的風暴正要侵襲你們的世界，一股連續許多年都不會消退的憤怒。你們的武器無法應

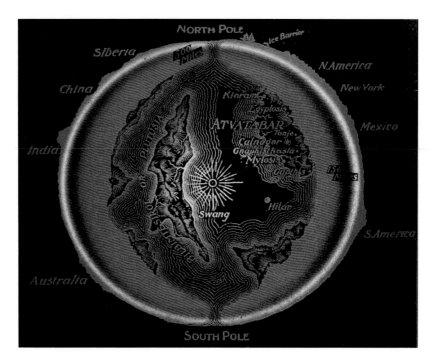

〈地內世界地圖〉，取自威廉·布拉德肖《阿特瓦塔巴爾的女神》，1892年於美國紐約出版。

付，你們的科學無法解決。這個風暴將席捲地表的每一個角落，人類文化綻放的每一朵花都會遭受蹂躪，人世間的所有事物將會一團混亂。最近的戰爭只是前奏而已，更大的災禍即將到來……我們可以預見，在遙遠的未來，會有一個新世界從地表人類廢墟中出現，開始尋找他們傳說中的失落寶藏，而屆時這些失落寶藏將會在這裡，受到我們保護。時機成熟時，我們會再次協助你們的文化和種族延續下去。」……

1947年3月11日。我剛跟國防部參謀總部開完會。在會議中，我完整報告此行發現，也將大師的訊息帶到，整個會議也有正式記錄，總統也有聽取報告。我被拘留了好幾個小時（整整

六小時又三十九分鐘），最高警備隊和一組醫療人員對我鉅細靡遺地進行質詢。這真是折磨人！我受到美國國家安全局用各種手段嚴密監控，他們還提醒我，因為我具有軍人身份，所以必須遵守命令……

總言之，我得說，這些年來，我盡責地遵照命令保守這個祕密。這本日記著實違反了我的誠信原則，然而現在我自覺來日不多，不願這個祕密隨著我一起死去，而能像所有真理一樣，最終獲得勝利。這是人類存續的唯一希望。我親眼看過真相，它也重新振作我的精神，給了我自由！……

因為我親眼看過那片北極以外的世界，那片偉大未知之境的中心。

阿加莎城

路易・賈科留

《神之子民》，*Les fils de dieu*，卷8，
1873年

婆羅門領袖和妻妾與寵臣一起生活在龐大的宮殿裡，平日深居簡出。他下達給祭司、省長、婆羅門、與各階級雅利安人的命令，都是透過使者來傳遞，這些使者身上都戴著刻有領袖武器裝飾的銀手環。

他的官員在經過城市和鄉間時，會騎著巨大的白色大象，穿著黃金裝飾的絲綢，前方還有衙役呼喊著「阿荷瓦塔！阿荷瓦塔！」宣布官員的到來，而民眾則在路旁跪下，只有在行進隊伍消失以後，才能把頭抬起來。……這位婆羅門領袖出巡時，一定要坐在一座用羊絨、絲綢和黃金做成的簾子遮蔽的象轎中，背轎子的是他專屬的白象，只有他能騎乘，而且這白象幾乎因為背上沉重的黃金、尼泊爾織毯、珠寶和珍貴寶石等而無法站直。白象身上有許多珠寶工匠耐心雕琢的精美手環，碩大的耳朵上戴著價值無法估計的大鑽石。轎座以檀香製作，上面鑲滿黃金。

這位上帝在人世間的代言人的宮殿，使用了各種超乎想像的精美設備，而婆羅門對於阿斯加莎宮殿的描述，華美遠超過底比斯、孟菲斯、尼尼微與巴比倫，而且這些古老城市甚至連古印度人祖先建造的城市都比不上……最後，基督信仰從婆羅門教複製了三位一體、各種謎團、轉世的名稱和經歷、處女生子、聖油、祭壇聖火、聖水與諸多儀式，基督教創始者這樣的做法，無疑是想更加強調出其附屬性，將這拷貝版的奴性推到極致。
基督教把婆羅門教的黑天神變成了他們的耶穌基督，提婆吉成了聖母瑪利亞，此後，甚至也受到婆羅門教的啟發而有了教宗。

阿加莎城在哪裡？

亞維德列侯爵約瑟夫－亞歷山德・聖伊夫

《印度使團在歐洲》，卷1、2，1886年

阿加莎城在哪裡？確實位置在什麼地方？要抵達該城，必須取道何處、經過哪些國度？……因為我知道，在歐洲國家爭相競求亞洲資源之際，有些與阿加莎相鄰的強國並沒有意識到這塊神聖土地的存在，我同時也知道，在可能發生戰爭的時候，歐洲國家的軍隊必然會穿過或行經阿加莎領土的邊界，由於我對歐洲人和阿加莎人所懷抱的人道意識，我決定無所顧忌地繼續揭露本人所知。

在地表與地球內部，阿加莎的真正領域一直受到褻瀆與力量的箝制與侵犯所挑戰。

大象遊行隊伍，取自布希考大師（Maestro di Boucicault）《奇蹟之書》，15世紀出版，目前收藏於巴黎的法國國立圖書館，Ms. Fr. 2810。

頁402~403：約翰‧馬汀（John Martin），〈群魔亂舞〉，1841年繪製，目前為法國巴黎羅浮宮收藏。

撇開地底未知文化屬於遠古民族的美洲不談，光在亞洲，就有約莫五億人口或多或少知道阿加莎的存在以及這個國度的實力。

然而，這些知道真相的人全都忠心耿耿，完全沒有人願意確切指出阿加莎城所在位置，也就是政府機構、宗座與法律中心分別在哪裡⋯⋯

我的讀者只要知道，在喜馬拉雅部分地區有二十二座代表二十二個阿爾克那與二十二個神聖字母的寺院，阿加莎就隱藏其間，是世人遍尋不著的神祕原點⋯⋯

阿加莎聖地是獨立的國家，採共治主義，人種單一，人口約兩千萬⋯⋯

古老的未知南方大陸沉沒海洋下方是前環圖書館，而且範圍一直延伸到大洪水前古美洲大陸的地下世界。我在這裡和接下來要說的這些，看來像是《一千零一夜》的故事，不過這些全都是真的。

真正的帕拉德薩學院檔案長達數幾公里。日復一日，年復一年，它們孤獨地佇立在那裡，經過好幾世紀的時間，有些熟知特定地區祕密以及了解特定工作之實質意義的資深啟蒙者，會被迫耗費三年的時間，用世人不認識的字符來雕刻石板，把所有有關形成知識總體之四大科學層次的事實記錄下來。

每一位智者都獨自完成工作，在城市、沙漠、平原或山巒底下，遠離光明。

讀者可以想像一個在全世界所有區域的地底下延伸的龐大棋盤。每一個格子都記錄著地表人類的輝煌歷史；特定格子存放著世紀與千禧年的百科全書，也有以印度教主要與次要時期為題的⋯⋯

在禱告時間、神祕宇宙慶典期間，雖然沒有在地底大型圓頂下輕聲細念著神聖經文，在地表和天上還是會發生

奇特的聽覺現象。長途跋涉的旅者與
商隊成員都會因為這白日的明亮光芒
或夜晚的耀斑而停下腳步，無論是人
類或野獸都會感到驚愕，全都靜下來
聆聽……

這些科學、藝術等等在阿加莎的研究
室、實驗室與觀察室中持續不斷地受
到宣揚、展示與實踐。化學與物理的
發展層次之高，如果在地上世界展示
其程度，甚至無人能懂。我們並不認
識地球的力量，甚至對地球也不太了
解！……

每一年在特定宇宙時期，在聖法學院
大主席馬哈爾席的引導下，高級畢業
生都會再次下去參訪其中一個地底城
市。這些修行者必須先爬過一個只容
許一個人穿過的縫隙。他們暫停呼
吸，將雙手放在頭上，讓身體慢慢往
下滑，而且深信這整個經歷經過很長
的時間。他們最後會一個接著一個掉
落在一個無窮盡的傾斜地道裡，從這
裡開始他們真正的旅程。當他們慢慢
往下走，空氣會變得越來越難以忍
受，從下頭發出的光芒，可以讓人看
到啟蒙者按力量強弱沿著傾斜的巨大
拱頂排列著，而且在最下方，很快就
能看到地底下的城市。在行進過程
中，儘管供應著可呼吸空氣、營養與
能夠舒緩炎熱感的東西，大部分人還
是會感到窒息且疲憊不堪，不得不停
下來。唯有那些道行高深到能夠控制
呼吸，而且無論身在何處，都能透過
空氣和其他器官來吸收那些保存在每

一個角落的神聖重要元素的修行者，
才可能繼續往前行進。

最後，經過長途跋涉，那些堅持到最
後的修行者，就會遠遠地看到一團巨
大的火焰，在地球底下展開。……

巨大的地下城市在面前展開，下方火
紅的海洋照亮著整個城市，這火海的
亮度遠比在這個時期收縮集中的中央
火焰小了許多。

在那裡，各式各樣奇特的建築形式不
斷重複，所有礦物被混合在一起，做
出那些歌德、科林斯、愛奧尼亞與多
立克藝術家的幻想都想像不出來的東
西。而且到處都存在著一群對於人類
侵略感到憤怒的人形形體，他們具有
靈巧的身體，會回到啟蒙者圓頂，藉
著翅膀朝著各個方向飛騰，用爪子攀
掛在地底城市的牆壁上。

馬哈爾席領頭，整個神聖隊伍沿著玄
武岩熔岩凝結成的狹窄道路行進。遠
處傳來一股沉悶的聲音，它似乎持續
不斷地延續著，好比春天潮汐撞擊在
岩石上的聲音。

在這段期間，修行者不斷地走著，一
邊觀察研究著這些奇怪的民族、他們
的風俗民情、那些讓人害怕的活動、
以及對我們的用處……

他們的職責，是遵照宇宙力量的命
令，以對我們有利的方式來管理能製
造必要金屬與非金屬地底河川的底
土、確保地球上爆炸事件與災難發生
的火山、以及群山與河谷的規劃。

他們也負責打雷閃電，並將兩極與熱

帶之間的流體循環維持在地底下，也控制著這些流體在地球上不同經緯度的交互流動。

吞噬每一個正在腐爛的活菌，以將果實帶來世上的也是他們。

這些民族是中央火焰的原住民；而耶穌基督在升天之前也造訪了這一批人，讓祂的救贖也遍及這些全世界有形層次引以為根基的火之子民……

我們進入這個聖幕，前去晉見布拉哈特瑪，也就是迦勒底的阿布拉米迪、薩冷王麥基洗德、以及底比斯、孟菲斯、塞易斯和阿蒙等祭司的前身。

除了高階啟蒙者以外，沒有人曾經面對面看過阿加莎的最高宗教領袖……那是一位來自美麗阿比西尼亞民族的長者，這個民族混有高加索血統，在紅人與白人的時代之間，曾經統治著地表世界，在世界各地的每一座山中建造了城市和巨大建築物，從衣索比亞到埃及，從印度到高加索，都有其蹤跡。

世界之王

費迪南·奧森多斯基
《野獸、人類與神》*Bestie, uomini e dei*，1923 年

我在中亞旅行之際，第一次聽說所謂的「謎中之謎」。若不如此稱呼，我也不知道該怎麼來定義它。一開始的時候，我並沒有太重視它，不過一旦分析之，並且拿來和許多零星、混亂且經常是相互矛盾的證詞比較，才發現它非常重要。

生活在阿梅爾河河岸的長者跟我說了一個古老的傳說，據說蒙古部落在試圖躲避成吉思汗的統治時，曾躲在地底下，並且找到了庇護所。後來，一名住在諾幹湖附近的索約特人，帶我去了隱藏在煙霧之間的洞穴入口，據說從那裡可以通往阿加提王國。過去曾經有一名獵人進入這個洞穴，抵達地底王國，並在回到地面世界時，開始講述他在地底下的見聞。後來，喇嘛將獵人的舌頭給割了，避免他繼續談論這個謎中之謎。當獵人老去，他再度回到洞穴，消失在地底國度，那個在浪子心中具有美麗快樂回憶的地方。

我從那魯班禪寺的杰利卜·德嘉姆思拉普呼圖克圖處取得了更詳細的資訊。呼圖克圖講了力量強大的世界之王從地底國度來到地面世界的故事，也描述了世界之王的外表，以及跟他有關的奇蹟和預言：一直到那個時候，我才開始了解到，那個傳說、催眠暗示、集體想像或是隨便怎麼稱呼的故事，並不只是個謎，也是一股具體且龐大的力量，能夠影響亞洲的政治發展。從那一刻，我開始更深入地進行調查。查頓·貝利親王以及他最寵愛的噶隆喇嘛提供了有關地底王國的描述……

羅倫佐‧洛托（Lorenzo Lotto），〈麥基洗德的獻祭〉，約1545年繪製，目前為義大利洛雷托聖家古物美術博物館收藏。

「這個國家叫做阿加提，它沿著一個遍及全球的地下通道網絡分佈。我聽說中國有位喇嘛向博克多汗說，美洲地區的所有洞穴都住了一個消失在地底下的古老民族。即使到現在，還是可以在地表世界找到他們留下來的痕跡。這些地底下的民族和地區都是由國王統治，而這些國王又臣服於世界之王。這些沒什麼好驚訝的。你們要知道，在東方與西方最大的兩個海洋中，過去曾有兩個大陸。它們沉入水中消失無蹤，不過在這些大陸居住的人，則去了地底王國。地底洞穴裡有一種特別的光線，使穀物和蔬菜能夠茂密生長，讓居民能夠健康長壽。那裡有許多不同的民族與部落。有位來自尼泊爾的婆羅門教長者實踐了神的旨意，前往成吉思的古老國度暹羅拜訪；長者在這裡遇到了一名漁夫，漁夫命令長者上他的漁船，伴他出海。航行到第三天，他們來到了一座島，這島上的居民有兩根舌頭，分別用它們來講不同的語言。居民給他看了許多獨特且罕見的動物，例如有十六隻腳的獨眼烏龜、肉質鮮美的巨大蟒蛇、有牙齒而且會替主人在海裡抓魚的鳥。這些人告訴這位長者，他們來自地底王國，而且向他描述了地底世界的一些地方。」

地理與歷史事實都具有象徵價值

勒內‧蓋農

《世界之王》的〈結論〉，1925年

世上所有傳統同時都證實了下面這一點：確實有一個完美「聖地」存在，它是其他諸多聖地的原型，是其他從屬中心的精神中心。這個完美聖地也是「聖人之境」、「活人之境」、也是「永生之境」；這些表達方式講的都是同一個地方，而且事實上還應該要加

上尤其被柏拉圖認定為「受福者之
地」的「淨土」。

世人往往以為這個地方在一個「看不
到的世界」，然而，如果你想要了解
它到底是什麼，也別忘了，同樣的狀
況其實也可見於出現在各傳統中、實
際上代表啟蒙程度的「精神層次」。

在目前的地球循環時期也就是鐵時代
中，這個由「守衛」保護隱藏卻也維
持著與外界之特定關係的「聖地」，
事實上是肉眼看不到且難以抵達的，

不過這樣的限制其實只限於那些資格
不足、不得其門而入的對象。那麼，
這地方的確切位置，到底應該照字面
上解釋成確有其地，還是只具象徵性
質，或者是兩者綜合在一起的情形？
我們對這個問題的回答是，對我們來
說，地理與歷史事實就像其他事實一
樣，都具有一種象徵價值，而且此象
徵價值並不會減損事實本身的真實
性，甚至賦予其更高深的意義。

第十四章

雷恩堡傳說的發明

左：雷恩堡的馬格達拉塔。

我們在聖杯一章可以看到聖物是如何曲折地四處飄蕩，一下子出現在這個地方，一下子又出現在另一個地方。最近期的聖杯傳說之一來自奧圖·拉恩的著作，主張聖杯位於法國南部靠近西班牙的蒙特塞居，一個早有許多專事聖杯崇拜、或多或少帶點異教色彩的兄弟會蓬勃發展的地區。因此，這個地區當然希望能重新燃起世人對聖杯傳說的興趣：只要能找到一個藉口即可。這個藉口和一位修道院長弗朗索瓦·貝朗格·索尼埃（François Bérenger Saunière）的故事有關，不過在論及索尼埃之前，最好先將已證實的歷史資訊交代清楚。

雷恩堡（Rennes-le-Château）是一個距離卡爾卡松約莫40公里的小村莊，索尼埃曾在1885年至1909年間擔任雷恩堡的牧師。當時謠傳，索尼埃和他的管家瑪麗·德納諾（Marie Dénarnaud）有染，不過這件事從來沒被證實。可確知的是，索尼埃從內到外重新整修了當地的教堂，並興建了一間貝薩尼亞莊園作為自己的居所，也根據耶路撒冷的大衛塔在山丘上打造了一座馬格達拉塔。

這些工程都極其昂貴（根據計算，花費約是當時的20萬法郎，相當於省區牧師兩百年的薪水），謠言亦因此而起，導致卡爾卡松主教派人調查。索尼埃不願配合調查，主教因此決定將他調到別的教區，不過索尼埃拒絕離開此地，並因此離開神職，過著窮困潦倒的生活，直到1917年過世。

目前確知的資料就到此為止，並由此發展出許許多多有關這名古

怪牧師以及他奇特生活的混亂猜測。據說，在修復教堂的施工過程中，索尼埃取得了許多性質不明的文物；他在一篇日記中提到在教堂地板下方發現了也許屬於當地王公貴族的古墓。其他還有人聽說索尼埃發現了一個裝有「珍貴」物品的容器，不過這些東西可能是雷恩教區牧師在法國大革命期間逃往西班牙之前遺留下來的東西，沒有什麼價值；或者，他可能找到了教堂舉行奉獻禮時留下來的小卷軸。然而，這些薄弱的線索卻引發了世人的想像，認為索尼埃在教堂修復工程期間發現了價值不菲的寶藏。事實上，這名老謀深算的牧師透過具有宗教性質的報紙和雜誌，促請信徒捐款，允諾替捐助人過世的親人舉行彌撒，以這種方式收到足以舉辦許多彌撒的捐款，不過實際上他並沒有實現承諾──卡爾卡松主教正是因為這個原因而將索尼埃送上審判臺。

最後還有一個比較勁爆的細節，索尼埃死後將名下所有不動產都留給瑪麗・德納諾。德納諾也許為了提高所繼承財產的價值，於是繼續助長著雷恩堡寶藏的傳說。瑪麗死後，財產由諾埃爾・科爾布（Noël Corbu）繼承，科爾布在村裡開了一間餐廳，並在當地報紙上散播這「億萬富翁」之謎，吸引許多寶藏獵人前來挖掘[1]。

此時，出現了皮埃爾・普蘭塔（Pierre Plantard）這號人物。普蘭塔受到聖伊夫的共治主義啟發[2]，在極右派團體中從事政治活動，成立反猶太團體，並在17歲時投入與維琪政權一起展開的阿爾法伽拉特運動（Alpha Galates）。儘管曾與維琪政權合作，在法國解放以後，普蘭塔所率領的組織仍以抵抗運動團體之姿出現在世人眼前。

1953年12月，普蘭塔因為背信罪入獄6個月，獲釋以後（後來又因為教唆未成年犯罪入獄1年），成立郇山隱修會（或稱錫安會），並於1956年5月7日在聖朱利安昂熱內瓦副省會正式註冊為協會。如果不是因為普蘭塔吹噓這隱修會已有兩千年歷史，表示此說乃根據索尼埃在修復教堂期間發現的文件（後來證明為偽造文

注1：羅伯特・沙魯（Robert Charroux）於1962年出版的《世界尋寶指南》就將雷恩堡列為必訪地點，認為想要尋求無窮財寶的人絕對不能忽略此地。

注2：參考第十三章阿加莎城的部分。普蘭塔的驚人事跡，可參考布翁南諾（Buonnanno）於2009年發表的著作。

件），這件事其實也沒什麼特別的地方。根據普蘭塔的說法，這些文件顯示歐洲中世紀梅羅文加王朝的血脈確實延續了下來，而普蘭塔也自稱是達格貝爾特二世後裔。

此外，普蘭塔也向位於巴黎的法國國家圖書館交存了據說為祕密文件的手稿（顯然也是偽造），內容說明了隱修會和雷恩堡之間的密切關係。

普蘭塔的騙局和沉迷於超現實主義的新聞工作者傑拉德·德塞德（Gérard de Sède）的一本書有許多相似之處，或許是因為受到德塞德的啟發，這也解釋了普蘭塔為何常提出自相矛盾的說法。德塞德曾在1962年以諾曼第吉索爾城堡（castello di Gisors）的謎團為題出版了一本書，當時的德塞爾因為在文學出版上經歷挫折，退隱到這個地區養豬，在此認識了羅傑·羅摩瓦（Roger Lhomoy），一個半瘋癲的流浪漢。羅摩瓦曾在城堡擔任園丁與警衛，後來花了兩年的時間，在夜晚趁著四下無人之際在城堡下方進行挖掘（既違法又危險之舉），企圖尋找古代地下通道。根據德塞德的記錄，羅摩瓦表示自己來到一個地下室：「我一輩子都不會忘記當時所見，那真是一幅精彩絕倫的景象。我來到一個用盧韋謝訥石材（pietra di Louveciennes）打造的古羅馬穹頂，它長三十公尺，寬九公尺，拱心石高約四公尺半。在左手邊靠近我鑽進來的洞口處有一座石造祭壇，會幕亦為石造。右手邊則是建築物的其餘部分。在牆壁高度一半的位置，是真人大小的耶穌與十二使徒像，下方有石烏鴉支撐。沿著牆面下方，擺著一座又一座長兩公尺寬六十公分的石棺，總共有十九座。我眼前的景象令人難以置信：三十個以貴重金屬打造的箱子，十箱一列整齊放置。用箱子一詞其實不足以形容其大小：比較像是水平擺放的儲存櫃，每箱2.2公尺長、1.8公尺高、1.6公尺寬。」

特別有趣的是，因為受到德塞德的啟發而進行的所有研究，儘管確認了幾條通道，事實上並沒有任何一條通往這間令人讚嘆的地下

〈諾曼第的吉索爾堡〉，
版畫，19世紀初繪製，目
前為法國巴黎裝飾藝術圖
書館收藏。

室。不過就在同時，普蘭塔和德塞德聯絡上，告訴德塞德自己不但
握有無法出示給他看的祕密文件，手上更收藏了這間謎樣地下室的
地圖。這份地圖實際上是普蘭塔根據羅摩瓦的說法畫出來的，不過
普蘭塔卻鼓勵德塞德根據此事去寫作並推測此狀況和聖殿騎士的關
係。1967年，德塞德出版了《雷恩的黃金》（*L'oro di Rennes*，顯
然原本是普蘭塔提供的手稿，經德塞德重寫出版），而這本書終於
讓媒體注意到郇山隱修會，以及普蘭塔在當時成功發放到許多圖書
館的偽造羊皮紙文件。然而，普蘭塔後來也坦言這些文件事實上出
自法國廣播幽默作家暨演員菲利普・德謝里塞（Philippe de Cher-
isey）之手，德謝里塞也在1979年坦承自己參考在巴黎國家圖書館
找到的古老文件，模仿安色爾體製作出這些偽造羊皮紙文件。還
有，德謝里塞似乎是受到莫里斯・盧布朗（Maurice Leblanc）的亞
森・羅蘋小說啟發，而有了偽造文件的想法。

　　事實上，就如亞納科內（Iannaccone, 2005）所言，在小說《奇巖

古斯塔夫・庫爾貝（Gus-
tave Courbet），〈埃特雷
塔之岩〉，1869 年繪製，
目前為德國柏林舊國家畫
廊收藏。

城》（*La Guglia Cava*）中，羅蘋發現了法國國王之謎：「若以反天
主教的觀點來解釋盧布朗的小說，盧氏預設了雷恩堡傳說的許多元
素，甚至將羅蘋視為救世主。這位來自諾曼第的作家熟知天主教預
言傳統，而且他的出生地離這個民族神祕主義的發源地吉索爾並不
遠。這種民族主義與宗教的意識形態賦予法國一種類似於法國大革
命期間帶有彌賽亞色彩的價值，不過也帶有一種反革命的標誌。」

　　德塞德認為，普蘭塔聲稱由索尼埃發現的這些文件充滿了必須解
密的符號，諸多謎團之一曾提及一幅普桑（Poussin）的名畫（同
樣的狀況也發生在一幅義大利畫家圭爾奇諾的作品上）。普桑的這
幅畫描繪了有些牧羊人發現一座墳墓的情景，墓碑上刻著「*Et in
Arcadia ego*」（譯為「即使在阿卡迪亞，我存在」，在圭爾奇諾的
作品中，這句話和一個骷髏頭一起出現在墓碑上）。這句話是個典
型的死亡警告（歌德在《義大利之旅》中也用這句話當作題詞），
死神宣布祂也存在於快樂的阿卡迪亞。然而普蘭塔辯稱，這句話早

左：圭爾奇諾（Guerci-no），〈阿卡迪亞的牧人〉，1618 年繪製，目前為義大利羅馬國立古美術博物館收藏。

右：尼可拉斯・普桑（Nicolas Poussin），〈阿卡迪亞的牧人〉，17 世紀繪製，目前為法國巴黎羅浮宮收藏。

在 13 世紀就出現在他的家譜上（這其實不太可能，因為普蘭塔是侍者之子，並非門第之後），兩件畫作中的情景讓人聯想到雷恩堡（然而普桑生於諾曼第，而圭爾奇諾則未曾踏入法國領土），普桑和圭爾奇諾畫中的墳墓很像是一座一直到 1980 年代都還存在的墳墓，它位於連接雷恩堡和雷內萊班的一條街道旁。不幸的是，經證實，這座墳墓建於二十世紀。

無論如何，普蘭塔試圖證明，圭爾奇諾和普桑的畫作都是受到郇山隱修會委託創作，據說普蘭塔甚至因此購買了普桑畫作的複製品（顯然為了證明一件只有他自己知道的事情）。然而，普桑畫作的解密並沒有因此停在這裡：有人表示，若將「*Et in Arcadia ego*」這句話的字母重新排列組合，可以得到「*I! Tego arcana Dei*」，意指「離開吧！我將謹守上帝的祕密」，並因此延伸解釋，認為這足以「證明」這個墳墓是耶穌之墓。

德塞德也針對索尼埃修復的教堂，提出了其他令人不安的假設。舉例來說，教堂中出現碑文「Terribilis est locus iste」（譯為「這地方何等可畏」），這一點讓許多奧祕追求者感到興奮莫名。然而事實上（索尼埃顯然也知道這一點），這句出自《創世紀》第28章第17節的經文，在許多教堂中都可以看到，甚至出現在某間教堂的奉獻禮彌撒之中[3]，指的是雅各夢到自己升天、遇見天使、與上帝交談的異象，根據聖經拉丁文譯本，他在夢醒以後說：「這地方何等可畏！這不是別的，乃是神的殿，也是天的門。」然而在拉丁文中，「terribilis」一字也有值得尊敬、能夠引人敬畏之意——因此這句話本身並沒有什麼威脅的意味。

然後，教堂的聖水盤由一個跪下的惡魔支撐著，據說這惡魔是被所羅門王逼迫協助建造耶路撒冷聖殿的阿斯摩太，不過這一點也不是什麼特別之處，因為許多仿羅馬式教堂裡都有一些地方描繪了魔

注3：舉例來說，羅馬彌撒經書就曾出現下面的句子：「Terribilis est locus iste: hic domus Dei est et porta caeli: et vocabitur aula Dei.」（此地何等可畏：它是神的殿、天堂的門：必稱為神的法庭。）

鬼。最後，阿斯摩太上方有四個天使，天使下面刻了這句話：「Parce signe tu le vincrais」，這句話可能參照了君士坦丁大帝的名言「In hoc signo vinces」（你必以此而勝），不過這句話多加了「le」，引起尋寶獵人的注意而去計算整句話的字母數，結果和墓園入口骷髏頭的牙齒數一樣：22；這個數字同時也是馬格達拉塔的城垛數，以及通往馬格達拉塔的兩座階梯的級數。「le」是句中第13與14個字母，把13和14放在一起，可得1314，也就是聖殿騎士團最後一任大團長賈克・德・莫萊（Giacomo di Molay）受火刑的那一年。我們在前面舉過胡夫金字塔的例子，跟數字有關的事其實是隨人解釋的。若是看看教堂內的其他雕像並取出代表聖人的姓名字首（傑曼娜Germana、洛克Rocco、安東尼Antonio Eremita、里斯本的聖安多尼Antonio da Padova與路卡Luca），則可以得到聖杯「Graal」這個字。我們可以繼續舉出其他的神祕巧合，也就是神祕主義者似乎想要忽視的部分，例如仿羅馬式修道院滿是怪獸裝飾的事實（聖伯納德就曾大肆抨擊這些無用的「象徵」），而索尼埃在修復教堂

特寫阿斯摩太（Asmodeo），聖雷恩堡教堂入口的聖水盤。

時當然也會考慮到這些肖像裝飾傳統。索尼埃據說也和神祕圈人士往來，甚至和當時的玫瑰十字會特定成員交往甚密，不過索尼埃這些私底下的「娛樂活動」既沒有證明郇山隱修會的存在，也沒有證明耶穌流亡到法國的傳言。另外，有心人也饒富想像地將教堂內其中一座雕像下的刻字「Christus A.O.M.P.S. defendit」解讀為「Christus Antiquus Ordo Mysticus Prioratus Sionis Defendit」，也就是「耶穌捍衛古老且神祕的郇山隱修會」。事實上，同樣的刻字也見於教宗西斯托五世設在羅馬的方尖碑，不過應讀作「Christus Ab Omni Malo Populum Suum Defendit」，意指「耶穌捍衛子民免遭邪惡侵擾」（參考托馬提斯〔Tomatis〕於2011年的著作）。

倘若德塞德的著作沒有引起記者亨利・林肯（Henry Lincoln）的驚豔，雷恩堡傳說也許就會慢慢地消失。林肯替英國廣播公司製作了三部以雷恩堡為題的紀錄片。林肯在製作過程中曾和另一位神祕主義者理查・雷伊（Richard Leigh）及記者麥可・貝金特（Michael Baigent）合作，三人決定共同出版一本著作《聖杯》（*Il Santo Graal*, 1982），而且在短時間內就達到極高的銷售量。總的來說，這本書集結了德塞德和普蘭塔提出的所有資訊與消息，將它們進一步浪漫化，而且將這些資訊當成毫無爭議的史實來呈現，並將郇山隱修會的創始人當成耶穌基督後裔，說耶穌並沒有死在十字架上，而是和抹大拉的馬利亞結了婚，逃到法國，而後衍生出梅羅文加王朝。他們認為，索尼埃找到的並不是寶藏，而是一系列證明耶穌後裔的文件，這耶穌後裔也就是所謂的王室血統，後來衍生並變形成為所謂的聖杯。至於索尼埃的財富，則是梵蒂岡為了要他隱匿這個可怕的發現而支付給他的黃金。當然，要將耶穌、抹大拉的馬利亞、郇山隱修會與雷恩堡的黃金包裝成一個故事，當然得把聖殿騎士和卡特里派安插進去。此外，根據普蘭塔早先的說法，隱修會出身顯赫，而且在過去幾世紀曾有許多名人參與，如桑德羅・波提切利、達文西、羅伯特・波義耳、羅伯特・弗拉德、艾薩克・牛頓、

喬托（Giotto），〈瑪達肋納前往馬賽的旅程〉，1307~1308 年繪製，繪於義大利阿西西聖方濟大教堂的瑪達肋納禮拜堂（譯注：瑪達肋納，即抹大拉的馬利亞）。

維克多・雨果、克勞德・德布西與尚・考克多，只差沒把漫畫阿斯泰利克斯歷險記的主人翁列進去而已。

　　然而，富有想像力的故事重構並不僅僅如此而已。舉例來說，貝金特和他的夥伴在講到吉索爾堡的榆樹時，就把故事編得很自然。他們相信聖殿騎士與吉索爾有關（事實上聖殿騎士只在吉索爾堡待了兩三年，而且他們在法國各地都有基地），並引以為據，表示聖杯就在這個墓穴裡——但是再也沒有人找到過這墓穴。為了替這個說法提供佐證，他們又說，根據某些傳說或中世紀編年史（不過這些作者也承認「這些說法是曖昧且混淆的」），在公元 12 世紀，法國國王和英國國王相爭期間，城堡附近有一棵榆樹被砍斷；因為英國人曾經一度在吉索爾堡內尋求庇護，所以法國人砍了榆樹。整個

故事就是這樣。然而這些作者卻聲稱，這個故事「字裡行間透露著更重要的訊息」。這訊息到底是什麼，他們也不知道，不過卻很怪異地留下一些讓人納悶之處，讓人懷疑這整件事情和郇山隱修會有關。筆者的評論是：「鑑於這些說法的怪異性，假使其中確實隱藏了什麼有人刻意忽略或是永遠無法公開的事情，也不讓人感到意外。」就這樣，人們把吉索爾、郇山隱修會及聖杯聯想在一起，吉索爾也成了尋寶獵人與朝聖者絡繹不絕另一個的地點。

我們在前面已經講過聖杯所在地從加利西亞到亞洲的瘋狂大遷徙。然而，這幾位作者似乎對於吉索爾位於諾曼第北部，和位於南法的蒙特塞居和雷恩堡完全相反的事實絲毫不介意。這樣的傳說，事實上也創造出三條而非兩條旅遊路線。

一堆無稽之談怎麼會讓人認真以待（而且相關著作還沒被當成奇幻作品）？仍然是一個謎，然而事實是，他們強化、鞏固了雷恩堡的謎團，讓它成為朝聖的目的地。到最後，不相信傳說的人正是傳說的創始者；當整個故事被貝金特等人浪漫化、誇大以後，德塞德在1988年寫了一本書全盤否認，並抨擊每一個圍繞著索尼埃之村的騙局與欺詐情事。在1989年，普蘭塔也否認了自己先前的說法，甚至提出傳說的第二個版本，表示郇山隱修會於1781年創設於雷恩堡——而且也修正了部分偽造文件，他在名單裡增加了前法國總統法蘭索瓦·密特朗的朋友羅傑－帕特里斯·佩勒，身分是隱修會大導師。後來，佩勒被控涉嫌內線交易，也就是違法操縱股市，而被當成證人傳喚的普蘭塔，在證人席上宣誓承認，整個郇山隱修會的故事都是編造的，後來也在普蘭塔家中搜出其他偽造文件。[4]

注4：有關普蘭塔的審判事件可參考史密斯（Smith, 2011）和因特羅維涅（Introvigne, 2005）。有關雷恩堡與丹·布朗的完整參考書目，參考史密斯（Smith, 2001）。

此後，再也沒有人把他當回事。因此，這名所謂耶穌和抹大拉的馬利亞後裔，最後在2000年孤寂而終。

然而，在2003年，丹·布朗的名作《達文西密碼》問世。布朗顯然受到德塞德、貝金特、雷伊、林肯以及專題圖書館收藏的眾多

神祕學文學作品所啟發，不過也聲稱，他提出的所有資訊都是史實（參考亞納科內 2005 年的著作）。

現在常見的敘事手法，從琉善《信史》到綏夫特等再到孟佐尼（Manzoni）以降，都只在小說開頭時表示故事乃以真實文件為本。唯一一個令人尷尬的丹‧布朗，則在小說故事以外的日常生活中依然宣稱自己所述為史實。在 2003 年 5 月 25 日美國有線電視新聞網的專訪中，布朗表示自己的小說：「具有 99% 的真實性，裡面有關建築、藝術、祕密儀式、歷史、靈知派福音書的種種，全都是真的。故事中虛構的部分，顯然只有名叫羅伯特‧蘭登的哈佛大學符號學家，以及他的所有活動，不過整個故事的背景都是真實的。」

如果布朗的小說確實是史實重構，就無法解釋布朗在書中犯下的許多錯誤，例如他表示郇山隱修會「由法國國王布永的戈弗雷」於耶路撒冷創設，不過眾所周知的是，戈弗雷從來沒有接受國王的頭銜；另外，根據布朗的說法，教宗格萊孟五世為了消滅聖殿騎士團，「曾發出密令，要求歐洲各地所有收到密令者在 1307 年 10 月 13 日星期五打開」，不過根據史料，送到法國各地執行官與法官手中的訊息，並不是教宗發出去的，而是腓力四世（而且教宗「派駐歐洲各地士兵」是怎麼來的也無法清楚交代）；還有，布朗將 1947 年於以色列庫姆蘭（Qumran）出土的手稿（它既沒提到「聖杯的真實故事」也沒講到「耶穌的謎團」）和包含一些靈知派福音書的拿戈瑪第（Nag Hammadi）搞混。布朗在最後談到巴黎聖敘爾比斯教堂的一個日晷，表示它是「過去位於該地之異教神殿的遺跡」，不過這個日晷實際上建造於 1743 年。故事的最後將聖敘爾比斯教堂指為所謂玫瑰線經過之處，玫瑰線應該對應到巴黎子午線，而且這條線一直延伸到羅浮宮倒金字塔下方，也就是聖杯最後的堡壘。結果，即使到現在，還是有許多人前往聖敘爾比斯教堂朝聖並尋找玫瑰線，以至於教堂方面不得不貼出告示表示：「以嵌在教堂地板上的銅線來表現的子午線，打造於 18 世紀，是科學儀表的一部

約翰‧斯卡雷特‧戴維斯（John Scarlett Davis）〈聖敘爾比斯教堂內部〉，1834年繪製，目前為英國卡地夫威爾斯國立博物館收藏。

分，完全根據當時才創設沒多久的巴黎天文台的天文學權威提出的資料所設置。這些天文學家利用這條線來界定地球運轉軌道的各種參數，類似的儀表也可見於其他大教堂，例如教宗額我略十三世在確立公曆之前進行預備性研究的義大利波隆納大教堂。和近期某本暢銷小說饒富想像力的描繪恰好相反的是，聖敘爾比斯教堂並沒有什麼異教神殿遺跡，這裡從來就沒有布朗所謂的異教神殿存在過，那條銅線從來就不叫玫瑰線，也不是穿過巴黎天文台且用作地圖經緯度參照的巴黎子午線。除了上帝造物主是時間之主的自覺以外，這個天文儀器並無法衍生出什麼神祕學概念。此外，在聖敘爾比斯教堂耳堂兩端小圓窗上的字母「P」和「S」，指的是該教堂的保聖

人聖彼得和聖敘爾比斯,並不是想像中的郇山隱修會。」

然而最有趣的是,林肯、貝金特和雷伊向布朗提出抄襲告訴。《聖杯》一書在前言清楚指出書中內容為歷史真相,不過並沒有將這些所謂的史實視為作者群獨家調查發現的成果,因為作者承認確實有參考從前的著作,而(他們表示)這些參考著作中早就存在著真相的種子,只是沒有被認真對待而已——這是錯誤的陳述,因為我們在此複述,這類文學作品早就在神祕主義圈裡流傳了數十年。

好,假使有人確立了一個史實真相(凱撒在3月15日被刺殺、拿破崙死於聖赫勒拿島、林肯於約翰・威爾克斯・布思的劇院受到刺殺),在這個史實真相公諸於世之際,就成了人類的集體資產,如此以來,有人講述凱撒在元老院被捅了二十三刀的故事時,就不應受到抄襲指控。然而,貝金特、雷伊和林肯在指控布朗抄襲時,等於公然承認自己口中的史實其實是虛構的,才會是他們所獨有的文學資產。當然,為了覬覦億萬富翁布朗的財產,會有人願意在經過公證手續的文件上聲明布朗的小孩不是他親生的,孩子的親生父親是經常和孩子母親約會的諸多水手之一;因此我們應該能理解貝金特、雷伊和林肯的作法。不過更讓人感到奇怪的是,布朗在審判期間表示自己從未讀過林肯等人的作品,不過對一位聲稱自己從可靠來源取得所有資訊的作者來說,這樣的辯護顯得自相矛盾(他口中所謂可靠來源所提供的資訊,和《聖杯》一書作者所言一模一樣)。

走筆至此,如果先不管雷恩堡目前仍為朝聖地的事實,我們早就可以替雷恩堡的故事作結。假使本書提到的其他傳說地點,在古代就已經成為傳說,而且我們在試圖了解亞特蘭提斯傳說來源的時候,並無法回溯到比柏拉圖更早的記錄,也無法確知尤利西斯的伊薩卡到底在哪裡;而且因年代久遠之故,造成圍繞著這些地點的傳說可敬卻不必然可信。雷恩堡的例子不但告訴我們,讓一個傳說從無到有其實並不難,而且在歷史學家、法庭以及其他機構都認定傳

說是虛假的狀況下，它還是可以繼續延續下去。這足以讓我們想到卻斯特頓（Chesterton）的格言：「人類不再相信上帝的時候，並非什麼都不信，而是盡信一切。」

亞森羅蘋先發現了雷恩堡

莫里斯・盧布朗

《奇巖城》*L'aiguille creuse*，第8~9章，1909年

莫里斯・盧布朗小説《奇巖城》的封面，馬克・貝爾帝埃（Marc Berthier）於1909年繪製。

於是，他躡手躡腳地匍匐前進，慢慢朝著其中一個岬角尖端往前爬。終於抵達以後，他伸手撥開長長的雜草，從懸崖邊緣探出頭來。

眼前海面上出現了一座幾乎和懸崖等高的巨岩，高度超過八十公尺：一塊細長的針岩、巨大的方尖碑，矗立在一大片花崗岩上，宛如海怪的巨牙。

這巨石的顏色和這邊的懸崖一樣，都是看來有點髒的灰白色，上面一條條的橫紋，展現著數世紀以來石灰和砂石緩慢層疊的成果。

四處都是裂縫，而且裂縫裡有少許土壤，雜草枝葉叢生……

巨岩看來宏偉穩固，堅不可摧，抵禦著怒濤巨浪和強風暴雨。儘管臣服在陡峭懸崖上的高牆堡壘之下，儘管矗立在寬闊無垠的空間之中，那巨石看來仍是如此決然、莊嚴……

波特雷突然閉上眼睛，將臉埋在彎曲的雙臂中。就在那兒！他開心死了，那股強烈的情緒揪著他的心！就在那兒！幾乎就在那艾特達城針岩頂端之下，海鷗盤旋之處，一縷青煙似乎從一個好比隱形煙囪的縫隙裡飄了出來，在寧靜暮色中繚繞上升。

所以，這艾特達城針岩裡是個空洞！針岩……竟然是中空的。

是自然現象嗎？地殼變動造成，還是經年累月海浪侵蝕和雨水滲透的結果？或者是現代人、高盧人、凱爾特人或是史前人類開鑿出來的超人成果？不過話說回來，這很重要嗎？重點在於，針岩是中空的。距離阿瓦爾門那氣勢宏偉、從懸崖高處如巨樹枝條延伸而出的巨拱四十至五十公尺處，矗立著一座巨大且中空的鐘狀石灰岩錐。

繼著羅蘋之後，波特雷發現了解開這兩千年謎團的關鍵！在那個野蠻人成群結隊騎著馬佔領舊世界的古代，一個重要性極具的關鍵！一把能替正在躲避敵人追捕的整個部落打開獨眼巨人洞穴的魔術之鑰！

凱撒知道了這個字，而能征服高盧；諾曼第人知道了這個關鍵字，而征服了世界！成為祕密主人以後，英國國王征服了法國，讓法國受盡屈辱，瓜

約瑟夫·麥可·甘迪（Joseph Michael Gandy），〈羅斯林禮拜堂〉，石版畫，1810年繪製，目前為私人收藏。該禮拜堂為《達文西密碼》書中出現的地點之一。

分了法國領土，並在巴黎為國王加冕。在喪失這個祕密以後，便開始潰敗。

成為祕密主人以後，法國國王慢慢建立起一個泱泱大國，閃耀著愈形增長的光榮與權力。當他們忘記這個祕密，或是不知道該怎麼使用的時候，死亡、放逐與墮落就找了上來。

那是一個隱藏起來不為人知的王國，它藏匿水中央且距離地面有點高度的地方。那是一座被人忽視的堡壘，比巴黎聖母院的塔樓還高，建造在一個

比公共廣場還大的花崗岩底座上……多麼強大，多麼安全！從巴黎到海岸，沿著塞納河一直來到哈佛港這個新興且必須存在的城市。這塊巨大的中空針岩距離哈佛港七里格，可說是一座固若金湯的避難所。

那是一座避難所，也是堅不可摧的藏身處。所有國王的寶藏，經過一世紀又一世紀的累積，法國所有的黃金，所有從人民身上得來的、從教會那兒強取的、以及在歐洲各地戰場上收集到的戰利品，都被聚集在這個皇家的

洞穴中。古董金幣、盾幣、西班牙金幣、達克特金幣、弗羅林幣、幾尼金幣與貴重寶石，以及耀眼奪目的珠寶和所有飾物……全都在這裡！誰有可能發現這些寶藏？誰有可能知道針岩內藏了這個牢不可破的祕密？當然沒有。

除了羅蘋以外。

吉索爾的寶藏

傑拉德·德塞德

《吉索爾之謎》Les Templiers sont parmi nous, ou, L'Enigme de Gisors，1962 年

我一輩子都不會忘記當時所見，那真是一個精彩絕倫的景象。我來到一個用盧韋謝訥的石材打造的古羅馬穹頂下，它長三十公尺，非常寬廣，拱心石高約四公尺半。在我左手邊靠近我鑽進來的洞口處有一石造祭壇，會幕亦為石造。右手邊則是建築物的其餘部分。牆壁高度一半的位置，是真人大小的耶穌與十二使徒像，下方有石烏鴉支撐。沿著牆面下方，擺著一座座長兩公尺寬六十公分的石棺，總共有十九座。我眼前的景象令人難以置信：三十個以貴重金屬打造的箱子，十箱一列整齊放置。用箱子一詞其實不足以形容其大小：比較像是水平擺放的儲存櫃，每箱2.2公尺長、1.8公尺高、1.6公尺寬。

耶穌與抹大拉的馬利亞的結婚日

麥可·貝金特、理查·雷伊、亨利·林肯

《聖血、聖杯》The Holy Blood, the Holy Grail，1982 年

假使我們的假設是正確的，耶穌的妻子和後代（耶穌在十六、十七歲至據傳死亡期間可能已經生了不少孩子）逃離聖地以後，在法國南部找到棲身之所，而且在那裡的一個猶太社區中延續他們的後裔。公元五世紀，這個家族似乎和法蘭克王室聯姻，而且這個婚姻關係也成了梅羅文加王朝的起源。公元496年，羅馬教廷和梅羅文加王朝立約，承諾永遠支持梅羅文加王朝的血脈，想必是在充分了解這個血統的真實身份以後做出的決定……儘管許多人都曾嘗試消滅之，耶穌後裔——或至少是梅羅文加王朝血統——還是延續了下來。梅羅文加家族的延續，一部分是經由加洛林王朝，相較之下，加洛林家族對於篡位一事，顯然比羅馬教廷感到更內疚，因此試圖藉由和梅羅文加公主結婚來取得正當性。然而更重要的是，血脈也在達格貝爾特二世之子西吉斯貝爾特身上延續下來，而且統治猶太王國塞普提曼尼亞的傑隆的威廉，以及布永的戈弗雷，都是西吉斯貝爾特的後裔。在戈弗雷於1099年征服耶路撒冷之際，耶穌後裔原本可以恢復應得且

但丁‧加百列‧羅塞蒂
（Dante Gabriel Rossetti），
〈抹大拉的馬利亞〉，1877
年繪製，目前為美國威爾
明頓德拉瓦美術館收藏。

在舊約聖經時期就被賦予的王位。值得懷疑的是，戈弗雷的真正血統在十字軍東征期間是否真如羅馬教廷所希望的保持祕密。當然，由於教廷的霸權，這件事顯然無法公諸於世。然而，它很可能是傳聞四起、議論紛紛的情形，而這些謠傳似乎在羅恩格林，也就是戈弗雷的神祕祖先，以及聖杯的故事中找到最引人注目的表達方式。如果我們的假設是正確的，聖杯可能同時代表兩件事；它一方面指耶穌的後裔，也就是郇山隱修會創設的聖殿騎士所守護的「王室血統」；另一方面，它也按字面意義，代表著裝盛耶穌之血的容器，換句話說，應該指抹大拉的馬利亞的子宮，並且可以延伸到抹大拉的馬利亞這個人。中世紀時期流傳的瑪達肋納祕教（譯

注：抹大拉的馬利亞亦作瑪達肋納）就是這麼來的——而且也和聖母崇拜相混淆。舉例來說，我們可以證明，許多基督教早期著名的「黑聖母」指的並不是聖母瑪利亞，而是抹大拉的馬利亞，並以母子的形象來表現。有人甚至聲稱，本身象徵著女性子宮的石造哥德式大教堂巴黎聖母院，也許就如《紅蛇》（Le serpent rouge）一書所言，是獻給耶穌妻子而非母親的聖殿。如此說來，聖杯就可能同時代表耶穌後裔與替耶穌傳承血脈的抹大拉的馬利亞。儘管如此，聖杯所指稱者仍然可能是其他東西。

公元70年，猶太戰爭期間，提圖斯指揮的羅馬軍團洗劫了耶路撒冷的聖殿。據說當時失竊的寶物，最終抵達庇里牛斯山；而皮埃·普蘭塔告訴我們，那些寶藏現在在鄒山隱修會手中。

然而，保存在耶路撒冷聖殿裡的東西，可能不只有提圖斯的士兵所帶走的寶物……

假使耶穌真的是「猶太人的王」，耶路撒冷聖殿肯定保存了許許多多有關耶穌的消息，也許甚至保存了耶穌的身體，或如福音書提到的臨時埋葬所。

根據我們檢驗過的證據，聖殿騎士團被派到聖地的時候，絕對肩負著明確的任務，必須發現或取得什麼東西。根據我們檢驗過的證據，聖殿騎士團似乎也完成了這項任務，似乎找到了奉命尋找之物，並將這個東西帶到了歐洲。這任務到底是什麼至今仍然是個謎，不過我們可以肯定的是，在聖殿騎士團大團長伯特蘭·德·布蘭切弗（Bertrand de Blanchefort）的主導下，有東西被藏在雷恩堡附近，而且還找了一整隊日耳曼裔礦工挖掘並打造出一個極機密的藏寶處。我們只能納悶那裡到底藏了什麼，也許是耶穌的木乃伊，也許是相當於耶穌的結婚證書之類的東西，或是耶穌之子的出生證明，或者也有可能是既重要又有潛在爭議性的東西。上述種種，都可能被指稱為所謂的聖杯，而且其中的幾件或是每一件，都有可能在意外或刻意的狀況下委託給卡特里派異教徒保管，因此也就成了蒙特塞居神祕寶藏的一部分……

至於索尼埃發現的羊皮紙，其中有兩份——或副本——被重製出版，另外兩份則嚴格保密。皮耶·普蘭塔曾告訴我們，這些文件實際上被保存在倫敦勞埃德

銀行的保險箱內，不過他並沒有透露更多訊息。

雷恩堡的協議

馬利歐·阿爾圖羅·亞納科內（Mario Arturo Iannaccone）

〈雷恩堡的騙局〉"La truffa di Rennes-le-Chateau" 出自《科學與超自然現象》Scienza e Paranormale，頁59，2005年

儘管知道雷恩堡傳說是一場騙局，丹·布朗曾明文表示，自己的著作是以「史實」為根據，而且在「現實生活中」也替這些內容提出辯護。身為小說家的布朗和身為辯論家的布朗，都採用了郇山隱修會確實存在的「證據」，而且這些證據是「可驗證的」。對這些相關的微妙議題來說，布朗文學作品的架構並非以廣義的文學為出發點，而是謊言。《達文西密碼》是一本論文式小說，一份沒有公開聲明的宣傳手冊。許多評論家都注意到這一點，不過大部分人都聳聳肩一笑置之，誤將這種手法視為「文學伎倆」。許多小說（如小說《婚約夫婦》（Promessi Sposi）或是《薩拉哥薩手稿》（Manoscritto trovato a Saragozza）所運用的「便箋」）在描述故事的時候也採用了類似的手法。然而布朗的例子並非如此：他的闡述並沒有任何模糊之處，其敘事空間的架構，是為了要展現如實甚至真實。

《祕密卷宗》（Dossiers segreti）是一份被存放在巴黎法國國家圖書館的偽造文件，據稱能證明郇山隱修會的存在與該會背後隱藏之祕密。就如許許多多扯下瞞天大謊的著作，布朗在書中也將這些文件當成真品來呈現。布朗為了意識形態與宗教的宣傳目的，運用手法來歪曲據稱的記錄真相——因為在文學小說的脈絡中，所以這個動作本身並不違法。因此，布朗（與其追隨者）的手段並不是無害也不是無罪的，他以嘲弄的態度運用偽造文件，來加強「作者」特別帶有敘事性的論點。這種不擇手段運用真假的手法，讓馬利安諾·托馬提斯（Mariano Tomatis）在提及《錫安長老會紀要》（i Protocolli dei Savi di Sion）的時候參照了「mutatis mutandis」（必要性的修改）的概念，也就不令人意外。本著對時代的謹慎態度與過去的經驗，建議針對此類敏感話題，揭開作品本身含混不清之處。

最後，雷恩堡的傳說早已因為持續被揭露的真相而愈形破滅。最近推出的相關著作更是顯得疲態盡出。為了延續產品的生命，必須回到傳說的起源（德塞德於1962年出版的《吉索爾之謎》）。一間出版社因為需求而選擇了當時已經寫出《天使與惡魔》的作者丹·布朗（在《天使與惡魔》這本書中，布朗影射梵蒂岡主導並操控著一個範圍遍及全世界的陰謀），而眾所周知的是，布朗本身是一位目的非常明確的作家（去布朗的個人網站尋訪一番便能有所瞭解）。接下來，一個好萊塢大片更加強了暗藏在這些操作之中的文化鬥爭：用雜誌式的輕率手法重寫歷史，用脫口秀的輕鬆態度加以扭曲。無冒犯之意，不過在這樣的狀況下，該小說的諸多無知書迷都齊聚到一個論壇上，認為自己終於迎接了歷史上「真理」與「根本真相」時代的到來。

第十五章

虛構地點與它們的真相

〈嫉妒的城堡〉，取自《玫瑰傳奇》（*Roman de la rose*），15世紀繪製，目前為英國倫敦大英圖書館收藏，Ms. Harley 4425, f. 39。

正如本書前言所述，這個世界有許許多多未曾存在於現實中，卻從那裡發展出許多故事的地點，數也數不完。許多虛構地點早已融入人類的想像之中，因此我們才會幻想著小木偶故事裡的玩具國、辛巴達遇見大鵬鳥的島嶼、法國作家拉伯雷（Rabelais）的響鐘島等，更別說白雪公主七矮人的小屋、睡美人的城堡、小紅帽的奶奶家、或是許多東西方故事都會出現的磁鐵山（參考阿爾圖羅·葛拉夫的結論）。

有些地方儘管確實存在，也被當成材料寫進小說故事中，例如現在的魯賓遜克魯索島曾是真實人物亞歷山大·塞爾扣克遭遇船難後流落之處，笛福（Defoe）就是受到塞爾扣克故事的啟發而寫下小說，這個島嶼實際上是智利太平洋沿岸胡安·費南德茲群島的一部分。同樣地，另一個後來被布蘭姆·史鐸克（Bram Stoker）寫進小說的真實人物是15世紀的大公弗拉德三世（Vlad Tepes，他是吸血鬼德古拉的原型），他當然不是吸血鬼，不過還是因為穿刺敵人的習慣而聞名於世。時至今日，莫里斯·盧布朗創造的俠盜亞森·羅蘋有許多追隨者，他們會去諾曼第參觀埃特雷塔針岩，想像這針岩內藏著法國國王的所有寶藏，而且計畫統治世界、精力十足的俠盜羅蘋以此為秘密巢穴。另一方面，我們也在前一章看到，有人非常認真地看待羅蘋的故事，將它融入雷恩堡傳說的想像之中。最後，還有巴黎下水道（現在甚至可以親自進入參觀其中的一小部分）與維也納下水道，前者因為《悲慘世界》故事中主人翁尚萬強曲折的一生以及方托瑪斯故事的劇情而成了傳奇，後者則是因為電影《黑

左：儒勒－笛卡爾·費哈（Jules-Descartes Férat），儒勒·凡爾納小說《神秘島》扉頁，1874年。

右：無名氏，〈弗拉德三世〉，16世紀繪製，目前為瑞士因斯布魯克阿姆布拉斯城堡收藏。

獄亡魂》（*Il terzo uomo*）劇中角色哈利·萊姆（Harry Lime）的最後一次脫逃而聲名大噪。

　　至於實際上不存在的傳說地點，有些會因為商業利益考量而被真的「創造」出來，例如法國馬賽伊夫堡（真實地點）就常有大仲馬迷前去參觀（所謂的）基度山伯爵牢房；福爾摩斯在英國倫敦貝克街的公寓，以及位於紐約的小說偵探人物內羅·沃爾夫的住所。關於沃爾夫的住所，其實相當難以鑑別，因為作者雷克斯·史陶特（Rex Stout）總是提到一間位於西35街的赤褐色砂石建築，不過在系列小說逐漸發表的過程中，至少曾經提到過十個不同的門牌號碼——此外西35街上也沒有赤褐色砂石建築。然而，這位（胖）偵探的諸多擁護者為了替自己的朝聖之旅找到一個參考點，決定將門牌號碼454的建築選為大偵探「真正的家」，於是，在1996年6月22日，紐約市和沃爾夫協會在此地放置了一塊銅製解說牌，此後，大偵探的忠實擁護者如果想要，就可以前往此地朝聖。也因為如此，范登堡房產公司至今仍在網際網路上如此廣告：「你想要住進跟內羅·沃爾夫一樣的赤褐色砂石建築嗎？范登堡房產公司在上西區有許多待售屋，歡迎您來賞屋。」

　　我們找不到塔索筆下女巫阿爾米達的花園，也不知道莎翁筆下的卡利班島在何處，《格理弗遊記》中的厘厘普、布羅丁那格、拉普塔、巴尼巴比、格魯都追、拉格那格與賢馬國等，或是凡爾納的神秘島、柯勒律治（Coleridge）描述的上都（奧森·威爾斯在電影《大國民》中也曾重建了另一個虛構的上都莊園）、所羅門王的礦

山、戈登・皮姆（Gordon Pym）遭遇船難的地點、莫洛博士（Moreau）的怪物島、愛麗絲的仙境、以及諸多作品中出現的國家如盧里塔尼雅、帕拉多、自由多尼亞、席爾瓦尼亞、吾爾加里亞、托馬尼亞、巴克特里亞、奧斯特里區、斯洛維奇亞、尤弗拉尼亞等，到史特拉肯茲公國和塔羅尼亞、卡爾帕尼亞、盧加什、克洛普斯托奇亞摩洛尼卡、席爾達維亞、瓦勒斯卡、札姆恩達、馬爾修維亞等王國，與瓦爾維德、哈塔伊、桑加洛、西達爾戈、波爾杜利亞、埃斯特羅維亞等共和國，再到波奇爾瓦尼亞、傑諾維亞、克拉科奇亞和丁丁歷險記裡的奧托卡王國等等，也都不知道在哪裡。

我們不知道大猩猩金剛的島嶼或是托爾金筆下的中土世界在哪裡，也不知道漫畫《幻影人》的骷髏洞穴在孟加拉叢林的哪個位置，也不知道飛俠哥頓（Flash Gordon）的蒙戈星球與他被溫迪納女王抓起來的海底世界在哪裡，對於米老鼠和唐老鴨生活的城市、納尼亞王國、布理加墩、哈利波特的霍格華茲、布札蒂《韃子的沙

上：艾爾吉（Hergé），《丁丁歷險記：奧托卡王的權杖》，1939年。

下：〈幻影人的國度〉，取自《幻影人》，1973年出版。

麥可‧寇蒂斯（Michael Curtiz）電影《北非諜影》劇照，1942年。

漠》內的巴斯提安尼堡、侏羅紀公園、科多‧馬爾特塞的埃斯康迪達島到底在哪裡也毫無頭緒。

如果蝙蝠俠的高譚市是黑暗版的紐約，我們還是不知道斯莫維爾、大都會、以及超人故事中被反派魔腦（Brainiac）縮小放到水晶容器內的坎鐸是以什麼地方為範本。

當然，卡爾維諾筆下看不見的美麗城市當然也不存在，此外令人嘆息的是，儘管有人曾試著以商業手法重構《北非諜影》中的銳克咖啡廳，實際上卻讓人大失所望。

另一方面，從來沒有人會想到，17世紀小說家瑪德蓮‧德‧史居德利（Madeleine de Scudéry）在作品《克蕾莉》（Clélie）中描繪的想像國度「愛的地圖」會確有其地。

有些地方則是只能想像其無可言喻的龐大，就像波赫士在《阿萊夫》（Aleph）一書中描述自己在階梯上的台階看到一個開口，並由此發想、試圖描述無垠宇宙。

在所謂小說化的地點之中，我們也可以列出那些尚不存在者，也就是從經典如羅比達（Robida）在19世紀所撰寫的《公元兩千年的巴黎》以來，在每一部科幻小說中出現的所有地方。這些幻想可以是世人曾經想要或是希望成為的正面或負面想像，不過它們也許會被歸類為所謂的烏托邦。

無論如何，本章要談論的地方（當然我們在此並無法一一詳盡列出[1]）並非幻想中的傳說地點，而是被小說故事化的現實地點。兩者的差別在哪裡？差別在於（即使是魯賓遜的例子）世人相信這些地方並不存在，或者是從未存在過，就像彼得潘的永無島或史蒂文森的金銀島那樣。甚至沒有人會試圖重新發現這些地方，這恰與數世紀以來世人確實相信其存在而且有許多人試著尋找的聖布倫丹島完全相反。

由於作者的文字和讀者對小說虛構情境的結合，儘管我們知道作者所描述並不存在，我們仍會假裝它們存在——以同謀的身分加入這場文字遊戲，這一點讓我們更難輕信這些地方確實存在。

左：艾伯特‧羅比達（Albert Robida），〈離開巴黎歌劇院〉，約1900年繪製。

右：出自羅伯特‧路易斯‧史蒂文森（Robert Louis Stevenson）小說《金銀島》的地圖與插畫，1886年繪製。

注1：可參考更詳盡的百科全書，如馬桂爾（Maguel）與瓜達魯琵（Guadalupi）於1982年的著作。

　　我們很清楚，有一個曾經發生過第二次世界大戰、人類曾經登上月球的真實世界，不過我們也知道，也有人類想像出來的可能世界，那兒有白雪公主、哈利波特、梅格雷刑警與包法利夫人。一旦認同小說的虛構情境，我們等於決定認真對待一個可能的故事世界，必須承認白馬王子喚醒了沉睡中的白雪公主、梅格雷刑警住在巴黎勒努瓦大道、哈利波特在霍格華茲修習魔法、以及包法利夫人是被毒死的。如果有人提出白雪公主就此沉睡不醒、梅格雷住在波桑尼赫大道、哈利波特在劍橋求學、以及包法利夫人在最後一分鐘被丈夫手中的解藥救了回來，這些說法都會引起抗議（也可能在比較文學考試中過不了關）。

　　當然，敘事小說無論從封面的「小說」字眼，到「很久很久以前……」的開頭，都必須發出虛構性的信號，不過它往往以一種表現出真實性的假訊號開始。舉例來說：「雷米爾·格理弗先生……對於不斷前來瑞德里夫的家圍觀的人潮感到疲憊，於是在三年前於紐沃爾基附近買了一小塊地……在離開瑞德里夫之前，他把這些書

紐威爾‧康瓦斯‧魏斯
（Newell Convers Wyeth）
替羅伯特‧路易斯‧史蒂
文森小說《金銀島》創作
的插畫，1911 年繪製。

面文件交給我……我仔細讀了三遍，不得不說……真相躍然紙上，事實上，格理弗本身也以誠實聞名，在瑞德里夫居民間是眾所周知的，而這些居民在講話的時候，為了支持自己的說法，通常會在句尾多加一句『就如格理弗所言般的真實』。」

就像《格理弗遊記》第一版扉頁上的作者姓名並不是綏夫特，而是格理弗，把這本書當成格理弗的真實自傳來呈現。儘管如此，讀者並不會因此受騙，因為從琉善的《信史》以後，過度誇張的說法都會傳送出聽起來就像是虛構故事的訊號。

有時候，小說讀者會混淆幻想與現實，寫信給虛構人物，甚

阿爾貝托‧薩維尼奧（Al-berto Savinio），〈夜〉，1950年繪製，目前為私人收藏。本圖是義大利米蘭邦皮亞尼出版社1994年出版琉善《信史》所採用的封面。

至——就如歌德筆下的少年維特——為了模仿他們心目中的英雄而自殺，葬送了寶貴的生命。然而，這些都是病態的例子，或者該說，這些讀者讀了書，卻沒有發展出良好讀者的習慣。一位優良讀者可以（在閱讀時）因為《愛的故事》主角死亡而潸然淚下，不過在情緒過去以後，會很清楚地知道，小說中的珍妮在現實中並不存在。

　　小說虛構的真相超越了世人對於敘述事實真假的信任。在真實生活中，我們並不知道阿納斯塔西婭‧尼古拉耶芙娜‧羅曼諾娃女大公（Anastasia Nicolaevna Romanova）是否和家人一起在葉卡捷琳

堡遭受暗殺，或希特勒是否真的死於柏林地堡，不過在閱讀亞瑟．柯南．道爾（Arthur Conan Doyle）的作品時，我們都可以肯定，華生醫生就是那位在《血色命案》（Studio in rosso）中第一次和一名叫做斯坦福（Stamford）的仁兄一起出現的華生，而且從那個時候起，無論是福爾摩斯或是讀者，在想到華生的時候，指的都和第一次出現的華生是同一個人。讀者都相信，倫敦事實上沒有具有相同姓名和相同軍事背景的兩個人，除非作者因為想要講的故事是和模仿者或雙重人格有關而刻意隱瞞，例如《化身博士》。

菲利普．杜芒（Philippe Doumenc）在2007年曾出版《包法利夫人之死的反向調查》（Controinchiesta sulla morte di Emma Bovary），表示包法利夫人並不是被毒死的，而是遭到刺殺。這個故事之所以能有那麼點味道，正是因為讀者知道事實上（也就是在虛構的可能世界的現實中）包法利夫人是自殺身亡，而且每一次讀完這本書，她就死了一次。杜芒的故事可以當成架空小說來看待，也就是說，這個故事若有不同走向，有可能會發生什麼事，就如一個人可以寫出一篇描述拿破崙贏得滑鐵盧戰役之後世界的小說，或是被希特勒戰勝的世界，菲利普．狄克（Philip K. Dick）的《高堡奇人》（The Man in the High Castle）就是一例。儘管如此，讀者唯有在確知現實狀況與書中描述完全不同的狀況下，才可能把架空小說讀得津津有味。

這一切都告訴我們，故事中的可能世界是一個獨特的宇宙，一個我們可以絕對確信某些事情的地方，一個超越真實的概念。

輕信者相信，世界上某個地方在過去或現在存在著黃金國與雷姆利亞大陸，而懷疑論者則認為這些地方未曾存在過，不過我們所有人都清楚知道，超人名叫克拉克．肯特，華生醫生不是內羅．沃爾夫的得力助手，安娜．卡列尼娜確實命喪火車輪下，並沒有嫁給白馬王子。

在我們這個充滿錯誤和傳說、歷史資料與假資訊的宇宙中，如果你接受了超人是克拉克．肯特的事實，那麼這個幻想世界的一切都

可以是真的，即使是現實都可以受到質疑。

　　狂熱者一直幻想有一天能夠遇到世界之王，或是維利族人能從地內世界來到人間。有些人曾相信地球是中空的（有些人到現在還相信此說）。然而，任何正常人都肯定知道——在《奧德賽》的宇宙中，地球是平的，而且費阿刻斯人居住的島嶼確實存在。

　　我們可以由此獲得最後的慰藉。即使是傳奇之地，在它們從信仰的對象被轉化成小說虛構的對象的那一刻，就已化為真實。金銀島比姆大陸還真實，而撇開藝術價值不說，皮埃爾・伯努瓦的亞特蘭提斯比許多人曾試圖尋找的失落大陸還更加真實——同樣的，當我們將柏拉圖對亞特蘭提斯的描寫當成記事文來閱讀（就如每一則神話故事），哲學家筆下的世界也成了不爭的真相，不容置疑——不過如果對象換成唐納利筆下的亞特蘭提斯，就不是那麼回事了。

　　這些著作篇章內的具象敘述也強化了我們的論點，因為這些敘述將傳說裡提及的人物緊緊框在一種難以磨滅的現實中，成了眾人記憶寶庫的一部分。那些英雄和那些土地都已不復存在（或者未曾存在過），不過他們的形象是不容置疑的。

　　即使對那些認為人間天堂與天堂並不存在的人，如果看看多雷（Doré）的〈白薔薇圖〉（譯注：白薔薇是但丁《神曲》中天堂靈魂駐留居住之處），並且閱讀但丁描繪白薔薇的文字，就會了解到，那個情景已融入人類想像的真正現實之中。

古斯塔夫・多雷（Gustave Doré）筆下的辛巴與大鵬鳥，出自《一千零一夜》，1865年出版。

辛巴達與大鵬鳥

《航海家辛巴達》*Sinbad il marinaio*，
公元10世紀

最後，我爬上一棵大樹上，掃視著地平線，不過望眼所見只有天空大海、樹木飛鳥和島嶼沙灘。然而過了一會兒，我看了又看，在島嶼另一端的遠處看到一個樣貌白濁的東西。我從樹上爬下來，朝著它走過去，待距離夠近時，我意識到那個白色的東西原來是一個高聳入雲的大型圓頂。我開始繞著它走，卻找不到任何入口或裂縫。我試著攀爬，不過根本就不可能，因為這圓頂的表面非常光滑，一點都找不到落腳點。我在地上做了個記號，然後沿著圓頂走了一圈，它的周長竟有五十步之多。在我絞盡腦汁、想辦法進入圓頂之際，日頭突然變黑，好像有一大片雲把太陽遮住了一樣。這讓我吃了一大驚，因為現在是夏天，而且天空明亮清朗；因此我抬頭往上看，結果看到一隻身形龐大、翅膀寬廣的巨鳥在天空飛翔，其體積之大，竟把整個島的陽光完全遮住了。我的驚訝不止於此，因為我馬上想到曾聽旅人和朝聖者講過大鵬鳥的故事，據說牠住在一座島上，會抓大象餵幼鳥。無疑地，我看到的圓頂應該是大鵬鳥的蛋。我還在讚嘆這上帝的傑作，巨鳥已經在蛋上蹲坐了下來，開始孵蛋，然後就這麼睡著了。感謝上帝！

在我確定巨鳥已經睡著以後，我靠了過去，把纏頭巾解開，捲起來做成一條結實牢固的繩子，將一端緊緊綁在腰上；我把另一端綁在巨鳥的腳上，

古斯塔夫‧多雷描繪響鐘島上的龐大古埃（Pantagruel），出自弗朗索瓦‧拉伯雷《巨人傳》，1873年出版。

然後告訴自己：「天知道這鳥會不會把我帶到一個有人居住的城市；這總比被困在一座無人島上來得好。」……那個晚上，我因為害怕巨鳥突然飛走，完全睡不著。當天空出現第一道曙光，大鵬鳥就從蛋上站起身，展開寬大的雙翅，發出震耳欲聾的叫聲，帶著我飛上天空。牠不停地爬升，好似達到天頂，之後牠慢慢下降，降落在一座高山的山頂上。

響鐘島上的龐大古埃

弗朗索瓦‧拉伯雷

《巨人傳》*Gargantua et Pantagruel*，卷5，第1、2章，1532年

沿著路線往前，航行了三天卻沒有任何發現；到了第四天，終於看到陸地，船長甚至告訴我們，這地方是響鐘島。我們聽到遠方頻頻傳來騷動聲響，聽起來似乎是尺寸各異的鐘一起發出的聲音，就好像在巴黎、圖爾、傑如、南特等地在重要節日的響鐘。我們愈接近，鐘聲愈強……

更靠近時，我在持續不斷的鐘聲之間聽到居民連綿不絕的歌聲，至少聽起來是如此。在抵達響鐘島前，儘管有些反感，龐大古埃仍建議我們在一個看來有座小草屋和小花園的島上登陸。……

結束齋戒以後，隱士給了我們一封信，要我們交給響鐘島的教堂主司事長老阿爾必安‧卡馬爾：不過巴努希在問候他的時候卻叫他安提圖斯長老。他是個小老頭，頂上無毛，精神煥發，臉色紅潤。

隱士在信中提及我們登島之前曾進行齋戒，長老因此熱烈地歡迎我們。飽餐一頓以後，長老向我們介紹該島特色，聲稱此地原為席提奇諾人的居住地，不過他們因為自然因素（由於自然中一切都不停地發生改變）全都變成了鳥……

之後，話題就圍繞在籠子和鳥上。籠子很大，裝飾豐富華麗，結構精美。鳥兒又大又美又乾淨，許多鳥和我家鄉的人很像：牠們像人一樣地吃吃喝喝、排泄、消化、放屁、睡覺和做愛；乍看之下，你會覺得牠們是人類，然而根據主司事長老的說法，牠們並不是人類，而且長老還向我們保證，這些鳥兒既非世俗，也不屬世。那時，牠們有些全白、有些全黑、有些全灰、有些半黑半白、有些全紅、有些半白半藍的羽色，讓我們迷戀不已。

牠們看來真漂亮。雄鳥被叫做牧師鳥、僧鳥、神父鳥、修道院長鳥、主教鳥、樞機鳥等，還有一隻獨一無二的鳥被稱為教宗鳥。雌鳥則被稱為女牧師鳥、女僧鳥、女神父鳥、女修道院長鳥、女主教鳥、女樞機鳥以及女教宗鳥。儘管如此，長老也告訴我們，就像虎頭峰會去吃蜜蜂、搗毀蜂巢一樣，自三百年前，不知道為什麼，在這些歡樂的鳥兒之間，每年第五次月圓，就會出現一大群偽鳥在島上四處大肆破壞，牠們又髒又可怕，讓人避之唯恐不及。每一隻偽鳥的脖子都是歪的，有著毛茸茸的腿和爪子、怪物哈耳庇厄般的腹部、以及斯廷法利斯湖怪鳥的臀部，根本不可能消滅，因為只要殺死一隻，又會飛來二十四隻。

莫里茨·路德維希·馮·施溫德（Moritz Ludwig von Schwind），〈吟遊詩人比賽〉，1854~1855 年繪製，濕壁畫，目前為德國艾森納赫的瓦爾特堡收藏。

磁鐵山：東方的傳說

阿爾圖羅·葛拉夫（Arturo Graf）
《磁鐵山的地理神話》*Un Mito Geografico Il Monte della Calamita*，
1892~1893 年

我注意到在《一千零一夜》開頭的概略敘述中，有一種外來的異質成份疊加在原本真正的主題之上。它指的就是幾乎已經喪失其天然性質的磁鐵山，而這磁鐵山也成為魔術力量的方法與工具。那麼，西方故事中出現同樣的磁鐵山與魔術力量的組合，或是由魔法師和精靈妖精居住的磁鐵山的時候，到底又是怎麼講的呢？在一首十三世紀末由無名氏寫作的德文詩《來自布倫瑞克的萊茵弗里特》（*Reinfrit von Braunschweig*）中，曾提到亡靈巫師札布隆的奇異故事，據說這位住在磁鐵山上的札布隆，在耶穌降臨的一千兩百年前，就已從星象中預知，而且為了避免救世主的到來，還寫下好幾本巫術與占星術的著作，後來這些著作也成了科學的起源。

耶穌出生沒多久以前，具有偉大知識與美德的維吉爾知道了巫師札布隆和他的邪惡魔術，維吉爾於是乘船航向磁鐵山，在一個精靈的協助下，設法得到了札布隆的寶藏和著作。之後，預言提及救世主降臨的時間終於來到，聖母順利生下耶穌。德國詩人亨利·慕格林（Enrico di Müglin）透過詩篇道出維吉爾的故事，表示維吉爾

在許多貴族的陪伴下，從威尼斯搭著由兩隻獅鷲拖著的船啟程航向磁鐵山。維吉爾在磁鐵山找到一個被關在小瓶子裡的惡魔，這惡魔為了換取自由，教維吉爾如何取得一本被放在墳墓裡的魔法書。維吉爾取得了魔法書，並且把它打開。此時，他眼前出現了八萬個惡魔。這些惡魔在維吉爾一聲令下，打造出一條便利的道路，後來，維吉爾便和同伴一起平安回到威尼斯。這些幻想故事也出現在《瓦爾特堡吟遊詩人比賽》（*Watburgkrieg*）。其中，散文詩《波爾多的余昂》（*Huon di Bordeaux*）描述著磁鐵山上有一座宮殿，裡面住著五個精靈，這座山無疑就是更晚期奧吉爾故事中描述的磁鐵山。在一篇可能寫作於十五世紀的散文詩形式法國小說之中，這磁鐵山或磁岩上居住著巫師和被施了魔法的人；根據某些記載所言，在被吸引至此以後，若是想要離開，必須把一個位於懸崖頂的戒子往海裡丟。這不是和第三位王子講的故事一樣嗎？此外，許多碑文都曾出現來自東方的幻想，其中磁鐵山和魔術總是有著密切的關係……

艾爾伯圖斯·麥格努斯（Alberto Magno）等人也曾談到磁鐵山那不可思議的特質。在看到諸多作者的描述以後，磁鐵山除了精靈以外也住著亞瑟王，似乎也挺合理的，而這情形我們可以在《馬布里昂》（*Roman de Mabrian*）這個古老的法國小說故事中看到，然而，我們卻很難理解為什

445

麼在《古德倫娜》（*Gudruna*）這篇詩作中，磁鐵山會和傑維山（monte Givers）或蒙吉貝羅山（今埃特納火山）劃上等號，而且就如本書提及的一則傳說所言，是亞瑟王的居所，並成為一生活無虞且居住在黃金宮殿內的快樂民族之領土。對於這種空間和民族的想像，在某種程度上也讓人聯想到有些人相信，被吸引到磁鐵山的船隻數也數不清，那兒存在著全世界相當重要的財富。

至於磁鐵山和獅鷲的關聯，則有可能是讓獅鷲成為一部分較機靈大膽遇難者逃離此地的手段，而且我認為這種關聯性似乎也起源於東方，這些我們等一下都會講到。圖德拉的班哲明曾提到他口中所謂中國海的禍患，據說迷失其間的船隻永遠無法逃脫，水手因為被困在哪裡缺乏補給，最後餓死。因此，水手最好帶著牛皮，在無計可施時，將自己包在牛皮裡，讓自己被某種大型老鷹抓走，讓老鷹把自己帶到陸地上；許多人都是以這種方法得救的。在諸多海上禍患中，磁鐵山、磁岩或磁淺灘絕對名列其中，而那些大鳥則是東方傳說中的大鵬鳥，在傳到西方以後，則成了獅鷲。

西方有關磁鐵山的故事常常發生在冰天雪地的海中，如我等一下會提到的《恩斯特公爵》（*Herzog Ernst*），或是現在要講的《年輕的提圖瑞爾》（*Jüngere Titurel*）。在《古德倫娜》這首詩中，磁鐵山位於黑暗之海。這樣的關聯性可能早在東方就已經出現，

不過我想要提醒的是，無論在東方或西方，這些幻想自然都會把海上的所有危險集結在一起；這也是為什麼在許多西方故事中，冰凍海洋和磁鐵山總是和人首鳥神的女怪物一起出現。就如在東方世界的情形，西方的磁鐵山不應只是出現在或多或少帶點真實性的遊記以及地理學家和博物學家的報告之中，遲早，它也會和那些能夠替幻想故事、詩作和冒險故事提供素材的主題一樣，出現在虛構角色的故事中，尤其是那些充滿精彩情節的遠遊故事。它會以適當的稱呼出現在那些航海故事之中：假使荷馬在寫下尤里西斯與其同伴犯下的錯誤和漫長苦難的時候，就已知道磁鐵山的故事，磁鐵山應該會出現在《奧德賽》某個遙遠未知的海域之中。我們目前已經無法回溯《一千零一夜》最早在何時出現，不過相對的，卻應該可以確知西方最早出現磁鐵山的故事是哪一個。這個故事來自德國，也就是目前我們知道的《恩斯特公爵》。

這個騎士故事最早的拉丁文版本目前已不可考，不過在1170至1180年間，萊茵河下游地區開始流傳一首以這則故事為本的詩作，不過至今僅遺留下斷簡殘篇。後來，（在十一至十二世紀之間）出現了一篇無名氏的德文詩，承續了上述詩作的要素，我待會兒也會簡短講一下這篇德文詩裡提到磁鐵山的部分；此外，還有一首被誤植為維爾戴克的亨利（Enrico di Weldecke）之作的詩作（作於1277至

1285年間），一首由一名叫做奧登的人寫下的拉丁文詩（作於1230年以前），一則拉丁文寫作的敘事詩，以及一篇以德文寫作的通俗文學作品。在完整流傳下來的古詩之中，故事是這麼說的。經過一段冗長且困難的旅程以後，恩斯特公爵和他的同伴看到一座險峻的高山，這座山斜坡蜿蜒，看來就像是一座以船艦桅杆構成的大森林。這座山矗立在冰凍海洋之中，其中一位認出其特質的水手，告訴公爵和其他人，這是一座無可挽救的毀滅廢墟。船艦無法抵抗磁鐵的吸引力，山上的那些樹，其實是遇難的沉船，倖存者只能等著挨餓。聽到如此悲觀的消息，公爵顯得迷惘，開始和藹地向手下說，鼓勵他們將靈魂獻給上帝，懺悔自己的所有過錯，好準備與神的恩典一起進入天堂。所有人都仔細聆聽公爵講道，船艦也很快地朝著磁鐵山接近，像一個楔子般地卡上因為歲月而損毀的眾船之間，轟然一聲，船身破裂並掃過殘骸飛了過去，直接撞上山頂。此地能帶給這群船難倖存者的財富非常豐富，多到無法用言語形容。然而，這又有什麼用？這座山佇立在極其偏遠的海洋，四面八方都不見陸地。

慢慢地，船上的補給越來越少，勇敢的船員一個個因為饑餓而失去生命，然後獅鷲就會出現在船的上方，將屍體叼去餵食幼獸。最後只剩下公爵和他的七個同伴，而船上大部分補給全部用盡，連半個麵包也不剩。然後，

韋特澤爾伯爵靈光乍現，跟同伴提議，將身體用牛皮包起來，讓獅鷲把自己抓走，畢竟除此之外並沒有任何逃脫的希望。所有人都歡欣鼓舞地接受了這個提議。

於是，公爵和伯爵穿戴著所有的武器，然後把牛皮縫在身上：獅鷲飛了過來，將他們抓起來，帶著他們飛過大海。在感覺到堅硬表面之際，兩人用劍砍掉牛皮，一躍而出，終於得救。其他人也都以同樣方式獲救，除了最後一個人，因為沒有人幫忙用牛皮包住身體，無法逃離，最後被餓死船上。然而，要從獅鷲把他們放下的地方離開，這些倖存者必須要乘坐木筏，沿著水流洶湧、河床佈滿珍貴寶石的地底河川漂流而下。

波爾多的雨果是卡洛琳事蹟的著名英雄，他曾經遭遇過同樣的危險，也是以同樣的方式獲救。……

人們馬上就可以發現，西方世界流傳的這些故事以及第三王子講述的故事，都和《一千零一夜》中航海家辛巴達第六次旅程的故事非常相似。辛巴達的船也被一座山吸了過去，這座山的基座寬廣，佈滿遇難船艦的殘骸和數不盡的財寶；除了唯一倖存的辛巴達以外，其他船員都被餓死，逃脫的辛巴達也是乘坐木筏，在一條河底滿是寶石的地底河川隨波逐流。我相信，即使這些西方故事無法證明，至少也提供了一條線索，說明東方傳說有某個點有瑕疵，或是被更改了，並且提供了讓故事恢復原本完整性與真

實性的方法。辛巴達並沒有明說船艦遇難地點是磁鐵山，不過在我看來，我們應該可以從敘述的細節以及各個故事之間的關聯性來推斷出真正的起源。基於相同的理由，我也相信在《一千零一夜》中，吸引教士阿布爾法烏阿里斯的船艦的那座又大又亮、宛如拋光鋼材的山，同樣也是磁鐵山。

德古拉的城堡

布蘭姆・史鐸克

《德古拉》*Dracula*，1897 年

有時候，道路穿過松樹林，氣氛陰森讓人備感壓迫，大片的陰霾薄霧瀰漫樹間，營造出一種古怪的氛圍，既悲傷又莊嚴，讓人又想起剛剛那些關於鬼怪的可怕念頭，此時已屆日落，夕陽映照在漂浮於喀爾巴阡山山谷間鬼魅般的雲霧。有時候，山坡極其陡峭，儘管車夫使勁地趕路，馬兒也只能一步一步慢慢向前走……

天空中烏雲密佈，空氣中瀰漫著一股伴隨雷電而來的沉重壓迫感。這山脈似乎將兩種不同的天氣分了開來，我們現在正駛進狂風暴雨之中。這會兒，我朝馬車外望了一眼，試著尋找應該要載我去伯爵那兒的馬車。我無時無刻都盼著能在黑暗中發現一抹微光，然而，望眼所及只有一片漆黑。唯一的燈光，是我們的馬車燈發出的

閃爍光芒，在燈暈裡還能看到局促不安的馬兒所呼出的白氣……

之後，乘客們紛紛發出驚嘆並比劃起十字架來，一輛由四匹馬拖曳的馬車從我們後面趕了上來，停在我們旁邊。透過微弱的車燈，我看到這幾匹馬體色勁黑如炭，是上等好馬。駕駛馬車的是一名身形高大的男子，留著長長的深色鬍子，帶著一頂黑色的大帽子，似乎想把臉遮起來一樣。我只看到他雙眼閃著光，在車燈照耀下，看起來是紅色的。……

突然間，狼群紛紛開始嚎叫起來，好像月光對他們有些什麼影響一樣。馬兒不停地亂踢，拼命環顧四周，看來如此無助；然而這狼群圍成的圈圈把我們包圍了起來，只待牠們群起圍攻。我趕緊向車伕喊叫，讓他能回到馬車上，因為我們似乎只能靠他衝出重圍，脫離險境。我一邊大聲尖叫，一邊使勁敲打著馬車的一側，希望這些聲音能把狼群嚇退，讓車伕有機會跳上來。我不知道他怎麼回來的，不過我知道自己聽到他大聲吆喝，那時，我順著聲音的方向望過去，看到他站在小路上。他揮舞著長長的手臂，好像在移除什麼無形的障礙物，然後狼群就開始往後退，離我們越來越遠。就在那一刻，雲將月亮遮了起來，我們又陷入一片黑暗之中。

等到我又能看清楚時，車伕正在爬上馬車，狼群已不見蹤影。全部的事情是如此古怪又可怕，我覺得自己全身都被恐懼籠罩，動不了也說不出話。

取自陶德・布朗寧（Tod Browning）執導的電影《德古拉》，1931年。

我們似乎永無止境地在路上奔馳，雲彩再度遮住月光，周圍幾乎完全黑了。我們持續往上爬升，偶爾急劇下降，不過總的來說，高度確實在上升。突然間，我意識到車伕正將馬車駛進一座傾頹城堡的庭院中，城堡的窗戶又高又黑，一絲光線都沒有，搖搖欲墜的城垛在月光照亮的天空下，呈現出鋸齒的形狀。

上都

塞繆爾・柯勒律治（Samuel T. Coleridge）

《忽必烈汗》*Kubla Khan*，1797 年

忽必烈曾下令在上都
建造一座堂皇的殿堂；
此處有聖河亞弗流經，
穿過深不可測的洞穴，
直奔暗無天日的大海。
方圓五英里的肥沃土壤，
用塔樓城牆包圍起來；
內有美麗花園與蜿蜒溪流，

樹上鮮花盛開香氣四溢；
如山丘般古老的森林，
包圍著散佈其間的青草綠地。

但是，那浪漫深壑沿著綠色山丘
在一片柏樹林之間斜裂而下！
那是個野蠻之地！神聖卻也著魔，
殘月時似有女人出沒，
為她的惡魔情郎淒聲嚎哭。
深壑中喧囂騷動不斷，
一陣悸動幾乎撼動大地，
猛烈地泉突然爆發：
在那時斷時續的湧迸之間，
巨大石塊如冰雹般反彈飛舞，
或如在打穀機內彈跳的穀粒：
在這支石塊水晶之舞之中，
聖河突現其間。
蜿蜒流淌五英里，
穿越森林行經山谷，
抵達人類無法估量的巨大洞穴。

黑森林之謎

艾密里奧‧薩爾加里（Emilio Salgari）
《黑森林之謎》*I misteri della jungla
nera*，1895 年

特雷馬爾－納伊克被眼前的景象嚇得
跳了起來。

他身處某種巨大穹頂之下，周圍牆壁
被漆得奇形怪狀。毗濕奴是印度傳統
信仰中的神祇，住在神蛇舍沙出沒的
乳海之中，祂有十大化身被畫滿整個
空間，被印度人崇拜的半神人包圍，
這些半神人是世界八個角落的保護
者，住在眾神之界，也就是美德不足
以去到濕婆天界者的居所。穹頂一半
高度的地方，雕刻了許多巨大的惡精
靈卡特里，這些卡特里共有五個族
群，在他們的世界裡四處飄蕩，無法
脫離那個世界，他們唯有在收集到非
常多的祈禱以後，才可能獲得應允給
人類的幸福。

寶塔中間矗立著一座大型銅像，描繪
著一名有四支手臂的女性，其中一支
揮舞著一把長劍，另一支則抓著一顆
頭。

一條由頭骨串成的大項鍊一直垂掛到
腳背上，腰上則掛著一條由砍下來的
手和手臂做成的腰帶。這名可怕婦人
的臉上有刺青，耳朵上有耳環裝飾；
舌頭被畫成血液般的深紅色，舌頭伸
出來約一掌長，臉上帶著一股令人不
快的笑容；大手鐲緊緊卡在手腕上，
雙腳則踩在一個身上滿是傷痕的巨人
身上。你一看就知道，這位神祇陶醉
在血泊之中，踩著受害者的身體跳
舞。

「我在做夢嗎？」特雷馬爾－納伊克
揉了好幾次眼睛。「我什麼都不明
白！」

他還沒講完，就聽到了輕微的吱吱
聲。

他拿著步槍轉過身去，不過幾乎馬上
就退到那可怕神祇旁邊，忍住不要因
為驚奇和喜悅而大叫出來。就在他的
面前，一扇金色門的旁邊，站著一名

埃洛拉的地下神殿,出自朱利奧‧費拉里奧(Giulio Ferrario)《古今風俗》,19世紀出版。

美麗非凡的少女,臉上滿是驚恐。她應該有十四歲,身形非常優雅。她身上散發出古老純潔的特質,在英國印度混血女子身上活靈活現地表現了出來。她的皮膚紅潤且無比柔軟,眼睛又大又圓,閃耀著鑽石般的光芒;鼻梁堅挺,一點都不像印度人,珊瑚色的薄嘴唇帶著一抹憂鬱的微笑,露出兩排潔白皓齒,一頭豐厚的棕黑色秀髮,頭髮中分,額頭上戴著一束打了結並編進含笑花的珍珠,散發出甜美的香氣。特雷馬爾─納伊克就如之前所言,一整個退到巨大銅像之處。

「艾達!……艾達!……叢林顯靈了!」他低聲說著。

他再也說不出話來,就這麼靜靜地站在那裡,一副喘不過氣來的樣子,恍恍惚惚地盯著那個持續以極端恐懼的目光看著他的美麗生物。

突然間,少女突然往前走,身上那一大塊藍色寬邊、圖樣複雜、如披風般覆在她身上的絲質紗麗落在地上。她周圍圍繞著一束強光,極其耀眼,蟒蛇獵人不得不閉上眼睛。

這名少女全身覆滿黃金與價值無可計量的貴重寶石。她穿著一副金盔甲,

上面鑲著來自戈爾康達和古吉拉特的特等鑽石，還有神秘蛇身女的圖樣裝飾。這盔甲包覆著整個胸部，後面被一塊固定在腰際的喀什米爾大披肩遮住，披肩上有銀線裝飾，華麗精美；她的脖子上掛著許多串珍珠項鍊和鑽石項鍊，一顆顆珍珠鑽石都如榛子一般大小；鑲了貴重寶石的寬手鐲裝飾著她的手臂，白色絲綢的寬褲束在赤裸的小腳上，腳踝束口處飾有一圈美麗的粉紅色珊瑚。

一道陽光從一個小洞射了進來，照在那些黃金珠寶上，讓少女沐浴在耀眼奪目的光線中。

「這是異象！……異象啊！……」特雷馬爾－納伊克重複講了兩次，同時向少女伸出了雙手！「噢！她是多麼地美麗！……」

「為什麼？……女孩，聽好：我住在一個只有老虎居住的叢林裡，從來沒有在哪裡看過任何女性。在我第一次看到你的時候，你沐浴在落日餘光之中，就在那兒，玉葉金花叢的後面，讓我倍感震撼。我以為你是仙女下凡，感到無限愛慕。」

「住口！住口！」少女斷斷續續地重複說著，把臉埋在雙手間。

「讓人心儀的叢林少女啊，我怎麼能住得了嘴！」特雷馬爾－納伊克熱切地驚嘆道。「你消失的時候，我的心裡好像少了什麼。我好像醉了一樣，眼前滿是你的模樣，血流加速，口乾舌燥，甚至頭昏腦脹。你一定是施了什麼魔法，把我迷住了！」

「特雷馬爾－納伊克！」少女心急如焚，喃喃地唸著。

「那天晚上我沒睡好，」蟒蛇獵人繼續說著。「我燒昏了頭，極度渴望再次看到你。為什麼呢？我無視著這個疑問，也不知道自己該如何去理解所發生的事。那是我這輩子第一次有了這種感覺。之後的十五天，每天晚上，每到日落時分，我會在樹叢後再次看到你，並為此感到歡欣；我覺得自己被傳送到另一個世界，似乎成了另一個人。你不跟我說話，不過會看著我，這已讓我難以承受；你的眼睛很有神，好像會說話一樣，告訴我你……」

他氣喘吁吁地停了下來，看著用雙手遮住臉的少女。

「啊！」他痛苦地呼喊著。「所以你不願我跟你說話。」

少女搖搖頭，看著他，淚水在眼眶裡打轉。

「你我之間有道鴻溝，」少女結結巴

《黑森林之謎》（I misteri della jungle nera）第1集封面，1937年出版。

巴地說，「又何必說話？可憐蟲，你為什麼來這裡喚醒我心中的奢望呢？你難道不知道這個地方是被詛咒的，尤其是我愛上的人？」

「我愛上的人！」特雷馬爾－納伊克高興地喊了出來。「再說一次，再說一次，美麗的叢林之花！所以，你真的愛我嗎？你每天晚上到樹叢後面來，是因為你愛我嗎？」

「別讓我死啊，特雷馬爾－納伊克，」少女焦急地說道。

「死！為什麼？你受到什麼危險威脅嗎？我不就在這兒保護你了？誰在乎這地方被詛咒？誰在乎我們兩人之間有道鴻溝？我很強壯，足以為你撼動這座神殿，粉碎那個你澆注香水的可怕怪物。」

「你怎麼會知道這個？誰告訴你的？」

「我今晚看到你在做什麼了。」

「所以你今天晚上在這裡？」

「是的，我在這裡，事實上在那上頭抱在那盞燈上，就在你的正上方。」

「但是，到底是誰把你帶到這座神殿裡的？」

「命運，或者該說是這片受詛咒之地的居民繫的繩子。」

「他們看到你了嗎？」

「他們在追捕我。」

「啊！可憐蟲，你完蛋了！」少女絕望地驚呼了出來。

特雷馬爾－納伊克向她跑了過去。

「不過告訴我，這到底是個什麼樣的謎團？」他難以控制自己的怒火，憤怒地問著她。「你為何如此害怕？那怪物為什麼需要香水？那水池裡的金色魚兒到底是什麼？你身上盔甲那女人頭上的蛇到底有何意義？這些相互殘殺的地底人到底是誰？我想要知道，噢艾達，請告訴我！」

「不要問我，特雷馬爾－納伊克。」

「為什麼？」

「啊！如果你知道我得面臨什麼可怕的命運，就不會這麼問我了！」

「不過我很強壯。」

「對抗這些人，力量又有何用？」

「我會向他們開戰，一場殘酷無情的戰爭。」

「你會像嫩竹子一樣，輕鬆被折斷的。他們不也挑戰了英國人的勢力？特雷馬爾－納伊克，他們的力量強大而且極其可怕！什麼都抵擋不了他們：艦隊沒辦法，軍隊也做不到。一切都會臣服在他們有毒的氣息之下。」

「他們到底是誰？」

「我不能說。」

「如果我命令裡說出來呢？」

「我會拒絕。」

「所以你……不信任我！」特雷馬爾－納伊克憤怒地說。

「特雷馬爾－納伊克！特雷馬爾－納伊克！」傷心的少女心碎地低聲喚著。

蟒蛇獵人拿開了手。

「特雷馬爾－納伊克，」少女接著說，「我已被定了罪，背負著一種可怕駭人的刑罰，至死方休。我曾愛過你，勇敢的叢林之子，我也會永遠愛著你，不過……」

「噢！你愛上了我！」蟒蛇獵人歡道。

「是的，我愛你，特雷馬爾－納伊克。」

「以緊追在後的怪物之名發誓。」

「我發誓！」少女將手伸向銅像說著。

「發誓你將成為我的新娘！……」

少女似受一陣煎熬。

「特雷馬爾－納伊克，」少女鬱悶地說，「我會成為你的新娘，如果可能的話！」

「難道我有競爭對手！」

「不是的，沒有人膽子大到敢直視我。我早已屬於死亡的國度。」

特雷馬爾－納伊克雙手抓著頭，向後退了兩步。

「死亡！」他驚呼。

「是的，特雷馬爾－納伊克，死亡。男人染指我的那一天，復仇者之繩將奪去我的生命。」

「也許我在做夢？」

「不，你醒著，和你說話的是愛著你的女人。」

「天呐！這是什麼巨大的謎團！」

「是的，巨大的謎團，特雷馬爾－納伊克。不幸的是，我們之間有道沒人能越過的鴻溝！我到底做了什麼，得遭受如此悲慘的命運？我犯了什麼罪，得如此受詛咒？」

說畢，她不禁悲從中來，滿臉淚水。特雷馬爾－納伊克大吼一聲，緊握著拳，似乎骨頭都快裂了。

「我可以替你做些什麼？」靈魂深受震撼的少女問道。

「你的眼淚讓我很傷心，美麗的叢林之花。告訴我該怎麼做，命令我，我會比奴隸還順從。若你要我把你帶離此處，我會照做，即使這麼做可能讓我喪命。」

「噢！不，千萬不要！」少女驚恐地說。「那會讓我們倆都喪命的。」

「你要我離開嗎？聽好，我很愛你，然而，如果你的存活必讓我倆永遠分離，我將放棄心中的愛苗，終生為此備受折磨，不過我會這麼做的。告訴

詹姆斯·佩頓（James Paton），〈惡徒〉，年代不詳，目前為倫敦大英博物館收藏。

我，我到底該怎麼做？」

少女沉默地哭泣。特雷馬爾－納伊克輕輕把她拉向自己，正要打開他的雙唇之際，外面傳來了尖銳的號角響聲。

「快逃吧！趕快逃，特雷馬爾－納伊克。」少女驚恐地說道。「快逃，不然我們倆人都慘了！」

「啊！該死的號角！」特雷馬爾－納伊克咬牙說道。

「他們來了，」少女哽咽說道，「如果他們找到我們倆，會把我們獻祭給他們那可怕的神。快逃！快逃啊！」

「噢，我絕不逃跑！」

「那你是要讓我死嗎？」

「我會保護你！」

「趕快逃吧，可憐蟲！快逃啊！」

特雷馬爾－納伊克從地上撿起了槍，然後上了膛。

少女意識到，這名男子態度堅決。

「可憐我吧！」她悲痛地說。「他們來了。」

「很好，我會等著，」特雷馬爾－納伊克回答道。「哪個男人敢出手動你，我向神發誓，我會像叢林猛虎般地殺了他。」

「好吧，你留下，既然你態度如此堅決，勇敢的叢林之子；我會救你。」她拿起自己的紗麗，向她進來的那扇門走了去。特雷馬爾－納伊克趕緊上前抱住了她。

「你要去哪兒？」他問道。

「去迎接正要抵達的人，讓他別進到這裡來。今晚午夜時分，我會回到你身邊。屆時你就可以完成神的意志，或許……我們可以一起逃走。」

「你的名字？」

「艾達·柯利桑。」

「艾達·柯利桑！啊，多美麗的名字！去吧，高貴的生靈，我會等你午夜回到這裡。」

少女圍好紗麗，看了特雷馬爾－納伊克最後一眼，帶著濕潤的眼睛，邊啜泣邊走了出去。

費多拉

伊塔羅·卡爾維諾（Italo Calvino）
《看不見的城市》*Le città invisibili*，1972 年

灰色岩城費多拉的中心矗立著一座金屬建築物，裡面每一個房間都有一個水晶球，每個水晶球裡都有一座天藍色的城市，每座城市各異，都是費多拉的模型。這些模型代表著這個城市原本可能的各種樣貌，然而種種因素所致，費多拉成了今日的樣貌。在每一個年代，總有人按著當時的費多拉，想像著該如何讓它成為理想城，不過在這個人製作迷你模型的時候，費多拉早就已經改變了，那個在昨天仍是城市的可能未來的樣貌，現在已成了水晶球裡的玩具。這座收藏水晶球的建築，如今已成為費多拉的博物館：每一位居民都會去參觀，選出自己心目中的理想，仔細端詳，想像著

自己的倒影映在運河水匯流的水母池中（如果運河水沒被抽乾）、在大象專用街道旁的高篷上眺望（現在大象早已禁止進城）、沿著螺旋塔滑下來的樂趣（這塔始終找不著立足之地）。成吉思汗啊，你的帝國地圖必然可以同時容納大型石城的費多拉和所有小型玻璃球的費多拉。這並非因為它們都同樣真實，而是因為它們全都是假設的。大城包含了人們預先設想並認定的必須要素；其餘小城則是想像中的可能，不過在一分鐘以後，就再也不可能了。

愛的地圖

瑪德蓮・德・史居德利

《克蕾莉，古羅馬的故事》*Clélie, Histoire Romaine*，1654~1660 年

位於地圖下方的第一個城市是新友誼城。由於柔情出現的原因可能有三：或因尊敬、或因感激，或因愛慕，三個柔情城市因此分別位於三條不同的河流旁邊，另外也有三條不同的路分別通往這三個城市……我們因而有了尊敬柔情城、愛慕柔情城和感激柔情城。因此，由於源自愛慕的柔情本身並不需要其他要素便已完整，這條河的河谷上並沒有其他村落，因為在這條路上的行進速度相當快，河岸沿途並不需要住宿地點。

然而，若要抵達尊敬柔情城，情況就不一樣了，因為途中有許許多多的村落，就如能透過尊敬催生出柔情的各種大小因素。你們事實上也可以看到，從新友誼城出發以後會經過大智慧城，因為尊敬通常都是源自於大智慧。

之後，還會看到幾個宜人的城市，如美言村、騎士村、甜蜜村等……然後，沿著這條路，還有真誠村、寬大村、誠信村、尊重村、忠誠村、善良村等擋在柔情前面。

在此之後，我們必須重新回到新友誼城，以了解從哪條路才能抵達感激柔情城。因此我請你們仔細看一下，必須先從新友誼城到禮貌城，然後經過一個叫做順從村的小村落，以及另一個怡人的細微照顧村。然後，就可以由此經由勤勉城前往熱忱村和偏愛村。在這裡要強調，偏愛村比其他村落都還小，只有少數人能夠認出來。繼續往前，會經過感性村，然後再經過服從村，最後穿過恆久友誼村，這條路無疑是抵達感激柔情城最穩妥的路線。

不過請注意：如果太向右或太向左，都可能會迷路：因為如果在大智慧城的出口不小心走到忽略城，而且一直錯下去，到了矛盾村，並繼續走到不冷不熱村、輕率村與遺忘村等，就會到不了尊敬柔情城，反而會來到只有冰冷死水的冷漠湖。

另外，如果在新友誼城的出口太往左走，就會抵達越軌村、背信村、誹謗村或惡村，如此以來就到不了感激柔

雷內・馬格利特（René Magritte），〈庇里牛斯山的城堡〉，1959 年繪製，目前為以色列耶路撒冷以色列博物館收藏。

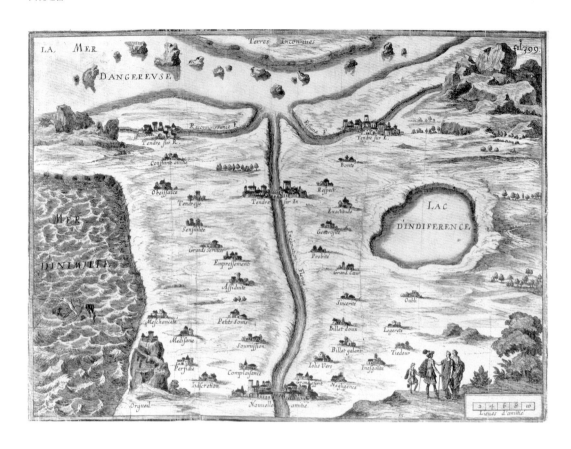

情城，反而會抵達所有船隻都會沉沒的恩怨海。愛慕河會流入一個叫做危險海的海域，在過去就是我們稱為未知大陸的地方，因為沒有人知道那裡到底有什麼。

阿萊夫

豪爾赫・路易斯・波赫士（Jorge Luis Borges）
《阿萊夫》*L'Aleph*，1949 年

現在，我終於來到故事的真正核心，而我身為作者的絕望也由此開始。每一種語言都是一種符號字母，然而，其使用前提在於對話者必須具有共同的歷史；在這種狀況下，我該如何向其他人描述這條窮無盡、連我自己的可怕記憶幾乎都很難接受的阿萊夫？……

在那巨大的一瞬間，我看到數百萬計宜人或惡劣之舉；不過沒有一件讓我感到驚訝，因為它們全都占據著同一個點，而且全部都不重疊也不透明。我眼所見是同步發生的：我接下來抄錄的這些，都是我注意到的一些事情，其實因為語言之故，才會有時間

〈愛的地圖〉，瑪德蓮・德・史居德利於 1654 年創作的想像地圖，弗朗索瓦・索瓦刻版完成。

先後的感覺。

我在樓梯的右下方看到一個閃亮的小球，散發著耀眼無比的光彩。我原本以為這顆球會旋轉，不過後來發現，那其實是球體內讓人眼花繚亂的活動所造成的錯覺。阿萊夫的直徑大概兩三公分，不過它裡面卻包含著宇宙空間，而且宇宙空間的浩瀚龐大並不因此受到影響。一切（例如鏡子的水晶）都是無限，因為我可以清楚看到宇宙的每一個點。我看到生物眾多的海洋，我看到黎明和夜晚，我看到人口稠密的美洲，我看到一座黑色金字塔的中心有一隻銀色蜘蛛，我看到破碎的迷宮（指倫敦），我看到許許多多宛如在鏡中瞪著我的眼睛，我看到行星上的所有鏡子而且沒有一面反射出我的倒影，我在索勒街的一座內院看到我在三十年前經過弗雷班托斯街上一間房屋時看到的磚頭，我看到一串串的東西、雪、煙草、金屬礦脈與水蒸氣，我看到凸起的赤道沙漠以及上面的每一粒沙子，我在印威內斯看到一位讓我永遠無法忘懷的女性，我看到高傲身體與那動作猛烈的鬃毛，我看到胸部裡的腫瘤，我在一條路上看到一圈乾燥的土地，那兒原有一棵樹，我在阿德羅奎的一間屋子裡看到菲爾蒙‧霍蘭德翻譯的普林尼著作英文版初版，我也同時看到每一頁裡的每一個字母（小時候，書本在晚上闔上時不會把所有字母攪混在一起，常讓我感到驚歎），我看到同一天的早上與夜晚，我看到克雷塔羅的落日似乎反射出孟加拉一朵玫瑰的顏色，我看到我的臥房空無一人，我在阿爾克馬爾的一個櫃子裡看到一個由水和陸地構成的地球，它被放在兩面鏡子之間毫無止境的反射倍增，我看到黎明時分裡海海灘上隨風飄揚的馬鬃，我看到一隻手細膩精緻的骨骼，我看到倖存者競相發送明信片，我在米爾扎布爾的櫥窗看到一疊西班牙撲克牌，我在溫室地板上看到一些蕨類植物斜斜的影子，我看到老虎、活塞、野牛、海上暴風雨和軍隊，我看到存在於地球上的所有螞蟻，我看到一個波斯星盤，我在一張桌子的抽屜裡看到比阿特麗斯寫給卡羅‧阿真提諾的信件（與讓我顫抖的筆跡），內容傲慢、令人難以置信且極其精確，我在墓園看到一座讓人鍾愛的墓，我看到比阿特麗斯‧維特波過去有多迷人，我看到自己體內深色的血液如何循環，我看到愛情的機制與死亡造成的改變，我從每一個點看到阿萊夫，我在阿萊夫看到地球，又在地球重新看到阿萊夫，然後又在阿萊夫裡看到地球，我看到自己的臉和自己的臟器，我看到你的臉，感到暈眩而哭喊出來，因為我的眼睛看到了秘密且假定的事物，它霸佔了所有人類，不過沒有人深思過這一點：這裡指的就是不可思議的宇宙。

阿卜杜勒・馬蒂・克拉爾文（Abdul Mati Klarwien），〈阿萊夫聖殿〉，受到波赫士作品《阿萊夫》啟發而創作的裝置藝術作品，1963~1970年創作。

右：古斯塔夫・多雷，〈白薔薇〉，《神曲天堂篇》第31首的插圖。

白薔薇

但丁・阿利吉耶里

《神曲天堂篇》Paradiso，第31首

基督用自己的鮮血
結盟的那支神聖軍隊，
就以白薔薇之姿展現我眼前：
但另一支飛翔的軍隊，
歌頌著愛著祂們的上帝
與讓祂們尊榮的至善；
就如一大群辛勤的蜜蜂，

一會兒飛舞花間，
一會兒飛回釀蜜的處所，
祂們飛入茂葉裝飾的巨花之間，
然後再飛了上來，
回到心所歸屬的地方。
祂們臉上閃耀著熊熊烈焰，
翅膀金黃，其餘部分
比白雪還更加地雪白。
一群一群地，祂們停落花朵間，
獻上祂們振翅飛翔時
獲得的平靜與熱情。

參考資料

引文作者索引

佚名插圖索引（按頁次）

照片索引

參考書目翻譯版本

Agostino
La città di Dio, trad. di Luigi Alici, Milano, Bompiani, 2001.

Alvarez, Francisco
Verdadera Informaçam das terras do Preste Joam das Indias (1540); trad. *Viaggio in Etiopia di Francesco Alvarez,* in Giovanni Battista Ramusio, *Delle navigationi et viaggi*, a cura di Marica Milanesi, Torino, Einaudi, 1979.

Alveydre, Alexandre Saint-Yves de
Mission de l'Inde en Europe, I e II, Paris, Calmann Lévy, 1886; trad. di Gianfranco de Turris, *Il regno di Agarttha*, Roma, Arkeios, 2009.

Ampelio, Lucio
Liber memorialis, trad. di Vincenza Colonna, Bari, dies, 1975.

Andreae, Johann Valentin
Reipublicae christianopolitanae descriptio (1619), Strassburg, Zetzner; trad. di Giampaolo Spano, Milano, Edizioni Spano, 1984.

Aristotele
Il cielo, trad. di Alberto Jori, Milano, Bompiani, 2002.

Aristotele
Metafisica, trad. di Giovanni Reale, Milano, Bompiani, 2000.

Bacon, Francis
New Atlantis, London, Rawley, 1627; trad. di Giuseppe Schiavone, *Nuova Atlantide*, Milano, bur, 2011.

Baigent, Michael - Leigh, Richard - Lincoln, Henry
The Holy Blood, the Holy Grail, London, Jonathan Cape, 1982; trad. di Roberta Rambelli Pollini, *Il Santo Graal*, Milano, Mondadori, 2004.

Blavatsky, Helena
The Secret Doctrine, II, London, Theosophical Publishing Society, 1888; trad. di Stefano Martorano, *La dottrina segreta*, II, Roma, Istituto Cintamani, 2005.

Bonvesin de la Riva
De magnalibus urbis Mediolani (1288), VI; trad. di Paolo Chiesa, *Meraviglie di Milano*, Milano, Scheiwiller, 1997.

Borges, Jorge Luis
Tlön, Uqbar, Orbis Tertius (1940); trad. di Franco Lucentini in Jorge Luis Borges, *Tutte le opere*, I, Milano, Mondadori, 1984.

Borges Jorge Luis
El Aleph, Buenos Aires, Losada, 1949; trad. it. *L'Aleph*, in J.L. Borges, *Tutte le opere*, a cura di Domenico Porzio, I, Milano, Mondadori, 1984.

Boron, Robert de
Merlin (XII sec.); trad. di Francesco Zambon, in *Il libro del Graal*, Milano, Adelphi, 2005.

Boron, Robert de
Perceval (XII sec.); trad. di Francesco Zambon, in *Il libro del Graal*, Milano, Adelphi, 2005).

Bulwer-Lytton, Edward
The Coming Race, Edinburgh and London, William Blackwood and Sons, 1871; trad. di Gianfranco de Turris e Sebastiano Fusco, *La razza ventura*, Carmagnola, Arktos, 1980.

Chrétien de Troyes
Le roman de Perceval ou le conte du Graal (XII sec.); trad. di Mariantonia Liborio, *Il Graal*, Milano, Mondadori, 2005.

Diogene Laerzio

Vite e dottrine dei più celebri filosofi, a cura di Giovanni Reale con la collaborazione di Giuseppe Girgenti e Ilaria Ramelli, Milano, Bompiani, 2005.

Erodoto

Le storie, III, trad. di Luigi Annibaletto, Milano, Mondadori, 1961.

Erodoto

Le storie, IV, trad. di Augusto Fraschetti, Milano, Fondazione Lorenzo Valla-Mondadori, 1993.

Eschenbach, Wolfram von

Parzival, a cura di Laura Mancinelli, trad. e note di Cristina Gamba, Torino, Einaudi, 1993.

Esiodo

Le opere e i giorni, trad. di Lodovico Magugliani, Milano, Rizzoli, 1998.

Evola, Julius

Il mistero del Graal (1937), Roma, Edizioni Mediterranee, 1994.

Foigny, Gabriel de

La terre australe connue (1676); trad. di Maria Teresa Bovetti Pichetto, *La Terra Australe*, Napoli, Guida, 1978.

Gellio, Aulo

Notti attiche, trad. di Luigi Rusca, Milano, bur, 1994.

Giovanni di Hildesheim

Historia de gestis et translatione trium regum, Köln, Guldenschaiff, 1477; trad. di Alfonso M. di Nola, *Storia dei Re Magi*, Roma, Newton Compton, 1980.

Grimm, Jakob e Wilhelm

Fiabe (1812), trad. di Clara Bovero, Torino, Einaudi, 1951.

Guénon, René (1925)

Le roi du monde, Paris, Gallimard; trad. di Bianca Candian, *Il re del mondo*, Milano, Adelphi, 1977.

Hawking, Stephen

A Brief History of Time, New York, Random House, 1988; trad. di Libero Sosio, *Dal big bang ai buchi neri*, Milano, Rizzoli, 1990.

Isidoro di Siviglia

Etimologie, trad. di Angelo Valastro Canale, Torino, Utet, 2004.

Lattanzio, Lucio Cecilio Firmiano

Le divine istituzioni, trad. di Gino Mazzoni, Siena, Cantagalli, 1936.

Leblanc, Maurice

L'aiguille creuse, Paris, Pierre Lafitte, 1909; trad. di Decio Cinti, in *Le mirabolanti avventure di Arsenio Lupin*, Milano, Sonzogno, 1978.

Liutprando da Cremona

Antapodosis; trad. di Massimo Oldoni e Pierangelo Ariatta, in Liutprando di Cremona, *Italia e Oriente alle soglie dell'anno mille*, Novara, Europìa, 1987.

Luciano

Storia vera, trad. di Quintino Cataudella, Milano, bur, 1990.

Lucrezio

La natura delle cose, trad. di Luca Canali, Milano, bur, 2000.

Mandeville, John

Viaggi, trad. di Ermanno Barisone, Milano, il Saggiatore, 1982.

Macrobio

Commento al Sogno di Scipione, trad. di Moreno Neri, Milano, Bompiani, 2007.

Malory, Thomas

Le morte Darthur; trad. di Gabrielle Agrati e Maria Letizia Magini, in *Storia di re Artù,* Milano, Mondadori, 1985.

Montaigne, Michel de

Les Essais, Paris, Abel l'Angelier, 1580-1595; trad. di Fausta Garavini, *Saggi*, Milano, Bompiani, 2012.

More, Thomas

Utopia, Leuwen 1516; trad. di Luigi Firpo, *Sull'ottima forma di stato, riferito dall'illustre Thomas More*, Napoli, Guida, 1990.

Nietzsche, Friedrich

Der Antichrist, Leipzig, Kröner, 1888; trad. di Ferruccio Masini, *L'anticristo*, in F. Nietzsche, *Il caso Wagner – Crepuscolo degli idoli – L'anticristo – Ecce Homo – Nietzsche contra Wagner*, Milano, Adelphi, 1970.

Omero

Odissea, trad. di Rosa Calzecchi Onesti, Torino, Einaudi, 1963.

Ossendowski, Ferdinand

Beast, Men and Gods, London, Arnold, 1923; trad. di Claudio De Nardi, *Bestie, uomini, dei*, Roma, Edizioni Mediterranee, 2000.

Platone

Crizia, trad. di Giovanni Reale, in Platone, *Tutte le opere,* Milano, Bompiani, 2000.

Plinio

Storia naturale, VI, a cura di Gian Biagio Conte, Torino, Einaudi, 1988.

Poe, Edgar Allan

The City in the Sea (1845), trad. di Ernesto Ragazzoni in E.A. Poe, *Poesie*, Milano, Aldo Martello, 1956.

Pseudo-Filone di Bisanzio

I sette grandi spettacoli del mondo; trad. di Maria Luisa Castellani Agosti e Enrica Castellani, in P. Clayton e M. Price, *Le sette meraviglie del mondo*, Torino, Einaudi, 1989.

Rahn, Otto

Luzifers Hofgesind, eine Reise zu den guten Geistern Europas, Leipzig, Schwarzhäupter-Verlag, 1937; trad. it. *Alla corte di Lucifero. I Catari guardiani del Graal*, Saluzzo, Barbarossa, 1989.

Raleigh, Walter

The Discovery of the Large, Rich, and Beautiful Empire of Guiana, with a Relation of the Great and Golden City of Manoa (which the Spaniards Call El Dorado), London 1596; trad. di Franco e Flavia Marenco, *La ricerca dell'Eldorado*, Milano, il Saggiatore, 1982.

Serimán, Zaccaria

Travels of Henry Wanton to the Undiscovered Austral Regions and the Kingdom of the Apes and of the Cynocephali (1764); trad. it. *I viaggi di Enrico Wanton alle terre incognite australi, ed ai Regni delle Scimie,e de' Cinocefali*, Milano, Bestetti, s.d.

Sprague de Camp, L. – Ley, Willy

Lands beyond, Toronto, Rinehart, 1952; trad. di Francesco Saba Sardi, *Le terre leggendarie*, Milano, Bompiani, 1962.

Toudouze, Georges-Gustave

Le petit roi d'Ys, Paris, Hachette, 1914; trad. it. *La città sommersa*, Milano, Sonzogno, 1922.

Virgilio

Eneide, trad. di Annibal Caro, Firenze, Sansoni, 1922.

Voltaire

Candido, trad. di Giovanni Fattorini, Milano, Bompiani, 1987.

參考書目翻譯版本（匿名作品，按書中引用次序）

La Bibbia di Gerusalemme, Bologna, Centro editoriale Dehoniano, 2009.

Il romanzo di Alessandro, trad. di Monica Centanni, Venezia, Arsenale, 1988.

De rebus in oriente mirabilibus, trad. di Giuseppe Tadiola, *Le meraviglie dell'India*, Roma, Archivio Guido Izzi, 1991.

Lettera del Prete Gianni, trad. di Gioia Zaganelli, in *La lettera del Prete Gianni*, Parma, Pratiche, 1990.

Corano, trad. di Alessandro Bausani, Firenze, Sansoni, 1955.

La navigazione di san Brandano, versione libera dalla versione a cura di Maria Antonietta Grignani e Carla Sanfilippo, Milano, Bompiani, 1975.

Perlesvaus, trad. di Silvia de Laude, in *Il Graal*, Milano, Mondadori, 2005.

La queste del sant Grail, trad. di Marco Infuna, in *Il Graal*, Milano, Mondadori, 2005.

Li Fabliaus de Coquaigne, trad. di Gian Carlo Belletti, in *Fabliaux*, Ivrea, Hérodote, 1982.

參考書目

Abdelkader, Mostafa (1983)
"A Geocosmos: Mapping Outer Space Into a Hollow Earth", in *Speculations in Science & Technology*, 6, 1.

Adam, Jean Pierre (1988)
Le passé recomposé. Chroniques d'archéologie fantasque, Paris, Seuil.

Albini, Andrea (2012)
Atlantide. Nel mare dei testi, Genova, Italian University Press.

Andreae, Johann Valentin (1619)
Reipublicae christianopolitanae descriptio, Strassburg, Zetzner; trad. di Giampaolo Spano, Milano, Edizioni Spano, 1984.

Anonimo (1688)
Curious Enquiries, London, Taylor.

Anonimo (1721)
Relation d'un voyage du pôle arctique au pôle antarctique par le centre du monde, Amsterdam, Lucas.

Aroux, Eugène (1858)
Les mystères de la chevalerie et de l'amour platonique au Moyen Âge, Paris, Renouard.

Bacon, Francis (1627)
New Atlantis, London, Rawley; trad. di Giuseppe Schiavone, *Nuova Atlantide*, Milano, bur, 2011.

Baër, Fréderic-Charles (1762)
Essai historique et critique sur l'Atlantide des anciens, Paris, Lambert.

Baigent, Michael - Leigh, Richard - Lincoln, Henry (1982)
The Holy Blood and the Holy Grail, London, Cape; trad. di Roberta Rambelli Pollini, *Il santo Graal*, Milano, Mondadori, 2004.

Bailly, Jean-Sylvain (1779)
Lettres sur l'Atlantide de Platon et sur l'ancienne histoire de l'Asie. Pour servir de suite aux lettres sur l'origine des sciences, adressées à M. de Voltaire par M. Bailly, Londres, chez M. Elmsly, et à Paris, chez les Frères Debure.

Baistrocchi, Marco (1995)
"Agarttha: una manipolazione guénoniana?", in *Politica Romana*, II, 1995.

Barisone, Ermanno (1982)
"Introduzione" a John Mandeville, *Viaggi, ovvero Trattato delle cose più meravigliose e più notabili che si trovano al mondo*, Milano, il Saggiatore.

Baudino, Mario (2004)
Il mito che uccide, Milano, Longanesi.

Benoît, Pierre (1919)
L'Atlantide, Paris, Albin Michel; trad. di Dario Albani, *L'Atlantide*, Milano, Sonzogno, 1920.

Bérard, Victor (1927-1929)
Les navigations d'Ulysse, Paris, Colin.

Bernard, Raymond W. (1964)
The Hollow Earth, New York, Fieldcrest Publishing; trad. di Vito Messana, *Il grande ignoto*, Milano, Sugar, 1972.

Bernard, Raymond W. (1960)
Agartha, the Subterranean World, Mokelumme Hill (ca), Health Research.

Berzin, Alexander (1996)
Mistaken Foreign Myths about Shambhala, Internet, The Berzin

Archives.

Blavatsky, Helena (1877)

Isis Unveiled, New York, Bouton; trad. di Mario Monti, *Iside svelata*, Milano, Armenia, 1990.

Blavatsky, Helena (1888)

The Secret Doctrine, II, London, Theosophical Publishing Society; trad. di Stefano Martorano, *La dottrina segreta*, II, Roma, Istituto Cintamani, 2005.

Blavier, André (1982)

Les fous littéraires, Paris, Veyrier.

Borges, Jorge Luis (1940)

"Tlön, Uqbar, Orbis Tertius", in *Sur*, poi in *Ficciones* (1944); trad. di Franco Lucentini in J.L. Borges, *Tutte le opere*, a cura di Domenico Porzio, I, Milano, Mondadori, 1984.

Borges, Jorge Luis (1949)

"El Aleph", Buenos Aires, Losada; trad. it. *L'Aleph*, in J.L. Borges, *Tutte le opere*, a cura di Domenico Porzio, I, Milano, Mondadori, 1984.

Bossi, Giovanni (2003)

Immaginario di viaggio e immaginario utopico, Milano, Mimesis.

Bradshaw, William R. (1892)

The Goddess of Atvatabar, New York, Douthitt.

Broc, Numa (1980)

"De l'Antichtone à l'Antarctique", in *Cartes et figures de la Terre*, Paris, Centre Pompidou.

Brugg, Elmar (Rudolf Elmayer- Vestenbrugg) (1938)

Die Welteislehre nach Hanns Hörbiger, Leipzig, Koehler Amelang Verlag.

Bulwer-Lytton, Edward (1871)

The Coming Race, Edinburgh and London, William Blackwood and Sons; trad. di Gianfranco de Turris e Sebastiano Fusco, *La razza ventura*, Carmagnola, Arktos, 1980.

Buonanno, Errico (2009)

Sarà vero. Falsi, sospetti e bufale che hanno fatto la storia, Torino, Einaudi.

Burnet, Thomas (1681)

Telluris theoria sacra, London, Kettilby.

Burroughs, Edgar Rice (1914)

"At the Earth's Core", in *All-Story Weekly*, 4-25 April.

Burroughs, Edgar Rice (1915)

"Pellucidar", in *All-Story Weekly*, 8-29 May.

Burton Russell, Jeffrey (1991)

Inventing the Flat Earth, New York, Praeger.

Butler, Samuel (1872)

Erewhon, London, Trübner; trad. di Lucia Drudi Demby, Milano, Adelphi, 1975.

Butler, Samuel (1897)

The Authoress of Odissey, London, Longmans.

Calabrese, Omar - Giovannoli, Renato - Pezzini, Isabella (1983)

Hic sunt leones. Geografia fantastica e viaggi straordinari, Milano, Electa.

Calmet, Antoine-Augustin (1706)

Commentaire littéral sur tous les livres de l'Ancien et du Nouveau Testament, Paris, Emery.

Campanella, Tommaso (1602)

La Città del Sole, manoscritto; "Civitas solis. Idea Reipublicae Philosophicae", in *Realis philosophiae epilogisticae*, Frankfurt am Main, Tampach, 1623; *La Città del Sole - Questione quarta sull'ottima repubblica*, testo latino a fronte, a cura di G. Ernst, Milano, bur, 1996.

Cardini, Franco (2000)

I Re Magi. Storia e leggenda, Venezia, Marsilio.

Cardini, Franco - Introvigne, Massimo - Montesano, Marina (1998)

Il santo Graal, Firenze, Giunti.

Casanova, Giacomo (1788)

Icosameron. Histoire d'Edouard, et d'Elisabeth qui passèrent quatre vingts ans chez les Mégramicres habitantes aborigènes du Protocosme dans l'intérieur de notre globe, Praha, Imprimerie de l'École Normale.

Charroux, Robert (1972)

Trésors du monde enterrés, emmurés, engloutis, Paris, Fayard.

Churchward, James (1926)

The Lost Continent of Mu: Motherland of Man, New York, Rudge.

Ciardi, Marco (2002)

Atlantide. Una controversia scientifica da Colombo a Darwin, Roma, Carocci.

Cocchiara, Giuseppe (1963)

Il mondo alla rovescia, Torino, Boringhieri.

Collin de Plancy, Jacques (1821)

Voyage au centre de la terre, ou Aventures diverses de Clairancy et ses compagnons, dans le Spitzberg, au Pôle-Nord, et dans des pays inconnus, Paris, Callot.

Collodi, Carlo (1880)

"Pinocchio", in *Il Giornale per i bambini*, poi *Le avventure di Pinocchio*, Firenze, Paggi, 1883.

Colombo, Cristoforo (1498)

"Lettera ai Re Cattolici dalla Spagnola, maggio-agosto 1498", in C. Colombo, *Relazioni di viaggio e lettere*, Milano, Bompiani, 1941.

Conan Doyle, Arthur (1929)

The Maracot Deep and Other Short Stories, London, Murray; trad. di Anna Cavazzoni, *L'abisso di Maracot*, Milano, Mondadori, 1995.

Corbin, Henry (1964)

Histoire de la philosophie islamique, Paris, Gallimard; trad. it. *Storia della filosofia islamica*, Milano, Adelphi, 1973.

Costes, Guy - Altairac, Joseph (2006)

Les terres creuses, Paris, Les Belles Lettres.

Crowe, Michael J. (1896)

The Extraterrestrial Life Debate, 1750-1900, Cambridge, cup.

Daston, Lorraine - Park, Katharine (1998)

Wonders and the Order of Nature, New York, Zone Books; trad. it. *Le meraviglie del mondo*, Roma, Carocci, 2000.

Daunicht, Hubert (1971)

"Die Odyssee in Ostasien", in *Frankfurter Neue Presse*, 14 febbraio.

De Camp, Lyon Sprague - Ley, Willy (1952)

Lands Beyond, New York, Rhinehart; trad. it. *Le terre leggendarie*, Milano, Bompiani, 1962.

Delumeau, Jean (1992)

Une histoire du Paradis, Paris, Fayard.

De Sède, Gérard (1962)

Les templiers sont parmi nous ou l'énigme de Gisors, Paris,

Juillard.

De Sède, Gérard (1967)

L'or de Rennes ou la vie insolite de Bérenger Saunière, curé de Rennes- le-Château (poi ripubblicato in tascabile come *Le Tresor Maudit de Rennes-le-Château*, e infine nel 1977 come *Signé: Rose+Croix*).

De Sède, Gérard (1988)

Rennes-le-château. Le dossier, les impostures, les phantasmes, les hypothèses, Paris, Laffont.

Di Carpegna Falconieri, Tommaso (2011)

Medioevo militante, Torino, Einaudi.

Dick, Philip K. (1964)

The Man in the High Castle, New York, Putnam; trad. it. *La svastica sul sole*, Piacenza, La Tribuna, 1965.

Digby, Kenelm (1558)

Discours fait en une célèbre assemblée, touchant la guérison des playes par la poudre de sympathie, Paris, Courbé.

Digby, Kenelm (1660)

Theatrum sympatheticum, Nürnberg, Impensis J. A. & W. J. Endterorum Haered.

Dohueihi, Milad (2006)

Le Paradis Terrestre. Mythes et philosophies, Paris, Seuil; trad. it. *Il paradiso terrestre. Miti e filosofie*, Costabissara, Colla, 2009.

Donnelly, Ignatius (1888)

The Great Cryptogram: Francis Bacon's Cipher in the So-called Shakespeare Plays, London, Sampson Low, Marston, Searle & Rivington.

Donnelly, Ignatius (1882)

Atlantis: The Antediluvian World, New York, Harper.

Eco, Umberto (1993)

La ricerca della lingua perfetta, Roma-Bari, Laterza.

Eco, Umberto (2002)

"La forza del falso", in *Sulla letteratura*, Milano, Bompiani.

Eco, Umberto (2011)

"Sugli usi perversi della matematica", in *La matematica*, vol. III, a cura di Claudio Bartocci e Piergiorgio Odifreddi, Torino, Einaudi, 2011.

Emerson, Willis George (1908)

The Smoky God, Chicago (il), Forbes.

Eumaios (1898)

Odysseus als Afrikaumsegler und Amerikaentdecker, Leipzig, Fock.

Evola, Julius (1934)

Rivolta contro il mondo moderno, Milano, Hoepli.

Evola, Julius (1937)

Il mistero del Graal, Roma, Edizioni Mediterranee, 1994.

Fabre d'Olivet, Antoine (1822)

De l'état social de l'homme ou vues philosophiques sur l'histoire du genre humain, Paris, Brière.

Fauriel, Claude (1846)

Histoire de la poésie provençale, Paris, Labitte.

Fauth, Philip (1913)

Hörbigers Glazial-Kosmogonie, Kaiserslautern, Hermann Kaysers Verlag.

Ficino, Marsilio (1489)

De vita libri tres – Apologia – Quod necessaria sit ad vitam securitas, Firenze, Miscomini.

Fieux, Charles de, Cavaliere de Mouhy (1734)

Lamekis, ou les voyages extraordinaires d'un égyptien dans la terre intérieure avec la découverte de l'Isle des Silphides, Paris, Dupuis.

Filippani-Ronconi, Pio (1973)

Ismaeliti e "Assassini", Basel, Thoth.

Fitting, Peter, a cura di (2004)

Subterranean Worlds, Middletown (ct), Wesleyan University Press.

Foigny, Gabriel de (1676)

La terre australe connue; trad. di Maria Teresa Bovetti Pichetto, *La Terra Australe*, Napoli, Guida, 1978.

Fondi, Roberto (s.d.)

"Nascita, morte e palingenesi della concezione del mondo cavo", in *Arthos*, 29.

Fontenelle, Bernard de (1768)

La République des philosophes ou Histoire des Ajaoiens... Ouvrage posthume de Mr. De Fontenelle, Genève.

Fracastoro, Girolamo (1530)

Syphilis sive morbus gallicus, Verona.

Frau, Sergio (2002)

Le Colonne d'Ercole. Un'inchiesta, Roma, Nur Neon.

Frobenius, Leo (1910)

Aud dem Weg nach Atlantis, Berlin, Vita.

Frugoni, Francesco Fulvio (1697-1689)

Il cane di Diogene, Venezia, Bosio.

Galli, Giorgio (1989)

Hitler e il nazismo magico, Milano, bur 2005, ed. accresciuta.

Gardner, Marshall B. (1913)

A Journey to the Earth's Interior, Aurora (il), The Author.

Gardner, Martin (1957)

Fads and Fallacies in the Name of Science, New York, Dover.

Garlaschelli, Luigi (2001)

Indagini sulla spada di San Galgano. Convegno su *Il mistero della Spada nella Roccia* (San Galgano, settembre 2001), http://www.luigigarlaschelli.it/spada/resoconto1292001.html.

Geiger, John (2009)

The Third Man Factor: The Secret of Survival in Extreme Environment, Toronto, Viking Canada.

Giannini, Francis Amedeo (1959)

Worlds beyond the Pole, New York, Health Research Books.

Giovanni di Hildesheim (1477)

Historia de gestis et translatione trium regum, Köln, Guldenschaiff; trad. di Alfonso M. di Nola, *Storia dei Re Magi*, Roma, Newton Compton, 1980.

Giuda Levita (Jehuda Halevy) (1660)

Liber Cosri, Basel, Decker.

Goodrick-Clarke, Nicholas (1985)

The Occult Roots of Nazism, Wellingborough, Aquarian Press; trad. it. di Carlo Donato, *Le radici occulte del nazismo*, Milano, Sugarco, 1993.

Godwin, Joscelyn (1996)

Arktos: The Polar Myth in Science, Symbolism, and Nazi Survival, Kempton, Adventures Unlimited Press; trad. di Claudio De Nardi, *Il mito polare: l'archetipo dei poli nella scienza, nel simbolismo e nell'occultismo*, Roma, Edizioni Mediterranee, 2001.

Graf, Arturo (1892-1893)

Miti, leggende e superstizioni del Medio Evo, Torino, Loescher.

Grimm, Jacob e Wilhelm (1812)
Kinder und Hausmärchen, Berlin, Realschulbuchhandlung; trad. di Clara Bovero, *Fiabe*, Torino, Einaudi, 1951.

Guénon, René (1925)
Le roi du monde, Paris, Gallimard; trad. di Bianca Candian, *Il re del mondo*, Milano, Adelphi, 1977.

Guénon, René (1950)
"L'ésotérisme du Graal", in *Lumière du Graal* [*Les Cahiers du Sud*, n. spécial], Paris 1951.

Grube, E. J. (1991)
"Automa", in *Enciclopedia dell'arte medievale*, Roma, Treccani.

Haggard, Rider Henry (1886-1887)
"She", in *The Graphic*, ottobre 1886-gennaio 1887; trad. di Giorgio Agamben, *Lei*, Milano, Bompiani, 1966.

Hall, Joseph (1607)
Mundus alter, Hanau, Antonius.

Halley, Edmund (1692)
"An Account of the Cause of the Change of the Variation of the Magnetical Needle with an Hypothesis of the Structure of the Internal Parts of the Earth", in *Philosophical Transactions of the Royal Society*, xvi.

Hammer-Purgstall, Joseph von (1818)
Die Geschichte der Assassinen, Stuttgart-Tübingen, Cotta; trad. it. *Origine, potenza e caduta degli Assassini. Opera interessantissima, attinta alle fonti orientali ed occidentali*, Padova, Penada, 1838.

Hilton, James (1933)
Lost Horizon, Essex, Woodford Green; trad. di Simona Modica, *Orizzonte perduto*, Palermo, Sellerio, 1995.

Holberg, Ludwig (1741)
Nicolai Klimii iter subterraneum, Hafniae-Lipsiae, Preuss; trad. it. *Il viaggio sotterraneo di Niels Klim*, Milano, Adelphi, 1994.

Howgego, Raymond J. (2013)
Encyclopedia of Exploration. Invented and Apocryphal Narratives of Travels, Otts Points, Hordern House.

Huet, Pierre-Daniel (1691)
Traité de la situation du Paradis terrestre, Paris, Anisson.

Introvigne, Massimo (2005)
Gli Illuminati e il Priorato di Sion. La verità sulle due società segrete del "Codice da Vinci" e di "Angeli e demoni", Casale Monferrato, Piemme.

Jacolliot, Louis (1873)
Les fils de dieu, Paris, Lacroix.

Jacolliot, Louis (1875)
Le Spiritisme dans le monde. L'initiation et les sciences occultes dans l'Inde et chez tous les peuples de l'Antiquité, Paris, Lacroix.

Jones, William (1769)
"The Circles of Gomer", in *The Philosophy of Words*, London, Hughs.

Justafré, Olivier (s.d.)
Grains de folie. Supplément aux fous littéraires, Perros-Guirec, Anagramme.

Iannaccone, Mario Arturo (2004)
Rennes-le-Château, una decifrazione. La genesi occulta del mito, Milano, Sugarco.

Iannaccone, Mario Arturo (2005)
"La truffa di Rennes-le-Château", in *Scienza e Paranormale*, 59.

Kafton-Minkel, Walter (1989)
Subterranean Worlds: 100,000 Years of Dragons, Dwarfs, the Dead, Lost Races and Ufos from inside the Earth, Washington D.C., Loompanics Unlimited.

Kircher, Athanasius (1665)
Mundus subterraneus, Amsterdam, Jansson & Weyerstraten.

Kuipert, Gerard (1946)
"German astronomy during the war", in *Popular Astronomy*, liv.

Lamendola, Francesco (1989)
"Terra Australis Incognita", in *Il Polo*, 3.

Lamendola, Francesco (1990)
"Mendaña de Neira alla scoperta della Terra Australe", in *Il Polo*, 1.

Lancioni, Tarcisio (1992)
"Viaggio tra gli isolari", in *Almanacco del Bibliofilo*, Milano, Rovello.

Las Casas, Bartolomé de (1551-1552)
Apologética historia sumaria, prima ed. completa Madrid, Biblioteca de Autores Españoles, 1909.

Le Goff, Jacques (1985)
"Le merveilleux dans l'Occident médiéval", in *L'imaginaire médiéval*, Paris, Gallimard; trad. it. *Il meraviglioso e il quotidiano nell'Occidente medievale*, Roma-Bari, Laterza, 1983.

Le Goff, Jacques (1981)
La naissance du Purgatoire, Paris, Gallimard; trad. it. *La nascita del Purgatorio*, Torino, Einaudi, 1982.

Le Goff, Jacques (1985)
L'imaginaire médiéval, Paris, Gallimard; trad. it. *L'immaginario medievale*, Bari, Laterza, 1988.

Leonardi, Claudio (1989)
"La via dell'Oriente nella *Historia Mongolorum*", in Giovanni di Pian di Carpine, *Storia dei mongoli*, Spoleto, cisam - Centro Italiano di Studi sull'Alto Medioevo.

Le Plongeon, Augustus (1896)
Queen Móo & The Egyptian Sphinx, New York, The Author.

Leon Piñelo, Antonio de (1656)
El Paraiso en el nuevo mundo, ed. critica Lima 1943.

Ley, Willy (1956)
"The Hollow Earth", in *Galaxy Science Fiction*, 11.

Lloyd, John Uri (1895)
Etidorhpa, Cincinnati (oh), Lloyd.

Lopez de Gómara, Francisco (1554)
La historia general de las Indias, con todos los descubrimientos, y cosas notables que han acaescido en ellas, dende que se ganaron hasta agora, Antwerpen, Stesio.

Manguel, Alberto - Guadalupi, Gianni (1982)
Dizionario dei luoghi fantastici, Milano, Rizzoli.

Mather, Cotton (1721)
The Christian Philosopher, London, Matthews.

Mazzoldi, Angelo (1840)
Della diffusione dell'incivilimento italiano alla Fenicia, alla Grecia, e a tutte le nazioni antiche poste sul mediterraneo, Milano, Guglielmini e Redaelli.

Montaigne, Michel de (1580-1595)
Les Essais, Paris, Abel l'Angelier; trad. di Fausta Garavini,

Saggi, Milano, Bompiani, 2012.

More, Thomas (1516)

Libellus vere aureus, nec minus salutaris quam festivus de optimo rei publicae statu, deque nova insula Utopia, Leuwen; trad. di Luigi Firpo, *Sull'ottima forma di stato, riferito dall'illustre Thomas More*, II, Napoli, Guida, 1990.

Moretti, Gabriella (1994)

Gli antipodi, Parma, Pratiche.

Morris, William (1891)

News from Nowhere, London, Reeves & Turner.

Nelson, Victoria (1997)

"Symmes Hole, or the South Polar Romance", in *Raritan*, 17.

Neupert, Karl (1909)

Am Morgen eine neuer Zeit, Dornbin, Höfle & Kaiser.

Neupert, Karl (1924)

Welt-Wendung! Inversion of the Universe, Augsburg, Druck v J. Scheurer.

Neupert, Karl (1927)

Umwälzung! Das Weltbild der Zukunft, Augsburg, Verlag Karl Neupert.

Neupert, Karl (1928)

Umwälzung! Der Kampf gegen das kopernikanische Weltbild, Memmingen, Verlags- und Druckereigenossenschaft.

Neupert, Karl (1929)

Umsturz des Welt-Alls, Memmingen, Verlags- und Druckereigenossenschaft.

Neupert, Karl (1932)

Welt-Anschauungen. Der Sternhimmel ist optische Täuschung, Zürich, Zimmerli.

Newton, Isaac (1728)

The Chronology of Ancient Kingdoms Amended, London, J. Tonson, J. Osborn, T. Longman.

Nietzsche, Friedrich (1888)

Der Antichrist, Leipzig, Kröner; trad. it. *L'Anticristo. Maledizione del cristianesimo*, Milano, Adelphi, 1998.

Obručev, Vladimir Afanasievič (1924)

Plutonija, Leningrado.

Olender, Maurice (1989)

Les langues du Paradis, Paris, Gallimard; trad. it. *Le lingue del Paradiso*, Bologna, il Mulino, 1990.

Olschki, Leonardo (1937)

Storia letteraria delle scoperte geografiche, Firenze, Olschki.

Ortenberg, Veronica (2006)

In Search of the Holy Grail. The Quest for the Middle Ages, London-New York, Hambledon Continuum.

Ossendowski, Ferdinand (1923)

Beasts, Men and Gods, London, Arnold; trad. di Claudio De Nardi, *Bestie, uomini, dèi*, Roma, Edizioni Mediterranee, 2000.

Pauwels, Louis - Bergier, Jacques (1960)

Le matin des magiciens, Paris, Gallimard; trad. it. *Il mattino dei Maghi*, Milano, Mondadori, 1963.

Peck, John W. (1909)

"Symmes' Theory", in *Ohio Archaeological and Historical Publications*, 18.

Pellech, Christine (1983)

Die Odyssee. Eine antike Weltumsegelung, Berlin, Reimer.

Pellicer, Rosa (2009)

"Continens Paradisi: el libro segundo de 'El paraíso en el Nuevo Mundo' de Antonio de León Piñelo", in *América sin nombre*, 13-14.

Penka, Karl (1883)

Origines Ariacae, Wien, Prochaska.

Petech, Luciano (1989)

"Introduzione" a Giovanni di Pian di Carpine, *Storia dei mongoli*, Spoleto, cisam - Centro Italiano di Studi sull'Alto Medioevo.

Peyrère, Isaac de la (1655)

Prae-Adamitae, Amsterdam, Elzevir; trad. it. *I preadamiti*, Macerata, Quodlibet, 2004.

Pezzini, Isabella, a cura di (1971)

Exploratorium. Cose dell'altro mondo, Milano, Electa.

Piazzi Smyth, Charles (1864)

Our Inheritance in the Great Pyramid, London, Strahan.

Pigafetta, Filippo (1591)

Relatione del Reame di Congo et delle circonvicine contrade, Roma, Grassi.

Polidoro, Massimo (2003)

Gli enigmi della storia : un'indagine storica e scientifica da Stonehenge al Santo Graal, Casale Monferrato, Piemme.

Prado Villalpando, Geronimo - Prado Villalpando, Giovanbattista (1596)

In Ezechielem explanationes et apparatus urbis ac templi hierosolymitani commentariis et imaginibus illustratus opus, Roma, Zannetti, Vullietto, Ciaccone.

Rahn, Otto (1933)

Kreuzzug gegen den Gral. Die Geschichte der Albigenser, Freiburg im Breisgau, Urban Verlag; trad. it. *Crociata contro il Graal. Grandezza e caduta degli albigesi*, Saluzzo, Barbarossa, 1979.

Rahn, Otto (1937)

Luzifers Hofgesind, eine Reise zu den guten Geistern Europas, Leipzig, Schwarzhäupter-Verlag; trad. it. *Alla corte di Lucifero. I Catari guardiani del Graal*, Saluzzo, Barbarossa, 1989.

Raleigh, Walter (1596)

The Discovery of the Large, Rich, and Beautiful Empire of Guiana, with a Relation of the Great and Golden City of Manoa (which the Spaniards Call El Dorado), London; trad. di Franco e Flavia Marenco, *La ricerca dell'Eldorado*, Milano, il Saggiatore, 1982.

Ramusio, Giovan Battista (1556)

"Discorso di messer Gio. Battista Ramusio sopra il terzo volume delle navigazioni e viaggi nella parte del mondo nuovo", in *Delle navigationi et viaggi*, a cura di Marica Milanesi, Torino, Einaudi, 1979

Reed, William (1906)

The Phantom of the Poles, New York, Rockey.

Restif de la Bretonne, Nicolas Edmé (1781)

La découverte australe par un homme-volant, ou Le Dédale français, Leipzig.

Roerich, Nicholas (1928)

Shambhala, the Resplendent, Talai-Pho-Brang; trad. it. di Daniela Muggia, *Shambhala, la risplendente*, Giaveno, Amrita, 1997.

Rosenau, Helen (1979)

Vision of the Temple, London, Oresko.

Rosenberg, Alfred (1930)
Der Mythus des 20. Jahrhunderts, München, Hoheneichen.

Rousseau, Victor (1920)
"The eye of Balamok", in *All-Story Weekly*, 24 January.

Rudbeck, Olaus (1679-1702)
Atland eller Manheim – Atlantica sive Manheim, Uppsala, Henricus Curio.

Sacy, Sylvestre de (1838)
Exposé sur la religion des druzes, Paris, Imprimerie Royale.

Saint-Yves d'Alveydre, Joseph-Alexandre (1886)
Mission de l'Inde en Europe, I e II, Paris, Calmann Lévy; trad. it. *Il regno di Agarttha*, Roma, Arkeios, 2009.

Saint-Yves d'Alveydre, Joseph-Alexandre (1911)
L'Archéomètre, Clef de toutes les religions et de toutes les sciences de l'antiquité, Paris, Dorbon-Aîné.

Scafi, Alessandro (2006)
Mapping Paradise. A History of Heaven on Earth, Chicago, Chicago University Press; trad. it. *Il paradiso in terra. Mappe del giardino dell'Eden*, Milano, Bruno Mondadori, 2007.

Schrade, Otto (1883)
Sprachvergleichung und Urgeschichte, Jena, Costenoble.

Seaborn, Adam (Captain, forse pseudonimo di John Cleves Symmes) (1820)
Symzonia. Voyage of Discovery, New York, Seymour.

Serimán, Zaccaria (1764)
Travels of Henry Wanton to the Undiscovered Austral Regions and the Kingdom of the Apes and of the Cynocephali; trad. it. *I viaggi di Enrico Wanton alle terre incognite australi, ed ai Regni delle Scimie, e de' Cinocefali*, Milano, Bestetti, s.d.

Shepard, Odell (1930)
The Lore of the Unicorn, London, Allen & Unwin.

Smith, Paul (2011)
Pierre Plantard Criminal Convictions 1953 and 1956, http://priory-of-sion. com/psp/ppconvictions.html

Smith, Paul (2012)
Bibliography on the Priory of Sion, Rennes-le-Château, the Da Vinci Code, Rosslyn Chapel, Landscape Geometry and Other Modern Myths, http://www. rennes-le-chateau-rhedae.com/rlc/prioryofsionbibliography.html

Sobel, Dava (1995)
Longitude, New York, Walker; trad. it. *Longitudine*, Milano, Rizzoli, 1996.

Standish, David (2006)
Hollow Earth, Cambridge (ma), Da Capo Press.

Steuerwald, Hans (1978)
Weit war sein Weg nach Ithaka, Neue Forschungsergebnisse beweisen: Odysseus kam bis Schottland, Hamburg, Hoffmann und Campe.

Stoker, Bram (1897)
Dracula, New York, Grosset & Dunlap; trad. di Adriana Pellegrino, *Dracula il vampiro*, Milano, Longanesi, 1966.

Swinden, Tobias (1714)
An Enquiry into the Nature and Place of Hell, London, Taylor.

Tardiola, Giuseppe, a cura di (1991)
Le meraviglie dell'India, Roma, Archivio Guido Izzi.

Tardiola, Giuseppe (1993)
I viaggiatori del Paradiso, Firenze, Le Lettere.

Teed, Cyrus Reed (1899)
The Cellular Cosmogony or The Earth, a Concave Sphere, Chicago, Guiding Star.

Tega, Walter, a cura di (2007)
Il viaggio tra mito e scienza, Bologna, Bononia University Press.

Tomatis, Mariano (2011)
"Il gioco infinito di Rennes-le- Château", in *Query online*, http://www.queryonline.it

Toudouze, Georges-Gustave (1914)
Le petit roi d'Ys, Paris, Hachette; trad. it. *La città sommersa*, Milano, Sonzogno, 1922.

Vairasse, Denis (1675)
The History of the Sevarites or Sevarambi, London, Brome.

Verne, Jules (1864)
Voyage au centre de la Terre, Paris, Hetzel, rivisto nel 1867; trad. it. *Viaggio al centro della terra*, Milano, Mursia, 1967.

Verne, Jules (1869-1870)
20.000 lieues sous les mers, Paris, Hetzel; trad. it. *Ventimila leghe sotto i mari*, Milano, bur, 2004.

Vespucci, Amerigo (1745)
Vita e lettere di Amerigo Vespucci raccolte e illustrate da Angelo Maria Bandini, Firenze, All'Insegna di Apollo.

Vico, Giambattista (1744)
Principi di scienza nuova, Napoli, Stamperia Muziana.

Vidal-Naquet, Pierre (2005)
L'Atlantide. Petite histoire d'un mythe platonique, Paris, Les Belles Lettres; trad. it. *Atlantide*, Torino, Einaudi 2006.

Vinci, Felice (1995)
Omero nel Baltico. Saggio sulla geografia omerica, Roma, Palombi.

Voltaire (1756)
"Essai sur les moeurs et l'esprit des nations", in *Collection des œuvres complètes de M. de Voltaire*, Genève, Cramer.

Ward, Cynthia (2008)
"Hollow Earth Fiction", in *The internet review of 0science fiction*, www.irosf.com/q/zine/article/10460

Warren, F. William (1885)
Paradise found, Boston (ma), Houghton Mifflin.

Weston, Jessie (1930)
From ritual to romance, Cambridge, Cambridge University Press.

Wolf, Armin – Wolf, Hans-Helmut (1990)
Die wirkliche Reise des Odysseus. Zur Rekonstruktion des homerischen Weltbildes, München, Langen Müller.

Zaganelli, Gioia, a cura di (1990)
La lettera del Prete Gianni, Parma, Pratiche.

Zaganelli, Gioia (1997)
L'Oriente incognito medievale, Soveria Mannelli (cz), Rubettino.

Zambon, Francesco (2012)
Metamorfosi del Graal, Roma, Carocci.

Zircle, Conway (1947)
"The Theory of Concentric Spheres: Halley, Mather and Symmes" in *Isis*, 37, 3-4.

Zschätzsch, Karl Georg (1922)
Atlantis die Urheimat der Arier, Berlin, Arier.

照片來源

© 1994, CONG SA. *Corto Maltese. Avevo un appuntamento* – Tutti i diritti riservati

© Matt Klarwien by SIAE 2013

© Agence Bulloz / Réunion des Musées Nationaux / Alinari

© Alberto Savinio by SIAE 2013

© Biblioteca Apostolica Vaticana 2013

© Digital Image Museum Associates /LACMA / Art Resource NY /Scala, Florence

© Hergé / Moulinsart 2013

© Jean-Gilles Berizzi / Réunion des Musée Nationaux / Grand Palais (MuCEM) / Alinari

© René Magritte by SIAE 2013

© René-Gabriel Ojéda / Réunion des Musée Nationaux / Grand Palais (Musée du Louvre)

© Rennes / Louis Deschamps / Réunion des Musées Nationaux / Alinari

© Trustees of the British Museum Antikensammlung, Staatliche Museen zu Berlin / Archivio Scala, Firenze

Archivi Alinari, Firenze

Artothek / Archivi Alinari, Firenze

Bayerische Staatsbibliothek München

Biblioteca Medicea Laurenziana, Firenze / su concessione del Ministero per i Beni e le Attività culturali

Bibliothèque Municipale, Nantes

Bibliothèque Nationale de France, Paris

Bibliothèque Royale de Belgique, Bruxelles

BPK, Bildagentur für Kunst, Kultur und Geschichte, Berlin / Foto Scala, Firenze

Bridgeman / Alinari

Cameraphoto / Scala, Firenze

Cinémathèque Française, Paris

Corbis Images

CuboImages

DeAgostini Picture Library / Scala, Firenze

Domingie - Rabatti Firenze

Erich Lessing Archive / Contrasto

Fondazione Centro Conservazione e Restauro "La Venaria Reale" su concessione del MIBAC

Foto IBL Bildbyra / Heritage Images / Scala, Firenze

Foto Scala, Firenze

Foto Scala, Firenze / su concessione del Ministero per i Beni e le Attività culturali

Franco Cosimo Panini Editore © su licenza Fratelli Alinari

Galleria Fondoantico di Tiziana Sassoli

Galleria Thule Italia

General Research Division, The New York Public Library, Astor, Lenox and Tilden Foundations

Harvard Art Museums / Fogg Museum

Interfoto / Alinari

John Rylands University Library, Manchester

Jonathan Player / The New York Times / Contrasto

Kunsthalle, Bremen

Luisa Ricciarini, Milano

Mary Evans Picture Library 2008 / Archivi Alinari

Mondadori Portfolio / Akg Images

Mondadori Portfolio / Album

Mondadori Portfolio / Electa / Sergio Anelli

Mondadori Portfolio / Leemage

Mondadori Portfolio / Picture Desk Images

Mondadori Portfolio / The Art Archive

Mondadori Portfolio / The Kobal Collection

München, Bayerische Staatsbibliothek

Museo di Capodimonte / Soprintendenza Speciale per il Patrimonio Storico, Artistico, Etnoantropologico e per il Polo Museale della città di Napoli

Museo-Antico Tesoro della Santa Casa di Loreto

Oriel College Library, Oxford University

Palazzo Fava. Palazzo delle Esposizioni / Genus Bononiae. Musei nella Città

Photo12 / Olycom

Royal Ontario Museum, Toronto

Science Photo Library / Contrasto

Smithsonian Libraries, Washington

The Art Archive / Bibliothèque Municipale Amiens / Kharbine-Tapabor / Coll. J. Vigne

The Frances Lehman Loeb Art Center, Vassar College Poughkeepsie, New York

TopFoto / Archivi Alinari

Webphoto, Roma

White Images / Foto Scala, Firenze

Wolfsoniana – Fondazione regionale per la Cultura e lo Spettacolo, Genova

© 1973 King Features Syndicate, Inc.
TM Hearst Holdings, Inc.